동북아역사 자료총서 45

근세 한일관계 사료집 V(상)

1636년 조선통신사 기록

『관영병자신사기록(寬永丙子信使記錄)』

윤유숙 편

동북아역사재단
NORTHEAST ASIAN HISTORY FOUNDATION

• 이 책은 2022년도 동북아역사재단 기획연구 수행 결과물임(NAHF-2022-기획연구-8).

서문

이 책에 수록된 사료는 1636년(관영 13, 병자) 조선통신사를 기록한 일본의 고문서(古文書) 『관영병자신사기록(寬永丙子信使記錄)』이다. 도쿄국립박물관에 소장된 이른바 '쓰시마(對馬) 종가기록(宗家記錄)'으로 총 8책 14권으로 구성되어 있다.

저자와 편찬된 시기는 불명확하나 본문에서 쓰시마 번주 소 요시나리(宗義成)를 그의 법명(法名)인 '고운인(光雲院)'으로 칭하고 있는 점에서 그의 사후(1657)에 정리된 것으로 추정된다.

병자(丙子) 통신사는 에도 막부 3대 쇼군 도쿠가와 이에미쓰(德川家光)의 치세기인 1636년, '태평 축하'라는 명목으로 일본을 방문했다. 조선후기 통신사행으로는 제4차 사행이다. 사절단을 대표하는 삼사(三使)에 정사(正使) 임광(任絖), 부사(副使) 김세렴(金世濂), 종사관(從事官) 황호(黃戾)가 임명되어, 총 인원 약 470여 명 규모로 구성되었다. 사행록에는 정사 임광의 『병자일본일기(丙子日本日記)』, 김동명(金東溟)의 『해사록(海槎錄)』, 황만낭(黃漫浪)의 『동사록(東槎錄)』 등이 전해진다.

1636년 8월 한성을 출발한 사행단은 부산을 거쳐 10월에 쓰시마 후추(府中), 오사카(大坂), 교토(京都)를 거쳐 12월 에도(江戶)에 도착했다. 12월, 에도성에서 국서(國書) 전달 의례를 마치고 며칠 되지 않아 삼사 이하 21명이 쓰시마 번주 소 요시나리의 안내로 에도를 출발하여 닛코(日光) 도쇼구(東照宮)를 참배하고 돌아왔다. 조선이 후금의 침입을 받았다는 소식을 이미 전해들은 사행단은 이듬해 1637년 귀국길에 올랐다.

1636년 통신사의 경우 그것이 성립된 배경과 그 결과 외교 시스템에 변화가 발생했다는 측면에서 주목되어 왔다. 당시까지 일본에서 조선통교를 전담해 온 쓰시마 번주 소씨 본인이 당사자가 된 스캔들, '야나가와 잇켄(柳川一件)' 직후 추진되었기 때문이다. 1635년 쇼군 이에미쓰가 에도성에서 친재(親裁)한 결과 번주 소 요시나리는 무죄, 그와 대립했던 가신 야나가와 시게오키(柳川調興)는 쓰가루번(津輕藩) 유배형에 처해졌는데, 동시에 이에미쓰는 소씨에게 '명년(明年) 중 조선신사(朝鮮信使)를 내빙하게 하라'고 지시했다.

야나가와 잇켄을 심의하는 과정에서 그간 대조선 외교에서 쓰시마가 반복해 온 국서개찬(國書改竄) 사실이 폭로된 만큼 1636년 사행은 새롭게 정비된 외교 시스템을 적용하는 시험대가 되었다. 막부는 쇼군의 외교 칭호를 '일본국대군(日本國大君)'으로 정하고 일본 국서에 '일본 연호'를 사용하며, 쓰시마의 이테이안(以酊庵)에 교토 고잔(五山)의 승려를 파견하여 그들로 하여금 조일(朝日) 외교문서를 감독하는 체제를 만들었다.

쇼군 이에미쓰는 1636년, 초대 쇼군 도쿠가와 이에야스를 주제신(主祭神)으로 모신 닛코 도쇼구를 장엄한 사전(社殿)으로 개축한 상태였는데, 삼사에게 예정에 없던 닛코 도쇼구 참배를 제안했다. 삼사는 결국 참배를 승낙했고, 닛코 도쇼구 참배는 그 후 1643년, 1655년 사행에서도 이루어졌다.

통신사행을 기록한 조선 문헌에는 과거 예조(禮曹) 전객사(典客司)에서 편찬한 『통신사등록(通信使謄錄)』이 현존하는데, 『통신사등록』에는 1643년 제5차 통신사부터 1811년 통신사까지 수록되어 있다. 하지만 『통신사등록』에는 1636년 사행 기록은 없다. 따라서 『관영병자신사기록』은 야나가와 잇켄을 포함하여 사행의 전체 여정을 기록했다는 점에서 사료적인 가치가 높다.

이 책은 『관영병자신사기록』의 역주서 상권으로, 원문 14권 중 1~4권을 수록했다. 1~4권까지는 일본에서 통신사 초빙을 준비하는 과정, 즉 야나가와 잇켄의 경과, 쓰시마에서 진행된 막부의 조사 내용, 막부가 쓰시마 번주에게 통신사 초빙을 지시한 경위, 쇼군 이에미쓰가 요청하여 에도에 온 조선 '마상재'의 공연 등이 기록되어 있다. 사료의 후반부에 해당하는 5~14권은 역주서 하권에 수록하여 본격적인 통신사의 여정을 소개할 예정이다.

재단은 2015년 이래 『근세 한일관계 사료집』을 발간해 왔다. 다섯 번째 사료집을 발간하게 된 것을 다행스럽게 여기며, 이 책이 17세기 전반 조일관계와 조선통신사 연구의 기초자료로써 조금이나마 도움이 되기를 기대한다. 난해한 일본 고사료의 번역 작업에 참여하여 애써 주신 김선영 선생님과 이형주 선생님께 깊은 감사의 뜻을 전한다.

2023년 6월

동북아역사재단 연구위원 윤유숙

일러두기

탈초문

1. 한자는 상용한자의 사용을 원칙으로 했으며, 이체자(異體字)도 상용한자로 바꾸었다.
   예) 国 → 國, 体 → 體, 訳 → 譯, 処 → 處
2. 원문에 나오는 〆(しめ), ゟ(より)는 그대로 표기하였고, 헨타이가나(變體假名) ニ, ハ, 江, 而, 茂, 者 외에는 히라가나로 고쳤다.
3. 결자(闕字), 개행 등은 원본의 체제를 유지했다.
4. 원문이 확실하게 잘못된 경우는 해당 글자에 덧말넣기 「ママ」로 표기하였다.
   예) 右(ママ)筆 → 원래는 佑筆
5. 원문의 손상으로 인해 판독이 안되는 곳은 「□」로 처리하였다.
6. 판독하지 못한 곳은 「■」로 처리하였다.
7. 「ホ(など)」는 「なと」로 표기하였다.
8. 탈초 원고의 본문에 구두점(,) 과 병렬점(·)을 넣었다.
9. 반복을 나타내는 부호(ヽ, ゝ, 々)도 원본을 따랐다. 가타가나는 ヽ, 히라가나는 ゝ, 한자는 々을 사용하였다.

역주문

1. 역주문의 순서는 저본의 쪽 단위로 탈초문(활자체)을 앞에 두고 이어서 번역문을 배치하였다. 마지막에 초서체 원문을 배치하였다.
2. 번역문의 문단은 기본적으로 저본에 따랐으나 문장의 가독성을 높이기 위해 전체 내용 이해에 곤란을 주지 않는 범위 내에서 임의로 나눈 부분도 있다.
3. 이 책에 수록된 사료는 에도시대에 기록된 일본의 사료이므로 인명, 지명, 관직명 등 고유명사와 연호(年號) 등은 일본 발음으로 기재하되 정확한 의미 전달을 위해 한자 표기를 괄호 ( )로 부기(附記)하였다.
4. 일본 발음의 표기는 국립국어원의 외래어 표기법을 기준으로 하였다.
5. 번역은 직역을 원칙으로 하되, 문투를 어색하게 하지 않기 위해 가급적 현대적인 표현으로 바꾸었다. 번역문에서 내용의 이해와 문맥의 순조로운 연결을 위해 원문 표기가 필요한 곳은 괄호 ( )로 부기하였다.
   대괄호 [ ] 안의 문장은 원문에는 없는 표현이지만 문장의 의미를 명확하게 하기 위해 역자가 임의로 추가한 것이다.
6. 참고문헌은 역주문에서는 문헌명만 간단히 쓰고 이 책 말미에 제시한 〈참고문헌〉에서 자세한 서지사항을 밝혔다.
7. 타인의 발언을 전하는 전언(傳言)이나 다른 문건의 내용을 인용하는 부분은 그 전체를 쌍따옴표 " "로 묶었다.

차례

1636년 조선통신사 기록

『관영병자신사기록(寬永丙子信使記錄)』 해제

해제

1636년(인조 14, 병자) 조선통신사

병자(丙子) 통신사는 에도 막부 3대 쇼군 도쿠가와 이에미쓰(德川家光)의 치세기인 1636년, '태평 축하'라는 명목으로 일본을 방문했다. 조선후기 통신사로는 제4차 사행이다. 사절단을 대표하는 삼사(三使)에 정사(正使) 임광(任絖), 부사(副使) 김세렴(金世濂), 종사관(從事官) 황호(黃㦿)가 임명되어 총 인원 약 470여 명 규모로 1636년 8월에 한성을 출발, 12월 에도에서 의례를 마치고 이듬해 귀국했다.

1607년 사행부터 1643년 사행까지 조선이 일본을 방문하는 목적은 사행별로 다양했다. 조일 양국 간에 임진왜란 후의 긴장이 잔존하는 상황에서 국교를 회복하고 전후처리가 필요했던 시기인 만큼 표면적인 명목은 '국교 회복(1607)', '오사카 평정 축하(1617)', '이에미쓰의 쇼군 계승 축하(1624)' 등이었다.

쇼군직 계승을 축하하는 통신사가 1624년 일본을 다녀갔음에도 불구하고 이에미쓰는 1635년, 당시 쓰시마 번주 소 요시나리(宗義成)에게 '명년(明年) 중에 조선신사(朝鮮信使)를 내빙하게 하라'고 지시했다. 병자 통신사가 성립된 배경, 막부의 의도 등에 관해서는 종래 여러 가지로 해석되어 왔는데, 이 사행은 의례상의 변화를 비롯하여 조선통교를 전담해 온 쓰시마의 번주와 가신이 당사자가 된 정치 스캔들인 '야나가와 잇켄(柳川一件, 1631~1635)' 직후 추진되었다는 점에서 주목되어 왔다. 야나가와 잇켄으로 인해 양국의 통교가 일시적으로 중단되었던 터라 조선도 사태의 향방을 주시하고 있었고, 일본이 대조선 외교 시스템을 정비하는 계기가 되었기 때문이다.

또한 이 사행을 전후하여 1627년과 1636년 두 차례, 조선은 후금(後金)의 침입을 받았는데, 이는 조선과 대륙 정권과의 관계에 변동을 초래했을 뿐 아니라 조일관계에도 여파가 미쳤다. 1627년, 후금의 침입을 받아 화의를 맺은 조선은 후금과의 무역(때로는 약탈적 매매), 방대한 피로인의 속환(贖還) 문제라는 경제적·사회적 과제를 안게 되었다.

정묘호란은 쓰시마를 통해 에도 막부에도 보고되었는데, 막부에서는 쇼군 이에미쓰가 참가한 평의가 진행된 결과 번주 소 요시나리에게 "쓰시마로 돌아가면 사신을 조선에 보내 시세(時勢)를 살피고, 만약 조선이 곤란을 겪게 되면 인호(隣好)의 정(誼)으로써 원병(援兵)을 보내라고 명하셨다"고 지시했다.

이에 1629년 쓰시마는 승려 기하쿠 겐포(規伯玄方)를 정사, 쓰시마번 가로(家老) 스기무라 우네메(杉村采女)를 부사로 삼아 25명의 종자와 120명의 선수(船手)를 조선에 파견했다. 막부의 지시로 파견된 사절이라는 점에서 '근세의 일본국왕사'였으나, 정사 겐포는 쇼군의 국서 없이 조선에 도해하여 한성으로 상경시켜 줄 것을 강력하게 주장했다. 하지만 조선후기에 조선은 일본 사절의 한성 상경을 허용하지 않았기 때문에 처음에는 전례가 없다는 이유로 겐포의 주장을 들어주지 않았다.

그러나 조선은 결국 그들의 상경을 허락했고, 한성에서도 엄청난 분규 끝에 국서를 지니지 않은 일행을 국왕사로 접대하는 등 겐포 일행은 목적을 달성하고 귀국했다. 소씨는 조선과 후금의 긴장관계(강화의 성립)와 조선이 일본 측의 원군(援軍) 제의를 거절했음을 막부에 보고할 수 있었다.

한편 이 무렵 쓰시마에서는 번주 소 요시나리와 그의 가신 야나가와 시게오키(柳川調興, 1603~1684)의 불화가 복선으로 작용하고 있었다. 야나가와 가문의 3대 당주인 야나가와 시게오키는 소씨 가신단(家臣團)에서 중신(重臣)의 위치에 있으면서 에도에서 쇼군의 측근으로 봉사한 특이한 경력의 소유자이다. 시게오키는 점차 자신은 소씨의 가신이 아니라 쇼군의 직신

(直臣)임을 주장하면서 주군 요시나리와 대립하는 상황으로 발전했다.

1631년, 급기야 양자는 서로를 막부에 고발하기에 이르렀고, 1635년 쇼군 이에미쓰가 에도성에서 친재(親裁)한 결과 요시나리는 무죄, 시게오키는 쓰가루번(津輕藩)에 유배 처분되었다. 양자를 심의하는 과정에서 그간 대조선 외교에서 쓰시마가 반복해온 국서개찬(國書改竄) 사실이 폭로되기도 했다. 이 사건을 '야나가와 잇켄'이라 한다. 야나가와 잇켄의 경위에 관해서는 다시로 가즈이(田代和生)의 『書き替えられた國書』(中公新書 694, 1983)에 상세하다.

주목할 점은 쇼군이 소씨에게 언도한 판결에 '조선통신사를 내빙케 하라'는 항목이 포함되어 있었다는 사실이다. 당시 무가(武家)사회에서 다이묘(大名)와 가신 간에 대립이 격화되어 정치 스캔들로 번질 경우, 막부는 '다이묘의 통치능력 결여'라는 이유로 그 지위를 박탈해 버리는 사례가 적지 않았다. 따라서 정치적인 위기에서 가까스로 벗어난 번주 소 요시나리에게 쇼군의 명령을 성공적으로 실행해 내는 것이 얼마나 절박한 과제였을지 상상하기 어렵지 않다. 병자 통신사는 그러한 상황에서 추진되었다.

쓰시마가 통신사 초빙을 추진하는 과정에서 막부는 쇼군의 외교 칭호를 '일본국대군(日本國大君)'으로 정하고 일본 국서에 '일본 연호'를 사용하며, 쓰시마의 이테이안(以酊庵)에 교토(京都) 고잔(五山)의 승려를 파견하여 그들로 하여금 외교문서를 감독하는 체제를 만들었다. 쓰시마가 중간에서 이전처럼 조선의 요구에 맞추어 쇼군 명의의 일본 국서를 만들어 내거나, 양국의 국서를 개찬하는 일이 일어나지 않게 하려는 조치였다.

한편 1636년 통신사행 바로 직전에 '마상재(馬上才)'의 에도행이 있었고, 통신사의 '닛코(日光) 도쇼구(東照宮) 참배'가 처음 시작되었다. 1634년 9월, 소씨와 야나가와씨의 대립이 본격화되어 막부가 심리에 돌입한 시기, 갑자기 '조선의 승마술을 보고 싶다'는 쇼군의 의향이 쓰시마에 전달되었다. 이에 쓰시마는 사신을 급파하여 조선 조정에 요청을 넣었고, 조선은 이를 수락했다.

조선도 야나가와 잇켄의 향방에 주목하고 있었을 터라, 마상재 파견 요청을 수락한 배경에는 역관 홍희남(洪喜男)과 최의길(崔義吉)로 하여금 일본 현지 동향을 직접 파악하게 하려는 의도가 깔려 있었을 것이다. 홍희남과 최의길, 승마술을 선보일 마상재인(馬上才人) 2명, 말 2필과 차왜가 1635년 정월에 조선을 출발했고, 수행원까지 합해서 총 21명으로 구성된 사행단은 1635년 3월 중순 오사카를 거쳐 3월 말 에도에 도착했다.

다만 소씨와 야나가와씨에 대한 쇼군의 최종판결이 내려지고 관련자에 대한 처벌이 언도된 것이 그해 3월 12일과 13일이므로, 마상재 일행이 에도에 도착했을 때 이미 야나가와 잇켄은 종료된 것이나 다름없었다. 마상재는 쓰시마번의 에도 번저에 머물며 쇼군과 막부 인사들을 상대로 승마술을 펼쳐 보인 후, 그해 7월 조선에 귀국했다. 이것은 조선의 마상재 일행이 단독으로 에도를 방문해서 쇼군과 대면한 유일한 예다. 이후 1643년 사행부터 1764년 사행까지(1655년 사행은 제외) 총 6회, 마상재는 통신사와 함께 에도를 방문했다.

이에미쓰는 초대 쇼군 도쿠가와 이에야스를 주제신(主祭神)으로 모신 닛코 도쇼구를 1636년 대대적으로 수리하여 장엄한 사전(社殿)으로 개축한 상태였는데, 삼사에게 예정에 없던 닛코 도쇼구 참배를 제안했다. 삼사는 일정에 여유가 없다는 이유를 들어 일단 이 제안을 거부했으나, 요시나리의 거듭된 간청에 결국 참배를 승낙했다. 닛코 도쇼구 참배는 그 후 1643년, 1655년 사행에서도 이루어졌다.

『관영병자신사기록(寬永丙子信使記錄)』 소개

이 사료는 1636년 통신사행을 기록한 일본의 고문서(古文書)로 도쿄국립박물관에 소장된 '쓰시마 종가기록'이다. 총 8책, 14권으로 구성되어 있다. 1책당 1권씩 수록되었고, 마지막 제8책에 8~14권까지 수록되어 있다.

통신사행을 기록한 문헌에는 과거 예조(禮曹) 전객사(典客司)가 편찬한 『통신사등록(通信使謄錄)』이 현존하는데, 『통신사등록』에는 1643년 제5차 통신사부터 1811년 통신사까지 수록되었고 1636년 사행에 관한 기록이 없다. 따라서 『관영병자신사기록』은 야나가와 잇켄, 마상재 초빙, 1636년 사행의 전체 여정을 파악하는 데 없어서는 안 될 귀중한 사료이다.

도쿄국립박물관 소장본의 크기는 27.0cm×19.9cm, 기증자는 도쿠가와 무네요시(德川宗敬)이다. 겉표지에 '寬永丙子信使記錄'이라 기재되어 있다. 본문에서 번주 소 요시나리를 그의 법명(法名)인 '고운인(光雲院)'이라 칭하고 있는 점에서 그의 사후[1657, 메이레키(明曆) 3]에 정리된 것으로 추정된다.

제1권의 모두(冒頭)에 '조선신사내빙기본(朝鮮信使來聘起本)'이라는 서문을 달아서 일본과 조선의 교류의 역사를 기술했다. 전체 내용은 1631년 2월부터 1637년 2월까지 '쓰시마의 조선관계 기록'에 가깝다. 물론 1636년 통신사에 관한 기록이 상세하게 적혀 있지만 1~4권까지는 일본에서 통신사 초빙을 준비하는 과정, 즉 야나가와 잇켄의 경과, 당시 쓰시마에서 진행된 막부의 조사 내용, 막부가 쓰시마에게 통신사 초빙을 명한 경위, 쇼군 이에미쓰가 요청하여 에도에 온 '마상재'의 공연, 향후 있을 사행단의 접대 분담에 관한 막부와 쓰시마의 논의 등이 기록되어 있다. 이 역주서(상권)에는 사료 1~4권을 수록했다.

『관영병자신사기록』 1 표지
도쿄국립박물관 소장

역주서(하권)에서 5~14권을 수록하여 출간할 예정이다. 후반부에 해당하는 5~14권은 통신사행을 본격적으로 다루고 있다. 조선을 출발하여 쓰시마를 거쳐 에도까지 이르는 여정, 도중 각지에서 이루어진 접대 내역, 에도성 등성(登城) 및 국서 교환 의식, 닛코 도쇼구 참배, 통신사의 귀국, 쓰시마에서의 접대 목록, 막부가 통신사에게 보낸 답례품 등을 기록하였다. 7권에 '관영(寬永) 12년'이라 적혀 있지만 이는 '관영 11년'의 오기(誤記)이다.

『관영병자신사기록』 1~14 제목

권	제목	권	제목	권	제목
1	辨證	7	附錄 檢使之略	12	獻上之御鷹御馬附之朝鮮人賄目錄
2	曲馬	8	賄目錄		
3	御歸州	9	所々御馳走目錄	13	寬永十三年朝鮮之信使來幣之時御返禮之覺
4	御參覲	10	寬永十三年之信使於對州之賑賄目錄合五日之分也		
5	信使來聘登城日光參詣			14	寬永十三年丙子十二月十三日朝鮮人御禮ニ登城之次第
6	信使退歸	11	大坂殘之朝鮮人へ賄目錄		

* 권 제목은 본문 권수 아래에 표기되어 있는데, 10·13·14권의 경우 표기가 되어 있지 않아 본문이 시작되는 첫 문장으로 대신했다.

1636년 조선통신사 기록

탈초문 · 역주문

『관영병자신사기록』 1

朝鮮信使來聘起本

按ニ將軍家之時嘉吉年中申叔舟來聘以後其儀
中絶之處, 天正十七年乙丑太閤豊臣君薩州御征
伐之時, 長壽院公·萬松院公御同道ニ而豊臣君江爲
御謁見, 筑前筥崎江御越被成候節, 我國之儀百餘年
來亂世ニ而邦國分離候處, 武威を以御一統被成候. 然者
朝鮮國王ニも爲御祝詞我國江來朝被致候樣ニ, 左無之候て
御征伐可被成之由, 豊臣君御諚有之ニ付, 萬松院公
蘇長老·柳川調信与朝鮮漢城江御越. 東平館ニ
御逗留被成, 國王來朝之儀被仰伸候得共, 全ク其

조선신사내빙기본(朝鮮信使來聘起本)[1]

생각건대, 쇼군 가문[2]에 가키쓰(嘉吉, 1441~1443) 연간 신숙주(申叔舟)가 내빙(來聘)한 이후 그 일[조선인의 내빙]이 중단되었는데, 덴쇼(天正) 17년(1589) 을축(乙丑), 다이코(太閤) 도요토미(豊臣)[3] 군(君)이 사쓰마(薩州)를 정벌할 때 조주인(長壽院) 공(公)[4]·반쇼인(萬松院) 공[5]이 동행하여 도요토미 군을 알현하기 위해 지쿠젠(筑前)[6] 하코자키(筥崎)[7]에 가셨을 때, "우리 나라가 백여 년 이래 난세로 인해 나라가 분리되었던 것을 무위(武威)로써 통일하셨으니 조선왕도 축사(祝詞)를 위해 우리 나라에 내조(來朝)하도록. 그렇게 하지 않으면 정벌할 것이다"라는 도요토미 군의 분부가 있었다. 그래서 반쇼인 공이 소초로(蘇長老)[8]·야나가와 시게노부(柳川調信)[9]와 함께 조선

1 이 책에서 '조선시대 대일외교 용어사전'은 '대일외교사전'으로 약칭함.

2 무로마치(室町) 쇼군.

3 도요토미 히데요시(豊臣秀吉).

4 소 요시시게(宗義調, 1532~1588). 쓰시마 소씨 가문 17대 당주. 1587년 도요토미 히데요시의 규슈(九州) 정벌이 시작되자 소 요시토시(宗義智)와 함께 히데요시의 규슈 정벌에 참가하여 본령의 토지소유권(安堵)을 얻었다. 그 후 히데요시의 명에 따라 조선과 교섭에 나섰으나 교섭 중 1588년 57세로 사망했다. 조주인(長壽院)은 그의 법호(法號).

5 소 요시토시(宗義智, 1568~1615). 소 마사모리(宗將盛)의 넷째(혹은 다섯째) 아들로 태어나 1579년(혹은 1580년) 17대 당주 소 요시시게의 양자가 되어 가독을 계승했다. 1587년 은퇴했던 양부(養父) 요시시게가 당주로 복귀하여 요시토시는 가독을 요시시게에게 반납했는데 이것은 그해 히데요시의 규슈 정벌이 시작되었기 때문이었다. 1588년 요시시게 사후(死後) 다시 당주가 되어 임진왜란 시에는 장인 고니시 유키나가(小西行長)가 이끄는 일번대(一番隊)에 소속되어 5,000명의 병력으로 최선봉에서 싸웠다. 히데요시 사망 후 1600년 세키가하라 전투에서는 서군(西軍)에 가담했으나 전후 도쿠가와 이에야스(德川家康)의 용서를 받고 소령(所領)을 안도받아 쓰시마(對馬) 후추번(府中藩)의 초대 번주가 되었다. 요시토시는 1609년 조선과 기유약조(己酉約條)를 체결하는 데 성공, 이후 조선통교는 쓰시마번이 전담하게 되었다. 요시토시의 법호가 반쇼인(萬松院).

6 현재 규슈 후쿠오카현(福岡縣) 지역을 지칭하는 옛 국명(國名).

7 후쿠오카시 하코자키(箱崎) 지구. 하치만구(八幡宮)의 하나인 하코자키구(筥崎宮)의 소재지.

8 쓰시마의 외교승 게이테쓰 겐소(景轍玄蘇, 1537~1611). 에이로쿠 연간(1558~1570)에 하카타 쇼후쿠지(聖福寺)의 주지가 되고, 교토 도후쿠지(東福寺)의 주지로 지내다가 1580년 쓰시마 도주 소 요시시게의 초대에 의해 쓰시마로 건너갔다. 암자 이테이안(以酊庵)을 창건해 그곳에 기거했으며, 조선과의 외교를 담당했다. 임진왜란이 일어나자 당시 제1군이었던 고니시 유키나가의 휘하에서 참모의 신분으로 종군했다. 1604년 일본의 국정 탐색을 위해 쓰시마에 파견된 조선의 손문욱(孫文彧)과 유

의 한성으로 갔다. 동평관(東平館)[10]에 머물며 국왕이 내조(來朝)하도록 전했지만, 그것을 전혀

許容無之ニ付, 左候ハヽ先通信使被差渡候樣ニと種々被盡
御心力, 漸黃允吉·金誠一·許筬[11]令渡海候. 其節數十
萬之人衆を以明國ヲ御伐可被成候間, 朝鮮國王
先導被致候樣ニ, 許容無之候ハヽ, 先朝鮮國可被
討從之与之趣, 信使江被仰合候得共, 朝鮮國其旨
不隨ニよつて, 文祿元年壬辰四月宰相備前守秀家
を以爲大將, 加藤主計頭淸正·小西攝津守行長
先鋒として都合人衆十餘萬被差渡之. 朝鮮
征伐相始ル前後七年之年月ヲ經, 戊戌之仲秋ニ
及豊臣君不慮薨御ニ付, 渡海之諸大名

정(惟政)을, 이듬해 소 요시토시와 야나가와 시게노부와 함께 교토로 데려가, 3월 후시미(伏見)성에서 도쿠가와 이에야스, 도쿠가와 히데타다(德川秀忠)와의 접견이 성사되었다. 그 공을 인정하여 막부는 쓰시마 번주에게 조선관계를 담당할 것을 명했고, 규슈 히젠(肥前)의 기이(基肄), 야부(養父)군 내에 2,800석의 영지를 가증했으며, 에도 참부(參府)는 3년에 1번으로 한다는 특권을 부여했다. 그 2,800석 중에 1,000석을 혼다 마사즈미가 야나가와 도시나가(智永)에게 부여했다고 한다. 한편 겐소는 1607년 기유약조 체결에 공로가 있어 조선 조정으로부터 센스도서(仙巢圖書)를 받았다. 이에 의거하여 조선에 파견한 선박이 수도서선 '이테이안 송사(以酊庵送使)'이다.

9 야나가와 시게노부(柳川調信, ?~1605). 시게오키의 조부. 별명은 시모쓰케노카미(下野守). 소씨 가문의 가신. 본래 로닌 출신이었으나 능력을 인정받아 발탁되었다. 규슈를 정벌하던 히데요시에게 항복의 사절로서 알현할 것을 지시받아 가로(家老)격으로 승진하여 교섭에 임했으며, 성공적으로 교섭을 성사시켰다. 임진왜란 시기에도 승려 게이테쓰 겐소와 함께 조선에 건너가 교섭했고, 세키가하라 전투 이후 국교 회복에 공헌한 바를 조선으로부터 인정받아 그가 죽은 뒤 향화(香火)를 제공한다는 명목으로 그의 위패를 모신 류호인(流芳院) 명의로 세견선 한 척을 파견할 권리가 부여되었다.

10 조선전기에 일본 사신이 머물던 숙소. 위치는 남산 북쪽 기슭의 낙선방(樂善坊, 인사동). 임진왜란 때 불타고 폐지되었다. 조선시대에 동평관이 있던 곳을 왜관동(倭館洞)이라 불렀다. (『대일외교사전』)

11 원본에 기재된 자형은 箴으로 보이나 올바른 표기는 허성(許筬)이다.

받아들이지 않아서 그러면 우선 통신사(通信使)를 파견하라고 갖가지로 심력을 다하셨고, 얼마 지나 황윤길(黃允吉)·김성일(金誠一)·허성(許筬)이 [일본에] 도해(渡海)했다. 그때 "수십만 명을 데리고 명나라를 치려 하니 조선왕은 선도(先導)하고, 수락하지 않는다면 먼저 조선을 칠 것"이라고 통신사에게 일렀으나 조선이 그 뜻에 따르지 않았다. 그래서 분로쿠(文祿) 원년(1592) 임진(壬辰) 4월 재상 비젠노카미(備前守) 히데이에(秀家)[12]를 대장으로 삼고, 가토 가즈에노카미 기요마사(加藤主計頭淸正)와 고니시 셋쓰노카미 유키나가(小西攝津守行長)를 선봉으로 해서 도합 10여 만의 병사를 건너가게 했다. 조선 정벌이 시작되고 전후 7년간의 세월을 거쳐 무술년(1598) 중추(仲秋)에 이르러 도요토미 군이 뜻밖에 사망하자 도해한 다이묘(大名)들이

御歸陳被成, 征伐之段相停候得共, 其以來彼□[13]通
交中絶候. 然處　東照君兼御隣好ヲ被修度之
思召を以, 其趣　萬松院公江被仰含, 慶長九年甲辰
朝鮮國ゟ松雲大師惟政·僉知孫文彧ヲ御國江
差渡和睦之沙汰有之. 其後修交之約以前之ことく
相定り, 慶長十二年丁未呂祐吉·慶暹·丁好寬
爲信使渡海, 萬松院公御導引之, 東照君
奉謁. 其後爲大坂落城之賀, 元和三年丁巳
吳允謙·朴梓·李景□[14]罷渡, 義成公御導引之,
台德君ニ奉謁, 引續キ寬永元年甲子鄭岦·

12 우키타 히데이에(宇喜多秀家). 비젠(備前) 오카야마(岡山) 57만 4,000석 다이묘. 임진왜란 때 젊은 나이에도 불구하고 조선을 침략했던 9개 부대의 총대장으로 참전했다.

13 원본의 검은 자국으로 식별 불가.

14 원본의 검은 자국으로 식별 불가하나 '稷'임.

귀국하여 정벌은 중단되었지만 그때 이래로 [양국의] 통교(通交)는 중단되었다. 그러던 중 도쇼(東照) 군(君)[15]이 전부터 인호(隣好)를 맺고자 하여 그 내용을 반쇼인 공에게 분부하셨고, 게이초(慶長) 9년(1604) 갑진(甲辰)에 조선에서 송운대사(松雲大師) 유정(惟政)·첨지 손문욱(孫文彧)이 우리 나라로 건너와 화목에 관한 논의가 있었다. 그 후 수교의 약조가 이전처럼 정해져 게이초 12년(1607) 정미(丁未) 여우길(呂祐吉)·경섬(慶暹)·정호관(丁好寬)이 통신사로서 도해했고 반쇼인 공이 이를 인도하여 도쇼 군을 알현했다. 그 후 오사카(大坂) 함락[16]을 축하하기 위해 겐나(元和) 3년(1617) 정사(丁巳)에 오윤겸(吳允謙)·박재(朴梓)·이경직(李景稷)이 건너와 요시나리(義成) 공이 인도하여 다이토쿠(台德) 군(君)[17]을 알현했으며, 이어서 간에이(寬永) 원년(1624) 갑자(甲子)에 정립(鄭岦)·

姜弘重·辛啓榮罷渡ル. 義成公御導引之,
大猷君ニ奉謁候. 以後寬永十三年丙子信使之一件
此冊ニ記之.

강홍중(姜弘重)·신계영(辛啓榮)이 건너왔다. 요시나리 공이 인도하여 다이유(大猷) 군(君)[18]을 알현했다. 이후 간에이 13년(1636) 병자(丙子) 통신사에 관한 일을 이 책에 기록한다.

---

15 도쿠가와 이에야스. 에도 막부 초대 쇼군.

16 오사카 전투(大坂の陣)에서 막부 측이 승리한 것.

17 다이도쿠인(台德院). 도쿠가와 히데타다의 법호. 에도 막부 2대 쇼군.

18 다이유인(大猷院). 도쿠가와 이에미쓰(德川家光)의 법호. 에도 막부 3대 쇼군.

朝鮮信使記錄巻一　　辨誣

一. 寛永八年辛未二月十一日,　光雲院様, 古川右馬助·
平田將監を以, 昨日所領なと悉返還之次第未如何様之
所存与いふ事を知らす候. 先頃一千石之地御朱印ヲ
相願候, 一件仕形不屆ニ候得共, 其儀さへも諸公之御斷ニ
從イ, 其通ニ差免候へハ, 殘更(ママ)[19]今日何之疎意可有之
候哉, 其方ニも少茂隔心不仕様ニと, 柳川調興江
被仰渡ル.

一. 同十年癸酉五月五日, 土井大炊頭様·酒井雅樂頭様ゟ
御連書を以, 酒井阿波守様御館江, 御出被成候様ニと,

조선신사기록권일(朝鮮信使記錄巻一)　　변무(辨誣)

一. 간에이 8년(1631) 신미(辛未) 2월 11일에 고운인(光雲院)[20]님이 후루카와 우마노스케(古川右馬助)·히라타 쇼겐(平田將監)을 통해 "어제 [야나가와 시게오키가 자신의] 영지 등을 모두 반환하겠다는 것이 어떠한 생각에서인지 아직 모르겠다. 지난번 1,000석의 영지에 대한

---

19 '今更'의 오기가 아닐까 추정된다.

20 쓰시마의 2대 번주 소 요시나리(宗義成)의 계명. 1604년 1월 15일 초대 번주 소 요시토시의 장남으로 태어났다. 1615년에 요시토시가 사망하자 상경하여 오고쇼(大御所) 도쿠가와 이에야스 및 2대 쇼군 도쿠가와 히데타다를 알현한 뒤에 가독상속을 허락받고 번주가 되었다. 보다이지(菩提寺)인 반쇼인(萬松院)을 창건했고, 조선통신사의 접대 간소화에 따른 재정 절감, 은광산 개발 등을 적극적으로 추진하여 번정(藩政)의 기초를 다지는 일에 전념했다. 1635년 쓰시마번이 조선과의 통교 과정에서 국서(國書)를 개찬(改竄)한 사실이 막부에 폭로되어 영지 박탈(改易)의 위기에 처하기도 했으나, 쇼군 이에미쓰가 직재(直裁)한 결과 가신인 야나가와 시게오키가 처벌되고 요시나리는 번주의 지위를 유지했다.

주인(朱印)[21]을 원했을 때 그것이 괘씸했지만 그것조차 다른 분들의 의견에 따라 그대로 허락했는데, 오늘에 이르러 어떤 격의가 있는 것인가? 그대는 조금도 격의를 두지 말라" 고 야나가와 시게오키[22]에게 말하셨다.

一. 동 10년(1633) 계유(癸酉) 5월 5일, 도이 오이노카미(土井大炊頭)[23]님 · 사카이 우타노카미(酒井雅樂頭)[24]님께서 연서(連書)로 사카이 아와노카미(酒井阿波守)[25]님 댁으로 오라는

申來り. 卽日御老中樣方御同座ニ而, 豊前一件
始末之譯御尋ニ付, 其次第委曲被仰上候處,
御老中樣方被仰候者, 此一件各中ニも連々承

21 근세 일본에서 주군이 가신에게 지급한 '토지에 대한 권리'를 인정하는 문서에 주인(朱印)을 날인하는 데서 온 표현.

22 시게오키의 별명이 부젠노카미(豊前守)이고, 줄여서 부젠이라고 한다. 야나가와 가문의 3대 당주이다. 주군인 소 요시나리와 관계가 악화되자 시게오키는 1605년 조선의 사절을 후시미(伏見)까지 데려온 공적을 치하하는 의미에서 과거 쇼군 이에야스가 소 요시토시에게 하사한 규슈 히젠(肥前)의 영지 2,800석 중에서 1,000석이 부친 야나가와 도시나가(柳川智永)에게 분급되었다는 점을 근거로 삼아, 스스로 소씨의 가신이 아니라 막부의 직신(直參旗本)처럼 행동하는 일이 많아졌다. 급기야 1631년 양자는 서로를 막부에 고발하기에 이르렀고, 1635년 쇼군 이에미쓰가 친재한 결과 요시나리는 무죄, 시게오키는 쓰가루번에 유배 판결을 받았다. 그의 나이 33세 때이다. 쓰가루번으로 향하는 도중 시게오키는 삭발하고, 이름을 '소안(素庵)'으로 개명했다. 그런데 쓰가루에서 그의 유배생활은 죄인의 생활과는 거리가 멀었다. 잇켄 당시 시게오키의 지원 세력이었던 로주 사카이 다다카쓰, 도이 도시카쓰(土井利勝) 등의 특별한 배려에 힘입어, 무려 7명의 가신을 이끌고 쓰가루성 밑에 광대한 저택을 받아 생활했다. 초반에 있던 감시원도 곧 없어졌으며, 막부가 쓰가루씨에게 명한 분량보다 훨씬 많은 양의 쌀이 지급되었다. 번주 쓰가루씨도 시게오키의 재기(才氣)를 마음에 들어 했는지 때때로 번주 부자(夫子)가 시게오키의 저택을 방문하기도 하고, 시게오키가 번주의 성에 초대되어 함께 노(能)를 즐기기도 했다. 시게오키는 1684년 10월, 50년에 가까운 유배생활 끝에 82세로 타계했다.

23 도이 도시카쓰. 당시 시모우사노쿠니(下總國) 고가번(古河藩)의 번주이자 막부의 로주.

24 사카이 다다요(酒井忠世, 1572~1636). 당시 막부의 로주. 1605년 쇼군이 된 히데타다를 보좌하는 필두 도시요리(로주)가 되었고, 1607년 7월 슨푸성(駿府城)으로 옮겨 간 이에야스를 축하하여 우타노카미(雅樂頭)가 되었다.

25 사카이 다다유키(酒井忠行). 로주 사카이 다다요의 아들. 1636년 가독을 상속하여 마에바시번(前橋藩) 15만 2,500석을 지배. 같은 해 37세로 사망.

及候得共, 未一同ニ不承候故, 相尋申事候. 誰人之

申上候哉, 上エ茂とくニ御聞被遊たる御事ニハ

候得共, 各中ゟ遂言上候儀者, 今日ゟ相初り候.

被仰聞候次第之通, 今日可遂上聞与之趣也.

一. 同十二日, 大炊頭様 · 讃岐守様ゟ, 酒井阿波守様御館江,

御出被成候様ニと申來ル. 卽日御老中様方

御上洛無餘日候. 對馬守ニも先可爲　上洛之

연락이 왔다. 그날 로주(老中)[26]님들이 동석하여 부젠(豊前) 사건의 자초지종을 물어보셔서 [소 요시나리가] 그 경위를 자세히 말씀드렸더니, 로주님들이 말씀하시길 "이 건(一件)[27]에 관해서 우리 모두 계속해서 듣기는 했지만 아직 일동이 함께 듣지는 못했기 때문에 묻는 것이다. 누가 아뢰었는지 쇼군께서도 이미 들으셨지만 우리가 말씀 올리는 것은 오늘부터이다. 들은 대로 오늘 [쇼군께] 보고드릴 것"이라고 하셨다.

一. 동 12일, 오이노카미님 · 사누키노카미(讃岐守)[28]님에게서 사카이 아와노카미님 댁으로 오시라는 전갈이 왔다. 그날 로주님들이 "교토행(上洛)이 얼마 남지 않았다. 쓰시마노카

26 로주란 쇼군 직속으로 정무를 총람했던 막부 최고직. 후다이 다이묘(譜代大名) 중에서 10만 석 이하 2만 5,000석 이상의 조슈(城主)인 자 중에서 선임했다. 한 달씩 돌아가며 근무하면서 사무를 주재했다. 한편, 야나가와 사건이 본격화되기 시작하는 1633년부터 조선통신사행이 성사되는 1636년까지 막부 로주로 재직한 사람은 다음과 같다(괄호 안 연도는 재직 기간).

도이 도시카쓰(1610~1638) 사카이 다다요(1610~1634) 사카이 다다카쓰(1624~1638)
마쓰다이라 노부쓰나(松平信綱, 1632~1662) 아베 다다아키(阿部忠秋, 1633~1666) 홋타 마사모리(堀田正盛, 1635~1651)
아베 시게쓰구(阿部重次, 1638~1651)

27 쓰시마의 번주 소 요시나리와 그의 가신 야나가와 시게오키 사이에 갈등이 고조되어, 1635년에 쇼군 이에미쓰가 친재한 결과 시게오키 처벌(유배형)로 끝난 사건을 '야나가와 잇켄(柳川一件)'이라 한다. 이 사료에서는 '부젠 잇켄(豊前一件)', '잇켄(一件)' 등으로 지칭하고 있다.

28 사카이 다다카쓰(酒井忠勝). 가와고에번(川越藩) 2대 번주이자 로주.

미(對馬守)[29]도 우선 [쇼군의] 교토행에

供奉, 豊前一件 還御之後, 可被仰出之 上意之
旨被仰渡.

一. 同十一年甲戌十月十九日, 於 殿中豊前一件對馬守
所存之通, 今一度相尋候樣ニ 上意有之候間, 明日
私宅へ御入來候得と大炊頭樣被仰, 翌廿日大炊頭樣
御館江御出被成候節, 松平伊豆守樣·阿部豊後守樣
松平伊豆守樣·阿部豊後守樣·
柳生但馬守樣·かゝ爪民部少輔樣·堀式部少輔樣御
同座ニ而, 一件始末之譯御尋ニ付, 先年阿波守樣
御方ニ而被仰達候趣を以□[30]及御返答ル. 其後豊前
被召, 其主意御尋被成候處ニ, 私儀對馬守殿ニ

동행하도록 하고, 부젠 건은 에도로 돌아온 후에 말하겠다"라는 쇼군의 뜻을 전하셨다.

一. 동 11년(1634) 갑술(甲戌) 10월 19일, "에도성(殿中)에서 부젠의 건에 관해 쓰시마노카미의 생각을 한 번 더 물어보라는 쇼군의 뜻이 있었으니, 내일 사택(私宅)으로 오시오"라고 오이노카미(大炊頭)님이 말씀하시어, 이튿날 20일에 오이노카미님 댁으로 가셨다. 그때 마쓰다이라 이즈노카미(松平伊豆守)[31]님·아베 분고노카미(阿部豊後守)[32]님·야규 다지마

29 소 요시나리.

30 원본의 검은 자국으로 식별할 수 없음.

31 로주 마쓰다이라 노부쓰나(松平信綱).

32 로주 아베 다다아키(阿部忠秋).

노카미(柳生但馬守)[33]님 · 가가쓰메 민부쇼유(かゝ爪民部少輔)[34]님 · 호리 시키부쇼유(堀式部少輔)[35]님이 동석하시어 잇켄의 전말에 관해 물으셨으므로, 지난해 아와노카미님께 말씀드린 내용으로 답변했다. 그 후 부젠을 부르셔서 그 뜻을 물으시자, "제가 쓰시마노카미님에게

對シ別意無之段ハ, 誓旨之通ニ御座候. 尤對馬守殿
被申分一々其通候得共, 父豊前守相果候節, 對馬守殿
非理ニ私江誅戮ヲ可加と被致, 無據潛ニ對州ヲ立逃キ
駿府江罷越, 本多上野助殿江相勤, 以後今日之仕合
及申候. 扨又對馬守殿妹ヲ娶候事, 是又權現様
御意ヲ以縁組被仰付候處ニ, 此兩條對馬守殿被申分
全ク虛僞ニ而御座候段申候ニ付, 大炊頭様ゟ再
光雲院様ヲ御招キ被成, 右之趣御尋ニ付, 御返答
被成候者, 豊前儀先年駿府江差越置候ハ, 亡父
對馬守御用爲承候爲ニ, 上野助殿江御賴申入

다른 뜻이 없는 것은 맹세한 대로입니다. 쓰시마노카미님의 해명은 하나하나 그대로이지만, [저의] 아버지 부젠노카미가 돌아가셨을 때 쓰시마노카미님은 도리를 어겨 저를 주륙(誅戮)하시려 해서 어쩔 수 없이 몰래 쓰시마(對州)[36]를 떠나 슨푸(駿府)로 가 혼다 고즈

33 야규 무네노리(柳生宗矩). 당시 오메쓰케(大目付). 오메쓰케란 에도 막부의 제반 업무를 감독하고 다이묘들의 행동을 감찰하며 관리들의 태만을 적발하는 직책이다. 1636년, 야마토(大和) 야규번(柳生藩) 번주가 되었다. (『日本人名大辭典』)

34 가가쓰메 다다스미(加賀爪忠澄). 당시 에도마치부교(江戸町奉行).

35 호리 나오유키(堀直之). 당시 에도마치부교.

36 다이슈(對州)는 쓰시마노쿠니(對馬國)의 이칭. 쓰시마섬.

케노스케(本多上野助)[37]님 휘하에서 근무한 이래 현재의 상황에 이르렀습니다. 또한 쓰시마노카미님의 여동생을 아내로 맞이한 일은 이 또한 곤겐(權現)[38]님의 뜻으로 인연을 맺도록 지시받은 것인데, 이 두 가지에 관한 쓰시마노카미님의 말씀은 완전히 허위입니다"라고 말했다. 오이노카미님이 다시 고운인님을 부르시어 위의 내용을 물으시자, 답변하기를 "부젠이 이전에 슨푸로 간 것은 돌아가신 [제] 아버지 쓰시마노카미[39]가 막부의 업무를 보기 위해 고즈케노스케님께 부탁드려서

差置候事ニ候. 豊前申候ことくニ對州ヲ立逃キ候与申譯ニ候ハヽ,
其節ハ彼者幼穉之時と申, 早速召捕之致誅戮候儀
何ㄅ以易キ間之儀ニ候得ハ, 爲立逃キ可申樣も無之候.
私妹婚姻之儀茂, 彌亡父指圖ニ紛無之候. 權現樣
御意之樣ニ申候段ハ, 全以虛僞ニ相究リ候. 殊ニ諸州守·諸
御籏本婚姻之儀, 緣組願上候樣ニ被 仰出候者, 近年
之儀ニ御座候. 況哉陪臣之儀と申調興のミニ限り,
權現樣ㄅ緣組被仰付可被下候哉と, 被仰達候節,
大炊頭樣被仰候ハ, 薩州對州者風俗大樣相類シ
たる事ニ候. 只今薩摩守殿室ハ家賴之娘ニ候へハ,

37 혼다 마사즈미(本多正純). 혼다 마사노부(本多正信)의 장남. 도쿠가와 이에야스가 쇼군직을 히데타다에게 물려주고 오고쇼(大御所)가 되어 슨푸로 물러나자, 아버지 마사노부는 에도성에서 의례를 주재하고, 아들 마사즈미는 슨푸성에서의 의례를 주재했다.

38 도쿠가와 이에야스의 존칭.

39 소 요시토시.

[고즈케노스케님 곁에] 있게 했던 것입니다. 부젠의 말처럼 쓰시마를 떠났다면 그때는 그 자가 어릴 때인지라 속히 붙잡아서 주륙하는 일이 무엇보다도 쉬운 일이었기에 도망가게 할 것도 없었습니다. 제 여동생과의 혼인도 돌아가신 [제] 부친의 지시임에 틀림없습니다. 곤겐님의 뜻이라는 [부젠의] 말은 모두 거짓임에 틀림없습니다. 특히 여러 다이묘들(諸州守)과 여러 하타모토(諸御籏本)[40]들의 혼인에 관해서는 결연하기를 [막부에] 청원하도록 명하신 것이 최근의 일입니다. 하물며 배신(陪臣)[41]인 시게오키(調興)에 한정해서 곤겐님이 혼인하라는 분부를 내리셨겠습니까?"라고 말씀드렸다. 오이노카미님이 말씀하시길 "사쓰마(薩州)와 쓰시마는 풍속이 크게 유사했다. 지금 사쓰마노카미님의 정실은 가신의 딸이니,[42]

對州之風儀も如何樣左樣ニ可有之事と, 被存候段
被仰.

一. 同廿九日, 大炊頭樣·伊豆守樣·豊後守樣ゟ御連書ニ而
一件之儀明日於　殿中可相尋之候段被仰渡ル.

一. 十一月朔日, 爲　御禮御登　城相濟, 御老中樣方
御同道ニ而, 直ニ酒井備後樣御館江御出御成. 其節
先年方長老朝鮮王城江被罷通候儀, 御自分
公儀之御權威ヲ借押付被相濟候由, 豊前申出候.

---

40 하타모토(旗本)란 본래 전장에서 장수의 깃발 아래에서 장수를 호위하는 무사단. 일반적으로는 에도시대 도쿠가와 쇼군에게 직속된 가신 가운데 석고가 1만 석 미만으로 오메미에(御目見) 이상의 가격(家格)인 무사 신분을 가리킨다.

41 신하의 신하.

42 사쓰마노카미(薩摩守)란 사쓰마 번주 시마즈 이에히사[島津家久: 다다쓰네(忠恒)]. 이에히사의 부인은 백부(伯父) 시마즈 요시히사(島津義久)의 딸이었으나 정실과의 사이에 자식은 없었다. 이에히사의 후계자 미쓰히사(光久)의 생모(側室)는 가신 시마즈 다다키요(島津忠清)의 딸이다.

此儀如何ニ候哉と御尋ニ付, 先年方長老朝鮮へ
被罷渡候節之禮曹回翰幷調興先年相認

쓰시마의 풍속도 어느 정도 그럴 거라고 생각한다"고 하셨다.

一. 동 29일, 오이노카미님·이즈노카미님·분고노카미님이 연서(連書)를 보내시어, 이 건은 내일 에도성에서 심문할 거라고 하셨다.

一. 11월 1일, 인사를 드리러 등성(登城)하셨다. [등성을 마치고] 로주님들과 동행하여 곧 사카이 빈고(酒井備後)[43]님 댁으로 가셨다. 그때 "이전 보초로(方長老)[44]가 조선 왕성에 다녀온 일[45]은 귀하[소 요시나리]가 막부의 권위를 빌려 무리해서 추진했다고 부젠이 말했다. 이 일은 어떻게 된 것인가?"라는 물음에, 이전에 보초로가 조선에 건너갔을 때 [받아 온] 예조 회답서한 및 시게오키가 이전에 작성해서

差出候誓旨ヲ, 御老中樣方へ被入御披見, 卽日大炊頭樣·
伊豆守樣·豊後守樣·町奉行民部少輔樣·式部少輔樣
御同座ニ而, 右之回翰ハ刑部卿法印永喜老讀之.

---

43 사카이 다다토시(酒井忠利). 다다토시는 로주 사카이 다다카쓰(酒井忠勝)의 부친으로 1627년에 사망했다. '빈고님' 댁이란 다다카쓰의 저택을 의미할 것이다.

44 기하쿠 겐포(規伯玄方, 1588~1661). 일명 보초로(方長老). 규슈 하카타(博多) 무나가타(宗像)군 출신으로 출가한 시기 등은 알 수 없으나 쓰시마로 건너가 외교승으로 활약했던 동향(同鄕) 출신의 선승(禪僧) 게이테쓰 겐소의 제자가 되었다. 겐소는 쓰시마의 후추(府中)에 이테이안을 창설하였고, 1611년 10월 겐소가 75세의 나이로 사망하자 겐소의 뒤를 이어 이테이안의 2대 주지가 되어 대조선 외교문서를 기초하는 작업을 담당하였다. 1621년과 1629년에 조선에 건너와 교섭을 직접 수행하기도 했으며, 1629년에는 이례적으로 도읍 한성에 상경하기도 했다. 이는 임진왜란 이후 일본의 사절이 한성 상경을 허가받은 유일한 사례가 되었다. 야나가와 잇켄 때에 실무자로서 실책이 있었음이 인정되어 난부(南部)에 유배되었다가 1658년에 사면되어 에도로 돌아왔다.

45 1629년 겐포(보초로) 일행이 국왕사(쇼군의 사절)의 이름으로 조선 한성에 다녀온 일.

一. 同三日, 大炊頭様江豊前ヲ御呼被成, 右之回翰誓旨
御見セ被成候得ハ, 此回翰之儀謀書ニ而, 執筆之者
僞印ヲ造候者, 何茂對州ニ罷有候. 扨又先年信使
來聘之節も　公儀御返翰對州ニ而謀書仕リ,
僞印ヲ押シ信使江被相渡候ニ付, 其節も私每度
諫之候得共, 許容不被成候故, 誓旨之趣ヲ相背キ,
君臣之道を絶シ可申与存候ハ, 此儀ニ付候故ニ御座候と

제출한 맹세서를 로주님들께 보여 드렸다. 그날 오이노카미님 · 이즈노카미님 · 분고노카미님 · 마치부교(町奉行)[46] 민부쇼유(民部少輔)님 · 시키부쇼유(式部少輔)님이 동석하셨고, 위의 회답서한은 교부쿄호인(刑部卿法印) 에이키(永喜)[47]님이 읽었다.

一. 동 3일, 오이노카미님에게로 부젠을 부르시어 위의 회답서한과 맹세서를 보이시니, "이 회답서한은 위조문서(謀書)로, 글을 쓴 자와 위조 도장을 만든 자 모두 쓰시마에 있습니다. 또한 이전에 통신사가 내빙했을 때에도 막부의 답서를 쓰시마에서 위서로 만들어 가짜 도장을 찍어 통신사에게 건넸는데, 그때도 저는 매번 간언했지만 받아들여지지 않았기 때문에 맹세서의 내용을 배반하고 군신의 도를 끊어야겠다고 생각한 것은 이런 일 때문입니다"라고

---

46 에도 막부의 직명으로, 도시 지역의 행정·사법을 담당하는 부교이다. 막부뿐만 아니라 각 번에도 이 직책이 존재하지만, 일반적으로 마치부교라 하면 막부의 직책인 에도마치부교를 가리킨다.

47 하야시 에이키(林永喜). 유자(儒者) 하야시 라잔(林羅山)의 동생. 에이키도 후지와라 세이카(藤原惺窩), 라잔 등에게 유학을 배웠고, 교부쿄호인(刑部卿法印)에 서임되었다. 저서로는 『林永喜假名遺書』, 『東武紀年錄』 등이 있다.

豊前申上ル.

一. 同五日, 大炊頭様ゟ御招キ被成. 右豊前申分之通遂糾明候様ニ, 方長老·松尾七右衛門召寄セ, 令僉儀候様ニ, 　上ゟ被仰出之趣, 被仰渡候ニ付, 此兩人被召寄御僉儀被下候段, 私之大幸と奉存候との趣, 御返答被成ル.

一. 同八日, 大炊頭様ゟ古川右馬助ヲ被召, 今度 御召之爲使大炊頭様ゟ横田角左衛門·伊豆守様ゟ篠田九郎左衛門ヲ對州へ被差越候條, 對馬守殿ゟも家頼相添可被差越候. 扨又此一件落着之間者, 朝鮮

부젠이 아뢰었다.

一. 동 5일, 오이노카미님이 부르셨다. 위에서 부젠이 진술한 내용을 규명하기 위해 보초로·마쓰오 시치에몬(松尾七右衛門)[48]을 불러 논의하라는 쇼군님의 지시가 있었다고 전해주셨다. "이 두 사람을 불러 조사해 주시는 것이 저로서는 다행이라고 생각합니다"라고 답변하셨다.

一. 동 8일, 오이노카미님이 후루카와 우마노스케를 부르시어, "이번에 [보초로와 시치에몬을 에도로 데려오는] 사자로서 오이노카미님이 요코타 가쿠자에몬(横田角左衛門)·이즈노카미님이 시노다 구로자에몬(篠田九郎左衛門)을 쓰시마로 보낼 것이니, 쓰시마노카미님도 가신을 붙여서 보내시오. 또한 이 건의 결말이 나기까지 [쓰시마에서] 조선을

48 야나가와 시게오키의 가신.

往還之船一切可被差停候之旨被仰渡候ニ付, 多田
源右衛門ヲ相添, 對州江被差出之.
一. 同十日, 伊豆守様ゟ御招キ被成ニ付, 古川右馬助・多田
源右衛門被召連, 彼方様江御越被成候處ニ, 大炊頭様ニも
御出ニ而, 道春老・永喜老も伺公被致, 豊前ニも罷出.
昨日朝鮮往還之船御停止之趣, 御老中様ゟ被仰渡.
御歸宅以後御老中様ゟ古川右馬助ヲ被召, 此度
方長老・七右衛門被召候■, 不慮之儀無之様ニ, 於船中
無懈怠可加用心, 病人有之候ハヽ其所之守護職へ
醫師被相添候様ニ可致候. 御尋之一件ニ付少ニ而も

왕래하는 선박을 모두 중지하라"고 명하셔서, 다다 겐에몬(多田源右衛門)을 붙여서 쓰시마로 보냈다.

一. 동 10일, 이즈노카미가 부르셔서 후루카와 우마노스케와 다다 겐에몬을 데리고 그분[이즈노카미]께 갔더니, 오이노카미님도 오시고 도슌(道春)[49]님 · 에이키(永喜)님도 계셨고 부젠도 왔다. 어제 로주님들이 조선을 왕래하는 선박의 중지를 지시하셨다. 집으로 돌아가신 후 로주님들이 후루카와 우마노스케를 부르시어 "이번에 보초로 · 시치에몬을 데려올 때 불의의 사태가 일어나지 않도록 배 안에서 해이함 없이 주의를 기울여야 하며, 병자가 생기면 그 지역의 영주(守護)에게 의사(醫師)를 붙여 주도록 [요청]해야 할 것이다. [쇼군께서] 심문하시는 사안이니 조금이라도

49 하야시 라잔. 에도시대 초기의 유학자. 후지와라 세이카(藤原惺窩)에게 주자학을 배웠다. 1605년 도쿠가와 이에야스에게 종사했고, 이후 4대에 걸쳐 쇼군의 시강(侍講)을 담당했다. 법령 제정, 외교문서 작성, 전예(典禮)의 조사와 정비에도 관여했다. 1636년 통신사행 때 부사 김세렴(金世濂)과 사단칠정(四端七情)을 논변(論辨)했다. (『대일외교사전』)

其儀預りニ候者於有之ハ, 不論僧俗男女, 不殘可
可[50]差上之旨被仰渡ル.

一. 同晦日, 大炊頭様古川右馬助被召. 伊豆守様·但馬守様·式部少輔様·民部少輔様御同座ニ而, 此度朝鮮往還之船被差停候儀, 朝鮮國不審可存候條, 對馬守殿ゟ使者を以, 其譯朝鮮國江被申届候様ニ与之御事ニ付, 黑木惣左衛門·大浦助大夫被差越之, 豊前ニも自分之家人相添遣之.

一. 十二月朔日, 古川右馬助以昨日之爲御返答, 御老中様方江被遣. 其節此度朝鮮江使者被差越候ニ付, 對州ニ

그 일과 관련된 자가 있으면 승속남녀를 불문하고 남김없이 [에도로] 올려 보내야 한다" 라고 지시하셨다.

一. 동 그믐날(晦日), 오이노카미님이 후루카와 우마노스케를 부르셨다. 이즈노카미님·다지마노카미(但馬守)님·시키부쇼유님·민부쇼유님이 동석하여, "이번에 조선 왕래 선박을 중지한 것을 조선이 수상하게 여길 터이니 쓰시마노카미님이 사신(使者)을 보내서 그 사정을 조선에 전하시오"라고 하셨다. 이에 [요시나리는] 구로키 소자에몬(黑木惣左衛門)·오우라 스케다유(大浦助大夫)를 보내셨고, 부젠도 자신의 가인(家人)을 붙여 보냈다.

一. 12월 1일(朔日), 후루카와 우마노스케를 어제에 대한 답변을 위해 로주님들께 보내셨다. 그때 "이번에 조선에 사자를 보내는 것과 관련하여, 쓰시마에

50 자형상 可可로 보인다.

被差置候家賴, 釜山浦ニ被差置候侍士江被差越候書狀
御證印可被成候間, 只今持參仕候樣ニ与, 御老中樣𠮟被仰
渡候ニ付, 今度御用ニ付被差越候御狀, 御老中樣江被差出ル.
且又古來𠮟朝鮮渡海之船ハ, 吹嘘一封相添遣之候趣,
被仰上候得ハ, 左候ハヽ右吹嘘ニ被用候銅印ヲ以封印可被
致候. 尤調興印ヲ下ニ押, 右之銅印ヲ上ニ押候而, 雙方使
者同船ニ而, 渡海爲仕候樣ニと有之ニ付, 調興印ハ江戸ニ而
證印爲致, 銅印之儀ハ對州ニ有之條, 篠田九郎左衛門·
横田角左衛門兩檢使目前□致證印候樣ニと被仰遣.
一. 同三日, 大浦助大夫朝鮮國江御使者被仰付候ニ付,

두고 있는 가신들, 부산포로 보내 둔 무사들에게 보낼 서한에 증인을 찍을 것이니 바로 지금 가져오라"고 로주님들이 분부하셨다. 이에 이번 용무와 관련하여 보낼 서한을 로주님들께 제출했다. 또한 [요시나리가] "예로부터 조선에 도항하는 배는 도항증명서(吹噓)[51] 1봉(封)을 가져갑니다"라고 말씀드리자, "그러면 이 도항증명서에 사용하는 동인(銅印)으로 봉인하십시오. 시게오키의 도장을 아래에 찍고 위의 동인을 위에 찍어서 쌍방의 사자가 같은 배를 타고 도해하도록 하시오"라고 하니, [요시나리가] "시게오키 도장은 에도에서 증인하게 하고, 동인은 쓰시마에 있으니 시노다 구로자에몬·요코타 가쿠자에몬 두 검사(檢使)의 목전에서 증인하게 할 것입니다."
一. 동 3일, 오우라 스케다유를 조선에 보내는 사자로 임명하시고,

51 스이코(吹噓). 와니우라(鰐浦)의 세키쇼(關所)에서 발급하는 출항 허가증.

古川右馬助相添, 大炊頭様江被遣御届被仰上ル. 且又右

證印之譯茂被仰上候得者, 銅印之儀彌對州ニ而押之,

調興印ハ彼宅ニ而被爲押之候様ニ与之御事也.

一. 寛永十二乙亥正月

一. 二月五日, 朝鮮馬藝之者對州江到着候段, 御國ゟ

申來候ニ付, 伊豆守様·豊後守様江御状を以其趣被仰上ル.

一. 同六日, 方長老其外人數, 正月廿八日到着之儀飛脚を以,

大坂ゟ申來ル.

一. 同十二日, 方長老·杉村采女·柳川勘解由其外人數, 江戸

着仕ル. 斛町之邊ニ居宿.

후루카와 우마노스케를 붙여 오이노카미님께 보내서 보고를 드렸다. 또한 위의 증인에 관해서도 말씀드리니 "동인은 쓰시마에서 찍고 시게오키 도장은 그의 자택에서 찍게 하라"고 하셨다.

一. 간에이(寬永) 12년(1635) 을해(乙亥) 정월

一. 2월 5일, 조선의 마상재[52] 곡예사(馬藝之者)가 쓰시마에 도착했다는 연락이 쓰시마에서 왔기에, 이즈노카미님·분고노카미님께 서한으로 이를 말씀드렸다.

---

52 조선시대에 말을 타고 그 위에서 물구나무서기 등의 재주를 부리는 사람을 보통 마상재(馬上才)라고 한다. 쓰시마의 기록에 의하면, 1634년 9월 쇼군 이에미쓰가 닛코(日光)에서 돌아온 이튿날(21일) '조선의 승마술을 보고 싶다'고 한 것이 발단이 되어 쓰시마가 조선에 사절을 급파, 마상재 초청 의사를 전했다. 쓰시마가 마상재 파견을 요청한 1634년 당시 잇켄은 이미 본격화되어 막부가 심리에 돌입한 상황이었다. 조선은 마상재 파견을 수락하였고, 이 사행은 1635년 정월에 조선을 출발, 3월 말 에도에 도착하여 쇼군과 다이묘들에게 마술(馬術)을 선보인 후 7월 조선에 귀국했다. 이 사행은 조선의 역관(홍희남과 최의길)이 통신사의 동행 없이 마상재만을 동반하고 에도까지 다녀온 유일한 사례이기도 하다. 그 뒤로 통신사는 1643년 사행부터 1764년 사행까지 6번 마상재인들을 동행하여 에도에서 마상재 공연을 했다. (宗家記錄, 『譯官洪同知崔判事并馬藝張司果金司果上下合二十一人江戸參上之日々記拔書』)

一. 동 6일, 보초로와 그 밖의 사람들이 정월 28일에 도착했다고 파발(飛脚)[53]로 오사카에서 알려 왔다.

一. 동 12일, 보초로·스기무라 우네메·야나가와 가게유(柳川勘解由)와 그 외의 사람들이 에도에 도착했다. 고쿠초(斛町) 인근에 머물렀다.

一. 同十五日, 方長老其外, 共ニ宿ヲ替江寺江移ル.

一. 同十九日, 伊豆守様ゟ讃岐守様御館江古川右馬助被差越候様ニと申來. 右馬助被遣之候得ハ, 馬藝之者道中傳馬幷宿所之御證印御渡被成.

一. 同廿五日, 御老中様方大炊頭様御館江御寄會被成, 方長老·徐藏司·杉村采女·柳川勘解由·大原縫殿助·杉村三之丞·松尾庄兵衛·渡部與七右衛門·有田杢兵衛·平山久兵衛·松尾賀右衛門, 其外方長老·采女ニ相附キ, 朝鮮王城江罷越候者共不殘召之, 豊前方ニハ松尾七右衛門·流芳院之住持昊首座及部首座·太田忠右衛門·

一. 동 15일, 보초로와 그 외의 사람들이 모두 숙소를 바꾸어 절로 옮겼다.

一. 동 19일, 이즈노카미님이 “사누키노카미님 댁으로 후루카와 우마노스케를 보내라”고 하셨다. 우마노스케를 보냈더니 마상재 일행이 [쓰시마에서 에도까지 오는] 도중(道中)에 필요한 덴마(傳馬)[54] 및 숙소에 관한 증인을 건네주셨다.

53 가마쿠라시대에서 에도시대까지 문서, 금전, 화물 등을 송달하는 것과 그 사람을 말한다. 에도 막부가 통신기관으로 채용하여 정비에 힘썼다. 막부의 공용(公用)을 위한 역참파발(繼飛脚, 次飛脚), 다이묘들이 역참파발을 따라 설치한 다이묘히캬쿠(大名飛脚), 민간 영업에 관련된 마치비캬쿠(町飛脚)로 크게 나뉜다. (『日本國語大辭典』)

54 에도시대에 각 에키(驛)와 슈쿠(宿)에 배치되어 공무를 위해 사용되던 말.

一. 동 25일, 로주님들이 오이노카미님 댁으로 모이셔서 보초로 · 조조스(徐藏司)[55] · 스기무라 우네메 · 야나가와 가게유 · 오하라 누이노스케(大原縫殿助) · 스기무라 산노조(杉村三之丞) · 마쓰오 쇼헤에(松尾庄兵衛) · 와타베 요시치에몬(渡部與七右衛門) · 아리타 모쿠베에(有田杢兵衛) · 히라야마 규헤에(平山久兵衛) · 마쓰오 가에몬(松尾賀右衛門), 그 외 사람들은 보초로 · 우네메를 수행하여 조선 왕성에 다녀온 사람들로 모두 다 불렀다. 부젠 쪽에서는 마쓰오 시치에몬 · 류호인(流芳院)[56]의 주지(住持) 고슈소(昊首座)[57] · 쇼슈소(邵首座)[58] · 오타 주에몬(太田忠右衛門) ·

相場新右衛門·村岡五郎右衛門·平山七郎左衛門·波多野長左衛門·
松嶋勘右衛門等被召出之. 何茂大炊頭様御館江罷出ル.
其節方長老先年朝鮮王城江被罷通候儀,
公儀之御權威ヲ借リ押付被致上京候趣, 七右衛門
申出候ニ付, 方長老御老中様方江右七右衛門虚説ヲ構候
來由ヲ被申述ル.
一. 同廿七日, 方長老·七右衛門於御老中様　御前對決
有之. 其節去ル慶長十九年信使來聘之儀, 朝鮮
國江被申越候節も, 對馬守殿謀書ヲ造リ彼國江被
相渡候. 朝鮮國之儀豊前守如何様ニ存候而も, 諸事

---

55 조스(藏司, 藏主)란 선사(禪寺)의 경장(經藏)을 관리하는 승려.

56 류호인(流芳院)은 야나가와 가문의 보다이지(菩提寺). 보다이지란 일가(一家)가 대대로 귀의하여 장례식, 공양 등을 행하는 절.

57 류호인의 주지승 겐코(玄昊).

58 슈소(首座)는 선종에서 수행승(修行僧)의 리더를 가리키는 직명. 임제종(臨濟宗)에서는 직명인 동시에 승계(僧階)의 하나이기도 하다.

아이바 신에몬(相場新右衛門)·무라오카 고로에몬(村岡五郎右衛門)·히라야마 시치로자에몬(平山七郎左衛門)·하타노 조자에몬(波多野長左衛門)·마쓰시마 간에몬(松島勘右衛門) 등을 불러내어 모두 오이노카미님 댁으로 갔다. 이때 "보초로가 이전에 조선 왕성에 다녀온 것은 막부의 권위를 빌려 무리해서 상경한 것"이라고 시치에몬이 말하자, 보초로가 로주님들에게 시치에몬이 거짓말을 꾸며낸 것이라고 진술했다.

一. 동 27일, 보초로와 시치에몬이 로주님들 앞에서 대결했다. 그때 "지난 게이초 19년(1614) 통신사 내빙과 관련하여 조선에 통보를 했을 때에도 쓰시마노카미님이 위서(謀書)를 만들어 그 나라에 보냈습니다. 조선과의 통교를 부젠노카미가 어떻게 생각하더라도 모든 일이

不及力候儀者, 古川右馬助印判役相勤候故ニ候与, 七右衛門
訴申上候ニ付, 右馬助申候ハ, 朝鮮と約定之印證者
對馬守·豊前兩様ニ請ケ罷有事ニ御座候. 對馬守ゟ
遣候書契ニハ, 對馬守請ケ候印ヲ用, 豊前ゟ遣候書契ハ,
豊前請ケ候印ヲ用イ申事ニ而, 私之預リ申事ニ無
御座候. 吹嘘ニ印形仕候儀計ハ, 私之當役ニ御座候.
其外書契印證之儀者, 聊私之存知仕たる事ニ
無御座候. 去ル慶長年中之儀ハ, 尤先對馬守
權現様御意ヲ承リ差圖仕たる事ニ候得共, 何之
差支も無之儀ニ御座候を, 無用ニ謀書可仕候哉.

[부젠의] 힘에 미치지 않는 것은 후루카와 우마노스케가 인반야쿠(印判役)[59]를 담당하고

59 '인반(印判)'은 인(印), 인장(印章).

있기 때문입니다"라고 시치에몬이 주장하자, 우마노스케가 말하길 "조선과 약속한 인증(印證)은 쓰시마노카미·부젠 두 분이 받아서 갖고 계십니다. 쓰시마노카미가 [조선에] 보내는 서계(書契)[60]에는 쓰시마노카미가 받은 도장을 사용하고, 부젠이 보내는 서계는 부젠이 받은 도장을 쓰고 있어 제가 맡고 있는 것은 없습니다. 도항증명서(吹嘘)에 날인하는 일만이 제가 맡은 역할입니다. 그 밖에 서계 인증에 관해서는 제가 아는 것이 조금도 없습니다. 지난 게이초 연간(1596~1614)의 일은 선대 쓰시마노카미가 곤겐(權現)님의 뜻을 듣고서 지시한 일인데, 어떠한 문제도 없는 상황에서 [왜] 쓸데없이 위서를 만들겠습니까.

以前も領地之事ニ付, 對馬守領內ニおいて豊前私謀ヲ以村分ケ等仕リ, 種々私曲ヲ相構, 又々方長老上京之儀ニ付, 何角と虛說ヲ設候段, 重々不届之次第御明察ヲ被下候樣ニと申候. 扨御老中樣方杉村采女江御尋被成候者, 方長老上京之節, 如何樣之譯を以同日ニ肅拜不致候哉. 此段御不審ニ候段, 御尋被成候ニ付, 采女御返答申上候ハ, 方長老ニハ國命ヲ奉リ被罷越候譯ニ而, 私ニハ方長老路次馳走何角之儀差圖仕リ候樣ニ, 扨又次手ニ朝鮮國之樣子をも見聞仕置候得与, 對馬守申付差添之

이전에도 영지에 관한 일로 쓰시마노카미의 영내(領內)에서 부젠이 사사로이 획책하여 마을의 경계를 정하기도 하고 사적인 부정을 여러 가지 저질렀는데, 또다시 보초로의

60 조선과 쓰시마가 주고받는 외교문서.

[한성] 상경에 관해서도 거짓말을 만들어 내고 있으니 거듭거듭 괘씸한 행실을 명확하게 살펴 주십시오"라고 말했다. 한편 로주님들이 스기무라 우네메에게 질문하시기를, "보초로가 상경했을 때 어떤 이유로 같은 날에 숙배(肅拜)[61]하지 않았는가? 이 점이 수상하다"고 하니, 우네메가 답변하기를, "보초로는 국명을 받들어 [조선에] 갔고 저는 보초로가 여정에서 [조선에서] 받는 대접에 관해 지시하기 위해, 또한 그 기회에 조선의 상황도 견문해 두라는 쓰시마노카미의 명을 받아 함께

遣候. 然者王城江罷通候節, 朴判事·崔判事來候而,
近日肅拜可有之候, 方長老采女同前禮曹ヲ拜致
可然段申候ニ付, 拙僧儀出世之長老ニ候得者, 禮曹ヲ拜
候事, 決而不罷成段, 方長老被致返答候節, 私ニも
某ニハ長老護行之役ニ付, 罷越申たる迄ニ候得ハ, 禮曹へ
拜禮可致樣無之趣返答仕候. 翌日又判事來候而,
左候ハヽ長老と禮曹とハ對拜可然候, 其方ニ禮曹ヲ拜
候樣ニと申聞候付, 私儀禮曹ヲ拜候儀, 決而可仕樣無之
段, 又々申切候. 就夫方長老のミ肅拜被致候. 其後重而
判事來リ候而, 其方姓名も書契之內ニ相見へ候處ニ,

파견되었습니다. 그런데 왕성으로 갈 때 박판사·최판사[62]가 와서 '가까운 시일 내에 숙

61 숙배(肅拜)는 원래 궁궐에서 왕에게 공손히 사배(四拜)를 올리는 의식 또는 한성을 떠나 임지(任地)로 향하는 관원이 임금에게 작별을 아뢰는 일을 의미한다. 조선전기에는 한성에 올라온 왜사(倭使)들이 궁궐에서 왕에게 숙배를 올렸지만, 조선후기에는 왜관에 온 쓰시마 사절이 초량왜관의 객사(客舍)에서 조선 국왕을 의미하는 전패(殿牌)를 향해 예를 올렸다.

62 조선의 왜학역관(倭學譯官)에는 훈도(訓導)와 별차(別差)가 있었다. 훈도는 30개월, 별차는 1년을 주기로 교체되었다. 훈도는 '판사(判事)'라고도 하며, 쓰시마는 훈도와 별차를 합하여 '양역(兩譯)'이라 불렀다. 훈도와 별차는 평상시 왜관에 출입하면서

배가 있습니다. 보초로·우네메는 함께 예조(禮曺)에 배(拜)를 올려야 합니다'라고 하기에, '저는 출가한 초로(長老)여서 예조에 배를 하는 건 결코 안 됩니다'라고 보초로가 대답했고, 저는 '보초로를 호행(護行)하는 임무를 띠고 왔을 뿐이라 예조에의 배례는 하지 않겠습니다'라고 대답했습니다. 이튿날 다시 판사가 와서, '그러면 보초로와 예조는 대배(對拜)하고 그쪽[우네메]은 예조에 배례하시오'라고 하기에, 저는 '예조에의 배례는 결코 할 수 없습니다'라고 다시 잘라 말했습니다. 결국 보초로만 숙배를 했습니다. 그 후 거듭 판사가 와서 '당신 이름도 서계 안에 보이는데

肅拜不仕候而ハ, 爲不■之趣申聞候故, 其日數九日ニ及ヒ
私ニ茂肅拜仕候之趣申上ル. 七右衛門又々申候者, 右方長老
上京之節書契二箱被持■候. 一ツ之箱ニ者如何様之物ヲ
納レ被申たる事ニ候哉と申掛候時, 其節之書契
一箱ニ候段, 釆女致返答候得ハ, 其儀證人有之段, 七右衛門
申候ニ付, 左候ハヽ其證人差出候様ニと釆女致返答候.
七右衛門申候ハ, 安兵衛と申者其身證人ニ候得共, 對州ニ
罷有候由申候ニ付, 此度檢使對州江被差越候節,
此一件ニ預り候者於有之ハ, 僧俗男女ヲ不論不殘
可召連之段, 被仰渡有之たる事ニ候處ニ, 右安兵衛

숙배를 하지 않는다면 (■입니다)'라고 하므로 그 일수가 9일에 이르러 저도 숙배를 했습니다"라고 말했다. 시치에몬이 또 말하기를, "보초로가 상경할 때 서계 두 상자를 가져

외교와 무역 업무를 통할하고, 일상적인 통교활동을 하는 데 있어 조선 정부의 정책과 쓰시마 측의 의사를 서로에게 전달하는 역할을 했다. 문위행에 참가하는 도해역관(渡海譯官)과 양역은 별개였다. (『增正交隣志』 卷3, 任官)

갔습니다. 한 상자에는 어떤 물건을 넣었습니까?"라고 묻자, "그때 서계는 한 상자였다" 라고 우네메가 답변했다. "그 일은 증인이 있습니다"라고 시치에몬이 말하니, "그러면 그 증인을 내놓으시오"라고 우네메가 답했다. 시치에몬이 말하기를 "야스베(安兵衛)라는 자가 그 증인인데 쓰시마에 있습니다"라고 하니, "이번에 검사(檢使)를 쓰시마로 보냈을 때 이 사건과 연관된 사람은 승속남녀를 불문하고 모두 데려오라는 분부가 있었는데, 그 야스베는

儀如何之譯を以召連不來哉と, 采女申聞候得ハ, 其時
七右衛門六兵衛と申者ヲ呼出候而, 此六兵衛ニも證人ニ而候段
申候時, 其時之書契箱者只一ツニ而, 別而外ニ書契箱者
無之段, 六兵衛申出候故, 采女七右衛門ニ向イ, 公儀御役人様
御前ニおいてケ様之虛說ヲ構江, 黑白ヲ申紛シ候段者
誠ニ不届至極之仕形ニ候. 其方造候謀書之執筆僞印ヲ
刻候者, 只今急度差出候様ニと申候時, 七右衛門返答も無之,
默然と致罷有候. 扨又御老中様方方長老へ, 御所
丸送使之儀, 對馬守·貴僧と相談以被差渡之候由,
豊前·七右衛門同然ニ申出候. 此儀ハ如何ニ候哉と御尋

어떤 이유로 데려오지 않았는가?"라고 우네메가 물으니, 그때 시치에몬이 로쿠베(六兵衛)라는 자를 불러내어 "이 로쿠베도 증인이다"라고 말했다. 그러자 "그때의 서계 상자는 단 하나였고 달리 다른 서계 상자는 없었다"고 로쿠베가 말했고, 우네메가 시치에몬을 향해 "막부의 관리님들 앞에서 이처럼 거짓말을 꾸며내어 흑백을 흐리고 있으니 참으로 괘씸함이 대단하다. 당신이 만든 위서를 쓴 자와 가짜 도장을 만든 자를 지금 확실하게 내놓으시오"라고 하자 시치에몬은 답변도 없이 침묵하고 있었다. 한편 로주님들

이 보초로에게 "고쇼마루(御所丸)[63] 송사(送使)는 쓰시마노카미와 그대[보초로]가 상의하여 보낸 것이라고 부젠과 시치에몬이 똑같이 말하였는데, 이 일은 어찌 된 것인가?"라고 물으셨다.

被成候節, 御所丸之儀對馬守·豊前兩人ゟ拙僧江
相賴被差渡候. 諸事折渡リ之儀ハ, 柳川勘解由·佐護
文右衛門存知居可申候. 拙僧ニハ其儀ヲ不存候段, 方長老
御返答ニ被及候ニ付, 勘解由江御所丸之儀誰人之差圖ニ
候哉と, 御老中樣方御尋被成候得ハ, 此儀全ク豊前
差圖ニ而御座候. 元和六年庚申之夏豊前申候者,
丁巳年信使來聘以後, 報聘使未不差渡之候, 以前
父豊前　權現樣御意ヲ承リ御所丸使ニ罷渡候.
然者先規之事ニ候得者, 此度とても同然之事ニ候間,
公儀へ御窺申上蒙　上意候以後, 江戸ゟ可申越候間,

"고쇼마루의 건은 쓰시마노카미와 부젠 두 사람이 저[보초로]에게 부탁해서 보낸 것입니다. 모든 복잡한 논의는 야나가와 가게유와 사고 분에문(佐護文右衛門)이 알고 있습니다. 저는 그 일을 모릅니다"라고 보초로가 답했다. 그래서 가게유에게 "고쇼마루 건은 누가 지시했는가?"라고 로주님들이 물으시자, "그 일은 모두 부젠이 지시했습니다. 겐나(元和) 6년(1620) 경신(庚申) 여름에 부젠이 말하기를, '정사년(丁巳年, 1617)의 통신사 내빙

63 고쇼마루(御所丸)는 원래 쇼군이 파견한 사송선(使送船)을 의미. 기유약조의 조문에는 쇼군이 외교사항이 있을 때에만 조선에 파견하는 선박으로 규정하고 있다. 이 기록에서는 1621년 야나가와 시게오키가 사사롭게 막부의 이름을 가칭하여 조선에 송사선을 보낸 일을 가리킨다.

이래 보빙사(報聘使)[64]를 아직 보내지 않았다. 예전에 아버지가 곤겐님의 뜻을 받들어 고쇼마루 송사로 건너갔다. 그러면 선례가 있으니 이번에도 동일하게 할 것이므로 막부에 여쭙고 쇼군님의 허락을 받은 후 에도에서 [쓰시마로 연락을] 보낼 것이니

兼而其用意仕候様ニと私江申聞候. 同七年辛酉之春
豊前妻江戸江差越候ニ付, 對馬守妹之事ニ御座候故,
幸對馬守參覲之次手ニ召連之, 同前ニ出船大坂着
仕候處ニ, 妹儀痲疹相現候故, 大坂ニ爲致逗留, 對馬守ニハ
直ニ參覲仕候. 然處對馬守ニも腫物相煩, 爲養生御暇
被下, 京都へ罷上リ候. 其節妹病氣快復仕リ, 江戸江
罷下候と而, 道中日坂ニ而對面仕リ, 對馬守ニハ直ニ京都へ
罷越逗留仕罷有候內ニ, 豊前家人古藤三郎左衛門
を以爲使差上セ, 御所丸之儀此度言上候處ニ, 先規之
ことく報聘使渡海爲仕候様ニと,　上意被下候間,

미리 준비하고 있으라'고 제[가게유]게 말했습니다. 겐나 7년(1621) 신유(辛酉) 봄에 부젠의 아내[65]가 에도로 갔는데, 쓰시마노카미의 여동생인터라 쓰시마노카미가 참근(參覲)[66]하러 [에도로] 가는 길에 데리고 함께 배로 쓰시마를 떠나 오사카에 도착했습니다. 그런

64 통신사의 일본 방문에 보답하는 의미의 답례 사절. 원래 보빙(報聘)은 이웃 나라의 외교사절에 대한 답례로 그 나라를 방문하는 것을 말한다. 조선전기, 조선에서 일본에 파견한 사절의 명칭은 통신사·보빙사(報聘使)·회례사(回禮使)·회례관(回禮官)·통신관(通信官)·경차관(敬差官) 등 다양했다. (『대일외교사전』)

65 부젠(시게오키)의 아내는 주군 요시나리의 여동생 미야히메(宮姬)였다. 요시나리와의 대립이 피할 수 없는 상황으로 격화되자 시게오키는 일방적으로 이혼을 선언했다.

66 산킨코타이(參勤交代). 에도 막부가 중앙집권제 확립을 위해 다이묘들로 하여금 영지에 있다가 1년 간격으로 에도에 와서 생활하게 했던 제도(쓰시마번은 3년에 1번). 다이묘의 처자식은 인질로 에도에 거주해야 했다. (『日本國語大辭典』)

데 여동생이 홍역을 앓게 되어 오사카에 머물게 하고 쓰시마노카미는 곧바로 참근했습니다. 그런데 쓰시마노카미도 종기를 앓아, 치료를 위해 참근을 쉬어도 된다는 허가를 받고 교토로 갔습니다. 그때 여동생의 병이 회복되어 에도로 가던 도중 닛사카(日坂)에서 대면하고 쓰시마노카미는 곧바로 교토로 가서 체류하고 있던 중, 부젠이 가신(家人)인 고토 사부로자에몬(古藤三郎左衛門)을 사자로 보내, '고쇼마루의 건을 이번에 아뢰었더니 전례와 같이 보빙사를 도해시키라는 쇼군님의 뜻을 받았다. 그러하니

彌差渡可然旨, 留守居役之者迄申越, 早速其趣
對馬守江申聞之候處, 對馬守ニも豊前　上意ヲ奉り
候上, 彌其通ニ仕り, 使船渡海爲仕可然旨申候. 其後
元和七年八月, 三郎左衛門對州江罷越, 僉官人數其外
諸式用意なと, 豊前差圖之通ニ相調候. 同年冬豊前
差圖を以, 松尾七右衛門對州江差下シ, 御所丸出船
爲仕候. 對馬守ニハ其年十月痛平愈歸州仕候. 右
御所丸之一件始末共ニ豊前七右衛門兩人之計イニ而,
對馬守ニハ存知不仕儀ニ御座候段, 勘解由申上ル. 其節
御所丸使調物なと之價者何方ゟ令差引候哉と,

파견할 것이다'라고 루스이(留守居)[67]에게 전하고, 서둘러 그 내용을 쓰시마노카미에게 말했습니다. 쓰시마노카미도 '부젠이 쇼군님의 뜻을 얻은 이상 그대로 시행하여 송사선

67 에도 막부 및 제번(諸藩)에 두었던 직명(職名)의 하나. 쇼군 또는 번주가 외출할 때 성(城)에 머물면서 성의 경비 및 제반 업무를 관리했다. 여기에서의 루스이는 쓰시마번 에도 번저의 루스이로 추정된다. 그들은 다이묘들의 에도 번저에서 막부와의 공무 연락과 정보 수집, 다른 번의 루스이들과의 교제 연락을 맡았다.

을 도해시키는 것이 좋겠다'라고 했습니다. 그 후 겐나 7년(1621) 8월 사부로자에몬이 쓰시마로 가서 [송사선에 탈] 첨관(僉官)[68]의 인원수, 그 밖에 여러 의식의 준비 등을 부젠의 지시대로 마련했습니다. 같은 해 겨울 부젠의 지시로 마쓰오 시치에몬을 쓰시마로 보내 고쇼마루를 출선하게 했습니다. 쓰시마노카미는 그해 10월, 병이 나아서 쓰시마로 돌아왔습니다. 고쇼마루 건은 처음부터 끝까지 모두 부젠과 시치에몬 두 사람이 계획한 것으로, 쓰시마노카미는 모르는 일입니다"라고 가게유가 말했다. "그때 고쇼마루 송사가 준비해 간 물건 등의 비용은 어디에서 염출했는가?"라고

御尋被成候故, 其節對州ニ贖銀二拾貫目餘
有之候ヲ, 豊前差圖ニ付佐護分右衛門江相渡候. 分右衛門
其身京都江持越, 御所丸用意之品買調之罷歸り候.
其後分右衛門·七右衛門兩人差圖を以, 私ニも諸事取扱
相談仕候段, 勘解由申上ル. 豊前ゟ誓旨相調, 對馬守殿へ
差出候ハ, 如何樣之譯ニ候哉と, 御尋被成候時, 其儀ハ豊前
父智永相果候後, 父對馬守江內右衛門·柳川河內兩人
相添, 豊前駿府へ差越之. 其後豊前儀駿府ニ罷有候.
然處豊前事內所對馬守江讒訴之者有之樣ニ
承及, 安心不仕候樣子ニ相聞候ニ付, 豊前對州ニ罷歸

물으시어, "그때 쓰시마에 속은(贖銀) 20관목(貫目) 남짓이 있던 것을 부젠의 지시로 사고 분에몬에게 건넸습니다. 분에몬이 직접 교토로 가져가 고쇼마루에 필요한 물품을 조달해서 돌아왔고, 그 후 분에몬과 시치에몬 두 사람이 지시하여 저도 여러 일을 처리하

---

68 쓰시마의 송사선(送使船)이 파견될 때 탑승하여 왜관으로 건너왔던 사절.

기 위해 상담을 했습니다"라고 가게유가 말했다. "부젠이 맹세서를 써서 쓰시마노카미에게 제출한 것은 어떤 연유에서인가?"라고 물으시어, "그것은 부젠의 아버지 도시나가(智永)[69]가 돌아가신 후, 쓰시마노카미의 부친[70]이 에우치 우에몬(江内右衛門)과 야나가와 가와치(柳川河内) 두 사람을 붙여 부젠을 슨푸로 보냈습니다. 그 후 부젠은 슨푸에 있었는데 은밀하게 쓰시마노카미에게 부젠을 헐뜯는 자가 있다는 것을 [부젠이] 알았고 안심할 수 없는 상황이라고 들어서, 부젠이 쓰시마에 돌아갔을 때

候節, 對馬守ゟ宗讚岐·平田左京を以, 公儀向
朝鮮幷對州之儀ニ至る迄, 父祖之時之ことく無相違
相勤候様ニと, 豊前江爲申聞候. 其節豊前若輩
者ニ候間, 被差免被下候様ニと, 對馬守へ再三及斷候
得共, 對馬守ゟ達而其通ニ申付候. 其節向後主從之
道ヲ違背仕間敷之趣, 豊前誓旨相認, 右兩人之者江
相渡候. 其後私安心之爲ニ御座候間, 何とそ對馬守殿
及威德院殿ゟ何茂誓旨ヲ被下候様ニと, 豊前願出候付,
不便ニ存誓旨調之, 被相渡候譯ニ御座候と申上ル. 其時
巳ノ年信使延引ニ及候故, 　公儀ヲ掠メ謀書ヲ

69 야나가와 가게나오(柳川景直, ?~1613). 야나가와 도시나가(柳川智永). 초명이 가게나오. 야나가와 시게노부의 아들이자 시게오키의 아버지. 조선에서는 주로 유천경직(柳川景直), 평경직(平景直)이라 일컬었다. 1611년에는 부친 시게노부의 공로와 임진왜란 때 잡혀간 조선인 포로를 쇄환(刷還)한 공로를 인정해 조선에서 그에게 도서(圖書)를 급부하고 해마다 사선(使船) 1척씩을 보내게 했는데, 이것을 야나가와 송사(柳川送使)라고 한다. 1622년 그의 아버지 시게노부의 법명인 류호인을 따라 유방원도서(流芳院圖書)를 발급받게 되면서, 당시의 야나가와 가문은 2개의 도서를 보유하게 되었다. (『대일외교사전』)

70 소 요시토시.

쓰시마노카미가 소 사누키(宗讃岐)[71] · 히라타 사쿄(平田左京)를 통해 '막부에 대한 조선 관련 업무 및 쓰시마 업무까지 선조(先祖) 때와 같이 틀림없이 일하도록 하라'고 부젠에게 전했습니다. 그때 부젠은 '어린 나이이니 지시를 거두어 주십시오'라고 쓰시마노카미에게 재삼 거절했으나, 쓰시마노카미는 받아들이지 않고 그대로 명했습니다. 그때 '앞으로 주종(主従)의 도리를 어기지 않겠다'는 맹세서를 부젠이 작성하여 위 두 사람에게 건넸습니다. 그 후 '제가 안심하기 위해서이니 아무쪼록 쓰시마노카미님과 이토쿠인(威德院)[72]님께서도 맹세서를 주셨으면 합니다'라고 부젠이 요청하니, 가엽게 여겨서 맹세서를 준비하여 건넨 것입니다"라고 말했다. "그때 사년(巳年, 1617)의 통신사가 연기되는 바람에 막부를 속이고 위서를

作り, 朝鮮國江差遣之候ニ付, 追付來聘之儀相濟候. 然者
右謀書之譯露顯可致段, 對馬守殿無心元被存候而,
推而豊前江誓旨被爲致候と, 七右衛門申上候ニ付, 其方儀
左樣跡方茂無之儀ヲ申上候哉. 其節謀書之儀ハ, 定而
其方豊前兩人之所爲ニ而可有之候. 我々ニハ左樣之儀
終ニ聞及も無之候と, 勘解由致返答候. 扨又僞印ヲ
刻候儀其方作之候由, 誰人之差圖を以作之候哉と,
勝田孫七江御尋被成候處, 僞印之儀前後兩度刻之
申候, 一度ハ於江戸豊前宅, 七右衛門差圖を以刻之, 其
爲褒美八木貳俵給之, 一度ハ於對州刻之候. 是又

71 소 도시노부(宗智順). 번주 소 요시나리의 사촌 형제.

72 전 번주 소 요시토시의 부인이자 소 요시나리의 생모.

만들어 조선에 보냈고, 곧이어 [통신사] 내빙이 해결되었습니다. 그런데 그 위서의 경위가 발각될 것을 쓰시마노카미님이 불안해하시어 억지로 부젠에게 맹세서를 작성하게 했습니다"라고 시치에몬이 말하자, "당신은 그처럼 증거도 없는 말을 합니까. 그때 위서는 당연히 당신과 부젠 두 사람이 한 짓입니다. 우리들은 그런 일 끝내 듣지도 못했습니다"라고 가게유가 답변했다. 또한 "가짜 도장을 새긴 것도 당신의 짓이라는데 누구의 지시를 받아 만들었는가?"라고 가쓰타 마고시치(勝田孫七)에게 물었더니, "가짜 도장은 전부 두 번 새겼습니다. 한 번은 에도의 부젠 댁에서 시치에몬의 지시로 만들었고, 그 포상으로 쌀 두 가마니(俵)를 받았습니다. 또 한 번은 쓰시마에서 만들었습니다. 이 또한

七右衛門差圖ニ而爲刻之, 印出來之節七右衛門方持參仕リ直ニ相渡申候. 其節も爲褒美木綿二疋給之候.
右兩度共ニ七右衛門差圖を以作之申候. 乍然如何樣之入用を以爲刻之候与之儀ハ, 私ニも存不仕候, 私式朝夕彼家江出入仕リ, 家人同然之者ニ御座候故, 七右衛門差圖之通作之候趣, 御返答申上ル.

一. 三月二日, 御老中樣方, 酒井讚岐守樣御館江御會集ニ而, 方長老·七右衛門兩人被召出, 御僉議有之.

一. 同三日, 大炊頭樣·讚岐守樣ゟ御使者を以, 明日辰ノ刻松平伊豆守樣御館江御出被成候樣ニと被仰越. 翌四日

시치에몬의 지시로 만들었고, 도장이 완성되자 시치에몬님께 가져가 곧바로 건넸습니다. 그때도 포상으로 면포 두 필을 받았습니다. 이 두 번 모두 시치에몬의 지시로 만들었습니다. 하지만 어떠한 용도로 만들었는지는 저도 모릅니다. 저 같은 사람은 아침저녁으로 그의 집에 드나들며 집안사람이나 마찬가지였던 터라, 시치에몬의 지시대로 만들었습니다"라고 대답했다.

一. 3월 2일, 로주님들이 사카이 사누키노카미 댁에 모여서 보초로·시치에몬 두 사람을 불러 논의하셨다.

一. 동 3일, 오이노카미님·사누키노카미님이 사자를 보내 내일 진시(辰刻)[73]에 마쓰다이라 이즈노카미님 댁으로 오라고 하셨다. 다음 날 4일

> 辰刻, 伊豆守様御館江御出被成ル.
>
> 一. 同七日, 御老中様方, 伊豆守様御館江御會集, 光雲院様ニも御出被成, 方長老其外一件ニ預リ候人衆不殘罷出ル. 御老中様方, 國書取替之儀ハ大罪之事ニ候條, 其譯有體ニ可申上候旨, 分右衛門江被仰候節, 國書取替之儀, 七右衛門取扱仕リ, 殊ニ　公儀向ニ預リ候御用之筋ニ御座候故, 私ニハ曾而存不仕候. 先年七右衛門古藤三郎左衛門江, 此度信使持來之國書潛ニ取替之, 公儀江差上候様ニ可致由, 爲申聞候節, 此儀ハ至而重科之事ニ候條, 決定可爲無用と, 三郎左衛門返答

진시에 이즈노카미님 댁에 가셨다.

一. 동 7일, 로주님들이 이즈노카미님 댁에 모이셨고 고운인님도 나오셨으며, 보초로와 그 외 이 사건 관련자들이 모두 나왔다. 로주님들이, "국서(國書)를 바꿔치기한 것은 대죄이므로 그 경위를 있는 그대로 말하라"고 분에몬에게 말하셨다. 그러자 "국서를 바꿔친 것은 시치에몬이 맡아서 했고, 특히 막부와 관계된 일이기 때문에 저는 일찍이 모릅니다. 이전에 시치에몬이 고토 사부로자에몬에게 '이번 통신사가 가져 오는 국서를 몰래 바꿔

73 오전 7시~9시.

쳐서 막부에게 제출할 것'이라고 했을 때, '이 일은 매우 중죄(重罪)가 되므로 결코 해서는 안 된다'고 사부로자에몬이 대답하자,

仕候得ハ, 七右衛門申候ハ, 往年智永在世之節, 信使持渡リ之
國書取替候様ニ相巧ミ候得共, 其手透無之, 徒ニ數日經
候處, 信使登　城之節ニ罷成, 智永袖之內ニ僞書ヲ
入置キ, 隙ヲ見合潛ニ取替之差上申候. 然者此度
とても其例之通リニ致候儀, 差而氣遣可致事ニ
無之段申談候を, 私ニも障子越ニ承之候. 此外之儀者
曾而存不仕候と, 分右衛門申上ル.

一. 同八日, 御老中様方, 大炊頭様御館江御會集,
光雲院様ニも御出被成, 一件ニ預リ候人衆不殘罷出ル.
御老中様方御所丸使謀書之印, 其方存候由御聞

시치에몬이 '예전 [부젠의 부친] 도시나가(智永)가 살아계실 때 통신사가 가져온 국서를 바꿔치려고 했지만 틈이 없어서 결국 며칠이 지났는데, 통신사가 등성할 때가 되어서 도시나가가 소매 안에 위서를 넣어 두고, 틈을 보아 몰래 바꿔서 [막부에] 제출했다. 그러니 이번에도 그때처럼 하는 일이니 크게 걱정할 게 아니다'라고 말하는 것을 제가 장지문 너머로 들었습니다. 이것 외에 관해서는 일찍이 모릅니다"라고 분에몬이 아뢰었다.

一. 동 8일, 로주님들이 오이노카미님 댁으로 모이셨고 고운인님도 오셨으며, 잇켄 관계자들이 빠짐없이 나왔다. 로주님들이 "고쇼마루 송사 위서의 도장에 관해 그대가 알고 있다고 들었다.

被成候. 誰人ゟ請取之候哉と, 分右衛門江御尋被成候節, 右之
印私江相渡候ハ七右衛門ニ而, 出納之仕儀者私預リ罷有,
其節此外豊前家內財物米穀なと迄も, 出納之儀
惣而私預之相勤候. 然處數年以前豊前扶助を
召放シ候ニ付, 一身之挊を以度世仕ル體ニ罷成候. 其以
來者豊前家內之儀, 何事共ニ全ク存不仕候故,
印之儀も此節何方ニ有之候も不存候. 此趣ハ先日
於對州兩檢使江も申達候段, 分右衛門申上ル.

〃 同日, 朝鮮往來船御停止之儀ニ付, 朝鮮へ被差遣候
御使者黑木惣左衛門·大浦助太夫歸着ニ付, 古川

누구에게서 그것을 받았는가" 하고 분에몬에게 물으시니, "그 인장을 저에게 건넨 자는 시치에몬이고 출납은 제가 맡았으며, 그때는 이것 외에 부젠 가문의 재물, 미곡 등까지 출납은 모두 제가 맡아 일했습니다. 그러다가 수년 전에 부젠이 [저에 대한] 부조(扶助)[74]를 중단하는 바람에 일신(一身)의 벌이를 하며 연명하는 처지가 되었습니다. 그 후로는 부젠 집안의 일에 관한 어떤 것이든 전혀 알지 못하기 때문에, 도장도 지금 어디에 있었는지 모릅니다. 이 내용을 이전에 쓰시마에서 두 검사관에게도 말씀드렸습니다"라고 분에몬이 아뢰었다.

〃 같은 날, 조선에 선박 왕래를 중지하는 일로 조선에 파견한 사자 구로키 소자에몬·오우라 스케다유가 돌아왔으므로, 후루카와

74 1. 힘을 보태 도와주다. 2. 경제적인 지원금, 보조금.

右馬助被相添, 大炊頭様方江御届被仰遣.

一. 同九日, 一件來由之書キ物, 古川右馬助を以大炊頭様御館江被遣之.

〃 同日, 大炊頭様·讃岐守様·右衛門大夫様ゟ御連書ヲ以, 朝鮮約定之書キ物被差上之候様ニと, 被仰遣候ニ付, 往年權現様御代, 松雲大師渡海被致, 歸國之節於鰐浦柳川下野江被相渡候大字之約條書キ物一枚, 其書キ物ヲ致註釋候一巻幷ニ海東之帳面一冊, 方長老ゟ爲御請取之, 古川右馬助を以　御城江御爲持被遣, 御老中様方被差上之.

우마노스케를 동반시켜 보내 오이노카미님께 보고드렸다.

一. 동 9일, 잇켄의 내력을 적은 기록을 후루카와 우마노스케를 시켜 오이노카미님 댁으로 보냈다.

〃 같은 날, 오이노카미님·사누키노카미님·우에몬다유님이 연서(連書)를 보내시어, "조선과 약정한 문서를 제출하라"고 지시하시니, 예전 곤겐님의 치세에 송운대사(松雲大師)가 도해했다가 [조선으로] 귀국할 때 와니우라(鰐浦)[75]에서 야나가와 시모쓰케(柳川下野)[76]에게 건넨 큰 글씨의 약조기록 1매, 그 문서에 주석(註釋)을 단 기록 1권 및 해동에 관한 책자(海東之帳面) 1책을, 보초로에게서 받도록 하여 후루카와 우마노스케 편에 에도성으로 가져가 로주님들에게 드렸다.

---

75 쓰시마 북단의 항구. 이곳에 세키쇼(關所)를 두고 선박의 출입을 통제했다. 1672년에 오후나코시(大船越)의 해협이 개통되자 아소완(淺矛灣)을 경유하는 교역선을 관리하기 위해 사스나(佐須那)에 세키쇼를 두었다. 이후 여름에는 사스나 세키쇼에서 감찰을 하고, 와니우라 쪽은 악천후일 때나 겨울에 세키쇼의 임무를 맡았다. (『鄕土史料對馬人物誌』)

76 야나가와 시모쓰케 시게노부(柳川下野調信). 시게오키의 조부.

一. 同十日, 大炊頭様·讃岐守様ゟ御連書を以, 先年豊前
認差出候誓旨幷豊前家人松尾七右衛門差出候誓旨,
御上ケ被成候様ニと, 被仰越候付, 古川右馬助を以　御城江
被差上之.

一. 同十一日, 　大猷院様　出御, 豊前一件之儀御直ニ
御聞被遊ル. 　光雲院様　御前七間半之席ニ御伺公
被成, 豊前と御對決有之, 一件之次第先豊前ゟ爲
申上候様ニ与之　上意ニ付, 豊前御訴段々申上候內ニ
光雲院様御咎被成候儀, 十二·三ケ條有之. 豊前詞
屈候様子ニ相見候節, 光雲院様御儀　御前近

一. 동 10일, 오이노카미님·사누키노카미님이 연서로, 이전에 부젠이 작성하여 제출한 맹세서 및 부젠의 가인(家人) 마쓰오 시치에몬이 제출한 맹세서를 올리라고 분부하시니, 후루카와 우마노스케를 보내 에도성에 제출했다.

一. 동 11일, 다이유인(大猷院)[77]님께서 납시어, 부젠 사건에 관해 직접 들으셨다. 고운인님은 쇼군에게서 7간(間) 반 떨어진 자리에 앉으셔서 부젠과 대결했다. 사건의 경위에 관해 먼저 부젠이 아뢰라는 쇼군의 뜻에 따라, 부젠이 제소 내용을 계속 말하는 중에 고운인님을 질책하는 것이 12, 13개조 있었다. 부젠이 말을 굽히는 듯한 모습을 보이니, 고운인님에게 본인 앞으로 가까이

77 쇼군 이에미쓰.

御寄り被成候樣ニ与　上意ニ付, 一·二疊も御進出御
伺公被成候時, 酒井讚岐守樣ニも御添被成御座,
其時御前ゟ御尋之條々御返答被仰上ル. 左記之.

一. 十九年以前【元和三年丁巳】信使來聘之節ハ, 其方儀未幼
稺ニ罷有候. 十二年以前【寬永元年甲子】信使之節ハ, 思慮も
可有之年來ニ候. 然處其節之儀共ニ其方存知
不致与之譯者, 如何樣ニ而候哉. 御返答ニ御諚御尤ニ候.
國書之儀ハ信使登　城之節, 直ニ　公儀へ差上之
御返翰之儀も老中信使屋江持參候而, 信使江直ニ
被相渡候故, 私之儀存知可仕樣無之儀ニ御座候.

오라는 쇼군의 뜻이 있어 다다미 1, 2첩 정도 앞으로 나아가 앉으셨고 사카이 사누키노카미님도 함께 앉으셨다. 그때 쇼군께서 질문하신 조목들에 대해 답변하셨다. 아래에 [그것을] 기록한다.

一. [쇼군께서] "19년 전【겐나 3년 정사(丁巳), 1617】통신사 내빙 때에는 그대가 아직 어렸다. 12년 전【간에이 원년 갑자(甲子), 1624】통신사 때에는 생각하고 판단할 수 있는 연령이다. 그런데 그때 일들을 그대가 모른다는 건 무슨 일인가?" [요시나리가] 답변하기를, "지당한 말씀입니다. 국서는 통신사가 등성할 때 직접 막부에 제출하고, 회답서도 로주가 통신사의 처소로 가지고 가서 통신사에게 직접 건네기 때문에 제가 알 방도가 없었습니다."

一. 僞書幷僞印, 此度豊前差上之, 何茂其方所爲之由申上候.
如何樣ニ而候哉. 御返答ニ此度豊前差上候僞書之儀ハ, 流芳
院住僧手跡ニ而, 印刻リ候儀者, 七右衛門差圖ニ而爲刻候由,

流芳院幷印工何茂白状仕候. 惣而國書取替之儀, 彼者
共密謀之事ニ御座候故, 證據之儀も彼者共心次第ニ
何時も罷成事ニ御座候. ケ様ニ虚事相構候上ハ, 差上候
僞書僞印共ニ, 此度新規ニ用意仕候も難測奉存候.
一. 信使別幅之品, 豊前私ニ致增益候儀, 其方不存候由
被申候得共, 披露之節氣付不被申候而, 不叶事ニ候.
此儀ハ如何様ニ而候哉. 御返答ニ, 別幅之品, 信使登

一. [쇼군께서] "위서와 위인(僞印)을 이번에 부젠이 제출했는데 모두 그대가 한 짓이라고 말한다. 어찌된 일인가?"

[요시나리가] 답변하기를, "이번에 부젠이 제출한 위서는 류호인 주지 승려의 필체이고 도장을 판 것은 시치에몬의 지시로 팠다고, 류호인의 주지승과 도장장이가 모두 자백했습니다. 전체적으로 국서 바꿔치기는 그자들이 밀모(密謀)해서 벌인 일이기 때문에, 증거도 그자들 마음먹기에 따라 언제든지 성립될 수 있습니다. 그렇게 거짓된 일을 저지른 이상, 제출한 위서와 위인 모두 이번에 새로 준비한 것일지도 모른다고 생각합니다."

一. [쇼군께서] "통신사 별폭(別幅)[78]의 물품들을 부젠이 사사로이 늘린 것을 그대는 모른다고 했지만, [물품들을] 늘어놓았을 때 알아차렸어야 한다. 이것은 어찌된 일인가?"

[요시나리가] 답변하기를, "별폭의 물품은 통신사가

78 교린문서(交隣文書)의 일종으로서 예물의 종류와 수량을 적은 물품 목록. 일반적인 의미의 별폭은 '별도의 문서'를 의미하지만, 역사적 용어로서 한정된 의미로 사용하는 별폭은 조선과 일본, 혹은 조선과 류큐왕국처럼 교린관계를 맺고 있던 국가들 사이에 교환된 예물 목록을 의미한다. 그러므로 조선 국왕이 중국 황제에게 보내는 예물은 별폭이라 하지 않고 '방물표(方物表)'라는 용어를 사용하였다. 조일 양국은 서계의 교환과 함께 반드시 별폭을 주고받음으로써 상호 정치적·경제적 교류의 증진을 도모하였다. (『대일외교사전』)

城之節於　殿中七右衛門配之候. 御上覽之節, 脇ゟ

相窺候迄ニ御座候得ハ, 何樣之品ヲ增減仕候与之儀, 難

相知候. 此儀信使さへも其不審無之候得ハ, 誰とても左樣

心付無之筈と奉存候.

一. 御所丸使者之儀, 其方家賴罷渡り候處, 其次第

不被存候段ハ, 如何樣ニ而哉. 御返答ニ, 其節私儀腫物

相煩, 爲養生御暇被成下, 京都ニ罷有候. 然處豊前

江戶ゟ其身家人古藤三郎左衛門を以, 慶長十二年

信使之節, 豊前父智永江被仰付, 爲右之報聘御所

丸使渡海被仰付候. 然處元和三年信使報聘

등성할 때 성안에서 시치에몬이 배치했습니다. [쇼군께서] 둘러보실 때 [저는] 곁에서 살펴보는 정도라서 어떠한 물품이 증감되었는지 알기 어렵습니다. 이건 통신사조차 수상하게 여기지 않았기 때문에 누구도 알아채지 못했다고 생각합니다."

一. [쇼군께서] "고쇼마루 사자(使者) 건은 그대의 가신이 건너갔는데, 그 경위를 모른다는 건 어떻게 된 일인가?"

[요시나리가] 답변하기를, "그때 저는 종기가 생겨 치료를 위해 귀국 허가를 받아 교토에 있었습니다. 그런데 부젠이 에도에서 자기 하인인 고토 사부로자에몬을 [제게] 보내서 '게이초 12년(1607) 통신사 때 부젠의 아버지 도시나가에게 명하여 보빙사로 고쇼마루의 도해를 지시하셨습니다. 그러다가 겐나 3년(1617) 통신사에 대한 보빙이

之儀, 今以及延引候ニ付, 此度遂　言上候得者, 先例之

ことく可差渡之旨, 被仰出候由, 申聞候ニ付, 左候ハヽ

御所丸使渡海爲致候樣ニと申付候. 公儀江

言上仕り　上意ヲ奉蒙候趣ニ申聞候上ハ, 私とても
不審可仕樣無之候得者, 家賴共ニハ, 尤其通ニ相心得
申筈之儀と奉存候.

一. 御所丸使差渡候節, 書契有無之譯ハ, 如何ニ而候哉. 御
返答ニ書契之趣如何樣之儀書載仕, 如何樣之封印
用候哉, 其段ハ全ク存不仕候. 御所丸之儀豊前申
分之通ニ御座候ハヽ, 書契者有之間敷樣ニと奉存候.

지금까지 지연되고 있으니 이번에 말씀드리면 전례처럼 보내라고 분부하실 겁니다'라고 하니, '그렇다면 고쇼마루 송사를 도해하게 하라'고 지시한 것입니다. 막부에 보고를 올려서 쇼군의 뜻을 얻는다고 말하는 이상 저로서는 수상하게 여길 만한 소지가 없었고, 가신들도 당연히 그렇게 이해했을 거라고 생각합니다."

一. [쇼군께서] "고쇼마루 송사를 보낼 때 서계 유무는 어떻게 되는가?"
[요시나리가] 답하기를, "서계가 어떤 내용으로 기재되었는지, 어떻게 봉인되었는지, 전혀 모릅니다. 고쇼마루가 부젠이 말하는 대로라면 서계는 있을 수 없었다고 생각합니다.

豊前申聞候者, 彼者父智永報聘使ニ罷渡り候節,
書契之儀ヲ奉窺候處ニ, 報聘之意味ヲ口上ニ而
申通可然被思召上候, 書契ニ不可及之趣
權現樣ゟ被仰付候故, 書契無ニ罷渡り候由, 舊冬
豊前言上仕候. 然者其趣を以察候得者, 此度とても
可爲御先規と奉存候. 惣而不限何事用向之儀, 私家
賴共其事ニ相預り候段ヲ, 豊前甚嫌之, 其身家
人四五人江申付置, 代ル〳〵用事取扱之候樣ニ致候故,

諸事共ニ私家頼共取扱イ仕候儀, 曾而不罷成候. 朝鮮ヘ
遣候書契之儀も, 豊前入魂ニ仕候嶋川內匠と申候者ヘ

부젠이 말하기를, [자기] 아버지 도시나가가 보빙사로 건너갔을 때 서계에 관해 여쭈었더니 '보빙의 의미를 구두로 전해야 한다고 생각한다. 서계를 가져갈 필요는 없다'고 곤겐님께서 분부하셨기 때문에 서계 없이 건너갔다고, 지난 겨울 부젠이 보고했습니다. 그래서 그 내용으로 판단하건대 이번에도 전례처럼 했을 거라 생각합니다. 대체로 어떤 일이든 업무에 있어서 저의 가신들이 그 일에 관여하는 것을 부젠이 매우 싫어했고, 자신의 가신 4, 5명에게 지시하여 번갈아 가며 일을 처리하도록 했기 때문에 모든 일에서 저의 가신들이 맡아서 처리하는 것이 전부터 불가능했습니다. 조선으로 보내는 서계도 부젠이 친밀하게 지내는 시마카와 다쿠미(嶋川內匠)[79]라는 사람에게

申付, 蘇長老以來ハ書契相調候儀, 何茂右內匠ニ
書載爲仕候樣ニ致來候. 豊前儀尤私家頼ニハ御座
候得共,　公儀御用之儀も時々被仰付來たる御事ニ
御座候故, 縱イ私ニ對仕リ候而ハ, 何らニも粗略仕候ヘ,
公儀御用之事ニ付, ケ樣ニ不屆可仕樣ハ有之間敷と, 相心ヘ
罷有候處ニ, 此度　公儀ヲ奉掠候仕形一々露顯仕リ,
誠驚入存儀ニ御座候.
一. 國書取替之儀, 其方父對馬守ニも存被致候由, 豊前
申上候. 此儀如何ニ而候哉, 御返答ニ, 壬辰亂後御隣交
中絶仕候處ニ, 御通交取扱之儀, 私父江被仰付候.

---

79 소씨 가문의 문서 작성 담당자(祐筆役).

지시하여, 소초로(蘇長老) 이래로 서계를 준비하는 일은 모두 이 다쿠미가 기재하도록 해 왔습니다. 부젠이 당연히 제 가신이기는 하나 막부의 업무도 때때로 지시를 받아 왔기 때문에, 가령 저에게 대해서는 여러모로 소홀히 한다 해도 막부의 공무를 그처럼 불순하게 처리하는 일은 있을 수 없다고 생각하고 있었는데 이번에 막부를 속인 행태가 하나하나 드러나니 참으로 놀랍습니다."

一. [쇼군께서] "국서를 바꿔친 일은 그대의 아버지 쓰시마노카미도 알고 있다고 부젠이 말했다. 이것은 어떻게 된 일인가?"

[요시나리가] 답하기를, "임진왜란 후 통교가 중단된 상황에서 통교를 맡도록 저의 아버지에게 명하셨습니다.

其節家頼柳川下野父子之者江申付, 御修睦之
儀爲相働候. 其後御通交首尾仕候節, 父對馬守
其趣を以達　　上聞候. 以來朝鮮向御用之儀
柳川代々爲相勤之來候. 私家頼之者ニハ御座候得共,
公儀江も御聞及被下候儀者, 右朝鮮向御用爲相
勤候故ニ御座候. 扨又彼者共儀父組以來代々
朝鮮ゟ官職給之罷有候ニ付, 兩國之間ニおいて諸
事私曲ヲ縱ニ仕リ, 非儀ヲ相構申事ニ候. 國書
取替之儀ハ, 至而重キ逆謀ニ御座候得者, 父對馬守
左樣之儀可仕樣, 決而無之事ニ御座候. 今日相果候

그때 가신인 야나가와 시모쓰케 부자에게 명하여 통교회복(修睦)을 도모하게 했습니다. 그 후 통교가 회복되었을 때, 아버지 쓰시마노카미가 그 내용을 쇼군께 보고했습니다. 이래로 조선 관련 업무는 야나가와 가문에서 대대로 맡아 왔습니다. 저의 가신이기는 하지만 막부에서도 [야나가와를] 알고 계신 것은 지금 말씀드린 조선 관련 업무를 맡아왔기 때문입니다. 게다가 그들은 조부 이래 대대로 조선으로부터 관직을 받고 있어서, 양국 사이에서 여러모로 사적인 부정을 저지르고 도리에 어긋난 일을 행했습니다. 국서를 바꿔친 일은 매우 무거운 역모(逆謀)이고, 아버지 쓰시마노카미는 그런 일을 결코 하지 않았습니다. [부친이] 사망한

以後ニ罷成, 如此之虛僞ヲ相構　　公儀江申上候段, 兎角
可申上樣茂無之儀ニ奉存候. 智永國書取替之次第ハ,
七右衛門申出之, 露顯仕たる事ニ御座候得ハ, 彌智永
相計之, 潛ニ取替候儀と相聞申候.

一. 家賴之者非儀之仕形段々相積り候處ニ, 其方少茂
存無之候者, 如何ニ而候哉. 御返答ニ, 彼者儀私之
家賴ニハ御座候得共, 每度御目見をも被仰付被下
候故, 諸州之家臣とハ, 自然と差別有之樣ニ成來候.
たとへハ此度召連之, 老中江罷出候節と而も, 座位
之儀も, 上下之差別はきと別レ無之樣ニ罷有候.

이후인 지금, [부젠이] 이런 거짓말을 꾸며 내어 막부에 보고한 것에 대해 [제가] 이러쿵저러쿵 말씀드릴 것이 없다고 생각합니다. 도시나가가 국서를 바꿔친 경위는 시치에몬이 진술하여 밝혀진 일이니, 결국 도시나가가 획책하여 몰래 바꾼 거라고 들었습니다."

一. [쇼군께서] "가신이라는 자가 저지른 비리의 행적이 점점 쌓여 가는데 그대는 조금도 몰랐다는 건 어떻게 된 일인가?"

[요시나리가] 대답하기를, "그는 저의 가신이기는 하지만 매번 쇼군 알현(御目見)[80]을 [막부

80 쇼군 배알이 가능한 신분의 무사.

로부터] 허가받았기 때문에 다른 지역(다이묘령)의 가신들과는 당연히 차이가 나게 되었습니다. 예를 들면 이번에 [부젠을] 데리고 로주들에게 출두했을 때에도 좌석 예절에서 상하의 구별이 명확하게 나뉘어 있지 않았습니다.

此段ハ老中何茂存知之儀ニ御座候. 殊ニ私縁類之者ニ而, 一州仕置之儀も, 差圖仕候樣ニ申付置候故, 權威ニおそれ候哉. 非儀之企相巧ミ候段, 私江爲申聞候者も無之, 或ハ左樣之樣子爲申聞候者, 間々有之節ハ,　上意ヲ掠メ造說ヲ以殺戮之仕候ニ付, 其以來ハ彼者非儀之仕形申出候者, 自然と無之樣ニ罷成候. 扨又私儀少ニ而も, 不屆之覺悟有之, 彼者申上候ことくニも御座候ハヽ, 此度之一件何とそ御上聞ニ達候樣ニとハ, 相願不申筈ニ御座候. 此處を以聞召被通被下候樣ニ被仰上候.

이것은 로주들 모두 알고 있는 일입니다. 특히 [부젠은] 저의 인척이며 쓰시마번에 대한 정사[政事]도 지시하도록 [제가] 명령했기 때문에, 권위를 두려워해서인지 도의에 어긋난 일을 꾸미고 있음을 저에게 보고하는 사람도 없었고, 혹은 그러한 상황을 보고하는 사람이 종종 있을 때에는 쇼군의 뜻을 속이고 지어낸 이야기로 살육을 하니, 그 후로 그자의 비리를 보고하는 사람이 자연히 없어지게 되었습니다. 또한 제가 조금이라도 불순한 생각을 품어서 그자가 말씀드린 대로였다면, 이번 잇켄이 쇼군께 보고되기를 바랐을 리 없습니다. 이 점을 잘 듣고 판단해 주십시오"라고 말하셨다.

〃 右之條々御返答相濟候節, 御老中樣方ヘ外ニ申上候儀無之候ハヽ, 豊前引退ケ候樣ニ与之　上意ニ付, 豊前·

七左衛門引退, 其次ニ方長老被引退候. 其後

光雲院様　　御前ヲ御拝被遊, 御退出被成ル.

一. 同十二日, 被仰渡候　　上意之旨有之候ニ付, 御老中様ゟ

大炊頭様御館江御出被成候様ニと, 御使者を以被仰越

候ニ付, 大炊頭様御館江御出被成候得者, 其節御老中様

方, 一件之儀數度御僉議之上, 　　御直ニ御聞被遊

候處, 對馬守過チ無之條達　　上聞候. 對州幷

其外領地諸事, 前々之ことく被仰付候. 且又

〃 위의 조목들에 답변을 마쳤을 때 "로주님들께 달리 진술할 것이 없으면 부젠은 물러가라"고 [쇼군이] 말씀하셨다. 부젠과 시치에몬이 물러나고 그다음으로 보초로가 물러갔다. 그 후 고운인님이 쇼군께 절을 올리고 물러나셨다.

一. 동 12일에 전달할 쇼군의 뜻이 있으니 로주님이 오이노카미님 댁으로 오시라고 사자를 통해 연락이 와서 [요시나리가] 오이노카미 댁으로 갔다. 그때 로주님들이 "이 건을 여러 번 논의했고 쇼군께서도 직접 들으신 바, 쓰시마노카미는 잘못이 없다고 말씀드렸다. '쓰시마 및 그 외의 영지, 제반 사안을 이전처럼 유지할 것을 명한다. 또한

信使之儀, 今明年中來聘候様ニ可申遣との

上意之旨, 被仰渡候付, 領地其外諸事, 以前之ことく

被仰付, 難有被思召候趣, 御禮被仰上. 且又信使

來聘之儀も, 奉畏候与之御返答被仰上.

〃 同日, 大炊頭様ゟ方長老被爲召, 南部江流罪被仰付.

南部山城守様江御渡被成ル.

〃 同日, 伊豆守様ゟ柳川豊前被爲召, 津輕江流罪

被仰付. 津輕平藏江御渡被成ル.

〃 同日夜, 松尾七右衛門同其子一角, 誅戮被仰付.

〃 同十三日, 爲一件落着之御禮, 御老中樣方へ御出

통신사를 올해나 내년 중에 내빙하도록 [조선에] 전하라'고 쇼군께서 분부하셨다" [요시나리가] "영지와 그 밖의 모든 일을 이전처럼 유지하도록 명하시니 감사합니다"라는 인사말을 올렸다. 또한 "통신사 내빙 건도 잘 알겠습니다"라고 답변드렸다.

〃 같은 날, 오이노카미님이 보초로를 부르셔서 난부(南部)[81]로 유배를 명하셨다. [보초로의 신병을] 난부 야마시로노카미(山城守)[82]님에게 보내셨다.

〃 같은 날, 이즈노카미님이 야나가와 부젠을 부르셔서 쓰가루(津輕)로 유배를 명하셨다. [부젠의 신병을] 쓰가루 헤이조(津輕平藏)[83]에게 보내셨다.

〃 같은 날 밤, 마쓰오 시치에몬과 그 아들 잇카쿠(一角)를 주륙하라고 명하셨다.

〃 동 13일, 잇켄이 마무리된 데 대한 감사 인사를 드리러 로주님들을 방문했다.

被成ル.

〃 同日, 大炊頭樣·讃岐守樣·伊豆守樣ゟ御連書を以, 明日

辰之刻, 御登　城可被成之旨, 被仰遣ル.

一. 同十四日, 御登　城被成候處, 光雲院樣御儀

御前江御召被遊ル　大猷院樣御直ニ被成御諚候ハ,

此度之一件數度御僉議之上,　御前對決被仰

81 모리오카현(盛岡縣) 모리오카시.

82 모리오카번(盛岡藩) 2대 번주 난부 시게나오(南部重直).

83 히로자키번(弘前藩, 아오모리현의 서부) 3대 번주 쓰가루 노부요시(津輕信義). 헤이조(平藏)는 아명(兒名).

付, 豊前江證據之儀申上候様ニ与被仰付候得共, 證據
可仕様無之ニ付, 其方科無之段相露候. 依之其方
役儀無別條被仰付候. 乍然十二年前甲子ノ年,
信使來聘之節者, 其方ニも思慮も可有之年來ニ

〃 같은 날, 오이노카미님·사누키노카미님·이즈노카미님에게서 연서로 내일 진시에 등성하라는 연락이 왔다.

一. 동 14일, 등성했더니 고운인님을 쇼군 앞으로 부르셨다. 다이유인님[쇼군]이 직접 명하시기를, "이번 건은 여러 번 논의를 거치고 내 앞에서 대결하게 해서 부젠에게 증거를 대라고 했지만, 증거를 대지 못해 그대에게 죄가 없음이 밝혀졌다. 그러니 그대의 역할과 임무를 종전과 다름없이 수행하도록 명한다. 그러나 12년 전 갑자년(1624) 통신사 내빙 때에는 그대도 생각하고 판단이 가능한 나이였는데

候處, 家頼江相任セ, 其事ヲ不被存候條, 智慮無之ニ
相似候様ニ, 被思召候得共, 諸事豊前江相委ね候儀, 先祖
ゟ之例と被申上候を以, 御宥恕ヲ御加へ被遊候. 向後
不調法之次第於有之, 其方可爲越度候條, 其旨可
被相心得之, 自今以後朝鮮通用之儀, 急度差圖
候様ニ可被仕候, 書翰なとニ付可奉伺御內意儀有之
節者, 早速言上ヲ遂, 粗忽ニ取扱不被致候様ニと,
御諚有之ル.

〃 同日, 御老中様方ゟ條目之御書付, 古川右馬助·
平田將監江御渡被成. 此條目之通對馬守殿

가신에게 맡겨서 그 일을 몰랐다는 게 어리석다고 생각되지만, 만사를 부젠에게 맡기는 것이 선조(先祖) 때부터 계속된 전례라고 하니 관용을 베풀겠다. 앞으로 과실이 발생하면 그대의 잘못이 될 것이니, 이를 명심하여 앞으로 조선 통교를 제대로 처리해야 한다. 서한[84] 등 [막부의] 의향을 여쭈어야 할 때에는 신속하게 보고해서 소홀히 처리하지 않도록 하라"고 말씀하셨다.

〃 같은 날 로주님들이 조목이 적힌 문서를 후루카와 우마노스케·히라타 쇼겐에게 건네시고, 이 조목대로 쓰시마노카미에 대한

載許可被申付之趣, 被仰渡ル.

其條目ニ

覺

一. 嶋川內匠死罪可申付事付, 男子不殘可爲同罪,
家財ハ致闕所, 其所ニ可被置之事.

一. 松尾七右衛門, 男子不殘死罪可被申付之. 家財ハ致
闕所, 其所ニ置可被申事.

一. 宗讃岐儀, 人ヲ差添江戸江可被召寄事付, 男子
不殘對馬守江被成御預候. 家財ハ闕所仕, 其所ニ
可置之事.

재허(載許)가 내려질 거라고 말씀하셨다.

그 조목에

오보에(覺)

84 국서와 같은 외교문서.

一. 시마카와 다쿠미를 사형에 처하고, 아들은 모두 같은 형에 처하며 재산은 몰수하여 그곳에 둘 것.

一. 마쓰오 시치에몬과 아들은 모두 사형에 처한다. 재산은 몰수하여 그곳에 둘 것.

一. 소 사누키는 사람을 붙여 에도로 불러들이고, 아들은 모두 쓰시마노카미에게 맡긴다. 재산은 몰수하여 그곳에 둘 것.

一. 柳川豊前守, 對馬ニ有之家財致闕所, 其所ニ可被置之事.

一. 方長老自分之財寶致闕所, 其所ニ可被置之事.

一. 流芳院自分之財寶致闕所, 其所ニ可被置之事.

以上

寬永十二亥 伊豆印

三月十四日 讃岐印

大炊印

宗對馬守殿

〃 右條目右馬助·將監拜閱仕リ, 宗讃岐男子之儀,

一. 야나가와 부젠노카미의 쓰시마에 있는 재산은 몰수하여 그곳에 둘 것.

一. 보초로 개인의 재산은 몰수하여 그곳에 둘 것.

一. 류호인[85] 개인의 재산은 몰수하여 그곳에 둘 것.

이상

85 주지승 겐코(玄昊).

간에이 12(1635) 해(亥) 이즈(伊豆) 印

3월 14일 사누키(讃岐) 印

오이(大炊) 印

쓰시마노카미님

〃 위 조목을 우마노스케·쇼겐이 열람했고, 소 사누키의 아들의 경우,

此等之家財茂闕所仕儀ニ御座候哉与, 御尋申上候
時, 御老中樣方御返答ニ, 非其儀候. 闕所ハ讃岐一人ニ
候与被仰聞ル.

〃 同日, 流芳院玄昊首座, 秋田江流罪被仰付, 六合
兵庫頭樣江御渡被成. 邵首座其外七右衛門ニ伴イ
來ル人數, 不殘追放被仰付. 扨又右條目之趣, 古川
右馬助·平田將監ニ大炊頭樣御家賴橫田角左衛門·
伊豆守樣御家賴篠田九郎左衛門ヲ相添, 夫々ニ御仕置
被仰付ル.

一. 同十六日, 豊前家人村岡五郎右衛門·大田忠右衛門

그들의 재산도 몰수하는지 여쭈었더니, 로주님들이 답하시기를 “아니다. 몰수는 사누키 한 사람에 해당된다”고 하셨다.

〃 같은 날, 류호인의 주지승 겐코슈소(玄昊首座)는 아키타(秋田) 유배형에 처해져, 리쿠고 효고노카미(六合兵庫頭)에게 [신병을] 보내셨다. 쇼슈소와 그 외 시치에몬을 따르던 사람들에게는 모두 추방을 명하셨다. 위의 조목은 후루카와 우마노스케·히라타 쇼겐에게, 오이노카미님의 가신 요코타 가쿠자에몬·이즈노카미님의 가신 시노다 구로자에몬을 붙여, 각자에게 처벌 내용을 통보하셨다.

一. 동 16일, 부젠의 가인(家人) 무라오카 고로에몬(村岡五郎右衛門) · 오타 주에몬(大田忠右衛門)을

光雲院様被召出之. 古川右馬助·平田將監を以
豊前對州之居所　　公儀ゟ闕所被仰付候條,
今度御使者御國元へ被差越候間, 其方共ニも
同前ニ罷下り, 無殘闕所いたし, 御使者へ相渡
候様ニ可仕ト被仰渡.
一. 同十七日, 御老中様方ゟ御渡シ被成候右之條目, 宮川
惣右衛門·嶋雄佐太右衛門ニ御渡被成, 御國江被遣. 豊前
家人茂同前ニ罷下ル.
一. 同十九日, 此度之一件ニ預り候人數, 御國江罷歸り
候様ニ与被仰付ル.

고운인님이 부르셨다. 후루카와 우마노스케 · 히라타 쇼겐을 통해 "부젠의 쓰시마 처소에 막부의 몰수 명령이 내려졌다. 이번에 사자를 쓰시마로 보내니 그대들은 같이 내려가 남김없이 몰수하여 사자에게 건네라"고 명하셨다.

一. 동 17일, 로주님들이 주신 위의 조목을 미야카와 소에몬(宮川惣右衛門) · 시마오 사타에몬(島雄佐太右衛門)에게 건네서 쓰시마로 보냈다. 부젠의 가인도 함께 내려갔다.

一. 동 19일, 이번 잇켄 관련자들에게 쓰시마로 돌아가라고 하셨다.

『관영병자신사기록』 2

朝鮮信使記錄卷之二　　　曲馬

一. 寬永十二乙亥年三月廿二日, 朝鮮國馬藝之者貳人
當月十七日大坂着之由到來有之. 朝鮮人宿所等
之儀ニ付, 伊豆守樣方江御出被成.

一. 同廿七日, 伊豆守樣從　御城古川右馬助ヲ被召,
朝鮮人宿所之儀, 寺ニ成共屋敷ニ成共, 對馬守殿
存寄次第ニ可被仰付与之御事ニ候故, 左樣ニ御座候ハヽ,
對馬守屋敷內ニ召置候樣ニ, 被仰付可被下候旨, 右馬助
申上ル.

一. 同晦日戌刻, 譯官洪同知·崔判事馬藝貳人召連,

一. 간에이 12(1635) 을해(乙亥) 3월 22일, 조선의 마상재인(馬藝之者) 두 명이 이달 17일 오사카에 도착했다는 소식이 와서, 조선인의 숙소 등에 관한 일로 이즈노카미님께 가셨다.

一. 동 27일, 이즈노카미님이 에도성에서 후루카와 우마노스케를 부르시어 조선인 숙소는 절이 되든 저택이 되든 쓰시마노카미님 뜻대로 정하라고 하셨다. "그러면 쓰시마노카미의 저택에 두도록 명해 주십시오"라고 우마노스케가 말씀드렸다.

一. 동 그믐날, 술시(戌刻)에 역관 홍동지(洪同知) · 최판사(崔判事)[1]가 마상재인 두 명을 데리고 왔다.

惣人數卄一人江戸着仕, 此方御屋敷ニ被召置. 右馬藝之
者着之儀夜ニ入候故, 未被達　上聞ニ付, 鼓吹なと用
不申様ニと申渡. 御屋敷江入候刻ょ, 少々音樂爲致ル.
一. 四月朔日, 御出仕以前掃部頭様 · 大炊頭様 · 讚岐守様 ·
伊豆守様江御出被成, 御書付を以馬藝之者昨夜着
仕候趣, 被達　上聞被下候様ニと御届被仰ル.
一. 同二日, 掃部頭様 · 大炊頭様 · 讚岐守様 · 伊豆守様江御出
被成, 朝鮮人路次領主馳走贈なと之目錄被差出ル.
但シ, 公儀ゟ被仰付無之ニ付, 馳走ヲ受不申候尾州
熱田之儀ハ格別ニ候ニ付, 御饗應受之御料理御丁寧

총 인원 21명이 에도에 도착하여, 이쪽 저택에 데려다 두었다. 마상재인이 도착한 게 밤

1 왜학역관 홍희남과 최의길. 홍희남의 본관은 남양(南陽), 자는 자열(子悅). 19세이던 1613년 증광시(增廣試) 역과에 급제했다.

이라서 아직 쇼군께 보고하지 못했으니 북과 피리 등은 사용하지 말라는 지시였다. 저택에 들어갈 때만 음악을 조금 연주하게 했다.

一. 4월 1일, 출사(出仕)하기 전에 가몬노카미(掃部頭)[2]님 · 오이노카미님 · 사누키노카미님 · 이즈노카미님께 가시어, 문서로 곡예사가 어젯밤 도착했음을 쇼군께 말씀드려 달라고 보고했다.

一. 동 2일, 가몬노카미님 · 오이노카미님 · 사누키노카미님 · 이즈노카미님께 가셔서 조선인이 오는 길에서 영주들이 베푼 접대, 선물 등의 목록을 제출했다. 다만 막부로부터 지시받은 것이 없어 접대를 하지 않은 오와리번 아쓰타(熱田)는 별개로 하고, 향응에서 받은 요리가 정중했다고

候由被仰上ル.

一. 同四日, 大炊頭様·讃岐守様·伊豆守様江御出被成, 馬藝之儀ニ付而, 被達　上聞度之趣共被仰上, 何茂様御許諾被成ル.

一. 同五日, 今度馬藝之者, 參上路次御馳走之御方, 松浦肥前守様·松平右衛門佐様·松平長門守様·毛利甲斐守様·淺野安藝守様·水野日向守様·松平新太郎様·本多甲斐守様·松平孫四郎様·戸田左門様·石川主殿頭様江, 御狀以御謝禮被仰□.

〃 同日, 大炊頭様·讃岐守様·伊豆守様ゟ御使者以

아뢰었다.

2 이이 나오타카(井伊直孝). 히코네번(彦根藩) 2대 번주.

一. 동 4일, 오이노카미님·사누키노카미님·이즈노카미님께 가셔서 마상재에 관해 쇼군께 보고하려는 사안들을 말씀드렸고, 모두 허락하셨다.

一. 동 5일, 이번에 마상재인이 오는 길에 접대하신 분은 마쓰라 비젠노카미(松浦肥前守)[3]님·마쓰다이라 우에몬노스케(松平右衛門佐)[4]님·마쓰다이라 나가토노카미(松平長門守)[5]님·모리 가이노카미(毛利甲斐守)[6]님·아사노 아키노카미(淺野安藝守)[7]님·미즈노 휴가노카미(水野日向守)[8]님·마쓰다이라 신타로(松平新太郎)[9]님·혼다 가이노카미(本多甲斐守)[10]님·마쓰다이라 마고시로(松平孫四郎)[11]님·도다 사몬(戸田左門)[12]님·이시카와 도노모노카미(石川主殿頭)[13]님께 서한을 보내 감사 말씀을 드렸다.

---

3 마쓰라 다카노부(松浦隆信). 히젠(肥前) 히라도번(平戸藩) 번주. 1607년부터 1636년 통신사행 때까지 관반(館伴)이 되어 이키(壹岐) 가자모토우라(風本浦, 勝本浦)에서 조선사신 접대 임무를 맡았다.

4 마쓰다이라 마사쓰나(松平正綱). 사가미노쿠니(相模國) 다마나와번(玉繩藩) 초대 번주.

5 모리 히데나리(毛利秀就). 조슈번 초대 번주. 1608년, 이에야스의 명에 따라 이에야스의 차남 유키 히데야스(結城秀康)의 딸을 정실로 맞아 에치젠 마쓰다이라(越前松平) 가문의 일문이 되어 마쓰다이라 나가토노카미(松平長門守)를 칭했다. 모리 데루모토(毛利輝元)의 장남.

6 모리 히데모토(毛利秀元). 나가토노쿠니(長門國) 조후번(長府藩) 초대 번주. 모리 데루모토의 양자.

7 아사노 미쓰아키라(淺野光晟). 아키노쿠니 히로시마번 2대 번주.

8 미즈노 가쓰나리(水野勝成). 미카와노쿠니(三河國) 가리야번(刈谷藩) 번주, 야마토노쿠니(大和國) 고리야마번(大和國郡山藩) 번주를 거쳐 빈고노쿠니(備後國) 후쿠야마번(福山藩) 초대 번주가 된다.

9 이케다 미쓰마사(池田光政). 통칭 신타로(新太郎) 하리마(播磨) 히메지번(姫路藩) 3대 번주, 이나바(因幡) 돗토리번(鳥取藩) 번주, 오카야마번(岡山藩) 초대 번주.

10 혼다 마사토모(本多政朝). 가즈사노쿠니(上總國) 오타키번(大多喜藩) 3대 번주, 하리마노쿠니(播磨國) 다쓰노번(龍野藩) 번주, 하리마 [혼다씨] 히메지번 2대 번주. 혼다 다다카쓰(本多忠勝)의 손자.

11 마쓰다이라 미쓰시게(松平光重). 하리마노쿠니(播磨國) 아카시번(明石藩) 2대 번주, 미노(美濃) 가노번(加納藩) 초대 번주. 아명이 마고시로(孫四郎).

12 도다 우지카네(戸田氏鐵). 오미(近江) 제제번(膳所藩) 2대 번주, 셋쓰(攝津) 아마가사키번(尼崎藩) 번주, 미노 오가키번(大垣藩) 초대 번주. 통칭(通稱)이 사몬(左門).

13 이시카와 다다후사(石川忠總). 외조부인 이시카와 이에나리(石川家成)의 가문을 이어 이에나리류(家成流) 이시카와(石川) 가문 3대로서 미노 오가키번 3대 번주, 분고(豊後) 히타번(日田藩) 번주, 시모우사(下總) 사쿠라번(佐倉藩) 번주, 오미 제제번 초대 번주를 지냈다.

〃 같은 날, 오이노카미님·사누키노카미님·이즈노카미님이 사자를 보내

御登　城被成候樣ニと申來, 追付御登　城被成
候節, 今度朝鮮國馬藝參着, 御滿足ニ被思召
上候, 因之八木三百俵馬藝者江被成下之趣,
上意之旨, 御老中樣被仰渡ル.

〃 同日, 右爲御禮洪同知·崔判事, 大炊頭樣御館罷出ル.
古川右馬助·古川式部被相添之.

一. 同九日朝, 曲馬場所之儀御用有之條, 古川右馬助
可罷出之旨, 伊豆守樣ゟ申來. 右馬助　御城江
被差出候處, 御老中樣方馬場之儀, 御相談有之,
曲馬　御上覽之節, 對馬守何方ニ伺公可仕哉と,

등성하라고 해서 곧 등성했더니 "[쇼군께서] 이번에 조선의 마상재인이 도착한 것을 만족스럽게 여기셔서 쌀 300섬(俵)을 곡예사에게 하사하라고 하셨다"고 로주님들이 전하셨다.

〃 같은 날, 그에 대한 감사 인사를 드리러 홍동지·최판사가 오이노카미님의 저택으로 갔다. 후루카와 우마노스케·후루카와 시키부를 붙여서 보냈다.

一. 동 9일 아침, 마상재 장소에 관해 용건이 있으니 후루카와 우마노스케를 보내라는 이즈노카미님의 전갈이 왔다. 우마노스케가 성으로 갔더니 로주님들이 마장(馬場)에 관해 논의하고 계셔서, "[쇼군께서] 곡마를 관람하실 때 쓰시마노카미는 어디에서 대기하면 될까요?"라고

右馬助御尋申上候ヘハ, 朝鮮人召連傳奏屋敷江伺公
被致候樣ニと被仰渡ル.

一. 同十一日, 讚岐守樣御館江御出被成, 御差圖ヲ被伺候條々

〃 一件落着之間ハ朝鮮往還之船可差停之旨, 被仰付候. 此節ハ公事御裁決無別條相濟候趣, 飛船を以可申遣候哉. 兩譯使ニも右之趣早速申遣之可然旨, 申儀ニ御座候條, 御差圖ヲ被相伺候段, 被仰上候得ハ, 大炊頭様·伊豆守様江被仰上候様ニと, 讃岐守様御相拶被成ル.

〃 兩譯使幷馬藝之者□御目見之儀奉願候. 如何可被仰付候哉与, 御尋被成候得ハ, 各中様御相談

우마노스케가 여쭈었다. 그러자 "조선인을 데리고 와서 덴소야시키(傳奏屋敷)[14]에서 대기하시오"라고 하셨다.

一. 동 11일, 사누키노카미님의 저택에 가셔서 지시를 받은 사항들.

〃 "잇켄이 마무리되기까지는 조선을 왕래하는 송사선을 중지하라 하셨습니다. 이번 소송의 판결이 별일 없이 종결되었다는 내용을 비선(飛船)[15]으로 통보할지, 두 명의 역관(兩譯)[16]도 위 내용을 서둘러 전해야 한다고 하는데 지시를 여쭙니다"라고 말씀 올리니, "오이노카미님·이즈노카미님에게 문의하시도록"이라고 사누키노카미님이 답하셨다.

〃 "두 역관과 마상재인이 쇼군님 알현하기를 원하는데 어떻게 해야 할까요?"라고 여쭈었더니, "다른 로주님들과 논의해서

被成, 御返答可被成旨, 御相拶被成候.

〃 兩譯使なと御目見可被仰付候者, 其節獻上物仕

14 에도시대에 부케덴소(武家傳奏)나 조정(朝廷)의 사자가 에도에서 묵는 숙소로, 에도성의 와타구라몬(和田倉門) 밖에 설치된 저택.

15 쾌속선.

16 마상재를 이끌고 온 역관 홍희남과 최의길.

度段相願候. 土宜之目錄私江爲致内見候, 如何可致
候哉と, 被仰上候へハ, 其砌大炊頭樣·伊豆守樣江, 目錄
御持參御伺被成候樣ニと, 御相拶被成.

〃 拙子領地基肄·養父兩郡之内ニ而一千石之地, 本多
上野介殿御差圖を以, 豊前江致配分候. 元來拙子
領地之内ニハ候へ共, 先年拙子於京都 御朱印
被下置之候節, 公事之譯を以遠慮仕り, 右千石ハ
除之不申上候. 一件之儀御裁決相濟候上ハ, 右千石

답하겠다"고 하셨다.

〃 "두 역관에게 알현을 허락하신다면 그때 헌상품을 바치고 싶다고 합니다. 선물(土宜) 목록을 제게 보아 달라고 했는데 어떻게 할까요?"라고 여쭈었더니 "그때 오이노카미님·이즈노카미님에게 목록을 지참하고 여쭈시오"라고 하셨다.

〃 "저의 영지(領地) 기이(基肄)와 야부(養父) 두 고을에서 1,000석(石)의 땅을, 혼다 고즈케노스케(本多上野介)님의 지시에 따라 부젠에게 분배했습니다. 원래 저의 영지이지만 이전에 교토에서 제게 [그 땅을] 주셨을 때, [부젠과] 재판을 진행 중인 터라 위 1,000석은 제외하고 말씀드리지 않았습니다. 잇켄의 판결이 난 이상, 이 1,000석

之地何之村ヲ誰人江相渡可申候哉, 御差圖ヲ相伺候与
被仰候節, 其段承届候. 殊更園部之一村, 豊前私を以
致村分ケ候由ニ候へ者, 定而其土地可好与察存事ニ候.
大炊頭殿·伊豆守殿江被仰談, 差圖御請被成候樣ニと,
御相拶被成ル.

〃 此度一件落着之儀, 被仰越候使者, 最早對州江着

可致候哉と御尋ニ付, 定而此間ハ着可致与存□与之
趣, 御返答被成ル. 扨又被召寄候拙子家頼·宗讃岐,
其外蟄居爲仕置候樣ニ被仰付候者共儀, 早速
申遣之候. 蟄居之儀何分ニ可申付候哉と被仰候. 尤

땅의 어떤 마을을 누구에게 건네야 할지 지시해 주십시오"라고 아뢰자, "그것은 알고 있다. 특히 원부(園部)의 한 마을은 부젠이 사적으로 경계를 정했다고 하니, 필시 그 토지를 선호했을 거라 생각된다. 오이노카미님·이즈노카미님과 논의하여 지시를 받도록 하라"고 답하셨다.

〃 [사누키노카미님이] "잇켄이 마무리된 사실을 통보하는 사자가 이미 쓰시마에 도착했는가?"라고 물으셔서, "필시 요사이 도착했을 겁니다"라고 답하셨다. "또한 [에도로] 불러낸 저의 가신과 소 사누키, 그밖에 칩거(蟄居) 처벌을 받은 자들에게는 신속하게 통보했습니다. 칩거는 어떻게 지시해야 할까요?"라고 여쭈었다.

蟄居之者共, 御自分ニ對シ別事ヲ不存候ハヽ, 嚴ク
押籠メ被差置候ニハ及申間敷候. 他所江逃ケ不
申樣ニ被成被置候迄ニ而, 相濟可申候趣, 御相揆被成ル.
其節右之者共儀, 以前ゟ扶助ヲ給召置候. 此儀如何
可致与, 御尋被成候得ハ, 右之者共御自分ニ對シ別
事ヲ不存候ハヽ, 扶助之儀も其通ニ可被成事と
存儀ニ候. 此儀ハ御暇被下候節, 各中江御尋被成候樣ニと,
御相揆被成ル.

〃 信使來聘之儀, 先日蒙仰候. ヶ樣之儀彼國江申遣候
節者, 書翰無之候而ハ不叶儀ニ御座候. 書翰爲相調候

[사누키노카미님이] "칩거 처벌을 받은 자들이 귀하에게 다른 일을 생각하지 않는다면 엄격하게 가두어 둘 필요는 없다. 다른 곳으로 도망가지 않도록 해 두면 된다"고 대답하셨다.

이때 [요시나리가] "지금 말씀드린 사람들에게는 이전부터 부조(扶助)를 제공해 왔습니다. 이는 어떻게 해야 합니까?"라고 질문하자, "그 사람들이 귀하에게 다른 생각이 없다면 부조도 그대로 주어야 한다고 생각한다. 이 일은 [쓰시마로] 귀국 허가를 받았을 때 다른 분들께 여쭈시오"라고 하셨다.

〃 [요시나리가] "통신사 내빙 건을 전에 명하셨습니다. 이런 일을 저 나라[조선]에 전할 때에 서한이 없어서는 안 됩니다. 서한을 작성할

役人之儀早々御差圖被下候様ニと, 被仰上候得者, 此儀
五山之中博識之長老被相招, 御扶助被成候而, 當役
之儀御預可然存候旨, 被仰候ニ付, 各中様ゟ被仰渡不
被下候而ハ, 拙子相招キ候とても, 不被罷越ニ而可有之候.
何とそ其趣被仰渡被下候様ニと, 被仰上候節, 此度
方長老落着之様子可承及候得ハ, 招ニ應候人可有之哉,
其段無覺束候. 人柄なと之儀とくと御了簡候而, 各中江被
仰聞可然候. 兎角當役之人無之候而ハ, 不叶筈と存候
与之趣, 被仰ル. 其節五山長老衆相招キ候儀, 自分ニ而ハ
難成事ニ候間, 金地院玄良和尚江申談候様ニ可致候と

담당자(役人)를 조속히 정해 주십시오"라고 여쭈었더니, "이 일은 고잔(五山)[17] 중 박식한

---

17 고잔(五山)은 선종(禪宗) 사원에서 가장 높은 사격(寺格)을 나타내는 5개의 관사(官寺: 정부가 주지를 임명하는 사원)로, 십찰(十刹)보다 우위에 위치한다. 중국 남송 대에 정부가 특별 보호하여 관리하기 위해 시작한 제도로, 인도의 '오정사(五精舍)'를

초로(長老)를 초빙하여 부조를 지급해서 맡기는 게 좋다고 생각한다"고 하셨다. [요시나리가] "로주님들께서 분부하시지 않으면 제가 초빙하더라도 [쓰시마로] 오지 않습니다. 아무쪼록 그러도록 명을 내려 주셨으면 합니다"라고 하니, "이번에 보초로가 재판 결과 어떻게 되었는지 들었다면 초빙에 응하는 사람이 있겠는가. 그 점이 불안하다. 인품 등을 잘 생각해서 로주들께 말씀드려야 할 것이다. 어쨌든 이 일을 맡을 사람이 없으면 안 된다"고 하셨다. "고잔의 초로들을 초빙하는 것이 저로서는 어려우니 곤치인(金地院) 겐료(玄良)[18] 오쇼(和尚)[19]와 상담하겠습니다"라고

被仰上候得者, 其段御尤ニ存候間, 彌金地院江御相談可然と
御相捗被成ル.

一. 同十二日, 大炊頭様御館江御出, 昨日讃州様江御窺被成候
條々, 御尋被成ル.

〃 舊冬一件落着之間ハ, 朝鮮往還船差停候様ニ被仰渡候.
最早御裁決相濟候條, 其趣飛船を以彼國江申遣
候様ニ致度存候. 何とそ撿使壹人御添被下, 拙子使者

모방한 것이었다. 일본에서는 1253년 겐초지(建長寺)를 '고잔제일(五山第一)'이라 칭한 것이 '고잔(五山)'이라는 용어의 초출(初出)이다. 가마쿠라를 중심으로 하여 제정된 형적이 있기는 하지만, 어떤 사원이 고잔으로 지정되었는지에 관한 확증은 없다. 1386년 최종적으로 고잔지상(五山之上)이 난젠지(南禪寺), 고잔제일 덴류지(天龍寺)·겐초지(建長寺), 고잔제이 쇼코쿠지(相國寺)·엔카쿠지(圓覺寺), 고잔제삼 겐닌지(建仁寺)·주후쿠지(壽福寺), 고잔제사 도후쿠지(東福寺)·조치지(淨智寺), 고잔제오 만주지(萬壽寺)·조묘지(淨妙寺)가 확정되었다. 나아가 고잔을 '교토고잔(京都五山)'과 '가마쿠라고잔(鎌倉五山)'으로 분할하여, 두 계통의 고잔으로 격식이 고정되어 현재에 이르고 있다. (『日本大百科全書』)

18 사이가쿠 겐료(最嶽元良). 에도시대 전기의 임제종 승려. 별명은 스쿠모(巣雲), 호는 곤치인(金地院). 조선에서는 원량(元良)이라고 일컬어졌다. 274대 난젠지(南禪寺) 주지이자 스승인 이신스덴(以心崇傳)의 뒤를 이어 1633년 6월에 난젠지 별원인 곤치인(金地院) 2대 주지가 되었다. 대조선 외교문서를 주관했다. (『대일외교사전』)

19 계(戒)를 주는 스승 승려 또는 수행을 쌓은 승려에 대한 경칭(敬稱), 주지승.

同然ニ差渡候様ニ致度候与, 被仰上候得ハ, 一件落着
相濟候上者, 撿使相添候ニ及申間敷候. 乍然各中へ御尋
被成可然存候と, 大炊頭様御相拶被成ル.

말씀드리니, "지당하다. 곤치인과 상의하시오"라고 하셨다.

一. 동 12일, 오이노카미님 저택에 가셔서 어제 사누키노카미님께 문의한 사항들을 여쭈어 보셨다.

〃 [요시나리가] "지난 겨울, 잇켄이 해결되는 동안 조선을 왕래하는 배를 중지하라고 하셨습니다. 이제 판결이 내려졌으니 그 내용을 비선(飛船)으로 저 나라[조선]에 통보하고자 합니다. 아무쪼록 검사(撿使) 한 명을 붙여 주시고, 제 사신도 함께 파견했으면 합니다"라고 말씀드리니, "잇켄이 해결되었으니 검사를 붙일 필요는 없다. 그렇지만 다른 분들께 여쭈는 게 좋겠다"라고 오이노카미님이 대답하셨다.

〃 千石之地之儀御尋被成候得ハ, 少千石之儀ニ候得者
御引渡之事誰彼ニハ及申間敷候, 領地之事ニ候得者,
大河內金兵衛·伊奈半十郎江被仰談可然候哉与, 御
相拶被成ル.

〃 朝鮮人曲馬之場所致出來候. 馬藝之者江御見セ
被成, 恰好惡敷候處ハ, 拵直シ候様ニ可致候与, 大炊頭様
被仰ル.

〃 毎歲寒鹽之鶴進上仕候. 此度ハ一件之儀ニ付及延引候.
如何可致哉と, 御尋被成候得ハ, 往例之通御進上
可然候. 乍然各中へ御尋可被成趣, 大炊頭様被仰ル.

〃 1,000석의 영지에 관해 여쭈었더니, "겨우 1,000석이라고 해서 인도에 관해 아무에게나 말해서는 안 된다. 영지 문제는 오코치 긴베에(大河內金兵衛)[20]·이나 한주로(伊奈半十郎)[21]와 상담하시오"라고 하셨다.

〃 "조선인이 곡마를 할 장소가 완성되었으니 마상재인에게 보여 주고 상태가 나쁜 곳은 다시 손을 보시오"라고 오이노카미님이 말씀하셨다.

〃 "매년 시오즈루(鹽鶴)[22]를 진상합니다. 이번에는 잇켄 때문에 지연되었는데 어떻게 할까요?"라고 여쭈니, "평소처럼 진상하는 것이 좋습니다. 다른 로주들께도 여쭈어 보시오"라고 오이노카미님이 말씀하셨다.

〃 朝鮮人八木拜領之爲御禮, 先日私宅へ致入來候得共, 御用取込未及謝詞候間, 御取成被下候様ニ, 大炊頭様被仰ル.

一. 同日, 寒鹽眞靏五羽黑靏五羽獻上之. 今日鐵砲場へ出御被遊候間, 御機嫌を以可被遂御披露候旨, 讃岐守様御返答被成ル.

〃 同日, 大僧正天海, 明日日光江被罷歸候ニ付, 東叡山江御出被成. 此間一件之儀ニ付　東照大權現江夙願有之候. 當月垂迹之月ニ御座候故, 可遂社參与存候所ニ, 朝鮮馬藝之者到着, 御暇申上候儀難

---

20 오코치 히사쓰나(大河內久綱). 막부의 다이칸(代官) 및 간조부교(勘定奉行). 다이칸이란 에도시대 막부의 직할지를 관할하는 지방관의 직명. 막부의 재정관인 간조부교에 속해 관할지의 징세와 사법 업무를 주무로 하여, 관할지의 민정 일반에도 종사했다. (『日本國語大辭典』)

21 이나 다다하루(伊奈忠治). 막부의 간조카타(勘定方)와 다이칸가시라(代官頭)로 활약.

22 염장 처리한 학(鶴)고기, 또는 그 고기로 만든 국.

〃 "조선인이 쌀을 하사받은 답례를 하러 이전에 우리 집에 왔는데, 용무로 바빠서 아직 감사 인사가 이루어지지 않았으니 [재방문을] 주선하시오"라고 오이노카미님이 말씀하셨다.

一. 같은 날, 염장한 재두루미(眞鶴) 다섯 마리, 검은목두루미(黑鶴) 다섯 마리를 헌상했다. "오늘 철포장(鐵砲場)[23]으로 쇼군이 행차하시니 심기를 살펴 쇼군께 보이십시오"라고 사누키노카미님이 답변하셨다.

〃 같은 날, 다이소조(大僧正)[24] 덴카이(天海)[25]가 내일 닛코로 돌아간다 해서 [요시나리가] 도에이잔(東叡山)[26]으로 가셨다. "이번 잇켄으로 도쇼다이곤겐(東照大權現)[27]에게 숙원이 있습니다. 이번 달이 '수적(垂迹)의 달'[28]이라 신사 참배를 드리려고 했는데, 조선에서 마상재인이 도착하여 [막부에] 귀국 허가를 여쭙기가

罷成, 志願及延引, 非本意存候と被仰候得者, 御用ニ付
御延引ニ被及候者, 可被成様も無之御事ニ候. 御用相濟
候節, 御社參可然旨, 大僧正御返答被成ル.

一. 同十三日, 掃部頭様御館江御出, 大炊頭様·讚岐守様江
御窺被成候條々, 被仰上候得ハ, 大炊頭殿·讚岐守殿方

---

23 에도시대 허가를 얻어 안전한 장소에 만든 사격장.

24 승강(僧綱)의 하나로 승려로서의 최고 계급.

25 천태종 승려, 다이소조(大僧正). 존호는 난코보(南光坊), 원호는 치라쿠인(智樂院). 이에야스를 시작으로 에도시대 초기 막부의 정책 자문역을 맡았고, 외교 문제에도 관여했던 승려. 무사시(武藏) 가와고에(川越)의 기타인(喜多院)과 닛코 린노지(輪王寺)를 부흥했고, 1625년에는 간에이지(寬永寺)를 창건했다.

26 도쿄 우에노(上野)에 소재하는 간에이지의 산호(山號)가 도에이잔(東叡山). 간에이지는 천태종 관동(關東) 총본산. 도쿠가와 쇼군 가문의 기도소(祈禱所)이자 보다이지로, 도쿠가와 역대 쇼군 15명 중 6명이 간에이지에 잠들어 있다.

27 닛코 도쇼구(日光東照宮)로 추정된다. 닛코 도쇼구는 초대 쇼군 도쿠가와 이에야스를 신격화한 도쇼다이곤겐(東照大權現)을 제사 지내는 곳이다. 이바라키현(栃木縣) 닛코시에 소재하는 신사로, 일본 전역에 있는 도쇼구의 총본사적인 존재이다.

28 산왕권현(山王權現)이 일본에 나타난다는 달, 즉 히에(日吉) 신사에 제례가 있는 달.

可被達　　上聞候間, 近日御差圖可被仰付与存候.
若も衆議ニ及候ハヽ, 委曲可申談与御相拶被仰ル.
〃 同日, 大河内金兵衛樣, 大坂町人宗元と申候者, 朝鮮
人宿所相勤度願候趣, 古川右馬助迄被仰聞ル.
柳生但馬守樣ニも右之趣　　光雲院樣江被仰入

어렵습니다. 참배가 지체되고 있는 건 저의 본의가 아닙니다"라고 말씀드리니, "공무로 인해 지체되고 있다면 어쩔 수 없습니다. 공무가 완료되면 참배하십시오"라고 다이소조가 대답하셨다.

一. 동 13일, 가몬노카미님 댁으로 가시어 오이노카미님·사누키노카미님께 여쭈었던 사안들을 말씀드렸더니, "오이노카미님·사누키노카미님이 쇼군께 아뢸 것이니 가까운 시일 내에 지시가 있을 것이다. 만약 중의(衆議)에 부치게 되면 자세히 전하겠다"고 하셨다.

〃 같은 날, 오코치 긴베에님이 "오사카 조닌(町人) 소겐(宗元)이라는 사람이 조선인 숙소에 관한 일을 맡고 싶어 한다"고 후루카와 우마노스케에게 말씀하셨다. 야규 다지마노카미님도 이 내용을 고운인님께 말하셨는데,

候ニ付, 朝鮮人之儀平生往來ハたし候者ニも無之候.
信使來聘之節彼者方江宿爲致度与之儀ニ候哉.
信使宿所之儀者　　公儀ゟ御定被遊候先例ニ
候得者, 拙子了簡可致樣無之事ニ候与, 御返答被成ル.
一. 同十四日, 御登　　城被成候樣ニと大炊頭樣ゟ申來候ニ付,
御登　城被成候處, 大炊頭樣·讃岐守樣·伊豆守樣, 先日之
條々達　　上聞候. 舊冬朝鮮往還之船御停止被仰付
候得共, 一議決定諸事安堵之上者, 彼國へ告遣之可然

与之　上意之趣被仰渡ル. 扨又馬藝之者無恙到着
首尾好キ趣も被仰遣可然段, 御老中樣方思召候通

"조선인은 평소 왕래하지 않습니다. 통신사 내빙 때 숙소를 제공하고 싶다는 뜻인지요? 통신사의 숙소는 막부에서 정하는 것이 선례여서 제가 판단할 수 없습니다"라고 답하셨다.

一. 동 14일, 등성하라는 오이노카미님의 말씀에 등성을 하니, 오이노카미님·사누키노카미님·이즈노카미님이 "지난번 논의한 사안들을 쇼군께 아뢰었다. 지난 겨울 조선을 왕래하는 선박을 중지시켰지만, 평의가 끝나고 모든 일이 [이전처럼 요시나리에게] 안도(安堵)[29] 된 이상 그 나라에 통보함이 마땅하다고 하셨다"고 하시고, "또한 마상재 일행이 무사히 도착하여 순조롭게 진행 중이라는 것도 통보해야 한다"고 로주님들의 생각을

被仰處ニ付, 平日渡海之船吹嘘相渡遣候. 此度之飛船ニも
吹嘘相添候樣ニ可仕候哉. 先格之儀ニ御座候故, 御差圖被
下候樣ニ与被仰上候時, 彌先格之趣可然旨御老中樣
方被仰ル. 吹嘘之儀, 方長老會下之僧ヲ以爲相調候段ハ,
遠慮ニ存候. 此一封金地院江相賴出來候節, 各中樣
御一覽ヲ經候以後, 差遣之度思召候与, 被仰上候得者,
御老中樣方, 吹嘘之儀遂一覽候ニ不可及候. 以前ゟ
書契ニ用被來候印信を以, 如例御認被遣可然
思召候趣被仰ル. 對州留守居之者幷朝鮮在館之
家賴方江遣候書狀之儀, 憚多キ儀ニハ候得共, 何とそ

29 토지의 소유권·영유권(領有權)·지행권(知行權) 등을 막부나 영주가 공인하는 것.

말씀하셨다. 이에 "평소 [조선에] 도해하는 선박에는 도항증명서(吹嘘)를 주어서 보냅니다. 이번에 [가는] 비선도 도항증명서를 가져가도록 할까요? 전례가 있으니 지시를 내려 주십시오"라고 했더니, "전례대로 해야 한다"고 로주님들이 말씀하셨다. "도항증명서를 보초로 휘하의 승려에게 준비시키는 것은 피하고 싶습니다. 그 [도항증명서] 1봉(封)을 곤치인[金地院, 겐료(玄良)]에게 부탁해서 완성이 되면 로주님들께 보여 드린 후에 보냈으면 합니다"라고 하니, 로주님들께서 "도항증명서를 [우리가] 확인할 필요는 없다. 이전부터 서계에 사용해 온 도장으로 전처럼 만들어 보내면 된다고 생각한다"고 하셨다. "쓰시마에 있는 루스이(留守居)와 조선 재관자들[30]에게 보내는 서한은 대단히 송구스러우나 아무쪼록

各中様御一覧ヲ經候而, 差越候様ニ仕度存候与之趣,
被仰上候得者, 委曲之儀者馬藝之者歸國之便
被仰越可然候. 尤各中一覽候ニ者及申間敷与之儀,
大炊頭様被仰候時, 讃岐守様御自分被仰聞候趣も御尤
存候. 書狀出來候ハヽ, 一覽可致候与被仰ニ付, 書狀出來
候節, 古川右馬助を以御城江御持セ被遣, 御老中様
方御披見ニ被入之ル.

一. 同十五日, 爲御禮御登　城, 於　殿中昨日被仰上
置候書狀, 大炊頭様·讃岐守様江被入御披見ル. 扨又
被仰上候ハ, 昨暮對州ゟ飛脚到來仕候. 去年

30 조선 왜관에 체류하는 쓰시마인.

여러분께 보여 드리고 보냈으면 합니다"라고 말씀드리니, "소상한 것은 마상재인이 귀국하는 편에 보내는 것이 좋을 것이다. 로주들이 일람할 필요는 없다"라고 오이노카미님이 말씀하시자 사누키노카미님이 "그대의 말도 지당하다. 서한이 만들어지면 일람하겠다"고 하셨다. 그래서 서한이 완성되었을 때 후루카와 우마노스케에게 에도성으로 가져가게 해서 로주님들께 보여 드렸다.

一. 동 15일, 감사 인사를 드리러 등성해서 어제 말씀드렸던 서한을 오이노카미님·사누키노카미님에게 보여 드렸다. [요시나리가] 아뢰기를 "지난밤 쓰시마에서 파발이 도착했습니다. 작년

十月朝鮮國漢船壹艘, 石州波子浦江致漂着候. 領主
救濟之被致, 當春筑州博多私屋敷江被相送,
使札ニ被申聞候ハ, 舊冬ハ海上風波强ク候故, 漂人送遣候
儀及延引候与之趣ニ御座候. 右漂人今度朝鮮江差送候
樣ニ可仕与存候. 御差圖被下候樣ニと被仰上候節, 各中樣
被仰候者, 漂民之儀久々及滯留難儀ニ可存候
間, 早々被送回可然与御座候時, 舊冬以來渡海
停止ニ付, 彼國疑慮之心有之, 我國之樣子ヲ伺
見爲可申, 漂流ニ事寄セ來候事ニハ, 有之間敷哉と,
讃岐守樣被仰候故, 渡海停止之儀被仰出候者, 去ル

10월 조선의 배 1척이 이와미노쿠니(石見國) 하시우라(波子浦)에 표착했습니다. [그곳] 영주가 그들을 구제해서 올봄 규슈 하카타(博多)에 있는 제 저택으로 보냈는데, 사자가 가져온 서찰에는 '지난 겨울은 해상의 풍파가 강해서 표인(漂人)을 보내는 일이 지체되었다'는 내용이었습니다. 그 표착자를 이번에 조선으로 보낼 생각인데 지시를 내려주십시오"라고 말씀드리니, 로주님들이 "표민 송환이 오래도록 지체되면 곤란하니 서둘러 되돌려 보내

는 것이 좋다"고 하시자, "지난 겨울 이래 도해가 중지되어 그 나라가 의심하는 마음을 품고서, 우리 나라의 정황을 살펴보게 하려고 표류를 구실삼아 오는 일은 없겠는가?"라고 사누키노카미님이 말씀하셨다. 그래서 "도해 중지 명령을 내리신 것이 지난

十一月ニ而, 停止申付候者十二月之儀ニ御座候. 此船漂着之儀者十月之事ニ御座候得ハ, 御推察之譯ニ而者有之間敷樣ニ存候. 且又漂民之儀毎々被送還候段, 御仁心厚ク被成御座候處, 彼國ニも常之感謝被致事ニ御座候趣, 被仰上候得者, 御老中樣方幷道春老·永喜老ニも, 左候ハヽ, 漂民之儀彌早々被送遣可然与被仰ル.

〃 同日, 於　殿中僧錄金地院玄良江一件之儀ニ付, 方長老不慮ニ遠流ニ被及候故, 朝鮮へ遣候書契相認候人無之候, 縱イ有之候而も, 方長老會下之

11월이고, 중지한 것은 12월입니다. 그 배가 표착(漂着)한 것은 10월이니 추측하시는 일은 아니라고 봅니다. 또한 표류민을 매번 송환하면서 인심(仁心)을 두텁게 행하셨기 때문에 저 나라도 항상 감사하고 있습니다"라고 아뢰었더니, 로주님들과 도슌(道春)님·에이키(永喜)님도 "그러면 표류민을 서둘러 보내십시오"라고 하셨다.

〃 같은 날, 에도성에서 승록(僧錄)[31] 곤치인 겐료에게 [요시나리가] "야나가와 잇켄으로 보초로가 뜻밖에 유배형을 받는 바람에 조선으로 보내는 서계를 작성할 사람이 없습니다. 가령 있다고 해도 보초로 휘하의

31 에도시대 선종사원의 통솔기관. 1615년 이후에는 이신스덴(以心崇傳)이 주지로 있던 난젠지 곤치인(南禪寺金地院)의 원주(院主)가 승록에 임명되어 '金地僧錄'이 성립되었다.

僧ニ候得者, 信使又者　御用筋之儀ニ付候書契爲相認

候段, 遠慮ニ存事ニ候. 五山之中ニ而博識之長老一人

書契相調候儀, 被勤之候様ニ御頼申入候. 拙子壹人之望ニ

無之, 畢竟ハ御用之筋ニ御座候間, 何とそ拙子招キニ

被從候様ニと存候. 此上ニも招キニ難被應儀ニ候ハヽ, 御老中

方江御頼可申入候外無之候. 何とそ其段御頼

申入候と, 被仰候得ハ, 五山之内ニハ左様之文才之僧可有之段,

無覺束候. 乍然先吟味候而可申進与の趣, 金地院被仰ル.

一. 同十六日, 御老中様方, 馬藝御內見可被成与之儀ニ付,

騎士被召連傳奏屋敷江御越被成候へ共, 御老中様方

승려여서 [그들에게] 통신사 또는 막부의 업무로 서계를 만들게 하는 것은 피하고자 합니다. 고잔의 승려 가운데 박식한 초로 한 명에게 서계 작성하는 일을 맡아서 하도록 부탁을 드립니다. 저 혼자의 바람이 아니라 결국에는 공무의 성격을 띠는 일이니 아무쪼록 저의 초청에 따라 주셨으면 합니다. 그럼에도 초청에 응하기 어려우시면, 로주님께 부탁드리는 수밖에 없습니다. 부디 이 점을 부탁드립니다"라고 하자, "고잔 중에 그런 문재(文才)를 가진 승려가 있는지 확실하지 않지만 우선 잘 검토해 보고 말씀드리겠습니다"라고 곤치인이 말했다.

一. 동 16일, 로주님들이 마상재를 내람하겠다고 하셔서 곡예사를 데리고 덴소야시키로 가셨지만, 로주님들의

御來延引ニ付, 當日曲馬無之.

一. 同十七日, 今日紅葉山江　御社參被遊ニ付, 直垂衣

御着, 紅葉山江御詣被成, 例之ことく御供所ニ御■居

被成. 御老中様方ニハ番屋ニ御伺公被成ル. 道句を以

暫時御出被成候様ニ与申來候ニ付, 御出被成候處,

掃部頭様・下總守様・讚岐守様御列座候而, 曲馬

御上覽, 朝鮮人御目見被仰付候儀なと御相談有之.

追付　　公方様御參詣被遊候節, 例之ことく

御廟之側ニ御伺公, 御目見被成,　　還御之後

御廟江御參詣相濟, 御退出之刻, 御用有之候間,

참석이 늦어져 당일 마상재는 없었다.

一. 동 17일, 오늘 모미지야마(紅葉山)[32]로 [쇼군께서] 신사 참배를 하시니, [요시나리는] 예복(直垂)[33] 차림으로 모미지야마에 참배하시어 전례와 같이 고쿠쇼(御供所)[34]에서 대기하셨고, 로주님들은 반야(番屋)[35]에서 기다리셨다. 도쿠(道句)를 보내 잠시 오라는 연락이 와서 가셨더니, 가몬노카미님・시모우사노카미님・사누키노카미님이 나란히 앉으셔서 쇼군의 마상재 관람과 조선인의 쇼군 알현을 분부하신 일 등에 관해 상담하셨다. 곧이어 쇼군께서 참배를 하실 때 전례대로 사당(御廟) 옆에서 대기하다가 쇼군을 뵈었다. 쇼군이 돌아가신 후 사당에 참배를 마치고 물러날 때, '공무가 있으니

午時御登　城被成候様ニ与之御儀ニ付, 御登　城

被成候處, 大炊頭様・讚岐守様・伊豆守様, 曲馬

32 에도성 니시노마루(西の丸) 북쪽에 있던 작은 언덕. 1618년 이에야스를 모신 신사 도쇼구를 창건.

33 히타타레(直垂)는 에도시대 일반 무사・배신들의 예복.

34 신사 등에 부속해서 공물(供物)을 준비하는 곳.

35 호위를 맡은 사람들이 모여 있는 공간.

御上覽之儀, 可爲明日·明後日兩日之內ニ之條, 其爲
用意被仰知与之御事也. 譯使騎士　御目見之
事, 今朝於紅葉山御相談有之ニ付, 彼なと四人
官階之書付, 御老中樣江被差出ル. 御老中樣方
朝鮮人御目見之儀, 騎士兩人ハ可爲庭拜旨被
仰候ニ付, 此儀私一存ヲ以難相濟候. 仰之旨を以申渡
見候樣ニ可致候と, 御返答被成候者, 御老中樣方
先年方長老朝鮮江被罷渡候節, 御自分

오시(午時)[36]에 등성하라'는 전갈이 와서 등성하셨다. 오이노카미님·사누키노카미님·이즈노카미님이 "쇼군님의 마상재 관람은 내일과 모레, 이틀 중 하루이니 그 준비를 위해 알린다"고 하셨다. [조선] 역관과 마상재인의 쇼군 알현에 관해서는 오늘 아침 모미지야마에서 상의했으니, 그들 네 명의 관직을 적어서 로주님들께 제출했다. 로주님들이 "조선인의 쇼군 알현에서 곡예사 2인은 마당에서 배례(庭拜)하게 하라"고 하셔서, "이것은 저 혼자만의 생각으로 결정하기 어렵습니다. 말씀하신 내용을 전달해 보겠습니다"라고 답변했다. 그러나 로주님들이 "이전에 보초로가 조선에 건너갔을 때 귀하의

御使与申譯ニ付, 庭拜被致由, 此度一件御穿鑿
之節, 長老被申出候. 然者彼なと共庭拜之儀, 素り
相當之事ニ候由被仰候ニ付, 右御返答致候ことく,
仰之旨以申渡見候樣ニ可致候. 私一存以ハ申付かたく

36 오전 11시~오후 1시.

存候. 其子細ハ先年信使來聘之節, 同知·判事ハ,
下段ら拜致シ, 軍官ハ廣縁ら拜仕リ候. 今日其例ニ
違イ, 庭沙之上ら拜禮仕候様ニと御座候者, 如何様之
譯を以, 今更ケ様被仰付候哉と, 不審可仕候. 騎士渡
海致候儀, 先例ハ無之候得共, 御召被遊候ニ付, 早速
被差越候. 然處舊例ニ違イ, 禮式ヲ被改候ニ付, 不審ニ

사신이라는 이유로 마당에서 배례했다고, 이번 잇켄을 조사했을 때 보초로가 말했다. 그러면 그들도 마당에서 배례하는 것이 마땅하다"고 하셨다. "답변드렸듯이 분부하신 내용을 전달해보겠습니다. 제 생각으로는 [조선인들에게] 지시하기는 어렵다고 생각합니다. 그 이유는 이전에 통신사가 왔을 때 역관인 동지(同知)와 판사(判事)는 게단(下段)[37]에서 절을 했고 군관(軍官)은 툇마루(廣緣)에서 절을 했습니다. 오늘 전례와 달리, 마당의 모래에서 배례하도록 하면 '어떤 연유로 이제 와서 그렇게 하라는 거냐'며 이상하게 여길 것입니다. 마상재인의 도해는 전례가 없지만, 쇼군께서 부르셨기 때문에 서둘러 건너왔습니다. 그런데 구례(舊禮)를 어기고 예식을 바꾸어서 이상하게

及候様ニ罷成候節, たとひ押付相濟候ニ致候而も, 道理ニ
當リ候儀とも難申候. 兎角此段難落付存候趣, 被仰上
候得ハ, 御老中様ニも, 左候ハヽ拜禮之儀信使之時之例ニ
可被准候條, 官階之書付者道春老へ御渡被成候様ニ
与の御儀ニ付, 右書付道春老江御渡被成ル. 曲馬之名目

---

37 무가의 저택(武家屋敷)에서 조단노마(上段の間)에 이어서 그보다 한 단 낮은 방. 주군이 조단노마에 앉고 주군과 대면하는 부하가 게단(下段)에 자리한다.

書付茂被差出候處， 上意之節可被差上之由，

伊豆守様仰ル.

〃 同日，兩譯使進上物之目錄五種被差上之候得者，

讚岐守様南蠻釋牟羅(シャムラウ)人さへも土産之品進上致

事ニ候ヘハ，朝鮮人進物差上候儀，勿論ニ候. 乍然其品者

여기게 된 상황에, 설령 [이쪽이] 밀어붙여서 배례가 마무리되어도 도리에 합당하다고 말하기 어렵습니다. 어쨌든 이 일은 받아들이기 어렵습니다"라고 말씀드리니, 로주님들도 "그러면 배례는 통신사 때의 전례에 준해서 행하고, 관계(官階)를 적은 문서는 도슌(道春)에게 건네시오"라고 하시어, 위 문서를 도슌님께 드렸다. 마상재의 종목을 적은 문서도 제출했더니 "쇼군께서 말씀하시면 드릴 것이다"라고 이즈노카미님이 말하셨다.

〃 같은 날, 두 역관이 가져온 진상물 다섯 종류를 올리니, 사누키노카미님이 "난반(南蠻)[38] 샤무라(釋牟羅)[39] 사람도 토산품을 진상하니 조선인이 진상품을 올리는 건 당연하다. 그렇지만 그 물품은

三種ニ而可然候と被仰ル. 大炊頭様先ツ目錄之通持參仕リ候様ニ，

進上之節御了簡可被成候由被仰ル. 朝鮮人江被下物，一人宛

別々ニ可被下之候哉，仲間ニ可被下候哉と，御老中様方

被仰候ニ付，其儀ハ各中様御了簡次第ニ御座候段，

御返答被成ル. 御老中様被仰候ハ，兩國之首尾好キ

様ニ有之度事と存事ニ候間，諸事御了簡之通，

38 동남아시아 또는 스페인과 포르투갈.

39 Siam. 타이의 옛 명칭으로 추정된다.

無御遠慮被仰聞候様ニと御座候ニ付, 左候ハヽ, 同知·
判事貳人一列, 騎士二人一列, 其餘合候而一列, 惣而
三段ニ御立テ被成下之如何可有御座哉と, 被仰上候ヘハ,
御老中様方此段御尤ニ存候と被仰, 扨又申談候儀ハ

세 종류로 하는 게 좋겠다"고 하셨다. 오이노카미님은 "우선 목록대로 지참해서 오도록 하고, 진상할 때 판단할 것이다"라고 하셨다. "조선인에게 하사하는 물품은 1인씩 별도로 주는 것이 좋은가, 단체로 주어야 하는가"라고 로주님들이 말씀하셔서, "그것은 여러분 마음대로입니다"라고 답하셨다. 로주님들이 말씀하시기를, "양국의 관계가 순조롭기 바라니 만사를 생각하신 대로 사양 말고 말하시오"라고 하시기에, "그러면 동지(同知)·판사(判事) 2인을 1열, 기사(騎士) 2인 1열, 그 나머지는 같이 1열로 해서 전체 3단으로 세우는 것은 어떻겠습니까?"라고 아뢰니, 로주님들은 "그게 마땅하다"라고 하셨다. 또한, "상의한 내용은

互ニ御用之筋ニ候間, 流布不致候様ニ御心得被成, 此外ニも
御了簡之儀茂可有之候ハヽ, 被仰聞候様ニと被仰ル. 且又
朝鮮人裝束之様子御覽被成候爲ニ候ハヽ, 先ツ平生之
衣裝ヲ着爲致　御目見江之刻, 冠服ヲ爲改候様ニ
可致候哉与, 被仰上候得者, 御老中様方其儀御尤ニ
候趣被仰ル.

一. 同十八日, 讚岐守様御出被成, 先日申上候書翰相調候
役人之儀, 何とそ早々被仰渡被下候様ニ, 朝鮮之儀者
諸事書翰無之候而ハ, 通用不罷成事ニ御座候故,
毎度申上候と, 被仰上候得ハ, 此儀各中ゟ差計リ

서로 공무에 관한 것이니 유포하지 않도록 명심하고, 그밖에도 생각하는 바가 있으면 말씀하시오"라고 하셔서, "조선인 장속(裝束)을 [쇼군이] 보시기 때문이니 우선 평상시 의장(衣裝)을 입게 하고 쇼군 알현하는 때에 관복(冠服)으로 갈아입게 할까요?"라고 여쭈었더니 로주님들은 그게 지당하다고 말씀하셨다.

一. 동 18일, 사누키노카미님이 나오셨다. 이전에 말씀드린 '서한 작성할 관리'를 부디 서둘러 정해 주시고, 조선과의 통교는 만사가 서한 없이는 통용되지 않으니 매번 말씀드리는 것이라고 아뢰니, "이 일은 우리들이 헤아리기

かたく候, 御心當之人御書付, 各中へ御見セ被成候
樣ニと, 讃岐守樣被仰, 左候ハヽとかく金地院江致相談,
重而可申上候与, 御返答被成ル. 扨又被仰上候ハ, 一件
之儀首尾能御裁許被仰付被下, 外聞實儀
御恩之程, 可申上樣も無御座候, 誓旨を以無二之
丹誠ヲ表シ申度奉願候との趣, 被仰上候得ハ, 被仰聞
候趣, 御尤ニ存候. 左候ハヽ其趣各中江御相談被成候
樣ニ与, 讃岐守樣被仰ル. 此節ハ何とそ差續キ, 御當地ニ
勤候仕度儀与奉存候得共, 御制法之儀と申, 殊ニ
信使來聘ニ付, 御用之筋も有之事ニ御座候故,

어렵다. 심중에 있는 사람을 적어서 다른 로주들에게 보이도록 하시오"라고 사누키노카미님이 말씀하셨다. "그러면 어쨌든 곤치인과 상담하여 다시 말씀드리겠습니다"라고 답하셨다. 또한 말씀드리기를, "잇켄을 순조롭게 판결하여 주셔서 외양과 내실에서 입은 은혜를 이루 다 말할 수 없습니다. 맹세서를 써서 둘도 없는 깊은 진심을 표하고자 합니다"라고 말씀드리니, "[그대의] 말이 지당하다. 그 내용을 다른 로주분들과 상의하시오"라고 사누키노카미님이 말씀하셨다. "지금은 아무쪼록 계속 이곳[에도]에서

일하고 싶습니다만, 법칙(制法)이라는 게 있고 통신사 내빙 때문에 해야 할 공무도 있어서

左樣ニも難致候. 若も御暇可被成下候ハヽ, 仰ニ任セ
歸州仕ニ而可有御座候与被仰上ル. 扨又此度騎
藝之者　御目見被仰付候節, 拙子儀肩衣袴
可致着候哉と, 御尋被成候得ハ, 讚岐守樣騎藝
之者登　城之儀ハ, 信使とハ不相類事ニ候得ハ,
彌肩衣袴ニ而可然之趣被仰ル.
〃 同日午時, 讚岐守樣御差圖之ことく御登　城
被成. 伊豆守樣与騎藝　御上覽之儀なと御相談
被成ル.
一. 同十九日, 夜大炊頭樣·讚岐守樣ゟ御奉書來ル. 左記之.

그렇게 하기 어렵습니다. 만약 [쓰시마로] 귀국하도록 허락해 주시면 명하시는 대로 귀국하겠습니다"라고 말씀드렸다. 또한 "이번에 마상재 곡예사를 알현하실 때 저는 가타기누(肩衣)와 하카마(袴)[40]를 입을까요?"라고 여쭈니, 사누키노카미님이 "마상재인의 등성은 통신사와 다른 사안이므로 가타기누와 하카마로 하시오"라고 하셨다.

〃 같은 날, 오시에 사누키노카미님의 지시대로 등성했다. 이즈노카미님과 마상재 관람에 관해 상의하셨다.

一. 동 19일 밤, 오이노카미님·사누키노카미님에게서 봉서(奉書)가 왔다. 아래에 기록한다.

---

40 가타기누(肩衣)와 한바카마(半袴)를 입는 것. 에도시대 무사의 공적인 예복.

明日朝鮮之馬乗方　御上覽可被成之旨被仰

出候. 然者四ツ時分, 先御城江御同道ニ而可有

御出候. 其以後乗方御見物可被成候間, 其御心得

尤ニ候. 恐々謹言

卯月十九日　　　　酒井讚岐守

土井大炊頭

宗對馬守殿

一. 同廿日, 大炊頭樣ゟ御使者を以, 朝鮮人登　城之

道筋, 櫻田口ゟ爲罷越, 尤對馬守ニハ先達而登

城爲仕候樣ニ与之　上意之趣被仰遣. 依之辰

내일 조선의 승마 곡예를 관람하신다고 말씀하셨습니다. 그러니 오전 10시 무렵[41] 에도성으로 동행하여 갑니다. 그 후 승마 곡예를 관람하실 것이니 그리 알고 계십시오. 삼가 말씀드립니다.

묘월(卯月)[42] 19일　　　　사카이 사누키노카미(酒井讚岐守)

도이 오이노카미(土井大炊頭)

소 쓰시마노카미(宗對馬守)님

一. 동 20일, 오이노카미님이 사자를 보내 "조선인이 등성하는 길은 사쿠라다구치(櫻田口)[43]를 통해서 가게 하고, 쓰시마노카미는 먼저 등성하라고 쇼군이 지시하셨다"고 전하셨다. 그래서 진시에

41 요쓰도키(四ツ時)는 오전 9시~11시 사이.

42 음력 2월.

43 에도성의 출입문 중 하나.

刻御登　城, 綿藏橋江御越被成候時, 御門奉行
菅三四郎樣被仰候者, 先刻伊豆守殿ゟ御傳語申來候.
御自分樣御儀, 先傳奏屋敷江御越被成候樣ニ, 御登
城之刻限之儀者, 彼方ゟ可被仰遣与之御儀ニ候段, 被
仰候ニ付, 直ニ傳奏屋敷江御越被成ル. 伊豆守樣ゟも
御使者ニ而右大炊頭樣御口上之趣, 同然ニ申來候ニ付,
則御差圖之通ニ被成ル.

〃 出御以前於廣間, 大炊頭樣·讃岐守樣·伊豆守樣
曲馬　御上覽之御行規幷朝鮮人今日
御目見之規式なと, 御相談有之.

등성하여 와다쿠라바시(綿藏橋)[44]로 가셨을 때, 고몬부교(御門奉行)[45] 스가 산시로(菅三四郎)님이 말하시기를, "아까 이즈노카미님에게서 전하는 말씀이 왔습니다. '귀하는 먼저 덴소야시키로 가고 등성 시각은 그쪽에서 말하겠다'고 하셨습니다"라고 하기에 곧장 덴소야시키로 가셨다. 이즈노카미님도 사자를 보내 오이노카미님과 동일한 내용을 전해 왔으므로, 곧 지시대로 하셨다.

〃 쇼군께서 행차하시기 전에 히로마(廣間)[46]에서 오이노카미님·사누키노카미님·이즈노카미님과 곡마(曲馬) 관람 및 오늘 조선인의 쇼군 알현 의식에 관해 상담하셨다.

---

44 和田倉橋. 에도성의 동쪽에 위치한 와다쿠라문 앞에 위치한 다리.

45 몬부교(門奉行). 문의 개폐나 손님 맞는 일을 맡은 관리.

46 에도시대의 다이묘·귀족의 저택에서 현관 다음에 위치하는 넓은 방. 에도성의 오히로마(大廣間)는 손님과 정식으로 대면하는 장소이다.

〃 讃岐守様被仰候ハ, 先日得御意候朝鮮人江之被下物之儀, 彌三段ニ致可然旨被仰出候. 目錄爲相調可申候. 同知·判事及騎士兩人之外ハ, 下々と書載可爲致候哉と御座候ニ付, 左候ハヽ下人と御書載被成度段, 被仰上候故, 其通ニ御書載被仰付ル.

〃 大炊頭様·讃岐守様被仰候者, 朝鮮人江被下候物品馬場江爲配候様ニと, 被仰付候間, 朝鮮人共御假屋ニ向イ御拜禮仕候様ニと有之.

〃 讃岐守様被仰候ハ, 朝鮮人進上物五種ハ過分ニ候間, 三種ニ而可然与有之.

〃 사누키노카미님이 말씀하시기를, "이전에 말하신 조선인 하사품은 3단으로 하면 될 것이다"라고 하셨다. "목록을 만들어야 한다. 동지·판사 및 곡예사 2인 외에는 '아랫사람들'이라고 써야 하는가?"라고 하셔서, "그러면 하인(下人)이라고 쓰겠습니다"라고 말씀드리자 그렇게 하라고 하셨다.

〃 오이노카미님·사누키노카미님이 "조선인에게 하사하는 물품을 마장(馬場)에 배열해 놓으라고 하셨으니, 조선인들에게 임시가옥을 향해 배례하도록 하시오"라고 하셨다.

〃 사누키노카미님이 조선인 진상물 5종은 과분하니 3종으로 하라고 하셨다.

〃 當日朝鮮人登　城, 洪同知·崔判事ハ天井之間, 騎士兩人ハ御車寄セ之寄着間ニ伺公仕ル. 進上之品廣緣ニ配之. 公方様御廣間江出御, 兩譯使廣緣ゟ四度半之拜終而, 右之ことく天井之間江退居, 兩騎士落緣ゟ四度半之拜終而, 右之ことく御車寄セ之

寄着間ニ退居. 此時大炊頭·讚岐守様を以

光雲院様ヲ御召被遊, 御前ニおいて朝鮮人

遙々海路ヲ罷越, 苦労之儀ニ思召候. 今日馬藝

御上覽可被遊之旨, 同知·判事江申渡候様ニ与之

上意ニ付, 御前ヲ御退去被成, 同知·判事廣

〃 당일 조선인이 등성하여 홍동지와 최판사는 덴조노마(天井之間), 마상재인 2인은 탈것을 대는 곳(車寄)[47] 공간에서 대기했다. 진상품은 툇마루(廣緣)에 늘어놓았다. 쇼군께서 히로마에 행차하셨고 두 역관은 툇마루에서 [쇼군에게] 4회 반의 배례를 마치고 다시 덴조노마로 물러났다. 두 마상재인은 오치엔(落緣)[48]에서 4회 반의 배례를 마치고 다시 탈것을 대는 공간으로 물러났다. 이때 [쇼군께서] 오이노카미·사누키노카미님을 통해 고운인님을 부르셔서, "조선인이 멀리서 바다를 건너오니 노고가 많다. 오늘 마예(馬藝)를 관람할 것이니 동지와 판사에게 전하라"고 하시어 쇼군 앞에서 물러나셨다. 동지와 판사를 툇마루로

緣江召出之 上意之趣被仰度ル. 同知·判事廣緣

御目通りニおいて拝仕リ畢而退出. 光雲院様

譯使騎士御同道, 傳奏御屋敷江御越, 追付

公方様御假屋江出御, 光雲院様傳奏御屋敷

橋之前ニ御伺公被成, 馬藝ヲ相始メ候様ニ与之

47 구루마요세(車寄). 탈것을 대어 타고 내리기 위해 건물의 현관 입구에 돌출하여 설치한 부분.

48 한 단 더 낮은 툇마루. 또는 집으로 들어갈 때 발을 걸치는 단.

上意有之, 曲馬相始ル. 乘リ樣西之御門ゟ東ニ向イ
乘リ出シ, 名目之通一通リ相濟候. 以後今一二遍爲
乘候樣ニ与之　上意ニ付, 數遍乘之. 曲馬最中石川
彌左衛門樣爲　上使對馬守圓座御免被成之旨, 被
仰出. 扨又對馬守東西江徘徊候段, 不可然候. 令下知候事

부르라는 쇼군의 지시를 전했다. 동지·판사는 툇마루 배알에서 배례를 마치고 물러났다. 고운인님은 역관·마상재인과 동행하여 덴소야시키로 가셨고, 뒤를 이어 쇼군께서 임시가옥으로 납시어 고운인님이 덴소야시키 다리 앞에서 [쇼군을] 뵈었다. 쇼군께서 마예를 시작하라고 하셔서 곡마가 시작되었다. 마상재 공연은 서쪽 문에서 동쪽을 향해 달리기 시작해서 종목 전체를 순서대로 한 번씩 보여 주는 형태였다. 이후 한두 번 더 해보라는 쇼군의 요청에 따라 [마상재인이] 여러 번 말을 탔다. 마상재가 한창일 때, 이시카와 야자에몬님을 사자로 보내 "쓰시마노카미에게 착석[49]을 허가한다. 쓰시마노카미는 동서(東西)로 배회하지 말고 하명할 일이

有之候ハヽ, 圓座之上ニ罷有申付候樣ニ与之　上意之趣被仰
渡候時, 其儀達而御辭退被成候へ共, 御老中樣ゟ重而
石川彌左衛門樣を以　上意之儀ニ候間, 少も遠慮ニ不可及候條, 被
仰遣ニよつて, 圓座ニ御着座被成, 洪崔兩譯ハ白沙ニ候
居仕ル. 其後馬藝相濟候刻ニ及ヒ, 柳生但馬守樣·井上
筑後守樣·秋山修理亮樣·水野河內守樣爲　上使曲馬

49 엔자(圓座). 둥근 형태를 한 방석의 일종. 식물을 꼬아서 만들며, 현재에도 신사(神社)의 의식에서 사용된다.

相濟候ハヽ, 兩譯·騎士共ニ傳奏屋敷江, 爲入候樣ニ与之 上□之旨,

被仰渡候ニ付, 朝鮮人江其趣被仰付ル. 其後被成下物

御袷衣五十·白銀千枚【別□臺ニ載之】, 御假屋向イ之馬場ニ

配之. 同知·判事·騎士召出之. 此時 上使ハ馬場之

있으면 앉아서 지시하라"고 쇼군께서 분부하셨다. 그때 곧 사양하셨지만, 로주님들이 거듭 이시카와 야자에몬님을 통해 "쇼군의 뜻이니 조금도 사양할 필요가 없다"고 하시어 방석에 착석했다. 홍·최 양역은 흰모래 마당에 있었다. 마상재가 끝날 무렵이 되어 야규 다지마노카미님·이노우에 지쿠고노카미(井上筑後守)님·아키야마 슈리노스케(秋山修理亮)님·미즈노 가와치노카미(水野河內守)님이 사람을 보내 "마상재가 끝나면 양역과 마상재인 모두 덴소야시키로 오라"는 쇼군의 명을 전하니 조선인에게 그 내용을 말했다. 그 후 하사품인 겹옷(袷衣)[50] 50벌, 백은(白銀) 1,000매【별도의 대에 놓음】를 임시가옥 쪽의 마장에 배열했다. 동지·판사·마상재인을 불렀다. 이때 쇼군이 보낸 사자가 마장의

南ニ御立竝ヒ, 朝鮮人ハ馬場之北ニ伺公, 光雲院樣ニハ中間ニ

御伺公被成ル. 上使 光雲院樣江御向イ, 馬藝

御上覽相濟候ニ付, 則歸國之御暇被成下之. 依之御袷衣

白銀なと被下置之候間, 勝手次第ニ歸國可仕之旨,

上意之趣被仰渡候ニ付, 光雲院樣其趣兩譯へ被

仰渡ル. 兩譯被下物頂戴仕リ, 御假屋ニ向イ四度

---

50 아와세기누(袷衣), 아와세(袷). 안감을 대서 만든 옷.

半之拜仕ル. 相濟　光雲院樣同知等御誘引被成, 傳奏御屋敷江御退去被成候節, 水野河內守樣被下物之御目錄御持參, 　光雲院樣御出迎, 於路次御請取之被成. 古川右馬助を以同知なと二御渡シ被成ル.

남쪽에 늘어서고, 조선인은 마장의 북쪽에 대기하고 고운인님은 중간에 대기하셨다. 쇼군의 사자가 고운인님을 향해, "마예 관람이 끝났으니 귀국을 허락한다. 이에 겹옷·백은 등을 하사하니 형편에 맞게 귀국하라"는 쇼군의 명을 전했다. 고운인님은 위 내용을 양역에게 전하셨다. 양역은 하사품을 받고 임시가옥을 향해 4번 반의 배례를 했다. [전부] 마치고 고운인님이 역관 등을 인도하여 덴소야시키로 물러나시자 미즈노 가와치노카미님이 하사품의 목록을 가져 오셔서 고운인님이 나가 맞이하여 길에서 받으셨다. 후루카와 우마노스케를 시켜서 역관 등에게 건네셨다.

〃 還御以後爲　御禮御登　城. 御老中樣方御退出二付, 大田備中守樣江御禮被仰上置, 御退出被成. 直二御老中樣方御館へ, 爲御禮御越被成ル.

一. 同廿一日, 酒井讚岐守樣江御出. 昨日曲馬　御上覽首尾好相濟, 珍重被思召与之儀被仰上ル. 扨又同知·判事右爲御禮, 各中樣御館へ致參上, 音物なと進之候樣二致度段申候. 彌其通二爲致可然哉之趣, 御尋被成. 讚岐守樣朝鮮人各中江届致候儀, 勝手次第之事二候. 乍然土産之儀ハ, 輕キ品二而可然候と被仰ル. 左候ハヽ大炊頭殿·掃部頭殿·伊豆守殿·加賀守殿·豊後守殿·御手前樣·周防守殿,

〃 쇼군께서 에도성으로 돌아오신 후 감사 인사를 드리러 등성하셨다. 로주님들이 성을 나가신 상태라, 오타 빗추노카미(大田備中守)님께 인사를 드리고 물러나셨다. 곧바로 로주님들의 저택으로 인사를 드리러 가셨다.

一. 동 21일, 사카이 사누키노카미님에게 가셨다. 어제 마상재 관람이 순조롭게 끝나 다행스럽게 생각한다는 말씀을 올렸다. 또한 "동지와 판사가 감사 인사를 드리러 로주님들 댁을 방문해서 예물을 드리고 싶다고 하는데, 그렇게 하도록 할까요?"라고 여쭈니, 사누키노카미님은 "조선인이 로주들에게 가는 것은 형편대로 할 일이다. 하지만 선물은 가벼운 물품이 좋다"고 하셨다. "그러면 오이노카미님·가몬노카미님·이즈노카미님·가가노카미(加賀守)님·분고노카미(豊後守)님·귀하[사누키노카미님]·스오노카미(周防守)님,

此御人衆へ爲致參可然候哉と, 被仰候得ハ, 讃岐守樣朝鮮人
周防守殿館江參候儀, 信使來聘之節ハ, 京都諸事
裁許被致事ニ候故, 届も可有之候得共, 此度ハ左樣
之譯ニ者無之候得者, 可爲無用候与, 御差圖被成ル. 御歸
宅被成, 右之趣同知·判事江被仰聞. 兩譯使右之御衆
中樣江爲御禮致參上, 古川右馬助相添之.
〃 酒井雅樂頭樣ニハ, 同知·判事共ニ往年ゟ御知人ニ候ニ付,
致參度段申候處ニ, 此儀不計御失念ニ而, 讃岐守樣へ御尋
不被成候得共, 差掛り御差圖ヲ御請ケ被成候ニ及かたく
候故, 朝鮮人願之通罷越候樣ニと被仰渡ル.

이분들을 찾아뵙게 할까요?"라고 여쭙자, 사누키노카미님은 "조선인이 스오노카미님 댁을 방문하는 것에 관해, 통신사 내빙 때에는 교토의 만사를 재허(裁許)하시기 때문에 보고를 해야 하지만 이번은 다르니 보고할 필요 없다"고 하셨다. 집으로 귀가하시어 위 내용을 동지·판사에게 알렸다. 두 역관은 위의 분들께 감사 인사를 드리러 찾아뵈었고

후루카와 우마노스케가 함께 갔다.

〃 사카이 우타노카미님은 동지·판사 모두 오래전부터 지인(知人)이라서 방문하기를 원했으나 성사되지 않아 실망하셨다. 사누키노카미님께 여쭙지 못했지만 임박하여 지시받기 어려운 일이기 때문에 조선인의 바람대로 하라고 했다.

〃 同日同知·判事致參候ニ付, 御老中樣方ゟ御答謝之書翰來ル.

一. 同廿二日, 大炊頭樣御館江御出被成. 曲馬　御上覽首尾能相濟, 朝鮮人被下物なと御丁寧ニ被仰付. 拙子ニ茂御前江被召出, 於馬場も再三蒙　上使, 難有思召候与之趣, 被仰上ル. 扨又朝鮮人歸國ニ付, 返答之書契遣之申儀ニ候. 殊ニ信使之儀被仰出候ニ付, 旁書契相調候役人無之候而ハ, 不叶事ニ候, 五山僧衆之內歟, 又ハ其外ニ而も文學有之仁, 御差圖を以被仰付被下候樣ニと, 被仰上ル. 大炊頭樣書契役人御屆之儀, 御尤ニ候.

〃 같은 날, 동지·판사가 방문한 것에 대해 로주님들이 답례하는 서한을 보내 왔다.

一. 동 22일, 오이노카미님 댁에 가셨다. 마상재 관람이 잘 마무리되어 조선인에게 내릴 하사품 등을 신중하게 분부하셨다. "저도 [쇼군] 앞에 불려 나가 마장에서도 여러 번 사자를 보내 [쇼군의 의향을 전해] 주셔서 감사드립니다"라고 말씀드렸다. 그리고 "조선인이 귀국하므로 회답서계를 보내야 합니다. 게다가 통신사를 초빙하라는 분부도 받았으니 서계를 작성할 담당자가 없으면 안 됩니다. 고잔의 승려들 중에서, 아니면 그 밖에 학문을 갖춘 사람을 정하여 주십시오"라고 아뢰었다. 오이노카미님이 "서계 담당자를 바라는 것은 지당한 일이다.

公儀御用ニ付候譯ニ候得ハ, 勿論之事ニ候. たとい御自分之儀ニいたし候とても, 其役人者　公儀ゟ不被仰付候而不叶事ニ候趣, 被仰ル. 誓旨被差上度段も, 御窺被成候得者, 大炊頭様其段も御尤ニ候. 御暇被下候節, 被差上候様ニ与之御事也.

〃 大炊頭様被仰候ハ, 此度一件之事兼々被仰聞候得共, 裁許之儀及延引候次第, 世上取沙汰ニハ, 我々疎意之様ニも可申候得共, 全ク左様之譯ニハ無之候. 何とそ雙方無事故相濟候様ニ有之度儀と存候故, 御自分様ヲ贔屓被致候衆江ハ, 豊前ニも　權現様江御奉公致候人之儀ニ

막부의 공무와 관계된 일이니 당연하다. 가령 귀하의 일이라고 해도 그 담당자는 막부가 지시하지 않으면 안 된다"고 하셨다. 맹세서를 제출하고 싶다는 건도 여쭈었더니 오이노카미님이 "그것도 지당하다. 귀국을 허가해 주실 때 제출하시오"라고 하셨다.

〃 오이노카미님이 말씀하시기를, "이번 잇켄에 관해 일찍부터 들었지만 최종판결까지 시간이 오래 걸린 이유를, 세간에서는 우리가 소홀히 했기 때문이라는 소문이 있는 것 같은데 전혀 그렇지 않다. 어찌 되었든 쌍방이 무사히 해결되기를 바랐기 때문에 귀하의 편을 드는 사람들에게는 '부젠도 곤겐(權現)님을 모셨던(奉公)[51] 사람이니

51 봉공(奉公)은 원래 국가의 공사(公事)를 봉행(奉行)하는 것, 국가에 충근 봉사하는 것, 천황·상황(上皇)·조정(朝廷)을 모시며 일한다는 의미. 그러나 일반적으로는 무가사회에서 가신이 주군을 섬기는 것을 말하며, 어은(御恩)·봉공(奉公)이라 병기하여 봉건적인 주종관계(主從關係)를 나타내는 말로 사용된다. (『國史大辭典』)

候得者, 對馬守殿ニも用捨可有之事ニ候との趣ヲ申聞,
豊前へ一味之衆江ハ, 豊前ニハ對馬守殿之下ニ付候人之
事ニ候得者, 何事も對馬守殿之差圖ニ違背不可
有之譯と存候との趣ヲ, 申聞候樣ニ致シ, 神以彼此ヲ
取持候所存ニ候故, 段々及延引候ことくニ罷成たる与之
御物語ニ付, 御手前樣ニハ, 御當代御政務御取扱
御德義之程, 人々信服致罷有事ニ候. 然ハ今度
豊前不慮之虚僞ヲ申上候處, 其後大事ニ及候節ニ
罷成候而ハ, 彼者ニも御手前樣每度御教訓被成候
段ヲ存付候樣子ニ相見へ候,　御手前樣御心入

쓰시마노카미도 용서할 것이다'라고 얘기했고, 부젠을 편드는 사람들에게는 '부젠은 쓰시마노카미의 휘하에 있는 사람이니 어떠한 일도 쓰시마노카미의 지시를 거스를 수 없다고 생각한다'고 말해서, 맹세코 여러모로 고려하려는 의도가 있다 보니 점점 시간이 지체되는 것처럼 진행되었다"고 하시어, [요시나리가] "오이노카미님께서는 당대의 정무를 맡아 봄에 덕과 의가 있어 사람들이 믿고 따릅니다. 그런데 이번에 부젠이 뜻밖에 허위를 아뢰는 바람에 일이 커져 버렸으니 그도 오이노카미님이 매번 가르침을 주셨다는 점을 깨닫는 듯이 보였습니다. 오이노카미님께서 마음을 써 주신 것에

之處, 世上ともに信服致罷有事ニ御座候處ニ,
餘リ御丁寧成御相拶被仰聞儀と思召之趣,
御返答被成ル.
〃 大炊頭樣書契役并誓旨之儀, 委細承届候. 扨又
今度朝鮮人率キ來候馬之事, 馬場ニおいて

彼なと共乗リ候馬ニ候得者, 獻上之儀御遠慮之趣,

得其意申候. 各中ヘ申談候而, 御返答可申渡と被仰ル.

〃 同日, 土井遠江守樣, 曲馬御見物被成度之由, 藤堂

大學頭樣御內意ニ付, 生駒壹岐守樣御館ニおいて

御乘らせ被成候處ニ,　　公方樣御不例之由申來

세상 사람들 모두 신복(信服)하고 있습니다. 너무나도 정중한 인사를 해 주셨습니다"라고 대답하셨다.

〃 오이노카미님이 서계 관리와 맹세서에 관해 자세히 들으셨다. 또한 "이번에 조선인이 데리고 온 말은 마장에서 그들이 타는 말이라 헌상은 사양하신다니 그리 알고, 다른 로주들과 상담하여 답하겠다"고 하셨다.

〃 같은 날, 도이 도토미노카미(土井遠江守)[52]님이 마상재 구경을 원한다고 도도 다이가쿠노카미(藤堂大學頭)[53]님이 전해 주셔서 이코마 이키노카미(生駒壹岐守)[54]님 댁에서 [마상재를] 하게 했는데, 쇼군님의 병환 소식이 와서

候ニ付, 大學頭樣御同道ニ而直ニ御登　城.

一. 同廿四日,　藤堂大學頭樣御同道, 增上寺江御參詣,

直ニ御登　城.一.　　　　　同廿五日, 御登　城.

---

52 도이 도시타카(土井利隆). 도이 도시카쓰(土井利勝)의 장남. 고가번(古河藩) 2대 번주이자 막부의 와카도시요리(若年寄).

53 도도 다카쓰구(藤堂高次). 도도 다카토라(藤堂高虎)의 아들. 쓰번(津藩) 2대 번주. 그의 부인이 로주 사카이 다다요, 사카이 우타노카미)의 딸이다.

54 이코마 다카토시(生駒高俊). 다카마쓰번(高松藩) 4대 번주이자 야시마번(矢島藩) 초대 번주. 어머니는 도도 다카토라의 양녀, 정실 부인은 도이 도시카쓰의 딸이다.

一. 同廿六日, 御登　城. 於　殿中高力攝津守様, 御不例

段々御快然ニ而, 御粥なと被召上候間, 各可安御心之旨,

被仰. 諸大名様方何も御退出被成候節, 御用有之候間,

御控被成候様ニと, 伊豆守様被仰候ニ付, 御控被成

御座候得者, 掃部守様·加賀守様御出座, 曲馬之様子

御尋被成ル. 掃部守被仰候者, 明日拙子乗リ方之者

다이가쿠노카미님이 동행하여 곧장 등성하셨다.

一. 동 24일, 도도 다이가쿠노카미님과 동행하여 조조지(增上寺)[55]에 참배하고 곧장 에도성에 가셨다.

一. 동 25일, 등성하셨다.

一. 동 26일, 등성하셨다. 에도성에서 고리키 셋쓰노카미(高力攝津守)[56]님이, [쇼군의] 병환이 점차 쾌유 중이고 죽도 드셨으니 다들 안심해도 된다고 말했다. 여러 다이묘들이 모두 물러났을 때, 용건이 있으니 대기하라는 이즈노카미님의 말씀이 있어 기다렸더니, 가몬노카미님·가가노카미님이 오셔서 마상재에 관해 물어보셨다. 가몬노카미가 말씀하기를, "내일 내 휘하의 기수(騎手)를

其許へ遣, 曲馬乗リ方鞍皆具仕掛ケ之儀, 爲承候様ニ

致度候. 率來リ候朝鮮馬獻上數相定候ハヽ, 餘馬者

55 도쿄 미나토구 시바(芝)에 위치. 조조지는 1393년, 정토종 제8대조 유요쇼소(酉譽聖聰) 상인(上人)에 의해 건립되어, 에도시대에는 도쿠가와 쇼군 가문의 보다이지로 전성기를 구가했다. 조조지에는 2대 쇼군 히데타다, 6대 이에노부(家宣), 7대 이에쓰구(家繼), 9대 이에시게(家重), 12대 이에요시(家慶), 14대 이에모치(家茂) 등 6명의 쇼군 묘소가 안치되어 있다.

56 고리키 다다후사(高力忠房).

所望致度候与之趣被仰ル.

〃 朝鮮人御暇被下候故, 早々歸國仕度趣, 申聞候得共,

御不例ヲ奉憚, 各中様へも御窺不申上候与, 被仰上

候得ハ, 掃部頭様其段承届候, 各中江被得御相談候様ニと

被仰ル. 書契役之事も被仰上候得ハ, 掃部頭様委細

相心得候. 各中へ可申談と被仰ル. 其後大炊頭様·讚岐守様·

伊豆守様江, 今度禮曹へ遣候書契相認候役人被仰付

被下候様ニ, 扨又兩譯·騎士なと御暇被下候事ニ候得者、

그쪽에 보내서 마상재 하는 방법과 말 장비(鞍皆具) 채우는 방법을 배우게 하고 싶다. 데리고 온 조선말은 헌상할 숫자가 정해지면 남은 말을 가졌으면 한다"고 말했다.

〃 "조선인이 '[쇼군이] 귀국 허가를 내렸으니 서둘러 귀국하고 싶다'고 하는데, 쇼군께서 와병 중이라 조심스러워 로주님들께 여쭈지 못하고 있습니다"라고 말씀드리니, 가몬노카미님이 들으시고 로주님들과 상의하라고 하셨다. 서계 담당관 건도 말씀드렸더니, 가몬노카미님이 잘 알겠으니 다른 분들과 상담하라고 하셨다. 그 후 오이노카미님·사누키노카미님·이즈노카미님에게 "이번에 예조로 보내는 서계를 작성할 관리를 정해 주십시오. 또한 양역과 마상재인에게 귀국하라고 명하셨으니,

早々發足仕リ, 外之所用ハ對州ニ而承度段願候之趣,

且又彼なと共發足之日限, 御差圖被下候様ニ被仰上ル.

御老中様方, 朝鮮人歸國之願尤ニ候間, 彌發足候様ニと

被仰候付, 左候ハヽ道中人馬馳走之御證印可被下候哉と,

被仰上候時, 御老中様方彌御證印可被下之由, 被仰ル.

扨又禮曹江之返翰之儀, 如何可致哉と, 被仰上候得ハ,

御老中樣方御手前ゟ書稿御認被差出候樣ニ,
其後可申談と被仰候故, 書契之儀拙子認得申儀ニ
無之候. 御差圖を以, 文學有之人江被仰渡被下候ハヽ,
拙子存寄之趣, 爲相認入御覽候樣ニ可致と被仰上.

서둘러 출발해서 다른 용무는 쓰시마에서 받들겠습니다. 또한 그들이 출발하는 날짜를 지시하여 주십시오"라고 말씀드렸다. 로주님들이 "조선인의 귀국 청원은 지당하므로 차차 출발하시오"라고 하시어, "그러면 귀국하는 여정에서 인마(人馬)의 접대에 필요한 증인(證印)을 내려주실 수 있으신지요?"라고 여쭈었더니 로주님들이 증인을 지급하겠다고 하셨다. 또한, 예조에 보내는 회답서한을 어떻게 처리할지 여쭈었더니, 로주님들이 "귀하가 원고를 만들어 제출하면 그 후에 논의할 것"이라고 하셔서, "저는 서계를 작성할 수 없습니다. 지시를 하셔서 학식 있는 사람을 정해 주시면, 저의 의견을 쓰게 해서 보여 드리겠습니다"라고 말씀드렸다.

御老中樣方今日ハ御用取込候間, 明日被仰聞候樣ニ
与之御事ニ而, 御退出被成ル.
一. 同卄七日, 御登　城, 御退出之刻, 伊豆守樣朝鮮
人道中馳走人馬御證印之儀ニ付, 御用有之條,
古川右馬助　御城ニ被差置候樣ニ与之御儀ニ付,
右馬助被差置之, 御歸宅被成候處, 御出頭之
御衆中樣方御來, 曲馬之儀御届ニ付, 御料理相濟
候以後, 松浦肥前守樣御館之馬場ニ而曲馬乘之.
一. 同卄八日, 御登　城.
一. 同卄九日, 御登　城. 柳生但馬守樣·加藤勘助樣

로주님들이 오늘은 공무가 많아서 내일 듣겠다고 하셔서 물러났다.

一. 동 27일, 등성했다가 물러나실 때 이즈노카미님이 조선인의 귀국 길에 접대하는 인마(人馬)에 필요한 증인 건으로 용무가 있으니 후루카와 우마노스케를 성에 남겨 두라고 하셔서 우마노스케를 두고 귀가하셨다. 그런데 출두하신 분들이 오셔서 마상재를 보기 원하셔서 요리를 드신 후 마쓰라 히젠노카미(松浦肥前守)님 댁의 마장에서 마상재 관람이 있었다.

一. 동 28일, 등성하셨다.

一. 동 29일, 등성하셨다. 야규 다지마노카미님·가토 간스케(加藤勘助)님이

御來可被成与之御儀ニ付, 則御同道ニ而御歸宅被成ル. 曲馬乘り方·鞍皆具拵なと之樣子, 御見届被成候樣ニ与之御內意有之ニ付候由也.

一. 五月朔日, 御登　城. 此度朝鮮人被召寄候道中, 雜用入目銀,　公儀ゟ可被成下之趣, 大炊頭樣被仰渡候ニ付, 難有被思召之趣, 御禮被仰上御退出.

一. 同二日, 藤堂大學頭樣御同道ニ而御登城. 大炊頭樣·伊豆守樣江御對面, 其後御退出.

一. 同三日, 藤堂大學頭樣御同道御登城. 御奏者番衆江御對面, 其後御退出.

오라고 하셔서 곧바로 동행하여 귀가하셨다. 마상재의 말 타는 법·말 용구 갖춘 모습을 확인해 달라는 뜻이 있었기 때문이다.

一. 5월 1일, 등성하셨다. 이번에 조선인을 데리고 오는 도중에 들어간 여러 비용을 막부가 하사한다고 오이노카미님이 말씀하셔서, 감사하다는 인사를 올리고 물러났다.

一. 동 2일, 도도 다이가쿠노카미님이 동행하여 등성하셨다. 오이노카미님·이즈노카미님과

대면하시고 그 후 물러났다.

一. 동 3일, 도도 다이가쿠노카미님이 동행하여 등성하셨다. 소샤반(奏者番)[57]들과 대면하시고 그 후에 물러났다.

一. 同四日, 藤堂大學頭樣御同道御登　城. 御大名樣方
何茂高力攝津守樣江御對面, 其後御退出.
光雲院樣ニ者御用之儀ニ付, 御控被成. 大炊頭樣·讚岐守樣·
伊豆守樣江, 朝鮮人當月七日發足仕度段願候与之趣,
被仰上ル. 御老中樣方彌其通可然と被仰ル. 扨又朝鮮
人增上寺一見仕度相願候. 此度之朝鮮人儀者, 先年
台德院樣御治世之日　御目見へ被仰付候者ニ御座候故,
御靈廟ヲ奉拜度存候而, 左樣相願候ニ而可有之候. 如何
樣共, 御差圖被下候樣ニと, 被仰上候節, 御老中樣方
異國人之事ニ候故, 其儀御窺被仰上候後, 御差圖

一. 동 4일, 도도 다이가쿠노카미님이 동행하여 등성하셨다. 다이묘님들 모두 고리키 셋쓰노카미님과 대면하시고 물러났다. 고운인님은 용무가 있어 대기하셨다. 오이노카미님·사누키노카미님·이즈노카미님께 조선인이 이달 7일 출발하고 싶어 한다고 말씀드렸다. 로주님들이 그렇게 하라고 하셨다. 또한, "조선인이 조조지를 보기를 원합니다. 이번 조선인은 예전 다이토쿠인[58]님의 치세 때 알현을 허가받았던 자라서 영묘(靈廟)[59]를 참배하

57 에도 막부의 직명. 막부의 소샤반(奏者番)은 연중의례를 위해 다이묘, 승려 등이 쇼군을 알현할 때 진헌품(進獻品)을 쇼군에게 보여 주고, 쇼군의 하사품을 전달하는 역할을 했다.

58 도쿠가와 히데타다.

59 오타마야, 미타마야. 귀인이나 선조의 영을 제사 지내는 건물.

려는 바람을 가진 것입니다. 어떻게든 지시를 내려주십시오"라고 했더니, 로주님들이 "외국인의 일이니 여쭈어 본 후

可被成之趣被仰ル.

一. 同五日早朝, 御老中樣ゟ御觸狀來ル. 依之藤堂大學頭樣御同道御登　城. 大炊頭樣·讃岐守樣, 諸御大名樣方江被仰渡候者, 各爲御機嫌伺, 每日登　城被致, 苦勞ニ被思召上候. 御不例御快然被遊候ニ付, 今日者御目見可被仰付之　上意之趣ニ而, 追付　出御, 御規式如例.

〃 同日, 騎士渡海ニ之節, 禮曹ゟ之書契寫金地院江御見セ被成ル.

〃 同日晩, 松平肥前守樣, 曲馬御所望ニ付, 肥前守樣

지시하겠다"고 하셨다.

一. 동 5일 이른 아침, 로주님들로부터 공문(御觸狀)이 왔다. 그래서 도도 다이가쿠노카미님과 함께 등성했다. 오이노카미님·사누키노카미님이 여러 다이묘들에게 "여러분 문안드리러 매일 등성하느라 수고가 많다고 [쇼군께서] 생각하신다. 병환이 쾌유하셨으니 오늘은 알현하라는 쇼군의 명이 있었다"고 하셨고, 뒤이어 쇼군이 납시었다. 법식은 전례와 같았다.

〃 같은 날, 마상재인이 도해할 때 예조가 보내온 서계의 사본을 곤치인에게 보이셨다.

〃 같은 날 밤, 마쓰다이라 히젠노카미님이 마상재를 보고 싶어 해서, 히젠노카미님의

御下屋敷ニ而曲馬有之.

一. 同六日, 御登　城被成候得ハ, 朝鮮人增上寺拜見之儀,

達　上聞候處, 願之通一見被仰付候. 明日先ツ東叡山ヲ
拜シ, 其後增上寺ヲ拜爲仕候樣ニ被仰付候. 佛神江參詣
候儀ハ, 尊崇ヲ不致候而不叶事ニ候間, 庭沙ゟ拜被爲ハ
致可然候. 乍然緣ゟ拜爲致可然被存候者, 御自分
御了簡次第ニ可被成候. 東叡山之規式之儀ハ智樂院,
增上寺ハ院住江被仰談候樣ニとの趣, 大炊頭樣·讚岐守樣ゟ
被仰渡ル. 扨又右兩御廟所拜禮之儀上意と無之,
各中御自分与御相談之上を以, 相濟候趣ニ被仰聞

시모야시키(下屋敷)[60]에서 마상재 공연이 행해졌다.

一. 동 6일, 등성했더니, "조선인이 조조지를 구경하는 일을 쇼군께 보고했더니 바라는 대로 구경하게 하라고 하셨다. 내일 먼저 도에이잔을 참배하고 그 후 조조지를 참배하라 하셨다. 불신(佛神)에게 참배할 때에는 존숭을 다하지 않으면 안 되니 마당의 모래에서 배례해야 한다. 그렇지만 툇마루에서 배례하는 것이 적절하다고 생각되면 생각대로 하시오. 도에이잔의 규정은 지라쿠인(智樂院),[61] 조조지의 규정은 원주(院住)와 상담하시오"라고 오이노카미님·사누키노카미님이 말씀하셨다. 또한, 위 두 묘소(廟所) 배례에 관해서는 쇼군님의 의사가 없으니 로주들과 상의하여 처리하라는 명이었다.

60 다이묘의 에도 저택의 하나. 본저택이 가미야시키(上屋敷), 시모야시키는 에도의 변두리나 교외에 위치하며 별저(別邸)로 사용되었다.

61 덴카이(天海). 천태종 승려, 다이쇼죠(大僧正). 존호는 난코보(南光坊), 원호(院號)는 지라쿠인(智樂院), 시호는 지겐다이시(慈眼大師). 도쿠가와 이에야스의 측근으로 에도 막부 초기의 조정정책·종교정책에 깊이 관여했다.

候様ニ与之御事也.

〃 公方様御不例御快然之儀, 朝鮮人ニも承之奉恐悦候.

歸國之節早速朝廷江も啓聞可仕与申候との趣,

御老中様江被仰上候得ハ, 奇特之儀各中様御感心被成ル.

〃 朝鮮人發足戸塚迄之間, 人馬御馳走何方へ被仰付

候哉と, 御尋被成候得者, 伊豆守様此義町奉行江申渡

候与之御返答也. 依之御歸宅之次手, 御町奉行

加々爪民部少輔様·堀式部少輔様江御出, 人馬目録

御渡被成ル.

〃 同日, 朝鮮人人形操望候ニ付, 御座敷ニ而見物被仰付ル.

〃 쇼군님이 병환에서 쾌유하신 것을 조선인이 듣고 기뻐했다. "귀국하면 서둘러 조정에도 보고할 것이다"라는 조선인의 말을 로주님들께 전했더니 기특하다며 감탄하셨다.

〃 조선인이 출발하여 도쓰카(戸塚)까지 가는 동안 인마(人馬) 제공은 누구에게 명할지 여쭈었더니, 이즈노카미님이 그것은 마치부교(町奉行)에게 맡긴다고 하셨다. 그래서 귀가하는 대로 마치부교 가가쓰메 민부쇼유(加々爪民部少輔)님·호리 시키부쇼유(堀式部少輔)님에게 가서 인마의 목록을 건네셨다.

一. 同七日, 朝鮮人兩御廟所江參詣候ニ付, 朝鮮人ゟ前立而

東叡山·增上寺兩所江御出被成, 知樂院·增上寺江規式なと之

事相談被成ル. 僧官行規之體者, 兩御廟所共ニ,

公方様御參詣之時之格之通也. 朝鮮人兩垂落之

所ゟ奉拜之. 退出之刻緣端江登リ拜見仕罷出ル. 增上寺

御墓所者拜不爲仕, 御魂屋及本堂斗拜之, 退出爲

仕. 扨又增上寺住持ゟ使僧兩人罷出, 同知·判事江
揖禮有之. 其後導引之源興院ニ而酒肴出ル.
〃 右拜見相濟, 朝鮮人直ニ發足仕ル. 光雲院樣ニハ其ゟ
御登 城, 兩御廟所規式之樣子, 大炊頭樣·讚岐守樣江

一. 동 7일, 조선인이 두 묘소에 참배하는 일로, 조선인보다 먼저 도에이잔·조조지 두 곳에 가서 지라쿠인과 조조지[院主]와 규정에 관해 상담하셨다. 승관(僧官)의 행규(行規)는 두 묘소에 쇼군님이 참배할 때의 격식대로였다. 조선인은 아마다레오치(雨垂落)[62]에서 절하고, 물러날 때는 툇마루 끝으로 올라 보고 나갔다. 조조지 묘소에서는 참배는 시키지 않고 영묘(靈廟)와 본당(本堂)만 참배하고 물러나게 했다. 또한 조조지 주지승이 사자로 승려 두 사람을 보내 동지와 판사에게 읍례를 했다. 그 후 인도하여 겐코인(源興院)에서 술과 안주를 냈다.

〃 위의 구경을 마치고 조선인은 바로 출발했다. 고운인님은 그로부터 등성하여 두 묘소에서 배례한 정황을 오이노카미님·사누키노카미님에게

被仰上候得ハ, 一段好ク思召候. 東叡山之儀ハ, 先刻知樂院
登 城ニ而詳ニ御聞被成候与之御相挵有之. 扨又
今日朝鮮人爲御馳走, 各中樣ゟ被差出候馬, 何茂
良馬ニ而, 鞍皆具迄も美麗ニ御座候与, 御相挵被成
候時, 讚岐守樣町奉行ゟ被出候馬者, 如何樣ニ候哉と
御尋ニ付, 尋常之駑馬ニ鞍布キ候ニ而御座候, 馬

62 낙숫물 떨어지는 곳.

數餘慶ニ有之ニ付, 各中様ゟ被差出候馬之儀者,
率歸り候様ニと申聞候得共, 各中様被仰付候御事ニ
候間, 一宿ハ送之可罷歸由申候付, 左候ハヽ戸塚迄者
罷越候様ニと申渡候と, 御返答被仰上ル.

아뢰었더니 더욱 흡족해하셨다. 도에이잔에서의 일은 앞서 지라쿠인이 등성해서 상세하게 들었다고 하셨다. 또한, 오늘 조선인을 접대하기 위해 여러 분들에게서 차출된 말이 모두 좋은 말로, 승마 도구도 훌륭했다는 인사를 하셨다. 사누키노카미님이 마치부교가 차출한 말은 어떠했는지 물으셔서 "평범한 노마(駑馬)[63]에 안장을 깐 상태로, 여분의 말이 있으니 로주님들이 보내 주신 말은 데리고 돌아가라고 했지만 '로주님들이 분부하셨으니 하룻밤은 지내고 돌려보낸다'고 해서, 그러면 도쓰카(戸塚)까지는 가라고 했습니다"라고 대답했다.

一. 同八日, 藤堂大學頭様御同道ニ而御登　城.
一. 同九日, 藤堂大學頭様御同道ニ而御登　城. 御退出
之刻, 知樂院·增上寺江一昨日馳走之御禮被仰遣ル.
〃 同日, 土井大炊頭様·松平伊豆守様·堀田加賀守様·
板倉内膳様江鷹被進之.
一. 同十日, 藤堂大學頭様, 御同道ニ而御登　城.
〃 同日, 水戸中納言様江鷹被進之.
〃 同日, 長崎御奉行近日發足ニ付, 三浦忠兵衛從

63 느린 말.

大坂可罷下之趣, 古川右馬助·平田將監江被仰渡.

一. 同十一日, 御登 城. 其ゟ藤堂大學頭樣へ, 御病氣爲御見廻御出被成ル.

一. 동 8일, 도도 다이가쿠노카미님과 함께 등성하셨다.

一. 동 9일, 도도 다이가쿠노카미님과 함께 등성하셨다. 물러날 때 지라쿠인·조조지께 그저께 접대해 주신 데 대한 감사 인사를 드렸다.

〃 같은 날, 도이 오이노카미님·마쓰다이라 이즈노카미님·홋타 가가노카미[64]님·이타쿠라 나이젠(板倉內膳)님에게 매를 보내셨다.

一. 동 10일, 도도 다이가쿠노카미님과 함께 등성하셨다.

〃 같은 날, 미토 주나곤(水戶中納言)[65]님에게 매를 보내셨다.

〃 같은 날, 나가사키부교(長崎奉行)[66]가 가까운 시기 출발하니 미우라 주베(三浦忠兵衛)가 오사카에서 내려올 거라고 후루카와 우마노스케·히라타 쇼겐에게 전하셨다.

一. 동 11일, 등성하셨다. 그 후 도도 다이가쿠노카미님에게 병문안하러 가셨다.

一. 同十二日, 御登 城. 御門外ニ而讚岐守樣江御逢被成ル.

騎士返翰之事如何ニ候哉と, 讚岐守樣被仰候ニ付,

返翰之儀ハ, 兩譯騎士對州逗留之內ニ, 不差越候而不叶

---

64 홋타 마사모리(堀田正盛).

65 도쿠가와 요리후사(德川賴房). 미토번(水戶藩) 초대 번주. 도쿠가와 이에야스의 11남. 미토번은 도쿠가와 고산케(御三家)의 일원.

66 나가사키부교(長崎奉行). 나가사키의 시정(市政)을 감독하고 중국 및 네덜란드와의 무역을 담당했으며, 외국의 동정을 감찰하고 규슈 다이묘들을 지휘하여 외부의 침입에 대비했다. 정원은 2명. 로주 지배에 속했으며 나가사키다이칸, 요리키, 도신 등을 휘하에 두었다. (『日本國語大辭典』)

事ニ候. 誰彼与申候而ハ, 手間取リ間ニ合かたく御座候間,
則金地院草案被相認候様ニ, 各中様ゟ御差圖被
下候様ニと, 被仰上ル. 左候ハヽ, 其趣金地院江被仰談
候様ニと, 讚州様被仰候ニ付, 今度禮曹來書寫
金地院江相渡候節, 返翰草案之儀申談候得者,
草案之儀, 達而辭退ニ而御座候. 了簡仕候ニ少カ之
返翰之儀ニ付, 朝鮮人歸國延引ニ及候様ニ罷成

一. 동 12일, 등성하셨다. 성문 밖에서 사누키노카미님을 만나셨다. 마상재의 회답서한은 어떻게 되었냐고 사누키노카미님이 물으셔서, "회답서한은 양역과 마상재인이 쓰시마에 머무는 동안 보내지 않으면 안 됩니다. 이 사람 저 사람 거론하다 보면 시간이 걸려 기한에 맞추기 어려워지니 곤치인에게 초안을 작성하게끔 로주님들께서 지시해 주십시오"라고 말씀드렸다. "그러면 곤치인과 상담하라"고 사누키노카미님이 말씀하셔서, "이번에 예조에서 보내 온 서한의 사본을 곤치인에게 건네면서 답서의 초안에 관해 얘기했더니 [답서] 초안 작성을 한사코 거절했습니다. 생각건대 대단치도 않은 회답서한 때문에 조선인의 귀국이 지연된다면

候而者, 畢竟我國之御外聞ニも不罷成事ニ候間,
彌早々御差圖可被下候. 和文之儀ハ乍不調法も
相調之, 可入御覽候与, 被仰上候得ハ, 被仰聞候段
尤ニ候. 此儀各中江達而可被仰入候. 其後衆儀ニ
及候ハヽ, 隨分可申談之候与, 御返答有之. 其後
大炊頭様·伊豆守様江, 右之趣被仰上候得ハ, 委細
承届候間, 各中可申談与之趣, 御返答被成.

〃 同日, 上使を以枇杷一籠御拜領被成ル. 爲御禮
御登 城, 松平備後守樣江御禮被仰上候而御退出.

필경 우리 나라의 체면이 서지 않으니 이제 속히 지시하여 주십시오, 일문(和文)으로 서투르게라도 작성해서 보여 드리겠습니다"라고 아뢰니 "지당한 말이다. 이 일을 로주님들께 꼭 아뢰어야 한다. 그러고서 다수의 의견이 그러면 충분히 논의될 것이다"라고 하셨다. 그래서 오이노카미님·이즈노카미님에게 위 내용을 말씀드렸더니 "잘 이해했으니 로주들과 논의할 것"이라고 하셨다.

〃 같은 날, 상사(上使)를 통해 비파(枇杷)[67] 한 바구니를 받으셨다. 감사 인사를 드리러 등성하셔서 마쓰다이라 빈고노카미(備後守)님께 인사를 하고 물러나셨다.

御老中樣方幷ニ 上使之御方樣江も, 右爲御禮御出被成.
一. 同十三日早朝, 大炊頭樣江御出被成. 昨日被仰上候返翰
之儀, 又々被仰上候處ニ, 返翰差支, 朝鮮人歸國及延引
候樣ニ御座候而ハ, 仰之ことく外國見聞不可然候. 乍然
御養生中之事ニ候得者, 早速ニ者難奉伺之候.
此度之儀先各中相談を以, 相決候樣ニ可致候. 書契
當役人之儀ハ, 進而奉窺之可相濟候与, 大炊頭樣
被仰ル. 其ゟ直ニ御登 城, 御奏者番衆へ御對面,
御退出.
〃 同日, 午時竝御登 城被成. 此度返翰之儀, 彌

67 장미과의 상록수. 과수(果樹)로 재배.

로주님들과 상사에게도 감사 인사를 드리러 나가셨다.

一. 동 13일 이른 아침, 오이노카미님께 가셨다. 어제 말씀드린 회답서한 건을 또 아뢰었더니 "답서가 난관에 부딪혀 조선인의 귀국이 지연되면 귀하의 말처럼 [우리 나라에 대한] 외국의 평판이 나빠질 것이다. 그렇지만 쇼군이 요양 중이시라 당장은 여쭈기 어렵다. 이 일은 우선 로주들과 상담하여 결정할 것이다. 서계 담당자의 건은 여쭈어서 해결할 것이다"라고 오이노카미님이 말씀하셨다. 그래서 곧바로 등성하여 소샤반들을 만나고 물러나셨다.

〃 같은 날 오시에 나란히 등성하셨다. 이번 답서 건은

金地院江被仰付候趣, 伊豆守様被仰ル. 金地院其外
道春老·永喜老同座候故, 此度之禮曹來翰御渡
被成, 御退出.

〃 同日, 返翰相認候人之儀, 御差圖相濟候ニ付, 大炊頭様·
讃岐守様·伊豆守様及金地院江, 何茂御状を以, 御禮
被仰遣ル. 其御返書左記之.

其書ニ

昨日ハ尊書致拜見候. 然者今度馬乘方之者
歸國仕候付而, 返翰草案之儀, 金地院江申達候
儀, 御滿足思召之由, 尤ニ奉存候. 何茂期面上之

곤치인에게 맡기기로 했다고 이즈노카미님이 말씀하셨다. 곤치인 그리고 도슌·에이키가 동석한 자리에서 예조가 보낸 서한을 건네고 물러나셨다.

〃 같은 날, 답서 쓸 사람을 결정해 주신 일로 오이노카미님·사누키노카미님·이즈노카미님 및 곤치인 모두에게 서한을 보내 감사 인사를 드렸다. 그 답서는 아래와 같다.

그 서장에

어제 보내 주신 서한을 보았습니다. 이번 마상재인들의 귀국과 관련하여 답서의 초안 작성을 곤치인에게 명하신 것에 만족하고 계신다니 당연하다고 생각됩니다. 만나 뵙고

節候. 恐惶謹言.

五月十四日　　　　　酒井讚岐守

宗對馬守樣

尊報

御使札忝存候. 今日　御年寄衆被仰渡之趣

致承知, 先御請申上候. 併少存寄子細御座候條,

明日御年寄衆江茂, 御理可申上与存候. 則樣子

御使江申入候. 朝鮮之書翰御使江渡遣候. 委細

以拜顔可申上候. 右之段明拂曉可申上与存候處,

預御使札候御報ニ罷成, 致迷惑候. 恐惶謹言

다 말씀드리겠습니다.

5월 14일　　　　　사카이 사누키노카미

소 쓰시마노카미님

답장(尊報)[68]

사자가 전한 서찰, 감사히 받았습니다. 오늘 로주님들이 명하신 내용을 이해하고 일단 받아들인다고 했습니다. 그러나 다소 제 의견이 있는 터라 내일 로주님들께 그 까닭을 말씀드리려 합니다. 그래서 그 상황을 사자에게 말했습니다. 조선의 서한은 사자에게

68 '존보(尊報)'는 타인의 답장, 답서를 높여 부르는 표현.

건넸습니다. 자세한 것은 뵙고 말씀드리겠습니다. 위의 내용을 내일 새벽에 말씀드릴 생각이었지만 그에 앞서 서찰로 답신을 드리는 폐를 끼치게 되었습니다. 삼가 말씀드립니다.

五月十三日　　　　　　金地院

義成様

尊報

一. 同十四日, 御登　城. 攝津守様·伊賀守様御出座ニ而, 公方様御機色御快然, 御膳御快被召上之趣被仰渡, 諸御大名様方何茂御退出被成.

一. 同十五, 御登　城.　公方様御機色御快然ニ被遊御座候間, 每度之登　城ニ不可及之趣, 御老中様方被仰渡, 御退出之刻, 於路次生駒壹岐守様江御逢被成ル. 壹岐守様御老中方

5월 13일　　　　　　곤치인

요시나리님께

답장

一. 동 14일, 등성하셨다. 셋쓰노카미님·이가노카미님이 나오셔서 쇼군님의 기색은 밝았고 식사도 잘 드셨다고 하여 여러 다이묘들이 모두 물러났다.

一. 동 15일, 등성하셨다. 쇼군님의 기색이 밝으시니 매번 등성하지 않아도 된다고 로주님들이 말씀하셨고, 물러날 때 길에서 이코마 이키노카미님을 만나셨다. 이키노카미님이 로주님들이

御用之有之ニ付, 御自分樣江可被得御意之由,
金地院傳語之趣, 御物語被成候ニ付, 又々御登
城被成, 於　殿中金地院江御對面被成候得者,
返翰草案之儀, 御理申入候處, 御老中方御許
容之由御物語ニ付, 其譯大炊頭樣·讚岐守樣江
御尋被成候得者, 以來國書之儀被仰付候樣ニ
御座候而者, 遠慮ニ存候ニ付, 達而御理申候
与之儀ニ候故, 强而難申渡候. 御家賴之內ニ者,
返翰相認得候人有之間敷哉と, 被仰候ニ付,
先日も申上候通, 對州ニ罷有候出家之內ニ, 返翰

용무가 있어 귀하가 알아야 한다며 곤치인의 전언을 말해 주셨다. 그래서 또 등성하셔서 성안에서 곤치인과 대면했더니, [곤치인이] "회답서한 초안의 건을 거절했더니 로주님들이 허락해 주셨습니다"라고 말했다. 그 이유를 오이노카미님·사누키노카미님에게 여쭈었더니 "앞으로 국서(國書) 일을 담당하라고 했지만 조심스럽다며 한사코 거절하는 바람에 억지로 맡기기 어려웠다. [귀하의] 가신 중에 회답서한을 작성할 수 있는 사람이 없는가?" 하고 물으셔서, "일전에도 말씀드렸듯이 쓰시마의 승려 중에

相認得候者茂, 有之候得共, 方長老會下之僧ニ
候得者, 私之遠慮も有之事ニ候故, 難申付存候.
各中樣差圖之上ハ各別ニ候段, 被仰上候得ハ, 書契
之儀方長老江被御附置候歟, 又者其一分ヲ以, 左樣
之儀辨得候者歟, 何レとても御遠慮ニハ, 及可申
事与不存候. 和文之旨を以返翰爲御認被差出

候者, 各中一覽之後, 金地院江爲見, 吟味候樣ニ可致之趣被仰候ニ付, 徐藏司と申候僧病氣ニ付, 今以御當地ニ罷有候との儀, 御返答被成. 御退出之刻, 右之趣ヲ金地院江被仰入候得ハ, 左樣御座候ハヽ,

작성할 수 있는 자도 있지만, 보초로 휘하의 승려들이라 제가 꺼려져서 지시하기 어렵습니다. [하지만] 로주님들의 지시라면 [얘기는] 다릅니다"라고 말씀드리니, "서계 업무는 보초로를 지정해서 일임하게 했는가, 또는 그 일부를 가지고 그렇게 판단한 것인가. 어느 쪽이든 꺼릴 필요는 없다. 일문으로 회답서한을 작성해서 제출하면 로주들이 일람한 후 곤치인에게 보여서 검토하게 할 것이다"라고 하셨고, 조조스(徐藏司)라는 승려는 병 때문에 지금 여기 에도에 있다고 대답하셨다. 물러나서 위의 내용을 곤치인에게 말씀하시니, "그러면

草案出來之刻, 竹田法印所ニ而一覽可仕之由, 金地院御返答有之.

禮曹江之御返翰和文

御懇書致拜見候. 其元御靜謐之由大慶奉存候. 殊舊冬馬藝之儀申渡候處, 無御別儀同知·判事馬藝貳人早々被差渡候. 我なと被任差圖候段, 誠信之道不被相違, 別而欣然之至ニ候. 卽曲馬體遂言上候處, 頓而御上覽御機嫌能御座候而, 乘リ方仕合之段, 難申謝候. 早速隙明歸國候而, 彌可爲御滿足と奉察候. 將又被攄之儀被仰聞候, 可遂言上之處, 今程御繁多, 又者

초안이 만들어지면 다케다 호인(竹田法印)[69]의 집에서 보겠다"고 곤치인이 대답했다.

예조에 보내는 회답서한 일문

정중한 서찰 잘 받아 보았습니다. 그쪽은 평화롭다니 경축드립니다. 지난 겨울 마상재를 요청했더니 흔쾌히 동지·판사·마상재인 2인을 급히 파견해 주셨습니다. 우리들은 지시하신 바에 따르는 것이 성신의 도리이니 매우 기쁠 따름입니다. 마상재에 관해 말씀드렸더니 쇼군께서 관람하시고 기뻐하시니 마상재의 공연에 더없이 감사를 드립니다. 서둘러 귀국하게 되어 이제 만족하시리라 생각합니다. 또한 피로인(被擄人)에 관해 들어서 보고 드렸더니 지금은 정무로 번잡한데다

此度ニ不限儀と存, 見合致延引候. 日本御當代御政道
正鋪御無事之儀, 兩使可被申達候. 從其元も大慶可被
思召と奉存候. 殊更今度殿下御望も可有之哉と候而,
曲馬之外ニ馬なと御指添, 御念入候而, 滿足ニ奉存候. 然者
今度一人相添釜山浦迄相送候. 少分之遣物別紙ニ書驗候.

一. 同十七日早朝, 竹田法印老江御出被成. 金地院へ御對面, 草案
被入披見直ニ御登　城, 右之草案大炊頭様·讃岐守様·
金地院·道春老·永喜老江, 被入御披見候處, 大炊頭様·
讃岐守, 此草案和文ニたくらへ候得者, 餘り崇敬ニ過候
様ニ相聞候. 和文之儀殘所無之様ニ存候. 然者此度

이번에 한정된 일이 아니라고 생각해서 보류하다가 지연되었습니다. 일본의 현재 정도

69 다케다 호인(竹田法印)이라 불린 전국시대의 의사 다케다 조카(竹田定加)의 자손으로 추정된다. 조카는 도요토미 히데요시와 친분이 깊었으나 히데요시 사후 다케다 가문은 도쿠가와 막부를 섬겼다.

(政道)가 올바르고 무사하다는 것을 두 사신이 전할 것입니다. 그곳에서도 경사스럽게 여기리라 생각합니다. 특히 이번에 전하께서 희망하셨는지 마상재 외에 말 등을 [추가로] 보내 주시고 정성을 보이셔서 만족스럽게 생각합니다. 이번에 한 사람을 붙여 부산포까지 배웅하겠습니다. 약간의 선물을 별지(別紙)에 적어 보냅니다.

一. 동 17일 이른 아침, 다케다 호인님 계신 곳으로 가셨다. 곤치인과 대면하여 초안을 보이시고, 바로 등성하셔서 위의 초안을 오이노카미님 · 사누키노카미님 · 곤치인 · 도슌님 · 에이키님에게 보이셨다. 오이노카미님 · 사누키노카미님이 "이 초안 일문을 비교하니 과하게 존대하는 것 같다. 일문은 고칠 곳이 없다고 생각된다. 이번 일을

之儀を以致察候ニ, 以前ゟ御自分御爲認候文體者,
殘所無之候へ共, 眞文ニ相認候人認樣十分無之候故,
主意迄茂違候樣ニ, 罷成たるニ而可有之と存候. 兎角
公儀向ニ差支無之樣ニ, 可相認儀專一と存事ニ候.
たとへハ御用之儀, 老中ゟ筆者江申付奉書相認,
日本國中江回候時, 書面不好候得ハ, 畢竟　公儀之
御支ニ罷成事ニ候間, 書契之儀隨分御念可被入儀と
存事ニ候与被仰ル. 扨又被仰候ハ, 禮曹者御自分對禮ニ而
可然候. 禮曹者朝鮮之執權ニ而, 御自分ハ朝鮮ゟ通用
被相預候. 我國之傳奏役ニ候へハ, 彼禮曹ハ少シハ引キ

토대로 살펴보건대 이전부터 그대가 작성하게 한 문체는 고칠 것이 없지만 진문(眞文)[70]으로 쓰는 사람은 작성하는 방식이 충분하지 않아 핵심 내용까지 달라지게 된다고 생각

70 한문(漢文)을 숭상하여 진짜 글이라는 뜻으로, 한자나 한문을 이르는 말. 진서(眞書).

한다. 어쨌든 막부를 위해 지장이 없도록 작성하는 데 전념해야 한다. 예를 들면 공무와 관련해서 로주가 필자(筆者)[71]에게 말하여 봉서(奉書)[72]를 작성하여 일본 전국에 돌릴 때, 문장이 적절하지 않으면 필경 막부에 지장이 되므로 서계도 충분히 신중하게 다루어야 한다"고 하셨다. 또한 이르시기를, "예조는 그대와 대등한 예로 해야 한다. 예조는 조선의 집권(執權)이고 그대는 조선으로부터 통교를 의뢰받은 입장이다. 우리 나라의 덴소역(傳奏役)[73]에 해당되니 예조는 조금은

さがり候程ニ可有之事當然ニ候. 此度之書契ヲ見候而,
以前之書式之不好候段ヲ, 存當リ申事ニ候. 以前我國
一統不致候節, 諸州ゟ銘々ニ朝鮮江致通用候節ハ,
何とぞ彼國之心ニ叶イ候樣ニと存候ニ付, 書面も其程ニ
可有之事ニ候ヘ共, 今日ニハ以前亂世之時とハ違, 御一統
之上ハ, 其書式式法之通ニ不相正候而不叶事ニ候間,
金地院及道春·永喜打寄改削被致候樣ニと被仰.
御書面大半改正有之候. 年號ヲ用可申哉否, 御定
被下樣ニと被仰上候得ハ, 大炊頭樣·讚岐守樣, 此儀者,
日本外聞之第一ニ候, 朝鮮之儀者中國之藩臣ニ候ヘ共,

낮은 위치로 물러나는 것이 당연하다. 이번 서계를 보고 이전의 서식이 바람직하지 않다는 것을 알게 되었다. 이전에 우리 나라가 통일되지 않았을 때 여러 지역에서 사람들이

---

71 막부에서 문서와 기록 작성을 전담하던 유히쓰(祐筆)를 가리키는 말로 추정된다.

72 상의(上意)를 받들어 신하가 명령을 전달하는 문서. 특히 무가(武家)시대에 쇼군의 명령을 전달할 때 쓰이던 문서 형식.

73 덴소(傳奏)는 양자의 사이를 중개하여 사물을 전하는 행위, 중개자 본인을 가리키기도 한다. 에도시대에 공가(公家)에는 무가(武家)의 주청(奏請)을 천황, 상황에게 전달하는 부케덴소(武家傳奏)라는 직책이 있었다.

제각기 조선으로 통교할 때는 어떻게든 그 나라의 마음에 들어야 한다고 생각해서 서면도 그렇게 작성했지만, 이제는 이전의 난세와는 달리 통일되었으니 서식을 법식대로 바로잡지 않으면 안 된다. 그러니 곤치인·도슌·에이키는 논의하여 개삭(改削)하라"고 말씀하셨다. "서면은 큰 폭으로 수정될 것입니다. 연호를 사용할지 말지를 정해 주십시오"라고 아뢰니, 오이노카미님·사누키노카미님이 "이 일에서는 일본의 평판이 가장 중요하다. 조선은 중국의 번신(藩臣)이지만

我國之ことさハ, 往古開國以來紫宸殿ヲ被立, 年號ヲ
御定被成事ニ候得者, 自今以後朝鮮通用之書, 此方之
書ニ者, 我國之年號ヲ被用可然段被仰候時, 道春老·
永喜老被申候者, 其段不可然奉存候. 往古ゟ之書式,
我國ゟ唐江通用有之節も, 支干のミヲ記申たる
事ニ而, 年號ヲ用候例ハ, 終ニ無之候与之儀ニ付, 左候ハヽ
支干計御用イ, 年號御省キ被成候樣ニと, 朝議致
一決候. 扨草案之儀改正相濟候間, 彌此通リニ淸書
被差上, 各中被得披見候樣ニと, 御老中樣方被仰ル.
尤漂民送リ書茂, 改正有之.

우리 나라의 경우 먼 옛날 개국 이래로 시신덴(紫宸殿)[74]을 세우고 연호를 정하셨으니 지금 이후 조선 통교의 서한에서 우리가 보내는 서한에는 우리 나라의 연호를 사용할 것이다"라고 하셨다. 그때 도슌님·에이키님이 "그건 안 됩니다. 먼 옛날부터 서식(書式)은

74 천황 궁전의 정전(正殿). 천황 성인식이나 입태자례(立太子禮), 절회(節會) 등의 의식이 행해졌고, 후에는 즉위식의 무대가 되었다.

우리 나라가 중국과 통교할 때에도 간지(干支)만을 기재했고 연호를 사용한 예는 없었습니다"라고 하니, "그러면 간지만 사용하고 연호는 빼라"고 논의가 결정되었다. 또한 초안은 개정이 끝났으니 이제 그대로 청서(清書)를 올려서 여러분들께 보이라고 로주님들이 말씀하셨다. 또한 표류민을 송환할 때 보내는 서한도 개정했다.

一. 同十八日, 御登　城. 大炊頭様·讚岐守様·金地院·道春老·永喜老江, 昨日改正之草案清書被入御披見候得者, 大炊頭様·讚岐守様被仰候者, 文章之善悪ハ, 各中存候事ニ無之候. 金地院·道春·永喜吟味被致候様ニと有之. 御吟味之上, 此書ニ　公儀之御事ヲ, 殿下と書載有之候段, 殿下ハ關白之儀ニ候ヘハ, 不可然与之儀ニ付, 然者何之字ヲ用可然候哉と, 被仰上候得ハ, 御老中様方王之字者, 御遠慮之譯も有之事ニ候間,　公方様御儀王之字ヲ顯シ不申, 外ニ御相應好キ様ニ奉稱様可有之事ニ候. 王之字御遠慮之事ニ候得ハ, 東都と

一. 동 18일, 등성하셨다. 오이노카미님·사누키노카미님·곤치인·도슌님·에이키님에게 어제 수정한 초안을 정서해서 보여 드리니, 오이노카미님·사누키노카미님이 "문장의 좋고 나쁨은 로주들이 생각할 일이 아니다. 곤치인·도슌·에이키가 검토하라"고 했다. 검토한 후에 이 서한에서 쇼군을 '전하(殿下)'라고 기재했는데 '전하'는 관백(關白)을 의미하니 안 된다고 해서, "그러면 어떤 글자를 사용하는 것이 좋을까요?"라고 여쭈니, 로주님들이 "왕(王)이라는 글자는 꺼리시는 이유도 있어서 쇼군을 '왕'으로 표현하지 않는다. 달리 [쇼군께] 어울리면서 적절하게 칭해 드릴 호칭이 있을 것이다. '왕'이라는 글자를 꺼리신다면 '동도(東都)'라고

申候も不可然候間, 東武と書載可然候. 扨又禮曹之儀ヲ
相公与申候も不可然候. 古來參議ヲ宰相と申候茂
我國之謬ニ候. 異國ニ而宰相と申候者大役ニ候. 禮曹与
對馬守とハ對禮可然候. 扨又禮曹之書ニ平公と
書載有之候得者, 對馬守返翰ニも金公と書載被致
可然歟之趣, 御老中樣方被仰. 扨又重而被仰候者,
對馬守被申ことく, 此度之書翰者後日迄之
格式ニ罷成事ニ候故, 各中了簡計ニ而も決
定難致存候. 御自分ニも御了簡も候ハヽ, 無
御遠慮被仰聞候樣ニ与之御相拶有之. 且御老中樣方

하는 것도 좋지 않으니, '동무(東武)'라고 기재함이 적절하다. 또한, 예조를 '상공(相公)'이라 부르는 것도 적절하지 않다. 예로부터 참의(參議)를 '재상(宰相)'이라고 하는 것도 우리 나라의 오류이다. 다른 나라에서 '재상'은 중대한 직책이다. 예조와 쓰시마노카미는 대등한 예로 해야 한다. 또한, 예조의 서한에 [쓰시마 번주를] '평공(平公)'이라고 기재함이 있으므로 쓰시마노카미의 회답서한에도 '김공(金公)'이라고 기재함이 좋지 않은가?"라고 말씀하셨다. 또한 거듭 말씀하시기를, "쓰시마노카미가 말했듯이 이번 서한은 후일의 격식이 될 것이니 로주의 생각만으로도 결정하기 어렵다고 생각한다. 그대도 이견이 있으면 사양하지 말고 말하라"라고 하셨다. 또한 로주님들이

此度之返翰書面段々改削有之候. 禮式對待
當然之所, 彼國異儀有之間敷事ニ候と被仰候時, 書面
御改削被下候段, 拙子素望之儀ニ御座候. 禮曹と對禮
格ニ被仰付候段も奉畏候. 禮曹ゟ引下リ候儀ハ, 私とても

不快存候事ニ御座候と, 御相揆被成. 右御改削
相濟候ニ付, 禮曹江之御返札之品別幅御書付
被差出候へ者, 御老中樣方御披見ニ而, 彌此通可
然旨被仰ル.
一. 同十九日, 改削相濟候返翰, 淸書御持參御登　城.
金地院·道春老·永喜老出仕無之ニ付, 今日御吟味

"이번 회답서한의 서면은 차차 개삭할 것이다. 예식은 대등한 대우가 당연하니 저 나라가 이의를 제기할 수 없다"라고 하시어, "서면을 개삭하는 것은 본래 제가 바라는 일입니다. 예조와 대등한 예격으로 하라는 말씀 잘 알겠습니다. 예조에게서 하대받는 것이 저로서도 불쾌합니다"라고 답하셨다. 위 개삭을 마치고 예조에 보내는 회답 물품을 별폭(別幅)에 써서 제출하자 로주님들이 보시고 그대로 시행하라고 말씀하셨다.
一. 동 19일, 개삭을 마친 회답서한을 정서해서 지참하고 등성하셨다. 곤치인·도슌님·에이키님은 나오지 않으셔서 오늘 검토를

不相濟.
〃 同日晩, 登　城延引仕リ, 不能御對顔之趣, 金地院·
道春老·永喜老ゟ連書を以申來ル.
　　其書ニ
先刻御登　府, 我等共御尋候得共, 少遲出仕申候
故, 不得賢意候. 殘念之儀ニ候. 委曲重而於營中可
申達候間, 不能縷陳候. 恐惶謹言
　　猶以今日不得貴慮失素意候. 萬々重而可
　　申伸候. 以上
　　　五月十九日　　　　　刑部卿法印

마치지 못했다.

〃 같은 날 밤, 등성이 늦어져 대면하지 못했다고 곤치인·도슌님·에이키님으로부터 연서가 왔다.

그 서면에

아까 등성하셔서 우리들을 찾으셨지만, 다소 출사가 지연되어 의견을 듣지 못해 유감입니다. 자세한 내용은 성[75]에서 말씀드릴 터라 길게 적지 않겠습니다. 삼가 줄입니다.

또한, 오늘 귀하의 의견을 듣지 못해 뜻을 이루지 못했습니다. 안타까움을 거듭 전합니다. 이상

5월 19일 교부쿄호인[76]

民部卿法印

金地院

對馬侍從樣

〃 同日晩, 加藤勘助樣御來, 先日柳生但馬守殿御申之
大坂町人宗元儀, 御自分樣へ掛御目度段申候ニ付,
今日同道罷越候. 似合之儀被仰付被下候樣ニ与之御相拶ニ而,
大河内金兵衛樣御狀も持來之, 早速御逢被成ル.
委曲之儀但州樣江御物語可被成之趣,
御相拶被成ル.

75 원문의 '영중(營中)'은 1. 병영이나 진영. 2. 쇼군이 있는 곳.

76 에이키.

민부쿄호인(民部卿法印)[77]

곤치인

쓰시마지주(侍從)[78]님께

〃 같은 날 밤, 가토 간스케(加藤勘助)님이 와서 "이전에 야규 다지마노카미님이 언급하신 오사카 조닌 소겐(宗元)이라는 사람이 귀하를 뵙고 싶다고 해서 오늘 함께 왔습니다. 적당한 일을 시키시기 바랍니다"라고 하며 오코치 긴베님의 편지도 가져왔다. 서둘러 만나보셨고, 상세한 것은 다지마노카미님께 얘기하겠다고 하셨다.

一. 同廿日, 御登 城. 當日 公方様日光江之 勅使菊亭
大納言卿江御接待有之ニ付, 御譜代之御衆中様
長袴御着御出仕, 御規式相濟候後, 御改削之
草案金地院·道春老·永喜老江御見セ被成候處,
支干之書載致様, 他行ゟ一二字も降リ有之不可
然候間, 他行と同列之高サニ御書載可然存候. 尤
其餘ハ別條無之与之趣被仰ル.
一. 同廿一日晩, 酒井讚岐守様御館江, 御出被成候處,
松平周防守様御家内様ヲ御招請被成候ニ付, 玄冶
法印老方ニ御待合, 其後御出御逢被成ル. 其節

一. 동 20일, 등성하셨다. 이날 쇼군께서 닛코에 파견된 칙사(勅使)[79] 기쿠테이 다이나곤쿄

77 하야시 라잔, 도슌(道春).

78 종사위하시종(從四位下侍從), 쓰시마노카미(對馬守)가 소 요시나리의 관위(官位).

79 천황이 파견한 사자.

(菊亭大納言卿)[80]를 접대하시어 후다이(譜代)[81]들이 나가바카마(長袴)[82]를 입고 등성했다. 의례를 마친 뒤 개삭한 초안을 곤치인·도슌님·에이키님에게 보여 드렸더니 "간지를 기재하는 방식은 다른 행보다 1, 2글자 내려서는 안 되므로, 다른 행과 동열의 높이로 써야 한다고 생각합니다. 그 나머지는 문제없습니다"라고 하셨다.

一. 동 21일 밤, 사카이 사누키노카미님 저택으로 가셨더니 마쓰다이라 스오노카미님의 집안 분을 초청하셨으므로, 겐야 호인(玄冶法印)[83]님 쪽에서 기다린 후 가서 [사누키노가미님을] 만나셨다. 그때

先日被仰上置候誓旨, 御持參被入御覽ル. 讚岐守樣
右御誓旨御披見被成被仰候者, 彌此通ニ而可然候.
乍然只朝鮮ニ預リ候條々御書載候而, 御後闇儀不可
有之与之意味御記可然候. 子細ハ今度御自分國法ヲ
御違犯,　公儀ヲ御掠, 非義ヲ御企候趣ニ,
豊前七右衛門共ニ致讒訴候. 尤彼輩虛僞ヲ構候
段, 御僉議相究リ候ニ付, 其科ニハ被行候得共, 右之趣ニ
御書載之方可然思召候与之趣ニ付, 被仰聞候段, 御尤ニ

---

80 기쿠테이(菊亭) 가문은 세이가케(清華家)의 가격(家格)을 가진 공가(公家).

81 후다이 다이묘는 에도시대 다이묘를 출신에 의거해서 분류한 것. 원래는 여러 대에 걸쳐 주군 가문을 섬긴 가신을 지칭한다. 후다이 다이묘의 시작은 도쿠가와 이에야스가 도요토미 정권하에서 관동(關東)지방으로 이봉되었을 때 주요한 후다이 무장(武將)에게 성지(城地)를 주어서 다이묘 격으로서 도쿠가와 가문을 지탱하는 번병(藩屛)으로 삼은 것에서 유래한다. 그 외의 가신들은 도쿠가와 가문의 직할군으로 편성되어 후에 하타모토(旗本)나 고케닌(御家人)의 원류가 되었다. 도쿠가와 막부의 최고 관직이자 막정(幕政)을 총괄하던 로주도 통상 3만 석 이상의 후다이 다이묘 중에서 보임(補任)되었다.

82 옷자락이 긴 예복.

83 오카모토 겐야(岡本玄冶, 1587~1645). 1623년 쇼군 도쿠가와 히데타다의 시의(侍醫)가 되어 후에 이에미쓰의 병을 고치고, 1,000석의 영지를 얻었다. 교토와 에도를 왕복하며 교토에 있을 때에는 천황을 진료했다. (『日本人名大辭典』)

存候. 拙子ニも其通ニ書載可仕哉共存候へ共, 誰とても
御後闇儀可仕様ハ無之事ニ候. 左様ニ書載仕候而ハ, 却而後闇キ

이전에 말씀드린 맹세서를 지참하여 보여 드렸다. 사누키노카미님이 이 맹세서를 보시고 말씀하시기를 "이제 이대로 하면 될 것이다. 그러나 다만 조선과 관련된 조항들을 기재할 때 떳떳하지 않은 일은 없을 거라는 의미를 쓰는 게 좋다. 구체적으로 이번에 그대가 국법을 어기고 막부를 속이고 비의(非義)를 꾀했다고 부젠과 시치에몬 일당이 중상하여 고발했다. 그들이 허위를 만들어 냈음이 조사를 통해 결정되어 처벌이 행해졌지만, 이를 기재해야 한다"고 하셔서, "지당하신 말씀입니다. 저도 그렇게 작성할까 생각했지만, 누가 봐도 떳떳하지 못한 건 하지 않았습니다. 그렇게 작성하면 오히려 꺼림칙한

底意有之様ニ, 相聞可申哉之遠慮有之ニ付, 其通ニ者
書載不仕候. 被仰聞候通, 御尤ニ御座候間, 彌御差圖
之通ニ相認可申候. 尤清書出來之後, 持参血判可致と
被仰上ル. 其節誓旨之儀者, 私方ニ可請取之候得者,
大炊頭殿方へ御渡し被成可然候. 此儀隔心を以申入
候譯ニ而ハ無之候. 去年一件之節も, 拙子儀御自分江
致加擔候様ニ, 風聞有之たる趣承及候. 拙子所存ハ,
聊左様之譯ニ無之候. 何事も筋道之通ニ, 取扱不致
候而不叶事ニ候. たとい御自分御儀ヲ贔屓ニ存候とても,
非儀之事ニ候ハヽ, 何とて善キ様ニ者可申成

저의가 있는 듯이 들릴까 우려되어 그와 같이 작성하지 않았습니다. 말씀하신 바가 지당

하니 이제 지시하신 대로 쓰겠습니다. 정서가 끝나면 가져와서 혈판(血判)[84]하겠습니다” 라고 아뢰었다. 그때 “맹세서는 내 쪽에서 받아 오이노카미님께 건넬 것이다. 이것은 거리를 두려는 의도가 아니다. 지난해 잇켄 때에도 내가 그대에게 가담했다는 소문이 있었다고 들었다. 내 생각은 조금도 그렇지 않다. 어떤 일이라도 사리에 맞게 다루지 않으면 안 된다. 가령 그대의 편을 들어 생각한다 하더라도 그릇된 일을 했다면 어떻게 좋게 말해 줄 수 있겠는가.

候哉. 惣而世間其心入不好候人, 其心之不正直を以,
却而善を以惡と相心得, 非ヲ理之樣ニ存候所ゟ, ヶ樣
何角と沙汰ニ及候事と存候. 少も隔意ヲ以申入
候事ニハ, 無之候間, 彌大炊頭殿江被仰入可然候与,
讚岐守樣被仰候ニ付, 忝被思召候段, 御相拶被成.
扨被仰上候者, 誓旨之儀, 大炊頭殿江差出候節,
又々御自分樣江御渡申候樣ニと, 彼方ゟ可被仰聞候ハヽ,
如何可致候哉と, 被仰上候節, たとへ辭退被致候
とても, 强而御渡被成可然候. 來月朔日ゟ者,
大炊頭殿當番ニ候間, 其節彼方江被差出候樣ニと

세상에서 마음먹은 바가 좋지 않은 사람은 그 마음의 부정직함으로 인해 도리어 선(善)을 악(惡)이라 여기고, 비(非)를 이(理)처럼 생각하기 때문에 이같이 여러모로 소란에 이른다고 생각한다. 조금도 격의를 가지고 말하는 것이 아니니 이제 오이노카미님께 말하시오”라고 사누키노카미님이 이르셔서 감사히 여긴다고 인사드렸다. 또 아뢰기를, “맹

84 손가락 끝에 피를 내어 서명 아래에 찍는 것.

세서를 오이노카미님께 드릴 때 또 사누키노카미님에게 제출하라고 그분이 말씀하시면 어떻게 할까요?"라고 하니, "가령 거절하더라도 억지로 건네야 한다. 다음 달 1일부터 오이노카미님이 당번이니 그때 그분에게 제출하시오.

存候. 伊豆守殿ニも御前御懇意之人ニ御座候間, 誓旨
御見セ被成可然旨被仰. 扨又讃岐守様被仰候ハ, 今度
信使來聘之儀, 別條有之間敷候哉, 一件出入之儀ニ付,
彼國不審等有之, 猶豫ニハ及申間敷哉と有之ニ付,
光雲院様御返答被成候者,　信使來聘之儀,
別條者有之間敷と存候. 乍然此方ゟ權威を以
嚴ク申掛候ハヽ, 却而彼方ニも逆イ候様ニも可罷成候哉,
其共　上意と不申聞候而者, 首尾可難致候.
公儀ゟ折入り被仰聞候様ニ相聞候も,　公儀之御眉
目ニ茂不罷成事ニ候間, 拙子へ被仰付候趣を以爲申聞之.

이즈노카미님도 쇼군과 친밀한 사람이니 맹세서를 보여 주어야 한다"고 하셨다. 사누키노카미님이 또 말씀하시기를, "이번 통신사 내빙과 관련하여 별일은 없는가? 지난 잇켄으로 다툼이 있어 저 나라가 수상하게 생각하니 연기가 되어서는 안 되지 않겠는가?"라고 하셔서, 고운인님이 "통신사 내빙의 일은 별일이 없을 거라 생각합니다. 하지만 이쪽에서 권위를 가지고 빡빡하게 요구하면 오히려 저쪽이 반발하지 않겠습니까? 그렇다고 쇼군의 뜻이라고 하지 않으면 일이 순조롭게 진행되기 어려울 것입니다. 막부가 특히 신경을 써서 지시하는 것처럼 보이는 것도 막부의 면목상 좋지 않으니, 저에게 지시하신 내용을 토대로 전하고자 합니다.

若シ遲滯ニ及候ハヽ, 可爲朝鮮凶事之始と節キ樣ニ
可申遣と存候との趣, 被仰上候得ハ, 讚岐守樣被仰候ハ,
御自分思召之筋御尤ニ候. 御歸州候而, 彼此之首尾
好キ樣ニ, 御取計イ候得たしと存候与之趣ニ付, 其節
光雲院樣, 被仰聞候ことく, 信使之儀申遣候節, 拙子
對州ニ罷有, 差圖致候ハヽ, 其上も無之事と
存候と, 御相挴被成. 扨又讚岐守樣被仰候者, 宗讚岐
儀何比着可致哉と有之ニ付, 追付到着可
致と存候. 乍然其儀申遣候使者歸着之樣子,
未申來之与之趣, 光雲院御返答被成候得者

만일 지체되면 조선에게 흉사(凶事)의 단초가 될 거라고 잘 전해야 한다고 생각합니다" 라고 말씀드리니, 사누키노카미님이 "그대의 생각이 지당하다. 쓰시마로 돌아가서 피차 순조롭도록 처리하기 바란다"라고 하시어, 이때 고운인님이 "말씀하신대로 통신사를 요청할 때 제가 쓰시마에서 지시하면 가장 좋을 거라고 봅니다"라고 답하셨다. 사누키노카미님이 또 말하시기를, "소 사누키는 언제쯤 도착하는가?"라고 하셔서, "곧 도착할 겁니다. 하지만 그것을 전할 사자가 도착했다는 소식이 아직 오지 않았습니다"라고 고운인님이 대답하셨다.

讚州樣被仰候者, 七右衛門子共·嶋川內匠誅戮相濟
候哉と有之ニ付, 使者着致候節, 早々誅戮仕候者,
最早仕置可相濟与存事ニ御座候と, 光雲院樣
御返答被成ル. 扨又被仰上候者, 先日も申上候ことく,
朝鮮書契通用之當役無之候而ハ, 不叶事ニ候.

博識有才之人ヲ吟味仕譯ニ御座候而ハ, 早速ニハ
相濟かたく可有之候. 長老西堂ニ候ハヽ, たとへ不文
才ニ候とても, 大様ニハ可有之と存事ニ候. 然者右
書役之人ニ, 方長老ニ相附居候侍者ヲ相添候ハヽ,
書契被相認候儀, 可罷成事と存候. 此間各中様

산슈(사누키노카미)님이 말씀하시기를, "시치에몬의 아들과 시마카와 다쿠미는 주살했는가?"라고 하셔서, "사자가 도착할 때 속히 주살했다면 이미 처형이 끝났을 겁니다"라고 고운인님이 말하셨다. 또 아뢰기를, "지난번 말씀드렸듯이 조선에 보내는 서계는 담당자가 없으면 안 됩니다. 박식하고 재능 있는 사람을 구별해 내는 일은 신속하게 끝내기 어렵습니다. 초로(長老) 세이도(西堂)라면 문재(文才)가 없다 하더라도 의젓함은 있을 겁니다. 그러면 위 서계 담당관에게 보초로와 함께 일했던 시종을 붙이면 서계를 작성할 수 있다고 생각됩니다. 지난번 로주님들의

御差圖ニ付, 金地院江致相談候得者, 書契相認候
人才, 五山中一人も無之様ニ被申聞候ニ付, 長老西堂と
號シ寺院ヲ持, 學領ヲ賜り候人, 全ク文學之才無之と
御座候者, 實ハ五岳之恥辱と申事ニ而, 　公儀江
相拶候而も, 首尾不可然事ニ候. 子細者五山之内
書役之蒙仰, 御地行ヲ被成下候人と致シ, 文學之
事ヲ不被相心得候ハヽ, 平生何事ヲ職分と被致
事ニ候哉と, 和尚与相論ニ及候程ニ申談候与, 被仰
上候得ハ, 讃州様被仰候ハ, 御自分被仰聞候趣, 一々
御尤ニ候. 當金地院僧錄ニ被仰付候以來, 間も

지시로 곤치인과 상담했더니, '서계를 작성할 인재가 고잔 중 한 사람도 없다'고 했습니다. 초로 세이도(西堂)라 칭하면서 사원을 갖고 학령(學領)[85]을 하사받은 사람이 문학의 재능이 전혀 없다면 실로 고잔의 치욕이며, 막부에 말씀드려도 모양새가 좋지 않습니다. 고잔 내에서 서역(書役)을 하명받아 지행(地行)[86]을 하사받은 사람으로서 문학을 이해하지 못한다면 평소 어떤 일을 직분으로 삼고 있다는 거냐며 오쇼(和尙)와 논쟁을 할 정도로 얘기했습니다"라고 말씀드리니, 산슈님이 "그대의 말이 모두 지당하다. 이 곤치인은 승록(僧錄)에 임명된 지

無之候故, 何角遠慮之筋も可有之候. 御自分ゟ密ニ其
人才ヲ御聞繕イ, 其名ヲ被記, 各中江可被仰聞候.
左候て金地院へ申談, 京都所司板倉周防守へも爲申聞之,
御意を以申付候樣ニ可致与被仰ル.
一. 同廿二日, 藤堂大學頭樣御同道御登　城. 高力
攝津守樣幷御目付衆中樣被仰候者,
公方樣御機色御快然被遊御座候間, 各登
城可爲無用之趣, 諸大名江申渡候樣ニとの思召ニ
御座候間, 左樣御心得可然と, 被仰渡ル. 讚岐守樣
此度之返翰相認候儀, 何人相認之申事ニ候哉と,

얼마 되지 않았기 때문에 여러모로 조심스러운 부분이 있을 것이다. 그대가 내밀하게 인재를 수소문하여 그 이름을 써서 로주들에게 말하라. 그러면 곤치인에게 알리고 교토쇼

85 에도시대에 막부가 석학 승려에게 지급한 사령(寺領). 석학령(碩學領).

86 지급받은 사령으로 추정된다.

시다이(京都所司代) 이타쿠라 스오노카미(板倉周防守)[87]에게도 전해서 쇼군의 명이라는 형태로 지시할 것이다"라고 말씀하셨다.

一. 동 22일, 도도 다이가쿠노카미님이 동행하여 등성하셨다. 고리키 셋쓰노카미님과 메쓰케분들이 말씀하시기를 "쇼군님의 기색이 좋아지셨으니 모두들 등성할 필요가 없다고 다이묘들에게 전하라 하셨다. 그렇게 명심하라"고 하셨다. 사누키노카미님이 "이번 회답 서한은 누가 작성하는가?"라고

御尋ニ付, 先日も申上候ことく, 方長老ニ致隨侍來候
兩僧之內, 壹人徐藏司と申僧病氣ニ付, 御當地ニ
逼留仕罷有候. 此間致快復歸州之儀願出候へ共,
萬一御用も可有之哉と, 爲相控召置候と被仰上
候得ハ, 讚州樣幸之事ニ存候. 若も此僧滯留
不致候ハヽ, 差當リ返翰之儀, 埒明申間敷と
存事ニ候与, 御相拶被成ル.
一. 同卄三日, 御登 城. 曲馬之御返翰別幅, 漂流人
送之御書契, 大炊頭樣·掃部頭樣·讚岐守樣·伊豆守樣へ
被差上ル. 其節金地院·道春老·永喜老

물으셔서, "이전에도 말씀드렸듯이 보초로를 수행하던 두 명의 승려 중 한 사람인 조조스(徐藏司)라는 승려는 병으로 이곳에 머무르고 있습니다. 얼마 전 회복해서 쓰시마로 돌아가고자 청원했지만 혹시 공무라도 생길까 싶어서 대기하게 했습니다"라고 말씀드

---

87 이타쿠라 시게무네(板倉重宗, 1586~1656). 이타쿠라 가쓰시게(板倉勝重)의 장남. 쇼군 도쿠가와 히데타다의 측근으로 활동하며, 1620년 교토쇼시다이(京都所司代)가 되었다. 35년간 재직하고 부친과 함께 명 쇼시다이로 불리며 부자 2대에 걸친 정무기록 「板倉政要」가 있다. 1656년 시모우사(下總) 세키야도번(關宿藩)의 번주가 되었다. (『日本人名大辭典』)

리자, 산슈님이 "다행이다. 만약 이 승려가 체류하지 않았다면 당장 회답서한은 결말이 나지 않았을 것이다"라고 하셨다.

一. 동 23일, 등성하셨다. 마상재 일행의 회답서한과 별폭, 표류인 송환의 서계를 오이노카미님·가몬노카미님·사누키노카미님·이즈노카미님에게 제출했다. 이때 곤치인·도슌님·에이키님이

同席被致, 道春老被讀之. 掃部頭樣道春老江,
此書禮曹与對禮ニ候哉与, 御尋有之候時,　光雲院樣
被仰上者, 和文之通を以, 書役之者江申付, 草案爲相認之候.
當否之程無覺束候故, 各中樣江申上御差圖を
得, 其後爲改候. 草案如此ニ御座候与, 御相拶被成
候得者, 書禮曹与對待之文體ニ相見候段, 道春老
被申上ル. 扨又掃部頭樣, 書契之儀對待ニ而可然候, 其儀ハ
同國之交リハ, 官位之高下ニ從イ, 其格式有之事ニ
候得共, 外國之交者, 官階之差別ヲ不論, 互ニ
對禮ニ而可然事ニ候. 其子細ハ, 國ごとに禮式之違イも

동석하셨고, 도슌님이 읽으셨다. 가몬노카미님이 도슌님에게 "이 서한은 예조와 대등한 예인가?" 하고 물으시자, 고운인님이 "일문대로 서역을 맡은 자에게 초안을 작성하게 했습니다. 타당한지 부당한지 확실하지 않아 로주님들께 보여 드리고서 지시를 받아 고칠 것입니다. 초안은 이와 같습니다"라고 하셨고, 서한이 예조와 대등한 대우의 문체로 보인다고 도슌님이 말씀하셨다. 가몬노카미님이 "서계는 대등해야 한다. 한 나라에서의 교제는 관위의 고하에 따라 격식이 있지만, 외국과의 교제는 관계(官階)의 차별을 논하지 말고 서로 대등한 예로 해야 한다. 구체적으로 보면 나라마다 예식의 차이도

有之, 各々之沿革不同然儀ニ候故, 他國之格式官位之
高下ニかまい無之, 一樣對禮之筈ニ候. 其上此返翰之儀者,
御用ニ付たる事ニ候得ハ, 取別キ異國ニ拘リ申筈ニ
無之候与, 被仰ル. 大炊頭樣禮曹ゟ之音物ハ輕少ニ
候哉. 此方ゟ之返禮ハ數多ニ候段, 不可然と被仰候時,
掃部頭樣ニも, 無用之費者御省キ可然段, 被仰ル.
扨掃部頭樣重而被仰候者, 書契之中ニ, 禮曹ゟ之
音物, 此方ゟ之返物被書入有之候段, 崇敬之道ニ
無之樣ニ, 相見候者御座候ニ付, 　光雲院樣其段御尤ニ者
候得共, 歲船之格も同然ニ而, 通好之禮式以前ゟ互ニ

있고 각기 연혁이 같지 않기 때문에 타국의 격식과 관위의 고하에 구애됨이 없이 함께 대등한 예로 하는 것이다. 게다가 이 회답서한은 막부와 관련된 일이므로 별달리 이국에 구애될 것이 없다"고 말씀하셨다. 오이노카미님이 "예조가 보낸 선물은 소략한가? 이쪽에서 보내는 답례품이 많아서는 안 된다"고 하시자, 가몬노카미님도 쓸데없는 비용은 생략해야 한다고 하셨다. 가몬노카미님이 거듭 말씀하시기를, "서계 중에 '예조가 보낸 선물', '이쪽이 보내는 답례물(返物)'이라고 써 넣는 것이 존중의 도리가 아닌 듯이 보이기도 한다"고 하셔서, 고운인님이 "그 말씀이 지당하지만 세견선[88]의 격도 마찬가지여서 통교의 예식(禮式)은 이전부터 서로

88 세견선(歲遣船)이란 쓰시마가 조선과 외교와 무역을 수행하기 위해 1년에 한 차례씩 파견하던 배로, 송사선(送使船)이라고도 한다. 조선전기 계해약조에서는 연간 50척으로 규정하였으나, 임진왜란 이후 다시 체결한 기유약조에서는 그 수가 20척으로 줄었다. 그밖에는 수직인선(受職人船)·수도서선(受圖書船) 5척만을 허가했다. 1635년 겸대제(兼帶制)가 실시되면서부터 이들 세견선을 1년에 8회로 나누어 보낸다는 의미에서 연례팔송사(年例八送使)라고 했다. (『대일외교사전』)

此通ニ御座候. 扨又此草案先刻金地院·道春·永喜へ
入披見候處ニ, 月日之下ニ諱ヲ書載仕リ可然旨, 被
申聞候間, 其通ニ清書爲致, 再差上候樣ニ可仕与, 被仰上候へハ,
大炊頭樣然者清書出來候節, 御持參候樣ニと被仰候時,
掃部頭樣對馬守ヲ御不審ニ思召候譯ニ候而ハ, 此書契ニ
各中御證印可被成之外無之候. 此書契各中御一覽
之儀者, 文章之意味御吟味之爲迄ニ候. 左候へハ, 再三
御披見ニハ及申間敷与存候. 對馬守遠慮被致
事ニ候ハヽ, 此書契請取候事之儀, 同知·判事ゟ手形
爲認, 被差出可然候存寄之儀故, 申入候与之御事也.

이러했습니다. 또한 초안을 아까 곤치인·도슌·에이키에게 보여 드렸을 때 월일(月日) 아래에 휘(諱)를 기재하라고 해서 그대로 정서해서 다시 올리겠습니다"라고 말씀드렸더니, 오이노카미님이 "그러면 정서가 되었을 때 가져와라"라고 하셨다. 가몬노카미님이 "쓰시마노카미를 수상하게 생각한다면 이 서계에 로주들의 증인(證印)을 찍는 방법밖에 없습니다. 이 서계를 로주들이 일람하는 이유는 문장의 의미를 검토하기 위함입니다. 그러니 두 번, 세 번 볼 필요는 없다고 생각합니다. 쓰시마노카미가 거절한다면 이 서계를 수취했다는 것을 동지·판사에게 증명서(手形)를 쓰게 해서 제출시키면 된다는 생각이 들어 한 말입니다"라고 했다.

扨又掃部樣, 此書契認樣手跡見苦鋪候段, 被仰
候得者, 大炊頭樣掃部頭殿ニ者, 手跡御巧者ニ候と
御座候時, 掃部頭樣被仰候者, 拙子家頼ニ能書之
者有之候. 取分キ眞字得方ニ相認候と, 御相拶被成.

讚岐守様左候ハヽ, 此書契其能書之者ニ書載爲致

度儀与存候与, 被仰候時, 掃部頭様被仰候者,

右能書之者只今江州ニ罷有候故, 當用ニ合かたく候.

此者儀者元來出家ニ御座候處, 何とそ還俗爲

致度存, 或ル節城江罷出, 齋飯爲用候節, 潛ニ汁之内ニ

魚物ヲ入爲給, 旣ニ給候時, 其儀ヲ爲申聞候故, 無據還俗致候

또한, 가몬님이 이 서계의 필적이 보기 좋지 않다고 하셨고, 오이노카미님은 "가몬노카미님은 필적이 훌륭하십니다"라고 하셨다. 가몬노카미님이 "제 부하 중에 달필인 자가 있는데 특히 한자를 능숙하게 씁니다"라고 하셨다. 사누키노카미님이 "그러면 이 서계를 그 글씨 솜씨 좋은 사람에게 쓰게 했으면 합니다"라고 하자, 가몬노카미님이 "그 달필인 사람은 현재 오미노쿠니(近江國)[89]에 있어서 이 일을 맡기 어렵습니다. 그 자는 원래 출가한 자인데 어떻게든 환속하고 싶어서 어느 때 성으로 나가 식사(齋飯)[90]를 만들 때 몰래 국에 생선을 넣어 먹게 했고, 이미 먹고 나서 그것을 알렸기 때문에 어쩔 수 없이 환속했습니다"

与之御物語被成ル.

一. 同廿四日, 藤堂大學頭様御同道, 增上寺江御參詣被成.

一. 同廿五日,　公方様御船　御上覽ニ付,　出御之由

申來候故, 御登　城被成.

89 시가현(滋賀縣).

90 도키노메시(齋飯). 오도키(お齋). 절에서 법요나 불사를 마친 뒤에 제공되는 식사.

〃 同日, 騎士之儀ニ付, 禮曹來翰幷此度被遣候御返翰,

御寫被下候ニと, 一昨日道春老望被申候ニ付, 寫被遣之.

〃 同日, 御誓旨爲可被得御差圖, 伊豆守樣江御狀被進

候處, 殿中御用御取込之由ニ而, 御返答無之.

一. 同廿六日, 松平伊豆守樣江, 殿中御用御隙無之由ニハ

御座候得共, 誓旨之儀何とそ御一覽, 御差圖被下

라는 이야기를 하셨다.

一. 동 24일, 도도 다이가쿠노카미님과 동행하여 조조지를 참배하셨다.

一. 동 25일, 쇼군님이 배를 구경하러 외출하신다고 해서 등성하셨다.

〃 같은 날, 마상재 건으로 예조에서 보내 온 서한 및 이번에 보낼 답서의 사본을 달라고 그저께 도슌님이 희망하셔서 사본을 보냈다.

〃 같은 날, 맹세서에 관한 지시를 구하기 위해 이즈노카미님께 편지를 보냈더니 에도성에서 업무가 바빠 답변이 없었다.

一. 동 26일, 마쓰다이라 이즈노카미님에게 "에도성에서 업무를 보시느라 여가가 없겠으나 맹세서를 아무쪼록 일람하시고 의견을 주십시오"라고

候樣ニと, 瀧善貞老を以被仰進ル. 善貞老 御城ゟ

伊豆守殿明朝御歸宅ニ候間, 彼方江御出被成候樣ニと, 申

來ル. 伊豆守樣ニも, 御狀ニ而右之趣, 御返答有之. 今度

御誓旨之儀, 先頃曲馬御用ニ付, 御登 城之刻,

大炊頭樣·讚岐守樣江ハ, 被仰上候得共, 伊豆守樣ニハ

御前御勤ニ付, 右之儀未被仰上候故, 此度被仰上之ル.

一. 同廿七日早朝, 伊豆守樣御館江御出被成, 御誓旨

草稿被入御披見, 伊豆守様被仰候ハ, 御誓旨之趣
尤ニ存候. 乍然ヶ様迄委細ニ無之候而も, 相濟可申程
之儀之存候.　御上覽之節, 如何可被仰出之ハ, 難

다키 젠테이(瀧善貞)님을 통해 말씀드렸다. 젠테이님은 성에서 이즈노카미님이 내일 아침 귀가하실 것이니 그쪽으로 오라고 하셨다. 이즈노카미님도 서한으로 위 내용처럼 답해 주셨다. 이번 맹세서의 건은 앞서 마상재 건으로 등성했을 때 오이노카미님·사누키노카미님에게 말씀드렸지만, 이즈노카미님은 어전 근무라서 아직 보고하지 못해 이번에 말씀드리는 것이다.

一. 동 27일, 아침 일찍 이즈노카미님의 저택에 가서 맹세서의 초고를 보여 드렸다. 이즈노카미님은 "맹세서의 취지가 지당하다. 하지만 이렇게 자세하지 않아도 된다고 생각될 정도이다. [쇼군이] 보셨을 때 어떻게 말씀하실지

計奉存候得共, 我々ニハ此外存寄無之候間, 此趣大炊頭殿·
讃岐守殿江も, 可申入与之御事也.　直ニ大炊頭様
御館江御出被成, 毎度申上候通, 此度之一件首尾好
御裁許被仰付被下, 難有仕合奉存候. 誓旨之趣
今一應御披見, 思召ヲ御加江被下候様ニ奉願候.
冥加之爲ニ御座候間, 粗筆ニハ御座候へ共, 致淸書之
印形仕リ, 各様江掛御目度存候与之趣, 被仰上ル.
大炊頭様御誓旨御披見被成, 被仰候者, 書面
殘所無之存候. 誓旨ニ不可及候得共, 人情之惑と
申者, 庸人之習ニ候得者, 誓旨を以被仰上候段,

헤아리기 어렵지만, 우리들은 달리 의견이 없으니 이것을 오이노카미님·사누키노카미님에게도 전하라"고 하셨다. 곧바로 오이노카미님 댁으로 가셔서 "매번 말씀드린 대로 이번 잇켄을 잘 처리해 주셔서 감사드립니다. 맹세서의 내용을 지금 일단 보시고 의견을 더하여 주시기 바랍니다. 신불(神佛)의 가호(冥加)를 얻기 위해서이니 서툰 문장이지만 정서하고 날인하여 여러분께 보여 드리고자 합니다"라고 말씀드렸다. 오이노카미님이 맹세서를 보시고, "서면에 문제는 없다. 맹세서에 미치지는 않지만 인정(人情)에 호소하는 것이 평범한 자의 습속이니, 맹세서로 말씀 올리는 것이

尤ニ候と, 御相拶被成. 扨又被仰候者, ヶ樣之儀者
爲證據, 大目付壹人被相加事ニ候間, 當役衆一人御招キ
被成可然与御座候ニ付,　光雲院樣私ゟ招キ候とて,
入來可被致樣無之候, 御差圖被下候樣ニと, 被仰上候得ハ,
大炊頭樣左候ハヽ, 讃岐守殿·伊豆守殿江も相談いたし,
御返答可申入与之御事也.
一. 同廿八日, 藤堂大學頭樣, 御同道御登　城.　直
大學頭樣御假屋江御出被成.
一. 同廿九日, 讃岐守樣御館江御出被成. 一昨日大炊頭樣江
被仰候趣ヲ, 被仰上候得ハ, 讃岐守樣被仰候ハ, 左候ハヽ,

지당하다"고 하셨다. 또한 이르시기를, "이런 일은 증거를 위해 오메쓰케(大目付) 한 명을 추가하는 것이니, 현직자 중 한 명을 초빙해야 한다"고 하셔서, 고운인님이 "제가 초청하더라도 오시지 않을 겁니다. 정해 주십시오"라고 말씀드리니, 오이노카미님이 "그러면 사누키노카미님·이즈노카미님과도 의논해서 답을 주겠다"고 하셨다.

一. 동 28일, 도도 다이가쿠노카미님이 동행하여 등성하셨다. 바로 다이가쿠노카미님의 임시 저택에 가셨다.

一. 동 29일, 사누키노카미님 댁으로 가셨다. 그저께 오이노카미님이 하신 말씀을 전해 드리니, 사누키노카미님이 말씀하시기를 "그러면

大炊頭殿差圖之通ニ被成可然候. 御自分御底意無
之段ハ, 相知申たる事ニ候故, 少々延引候とても,
御遠慮ニ及申間鋪事ニ候与, 御相拶被成.
光雲院樣被仰上候者, 自今以後御目付壹人
被差加, 對州御檢分被下候樣ニと御座候時, 讚岐守樣
御返答被成候者, 朝鮮之儀者, 御自分御當役
之事ニ候得ハ, 目付役被差加ニ及不申事ニ候,
乍然御貞實之心入之處者, 各中へ被仰
奉可然候与, 御相拶被成. 光雲院樣左候ハヽ,
何比各中樣江申上候樣ニ可仕哉と, 被仰上

오이노카미님의 지시대로 하면 된다. 그대에게 저의가 없음을 알고 있으니 조금 늦어진다고 해도 문제될 것이 없다"고 하셨다. 고운인님이 "지금 이후로 메쓰케 한 명을 추가하여 쓰시마를 조사해 주십시오"라고 하니, 사누키노카미님이 대답하시기를 "조선의 일은 그대가 담당하는 일이니 메쓰케를 추가할 필요는 없다. 그렇지만 정실(貞實)하게 마음 쓴 바를 로주들께 말씀드려야 한다"고 하셨다, 고운인님이 "그러면 언제 로주님들께 말씀드릴까요?"라고 여쭙자,

候得ハ, 讚岐守樣被仰候者, 態々被仰達候ニ者及
申間鋪候間, 次手之節被仰達可然候. 御目付
衆を以筑紫御檢分可被仰付候ハヽ, 其次ニ對州
儀も御檢分被下候樣ニと, 御願可然之趣, 被仰ル.

扨又　光雲院, 對州ゟ飛脚着仕候, 宗讚岐儀
とくニ出船仕候由, 申越候. 大坂到着之儀者, 追而
相知可申候. 御當地江着仕候ハヽ, 宿所之儀如何可仕
候哉と, 御尋被成候得者, 讚岐守様御自分御屋敷,
又者他所ニ而も可然候, 尤警固役人被仰付
可然候. 內匠 · 七右衛門御仕置之事承及, 讚岐ニも

사누키노카미님이 "굳이 일부러 말씀드릴 일은 아니니 다음 기회에 보고하면 된다", "메쓰케들을 통해 쓰쿠시(筑紫)[91] 사찰을 명하시면 그 다음에 쓰시마도 조사해 주셨으면 합니다"라고 하셨다. 또한, 고운인님이 "쓰시마에서 파발이 도착해서 소 사누키가 진작 출항했고, [사누키의] 오사카 도착을 뒤이어 알려 왔습니다. 이곳에 도착하면 숙소는 어떻게 할까요?"라고 여쭈었더니, 사누키노카미님이 "그대의 저택이나 또는 다른 곳이라도 괜찮다. 경호할 사람을 정해야 할 것이다. 다쿠미와 시치에몬 처형에 관해서는 전해 들었고, 소 사누키도

一命ヲも御絶被成儀候様ニ存候. 不審有之間敷
候哉と被仰候時,　光雲院様, 讚岐儀無事ニ
到着仕候様ニと存候故, 別條者有之間敷候間, 早々
御召ニ應シ罷越候得と申遣候. 右讚岐御當地着仕
候ハヽ, 私ゟ其身無科之趣ヲ御訴申上, 何とそ其
難ヲ免レ候様ニ仕度存儀ニ御座候と, 被仰上候得ハ,

---

91 규슈지방의 옛날 명칭. 규슈 북부.

讚岐守様, 其段御尤ニ候と被仰ル.　光雲院様
被仰上候者, 讚岐到着之日限相知候ハヽ, 對州江
罷越候好ミも有之事ニ御座候間, 横田角左衛門·篠田
九郎左衛門を以, 大炊頭殿·伊豆守殿江, 可申上候哉と,

생명을 끊을 듯이 생각된다. 의심스러운 부분은 없는가?"라고 말하셨을 때, 고운인님이 "사누키는 무사히 도착할 거라 보고 별일은 없을 거라서 서둘러 부름에 응해서 오라고 전했습니다. 사누키가 이곳에 도착하면 그가 무죄라는 것을 제가 호소하여 아무쪼록 그 곤란에서 벗어나게 하고 싶습니다"라고 말씀드리니, 사누키노카미님이 "지당하다"고 하셨다. 고운인님이 "사누키가 도착하는 날짜를 알게 되면 쓰시마로 가는 인연도 있을 것이므로 요코타 가쿠자에몬·시노다 구로자에몬을 통해 오이노카미님·이즈노카미님께 말씀드릴까요?"

御尋被成候得者, 其段可然由, 讚岐守様被仰ル.
一. 六月朔日, 藤堂大學頭様御同道御登　城.
公方様御機色御快然被遊候. 各毎度登　城苦勞ニ
思召候. 今日　御目見可被仰付与之　上意之趣,
御老中様被仰渡. 御規式如例.
一. 同二日, 宗讚岐一兩日內ニ到着可致之由, 申來候ニ付,
宿所等之儀御老中様御差圖相濟候以後, 江戶江
罷着候様ニ与之思召ニ付, 吉田作右衛門ヲ道中迄
被遣ル.
一. 同三日, 新造之船爲　御上覽, 昨日　出御ニ付,

하고 물으셨고, 그렇게 하라고 사누키노카미님이 말씀하셨다.

一. 6월 1일, 도도 다이가쿠노카미님이 동행하여 등성하셨다. 쇼군님은 기색이 좋으셨다. 다들 매번 등성하느라 노고가 많다고 하시며, 쇼군께서 오늘 알현을 분부하셨다고 로주님들이 전하셨다. 예식은 전례와 같았다.

一. 동 2일, 소 사누키가 1, 2일 내에 도착할 거라는 연락이 왔다. 숙소 등에 관해 로주님의 지시를 받은 후 에도에 도착하게 하려고 요시다 사쿠에몬을 [사누키가 오는] 도중까지 보내셨다.

一. 동 3일, 쇼군께서 새로 만든 배를 보시기 위해 어제 외출하신 것을

爲御祝詞御登　城被成. 生駒壹岐守樣御同前ニ,
大炊頭樣·讚岐守樣江御對面, 其後御退出.

〃 同日, 宗讚岐宿所之事, 御窺被成候ニ付, 大炊頭樣·
伊豆守樣江多田源右衛門, 讚岐守樣江古川右馬助を以,
被仰上ル. 大炊頭樣·伊豆守樣ニハ, 御登　城御留守ニ付,
横田角左衛門·篠田九郎左衛門へ申置罷歸ル. 右馬助者,
直ニ讚岐守樣江申上ル.

一. 同四日早朝, 篠田九郎左衛門ゟ多田源右衛門方へ, 宗讚岐
到着候ハヽ, 其元御屋敷ニ被差置候樣ニ, 伊豆守
差圖之由申來ル. 就夫九郎左衛門方へ, 源右衛門被遣

축하드리려고 등성하셨다. 이코마 이키노카미님이 마찬가지로 오이노카미님·사누키노카미님을 대면하시고 그 후 물러나셨다.

〃 같은 날, 소 사누키의 숙소에 관해 여쭙기 위해 오이노카미님·이즈노카미님에게 다다 겐에몬을, 사누키노카미님에게 후루카와 우마노스케를 보냈다. 오이노카미님·이즈노카미님은 등성하시느라 부재중이어서, 요코타 가쿠자에몬·시노다 구로자에몬에게 말

하고 돌아왔다. 우마노스케는 바로 사누키노카미님께 여쭈었다.

一. 동 4일 이른 아침, 시노다 구로자에몬이 다다 겐에몬에게 소 사누키가 도착하면 그쪽[요시나리]의 저택에 두라는 이즈노카미님의 지시가 있었다고 전해 왔다. 그래서 구로자에몬 쪽으로 겐에몬을 보내서

御聞合被成候處ニ, 彌右之通ニ候條, 源右衛門直ニ横田角左衛門方へ罷越, 伊豆守樣御差圖之趣, 申聞候處, 夜ニ入角左衛門方ゟ, 彌伊豆守殿差圖之通可然旨, 大炊頭被申候之趣, 申來ル.

一. 同五日早朝, 古川右馬助を以, 宗讚岐宿所昨日大炊頭樣·伊豆守樣御差圖被成候趣ヲ, 酒井讚岐守樣江被仰上. 讚岐守樣ニも同然之御答也. 古川彌右衛門を以, 右之趣神奈河迄被仰遣. 夜ニ入讚岐到着.

一. 同六日, 辰刻御登　城. 大炊頭樣·讚岐守樣·伊豆守樣江, 宗讚岐昨夜着仕候. 御差圖之通, 私宅ニ召置候

문의했더니 위와 같다고 했다. 겐에몬이 곧바로 요코타 가쿠자에몬 쪽에 가서 이즈노카미님의 지시를 전했고, 밤이 되어 가쿠자에몬이 "이즈노카미님의 지시대로 하라"라는 오이노카미님의 의사를 전해 왔다.

一. 동 5일 이른 아침, 후루카와 우마노스케를 통해, 소 사누키의 숙소에 관해 어제 오이노카미님·이즈노카미님이 지시하신 내용을 사카이 사누키노카미님에게 말씀드렸다. 사누키노카미님의 답변도 동일했다. 후루카와 야에몬을 통해 위 내용을 가나가와(神奈河)까지 전했다. 밤이 되어 사누키가 도착했다.

一. 동 6일, 진시(辰刻)에 등성하셨다. 오이노카미님·사누키노카미님·이즈노카미님에게 "소 사누키가 어젯밤 도착했습니다. 분부대로 저의 집에 있게 했습니다"

与之儀, 被仰上ル. 內匠父子·七右衛門子共死罪之事, 讚岐守様
御尋ニ付, 去ル四月十六日, 誅戮相濟候趣, 是又被
仰上ル. 朝鮮船往來之儀, 如何ニ候哉と, 讚岐守様
御尋ニ付, 一件落着ニ付, 飛船差越候様ニ与之儀者,
御差圖ヲ得候得共, 年條船之儀者, 未タ被仰付無之
候故, 今以差控之置候与之御返答被成. 年條船
被差渡候事, 御急キ候哉, 又者御暇御拜領,
歸州之後ニ而も, 不苦候哉与, 大炊頭様御尋ニ付,
何とそ早々被仰出被下候様ニと存候. 子細ハ, 一年
渡海船御停止以後, 朝鮮ニ差置候家賴僅

라고 말씀드렸다. 다쿠미 부자와 시치에몬 아들의 사형에 관해 사누키노카미님이 물으셔서, 지난 4월 16일 사형이 집행되었다고 아뢰었다. 조선에 선박 왕래는 어떻게 되었냐고 사누키노카미님이 물으셔서, "잇켄 종결을 알리는 비선을 보내라고 분부하셨지만, 매년 보내는 세견선은 아직 분부가 없어 대기 상태입니다"라고 답하셨다. "세견선 파견을 서두르는가? 아니면 귀도(歸島)를 허가받아 쓰시마로 돌아간 후라도 상관없는가?"라고 오이노카미님이 물으셔서, "아무쪼록 속히 허락해 주셨으면 합니다. 자세한 사정을 말씀드리자면 1년간 도항선이 중지된 후 조선에 둔 가신들이 고작

壹人のミニ御座候得ハ, 外國之見聞も不可然候. 乍然船
差渡候儀ハ, 少々利益ニも罷成事ニ候故, 難申上存候. 朝鮮
之儀商買ヲ好ミ申譯ニハ, 無之候得共, 下々之者共,
少ツヽ商買仕儀と承及候との趣, 被仰上ル. 讚岐守様
伊豆守様江被仰候者, 一件落着以後, 只今迄も船

差停候段者, 彼國散心も可有之候. 先日飛船差渡
候以後, 引續キ船渡海候様ニ, 有之度事ニ候處ニ,
今以差扣候儀者, 不可然候与, 被仰候得者, 伊豆守様ニも,
左様思召候と, 御返答被成. 大炊頭様ニハ, 飛船差渡
候儀者　上意有之候得共, 惣而船渡海之儀者, 未タ

1명뿐이라 조선의 평판이 좋지 않습니다. 그렇지만 배가 도해하면 다소 이익도 되기 때문에 말씀드리기 어렵습니다. 조선은 장사하는 것을 좋아하지는 않지만 아랫사람들은 조금씩 장사를 한다고 들었습니다"라고 말했다. 사누키노카미님이 이즈노카미님에게, "잇켄의 결말이 난 이후 지금까지 선박 파견이 중지되어 있어, 그 나라에도 혼란이 있을 것입니다. 이전에 비선을 보낸 이후 계속해서 배를 도해시키고자 했으나 아직까지 자제하고 있는 것은 좋지 않습니다"라고 말씀하시니, 이즈노카미님도 그렇게 생각한다고 말하셨다. 오이노카미님은 "비선을 보내는 것은 쇼군님의 뜻이지만 세견선 도해는 아직

被仰付無之与之趣, 被仰ル. 扨又讃岐守様, 宗讃岐
儀如何ニ候哉と, 御尋被成候時,　光雲院先頃彼者
御召被成候節, 其子ハ私江御預ケ被成, 其子之家
財闕所ハ, 御免被遊候与之御儀ニ御座候段, 御返答
被成候得ハ, 讃岐守様成程其通ニ候, 被仰聞候ニ付,
誠ニ存出候と被仰. 扨讃岐ニハ, 六十有餘ニも候哉と,
御尋ニ付, とくとハ記憶不仕候, 多クハ五十ニハ過キ
可申与, 御相拶被成. 御歸宅以後, 御吟味被成候ヘハ,
六十歳ニ候故, 古川右馬助を以, 右讃岐年數之
儀, 讃岐守様江被仰上ル. 横田角左衛門・篠田九郎左衛門

지시가 없습니다"라고 하셨다. 또한 사누키노카미님이 "소 사누키는 어찌 되었는가?"라고 물으시어, 고운인님이 "이전 그를 부르셨을 때, 그의 아들[의 신병]은 저에게 맡기셨고 그 아들의 가산은 몰수하지 않겠다고 하셨습니다"라고 답하니, 사누키노카미님이 "과연 그러하다. 들으니 생각난다"고 하셨다. 또 "사누키가 60세 정도인가?"라고 물으셔서, 정확하게 기억하지 못하지만 많으면 50세 지났을 거라고 대답하셨다. 집에 돌아와서 알아봤더니 60세여서 후루카와 우마노스케를 시켜 사누키의 나이를 사누키노카미님께 알려드렸다. 요코타 가쿠자에몬·시노다 구로자에몬

兩人へも, 多田源右衛門を以, 右之儀被仰聞ル.

一. 同九日, 讃岐守様御館江御出御成. 此間申上候年條船差渡候儀, 少々利潤有之事ニ候故, 遠慮之筋も有之. 達而差渡度とハ, 難申上候. 乍然釜山浦ニ差置候家頼, 少ニ一人ニ候故, 外國見聞も不好, 諸事申談候儀も, 壹人之了簡計ニ而ハ, 無覺束存候處も有之ニ付, 以前之通人數差越申度存候と, 被仰上候得ハ, 讃岐守様使船往來之儀, 先日御前ニおいて, 御沙汰有之候, 一件落着以後, 飛船被差渡候計ニ而, 年條船不差渡候而者,

두 사람에게도 다다 겐에몬을 시켜 위의 일을 전했다.

一. 동 9일, 사누키노카미님 댁에 가셨다. "전에 말씀드린 세견선 도해는 다소 이윤이 있는 일이라 꺼려지는 부분도 있습니다. 꼭 도해를 하겠다고 말씀드리기는 어렵습니다. 그렇지만 부산포에 배치해 둔 가신이 고작 1명이라 조선의 평판도 좋지 않고, 여러 일들을 논의하기에 한 사람의 생각만으로는 불안한 부분이 있어서, 이전처럼 여러 명을 보내고자 합니다"라고 말씀드리니, 사누키노카미님이 "사선(使船) 왕래에 관해서는 일전에 에

도성에서 논의한 적이 있다. 잇켄이 해결된 이후 비선만 보내고 세견선을 보내지 않는 것을

> 彼國不審茂可有之候間, 以前之通彌被差渡可然
> 儀与, 拙子ニハ存候与之趣, 御返答被成. 扨又　光雲院様
> 信使之儀, 朝鮮江申達候書翰之儀者, 如何可致
> 哉と, 被仰上候得ハ, 讃岐守様, 此儀者御暇被下,
> 御歸州使船渡海之儀なと, 以前之通相濟
> 以後, 被仰達可然候. 委細之儀ハ, 御暇御拜領之節,
> 上意ヲ承リ可申渡之与之趣, 被仰ル.　光雲院様
> 重而被仰上候ハ, 拙子ニも左様ニ存候得共, 御用御取込
> 之事ニ候故, 前廣ニ得御差圖置候様ニ仕度,
> 右之趣申上候. 扨又惣而朝鮮御用向之儀,

저 나라가 이상하게 생각할 테니, 이전처럼 슬슬 도해시키는 것이 바람직하다고 나는 생각한다"고 하셨다. 또한, 고운인님이 "통신사의 일로 조선에 보내는 서한은 어떻게 할까요?"라고 여쭈자, 사누키노카미님이 "이 일은 귀국을 허가받아 쓰시마로 돌아가서, 사선(使船)을 도해시키는 일 등이 이전처럼 된 이후에 분부하는 것이 바람직하다. 상세한 것은 휴가를 허가받을 때 쇼군의 뜻을 받들어 지시하겠다"고 하셨다. 고운인님이 거듭 말씀드리기를 "저도 그렇게 생각하지만 막부의 업무로 바쁘시니 사전에 지시를 받고 싶어서 이렇게 말씀드린 것입니다. 그러면 조선에 관한 사안은

> 宗讃岐御裁許相濟候以後, 申上候様ニ可仕候哉,
> 差掛リ候急用之儀者, 其以前ニも申上苦かる

間敷候哉と, 被仰上候得ハ, 讚岐守様被仰候ハ, 宗讚岐

御仕置之儀, 死命ニ及候程々儀者, 有之間敷候,

何レニも御用筋之儀ハ, 讚岐ニ御拘リ可被成様

無之事ニ候間, 無御遠慮被仰上可然与, 御返答

被成. 扨又御誓旨之儀ニ付, 被仰上候者, 拙子誓旨

之儀, 大炊頭殿御差圖無之候故, 未印形不致候.

又々大炊頭殿江得御意候様ニ, 可致候哉と, 被仰上

候得ハ, 讚岐守様誓旨之儀, 被見届候事, 大炊頭殿

소 사누키의 판결이 끝나고 나서 여쭙도록 할까요? 진행 중인 긴급 사안은 그 이전에 말씀드려도 상관없을까요?"라고 하자, 사누키노카미님이 "소 사누키 처벌은 사형에 이를 정도의 사안은 아니다. 어쨌든 막부의 업무는 사누키에 관여할 것이 없으니 사양하지 말고 보고해도 된다"고 답하셨다. 또한, 맹세서에 관해 말씀드리기를 "저의 맹세서에 대해 오이노카미님의 언급이 없어서 아직 날인하지 않았습니다. 다시 오이노카미님에게 문의를 드려야 할지요?"라고 아뢰니, 사누키노카미님이 "맹세서를 살피는 일을 오이노카미님

一分斗ニ而ハ, 遠慮ニ被存儀共ニ候ハヽ, 各中寄會之

節, 申究候様ニ可致候と, 被仰ル. 扨又此度騎士引來候

馬四疋獻上之仕度候, 如何可致哉と, 被仰上候得者,

讚岐守様, 此儀　上聞ニ者達置候得共, 未何レ之

馬と申儀, 相究メ不申候故, 申渡候儀, 尙以及

延引候間, 被仰聞候趣を以, 伊豆守殿·豊後守殿へも,

可申談与之御返答被成ル.

一. 同十日晩, 土井大炊頭様ゟ横田角左衛門を以, 宗

讃岐儀, 今日酒井讃岐守殿·松平伊豆守殿江

申談候, 最上鳥居左京亮江御預ケ被成候ニ

한 사람에게 요청하면 사양하실 테니 로주들이 모였을 때 결정할 것이다"라고 하셨다. 또한 이번에 마상재 일행이 데려온 말 4필을 헌상하려 하는데 어떻게 하면 좋을지 여쭈었더니, 사누키노카미님이 "쇼군께 보고드리기는 했으나 아직 어떤 말로 할지 결정되지 않아 지시가 늦어지고 있다. 들은 내용을 이즈노카미님·분고노카미님과도 상의하라"고 하셨다.

一. 동 10일 밤, 도이 오이노카미님이 요코타 가쿠자에몬을 통해 "소 사누키는 오늘 사카이 사누키노카미님·마쓰다이라 이즈노카미님과 논의해서 모가미(最上)의 도리이 사쿄노스케(鳥居左京亮)[92]에게 [신병을] 맡기는 처벌을 내리기로

相究リ候故, 此段左京亮江も申渡候. 猶以左京亮方

被仰談可然候. 讃岐召連候人數ハ, 人少ニ而可然候. 二

三日中ニ御自分御屋敷ゟ, 直ニ配所江被差越可

然与之趣, 被仰越候ニ付, 御返答ニ, 被仰渡候趣, 奉得

其意候, 讃岐儀御僉議之上, 御召被遊候儀ニ御座

候得ハ, 何分ニ被仰付候とても, 可申上様も無御座

候處ニ, 輕罪ニ被宥候段, 彼者ニ取リ難有可奉

存候. 御前之儀者, 各中樣可然御取成被下

92 도리이 다다쓰네(鳥居忠恒). 데와노쿠니(出羽國) 야마가타번(山形藩) 2대 번주. 원래 이 지역은 모가미(最上) 가문이 다스렸지만 모가미가 개역된 후 도리이, 호시나(保科)씨가 다스리는 동북지방의 도쿠가와 번병으로 군림했다.

候様ニと, 被仰上ル.

一. 同十一日早朝, 大炊頭様江御出. 宗讚岐鳥居左京亮江,

했으니 이 내용을 사쿄노스케에게도 전할 것이다. 또한 사쿄노스케 쪽과 의논하면 된다. 사누키가 데리고 갈 인원수는 적다. 2, 3일 내로 그대의 집에서 곧바로 유배소로 보내질 것이다"라고 전해 왔다. 답변으로 "지시하신 내용 잘 알겠습니다. 사누키는 조사를 거쳐 부르셨으니 어떤 처분이 내려져도 할 말이 없는 상황인데, 가벼운 죄로 용서해 주셔서 그로서도 감사히 여길 겁니다. 쇼군께는 로주님들께서 적절히 조치해 주십시오"라고 말씀드렸다.

一. 동 11일 이른 아침, 오이노카미님께 가셨다. 소 사누키를 도리이 사쿄노스케에게

御預ケ被成, 輕罪ニ被宥難有奉存候と, 被仰上ル.
大炊頭様被仰候者, 宗讚岐儀先例を以, 朝鮮江罷渡
たる事ニ候へハ, 其身科無之事ニハ候得共, 御國法
嚴密ニ被仰付候上之思召を以, 右之通被仰出事ニ候.
老人之儀与申, 御自分ニ者叔姪之御好ミも, 有之事ニ
候得ハ, さそ御難儀ニ可被思召与之御相拶被成候故,
光雲院様先日讚岐年輩之儀, 御尋之節不計
御返答仕, 罷歸り致吟味候得者, 六十歳ニ罷成り候.
亡父對馬守兄之子ニ御座候故, 拙子爲ニハ從兄ニ而
御座候. 召連候下人, 人少ニ可申付旨, 被仰渡候.

맡기기로 하시어, 경죄로 용서해 주시니 감사드린다고 아뢰었다. 오이노카미님이 말씀하시기를 "소 사누키는 선례에 따라 조선에 건너간 것이므로 그 자신의 죄는 없지만, 국

법을 엄밀하게 집행해야 한다는 생각에서 이와 같은 조치가 취해졌다. 노인인데다 그대와는 사촌 형제 사이라서 필시 곤란했을 것이다"라고 하셨다. 고운인님이 "이전에 사누키의 나이를 물으셨을 때 헤아려 대답하지 못해서 돌아와 조사해 보니 60세였습니다. 돌아가신 아버지 쓰시마노카미의 형님의 아들이므로 제게는 사촌형입니다. 데리고 가는 하인의 인원을 적게 하라고 명하셨습니다.

公儀ニ付, 御科ヲ得候者之儀ニ, 御座候得者, 一僕ニ而も
可罷越儀ニ御座候得共, 小姓一人草履取壹人·下部
壹人召連候樣ニ, 爲仕度存候. 御差圖被下候樣ニと,
被仰上候時, 大炊頭樣讚岐召連候人數之儀, 至極
人少ニ而ハ, 可爲難儀候間, 四五人ハ召連可然候. 扨又誓旨
之儀ニ付, 御狀之趣致披覽候. 御返答ニ申達候ことく,
大目付一人被仰請可然候. 柳生但馬守可然候得共,
頃日ハ忌中之由ニ候間, 外之人ニ而も苦かる間敷と
被仰候ニ付,　　光雲院樣大目付之儀, 拙子申請
候斗ニ而ハ, 承引被致間敷候. 御用御取込之內ニハ,

막부에 대해 죄를 지은 자이니 하인 한 명만 보내도 충분하지만, 고쇼(小姓)[93] 1명, 조리토리(草履取)[94] 1명, 하인(下部) 1명을 데리고 가게 해 주고 싶습니다. 지시하여 주십시오"라고 아뢰었더니, 오이노카미님이 "사누키가 데려가는 인원수가 지극히 적으면 어려움이 있을 테니 4, 5명은 데려가도록 하라. 또한, 맹세서는 서한의 내용을 일람했다. 답변

93 주군을 측근에서 모시면서 잡무나 경호를 맡은 무사.

94 무가(武家)에서 주인의 짚신(조리, 草履)을 들고 동행하는 하인.

한 바와 같이 오메쓰케 1명에게 청해야 할 것이다. 야규 다지마노카미(柳生但馬守)가 적절할 것이나, 요즘 상중이라고 하니 다른 사람도 상관없다"고 하셔서, 고운인님이 "오메쓰케는 제가 요청하는 것만으로 수락해 주지 않습니다. 막부의 공무로 다망하신 와중이지만

御座候得共, 何とそ御差圖被下候様ニと, 被仰上候得者,
大炊頭様左候ハヽ, 讃岐守殿·伊豆守殿江申談, 飛角早速
相濟候様ニ, 致度事ニ候. 讃岐守殿歟伊豆守殿歟, 左も
無之候ハヽ, 拙子方ニ而成共, 申談相濟候様ニ可致候与, 被仰ル.

〃 同日, 讃岐守様御館江御出被成. 宗讃岐儀, 大炊頭様江
被仰候趣ヲ, 被仰上候得ハ, 讃岐守様柳川豊前召連候
人衆者, 如何程ニ候哉と御尋ニ付, とくとハ, 覺不申候へ共,
大概七八人も召連候様ニ, 承及候と, 被仰上ル. 讃岐守様
左候ハヽ, 宗讃岐儀も上下四五人迄者, 苦かる間敷と,
被仰ル. 扨又　光雲院様讃岐儀, 其身不調法ニ付,

아무쪼록 정해 주십시오"라고 아뢰니, 오이노카미님이 "그러면 사누키노카미님·이즈노카미님과 논의하여 파발을 서둘러 보내도록 하겠다. 사누키노카미님이든 이즈노카미님이든 그것도 아니면 나라도 해서 결정하겠다"고 하셨다.

〃 같은 날, 사누키노카미님 저택으로 가셨다. 소 사누키의 일로 오이노카미님이 말씀하신 내용을 아뢰었더니, 사누키노카미님이 "야나가와 부젠이 데리고 간 사람들은 어느 정도인가?"라고 물으셔서 "정확하게 기억할 수 없지만 대략 7, 8명이나 데리고 간다고 들었습니다"라고 말씀드렸다. 사누키노카미님이 "그러면 소 사누키도 상하 4, 5명까지는 괜찮다"고 하셨다. 또한 고운인님이 "사누키가 자신의 과오로 인해

遠流を蒙候得ハ, 削髮仕候樣ニ致度所存候由申候.
如何可仕哉と, 被仰上候得ハ, 讚岐守樣其儀者
差而　　公儀御咎有之間敷事ニ候. 遠流ヲ慙
自分ゟ落髮候段, 心次第之事ニ候. 豊前儀ハ, 如何
樣ニ仕候哉と, 御尋被成候ニ付,　　光雲院樣其儀も
とくとハ存知不仕候へ共, 發足仕候, 四五日以後致
落髮候由, 承候与之趣, 御返答被成. 讚岐守樣
被仰者, 宗讚岐削髮之儀, 御自分御差圖被成
候事ハ, 不可然候, 如何樣共, 其身心次第ニ被成被置
可然と, 被仰ル. 扨又御誓旨之儀, 大炊頭樣被仰候趣を以,

유배가게 되었으니 삭발하기 원한다고 들었습니다. 어떻게 할까요?"라고 여쭙자, 사누키노카미님이 "그것은 막부가 문책할 일이 아니다. 멀리 유배가는 것을 부끄럽게 여겨 스스로 삭발하는 것은 그의 마음에 달렸다. 부젠은 어떻게 하는가?"라고 물으셔서, 고운인님이 "그것도 정확히는 알지 못하지만, 출발해서 4, 5일 후에 삭발한다고 들었습니다"라고 답변하셨다. 사누키노카미님이 "소 사누키의 삭발 건은 그대가 결정할 일이 아니다. 어떻게든 그의 마음 가는대로 하면 된다"고 하셨다. 또한 맹세서에 관해 오이노카미님의 말씀을

被仰上候得者, 讚岐守樣大目付之內, 誰と相究ニ候ハ,
不可及候. 大炊頭殿方ニ而, 誓旨被見届候儀, 遠
慮被致候譯ニも候ハヽ, 各中寄會之節, 御判形
被成可然与, 被仰ル.
〃 同日, 松平伊豆守樣へ御出被成候處, 御登　城ニ付,

讚岐御預ケ之一件, 篠田九郎左衛門江被仰聞置,

御歸被成ル

〃 同日, 宗讚岐最上江遠流被仰付候故, 多田源右衛門

を以, 鳥居左京亮様江, 其趣被仰遣ル. 左京亮様

御家頼鳥居和泉, 此方へ被罷出, 讚岐江被致

아뢰니, 사누키노카미님이 "오메쓰케 중 누구로 할지 결정되지 않았다. 오이노카미님 쪽에서 맹세서 검토하는 것을 사양하시니 로주들이 모였을 때 날인할 것이다"라고 하셨다.

〃 같은 날, 마쓰다이라 이즈노카미님께 가셨으나 등성하셨기에, 사누키를 맡기는 일에 관해 시노다 구로자에몬에게 말하고 돌아오셨다.

〃 같은 날, 소 사누키가 모가미(最上)로 유배 처벌을 받아, 다다 겐에몬을 통해 도리이 사쿄노스케에게 그 내용을 전했다. 사쿄노스케님의 가신 도리이 이즈미(鳥居和泉)가 이쪽으로 와서 사누키와

對面. 其節　光雲院様ニハ, 御老中様江御越,

御留守ニ候故, 和泉江ハ御逢不被成.

〃 同日 ,讚岐　光雲院様江, 被申上度所存之旨, 有之

由御聞被成, 殊ニ公儀ニ對シ, 神妙ニ堪忍被致, 爲尤

之旨茂, 被仰聞度思召, 旁ニ付御對面被成. 且又

此度流罪ニ被仰付候儀, 讚岐身分其科無之

趣, 御誓旨御調被下之.

一. 同十二日, 鳥居左京亮様ゟ, 讚岐江御付被成候御家頼

衆三人被參, 讚岐江對面被致.

一. 同十三日早朝, 讚岐最上江發足.

대면했다. 그때 고운인님은 로주님들께 가셔서 부재중이라 이즈미와 만나지 않으셨다.

〃 같은 날, 사누키가 고운인님께 드릴 말씀이 있다고 했고, 특히 막부에 대해 기특하게 감내함이 지당하다는 뜻도 말하고자 겸사겸사 대면하셨다. 또한 이번에 유배를 가게 된 것에 사누키 자신의 잘못이 없다는 뜻으로 맹세서를 작성해 주셨다.

一. 동 12일, 도리이 사쿄노스케님으로부터 사누키에게 붙일 가신 3명이 와서 사누키와 대면했다.

一. 동 13일 이른 아침, 사누키가 모가미로 출발했다.

一. 同十五日, 今日三王祭禮ニ付, 御出仕無之.

一. 同十六日, 御登　城. 嘉祥之御賀如例. 卽晩一件落着之爲御祝, 松平陸奥守様ゟ御招キ被成, 御料理有之.

一. 同十七日, 東叡山御參詣.

一. 同十九日, 大坂町人宗元, 古川右馬助を以, 此方京都·大坂之客屋幷問屋·吳服所, 對州往來諸人用事, 被仰付被下候様ニと, 願出ル.

一. 同卄日, 大炊頭ゟ様[95]篠河等次郎御使者ニ而, 御奉書來ル.

一. 동 15일, 오늘 산노(三王) 제례(祭禮)[96]라서 출사하지 않았다.

---

95 원문의 ゟ와 様는 글자 위치가 서로 바뀐 것으로 보인다.

96 도쿄 치요다구에 있는 히에(日枝) 신사의 제례인 산노마쓰리(山王祭)로 추정된다. 산노마쓰리가 매년 6월 15일에 행해지기 때문인데, 간다마쓰리(神田祭)와 함께 에도의 2대 마쓰리, 덴카(天下)마쓰리라고도 불렸다.

一. 동 16일, 등성하셨다. 가조(嘉祥)[97]의 축하 행사는 전례와 같았다. 그날 밤 잇켄 해결을 축하하려고 마쓰다이라 무쓰노카미(松平陸奧守)님이 초대하셔서 요리를 대접하셨다.

一. 동 17일, 도에이잔을 참배하셨다.

一. 동 19일, 오사카 조닌 소겐(宗元)이 후루카와 우마노스케를 통해 쓰시마의 교토·오사카 객옥(客屋)[98]과 도매상(問屋)·고후쿠조(吳服所)[99]와 쓰시마를 왕래하는 사람들의 일을 맡게 해 달라고 청원했다.

一. 동 20일, 오이노카미님이 시노카와 도지로(篠河等次郎)를 사자로 봉서를 보내셨다.

其書ニ

明日御用之儀候間, 四ツ時分可有御登　城候. 恐々

謹言

六月廿日　　　　　酒井讚岐守

　　　　　　　　　土井大炊頭

宗對馬守殿

一. 同廿一日, 外様·御譜代·御大名様方一萬石以上, 盡ク御登

城被成,　光雲院様ニも昨日御奉書之通ニ御出仕.

御衆中様不殘御廣間江御出被成. 井伊掃部頭様·

松平下總守様·酒井雅樂頭様·土井大炊頭様·酒井

그 봉서에

97 가상(嘉祥). 음력 6월 16일에 역병을 막기 위해 16개의 떡이나 과자를 신에게 바치고 먹는 행사.

98 1. 숙박시설. 2. 손님을 접대하기 위한 별채. 3. 손님을 들여 흥행하는 차야(茶屋).

99 다이묘나 고케(高家)의 일을 맡는 포목전. 어용상인(御用商)으로 금은을 융통하는 일도 했다.

내일 용무가 있어 오전 10시 무렵에 등성할 것입니다. 삼가 줄입니다.

6월 20일　　　　　사카이 사누키노카미

도이 오이노카미

소 쓰시마노카미님

一. 동 21일, 도자마·후다이·여러 다이묘님들 1만 석 이상이 모두 등성하셨다. 고운인님도 어제 봉서의 내용대로 출사하셨다. 여러 분들이 모두 히로마(廣間)로 나갔다. 이이 가몬노카미(井伊掃部頭)[100]님·마쓰다이라 시모우사노카미님·사카이 우타노카미님·도이 오이노카미님·사카이

讃岐守様御出御列座ニ而, 御衆中様へ被對, 今日
爲吉日ニよつて, 御式目可被仰渡与之　上意ニ
候趣被仰. 引續キ大炊頭様被仰候ハ, 御式目之儀則
以前　權現様·台德院様, 御諚被遊置候御制度ニハ
候得共, 少々思召之旨被遊御座ニ付, 其趣此度爲
御書加へ被遊候條, 何茂敬而拜聽可被仕与之御事ニ而,
民部卿道春老被讀之. 御式目相濟候以後, 掃部頭様
何茂拜聽被仕相濟候之趣, 可被遂言上与之御事ニ而,
御老中様方御入被成. 追付　公方様御廣間中垣へ
出御, 御直ニ御諚被遊候.　兩御前御建被遊置候御政度ニ者

100 이이 나오타카(井伊直孝, 1590~1659). 이이 나오마사(井伊直政)의 차남. 도쿠가와 히데타다를 섬기고, 고즈케(上野) 시로이번(白井藩)에 1만 석을 받았다. 1615년 병약한 형 나오쓰구(直繼) 대신 오미(近江) 히코네번(彦根藩) 번주가 되었다. 후다이 다이묘의 필두로서 도쿠가와 이에미쓰와 이에쓰나를 보좌했다. (『日本人名大辭典』)

사누키노카미님이 나오셔서 죽 늘어앉아 있는 가운데 여러 분들에게 "오늘이 길일(吉日)이니 식목(式目)[101]을 전달하라는 쇼군의 명이 있었습니다"라고 하셨다. 계속해서 오이노카미님이 "식목은 곧 이전에 곤겐님·다이토쿠인님이 분부하신 제도이지만, 다소 생각하시는 바가 있으셔서 그 내용을 이번에 첨가하셨으니 모두 공경하여 들으십시오"라고 하셨고, 민부쿄도슌(民部卿道春)님이 낭독하셨다. 식목 낭독을 마치고 가몬노카미님이 "모두 들었다고 말씀드리겠습니다"라고 하시고 로주님들은 들어가셨다. 곧이어 쇼군께서 히로마로 나오셔서 직접 말씀하셨다. "두 분의 전(前) 쇼군께서 정도(政度)[102]를 만드셨으나

候得共, 若手之輩存知不被仕事も, 可有之と思召, 殊更ニ
外ニ思召之旨, 爲御書加被遊候條, 依之拜聽被仰付候と
有之. 扨又御相談被仰聞度, 被思召上之旨, 被遊御座
之條,　御前近ク被罷出候様ニ与之　上意ニ付,　公卿
殿上人及四位迄者,　御前一間計之所江御進, 其餘二
三間之席御伺公被成候時,　御諚被遊候ハ, 御思召ニ相叶
候人物ヲ御吟味被遊,　若君様御守役可被仰付之
被思召上候. 尤　公儀未御壯年ニ御座被遊御事ニ
候得ハ, 遲からさる儀と申, 殊ニ縱イ御臨終之節, 其人ヲ
被仰付候とても, 何茂別意可有之与ハ, 不被思召上候へ共,

---

101 식목이란 원래 중세에 법규를 개조식으로 적은 것을 의미. 여기에서는 1635년 이에미쓰가 제정한 '무가제법도(武家諸法度)'를 지칭하는 것으로 보인다. 무가제법도는 에도 막부가 무가(武家), 즉 다이묘와 막부 가신 등의 무사들을 통제하기 위해 제정한 법령으로, 이에미쓰는 기존의 법도에 산킨코타이 제도와 대형 선박 건조 금지 등의 조항을 추가하여 19개조 법령, 간에이령(寬永令)을 만들었다.

102 국가와 정치를 움직이기 위한 규정, 법률, 정령(政令) 등.

젊은 세대가 모르는 게 있을 거라고 생각했고, 특히 별도로 생각하던 바를 추가하고자 들어보라는 명을 내렸다"고 하셨다. 또한 상담하고 싶은 것이 있다고 하시며, 자신이 계신 곳으로 가깝게 오라고 하시어 공경(公卿)·덴조비토(殿上人)[103]·관위 사위(四位)까지에 해당되는 자들은 쇼군과 1간(間) 거리의 위치로 나아가고, 나머지는 2·3간의 자리에 앉았다. [쇼군이] 말씀하시기를, "생각하는 바에 적합한 인물을 검토하여 세자(쇼군의 아들)를 지킬 보호자 역할을 맡기고 싶다. 무엇보다 내가 아직 장년이라 늦지 않았다고 해서 가령 임종에 이르러 그 사람을 지정한다고 해도 별다른 문제가 있지는 않겠지만,

世治之儀ヲ御大切ニ被思召上候處ㇳ, 右之通被思召着候.

先年　兩御前御治世之時, ヶ樣之御制度被仰出

候節, 諸士奉畏之候趣, 各誓旨を以御承被申上

たる儀ニ候へ共, 今日ニハ何茂久敷國恩ヲ被蒙, 忠勤

之志其他無之處, 御察被遊候ニ付, 此度ハ誓旨ニ

不可及儀と, 被思召上候故, 其儀不被仰出候. 然者

今日若輩之面々,　權現樣御代ニハ, おくれ被申

候とても,　台德院樣御治澤之御恩を被蒙

たる事ニ候へハ, 彌異心ヲ被含間敷候. 扨又御制度

之趣ヲ被奉敬, 其所々之風俗ヲ察し, 領地を

세상을 다스리는 것을 중대하게 여겨서 이런 생각에 이르게 되었다. 이전 두 분 쇼군님의 치세에 그런 제도를 만드셨을 때엔 제사(諸士)들이 명심하겠다는 맹세서를 모두 올렸다. 하지만 오늘날에는 다들 오래도록 나라의 은혜를 입어 충성으로 종사하려는 뜻 외에

---

103 청량전(清涼殿)의 전상(殿上)에 오를 것을 허가받은 사람. 3위 이상과 4위·5위 중에 허가받은 사람, 6위의 구로우도(藏人).

는 없기 때문에 이를 살펴서 이번에는 맹세서를 낼 필요가 없다고 판단하여 명하지 않았다. 그러니 지금 젊은 세대 사람들은 곤겐님 치세의 은혜는 받지 못했지만 다이토쿠인님 통치의 은혜를 입었으니 이제 다른 마음을 품을 수 없을 것이다. 그러니 제도의 내용을 공손히 받들고, 그 곳곳의 풍속을 살펴 영지(領地)

被治候儀, 專一ニ候与被思召上之旨, 御諚被遊候ニ付,
御衆中樣 御諚御拜聽之上ニ而, 上意之旨奉畏,
難有被思召候との趣御請ケ, 御禮被仰上, 其後何茂
御退出被成ル.

一. 同廿二日巳刻, 昨日御式目之儀ニ付, 被蒙 仰候. 爲
御禮御登 城被成. 御大名樣方御同前也. 晝過
公方樣海濱江出御.

一. 同廿四日, 增上寺御參詣, 卽晩大炊頭樣ゟ御使者ニ而,
御老中樣御連署之御奉書來ル, 左記之.
明廿五日天氣能候ハヽ, 御能被 仰付, 御振舞可被

다스리기에 전념하라"고 하셨다. 이에 모두가 그 말씀을 경청하고는 "쇼군의 뜻을 받들겠으며 감사히 여깁니다"라고 감사 인사를 올린 뒤 다 같이 물러났다.

一. 동 22일, 사시(巳刻)[104]에 어제의 식목(式目)과 관련하여 명이 있었다. 감사 인사를 드리러 등성하셨다. 다이묘들도 마찬가지였다. 낮이 지나 쇼군께서 바닷가로 외출하셨다.

一. 동 24일, 조조지를 참배하셨다. 그날 밤 오이노카미님이 사자를 보내 로주님들이 연서한 봉서를 보내셨다. 아래에 기록한다.

---

104 오전 9시~11시.

내일 25일 날씨가 좋으면 노(能)를 공연하고 향응을 베풀 예정이라는

下之旨　上意ニ候. 自早々可有御登　城候. 恐々謹言

六月廿四日　　堀田加賀守

阿部豊後守

松平伊豆守

酒井讃岐守

土井大炊頭

宗對馬守殿

一. 同廿五日御大名樣方御登　城.　光雲院ニも御出仕

쇼군의 뜻입니다. 일찍 등성하기 바라며 이만 줄입니다.

6월 24일　　홋타 가가노카미(堀田加賀守)

아베 분고노카미(阿部豊後守)

마쓰다이라 이즈노카미(松平伊豆守)

사카이 사누키노카미(酒井讃岐守)

도이 오이노카미(土井大炊頭)

소 사누키노카미님

一. 동 25일, 다이묘들이 등성했다. 고운인도 출사하셨다.

被成. 卯中刻御能始ル. 高砂八島千手終而, 於

御書院御料理被下之. 大炊頭樣·讚岐守樣

御出, 御衆中樣江被仰候ハ, 御料理之儀輕ク仕候樣ニ与之

上意ニ候. 其儀者　御城中御料理輕被仰付候ハヽ,

世上之饗應茂, 自然と侈リ不申樣ニ可罷成と,
被思召上ニ付候而之御事ニ候. 各被存其旨候樣ニ
与之御相拶有之. 舟辨慶·咸陽宮終リ, 紅葉狩
始候刻, 御座之障子開之, 御直ニ御諚被遊候ハ,
今度面々江御心中ヲ被仰聞, 幷ニ御制度之儀, 被
仰渡候處, 何茂其旨ヲ被奉畏候段, 御滿足ニ被

묘시[105]의 중간에 노 공연이 시작되었다. '다카사고(高砂)'·'야시마(八嶋)'·'센주(千手)'[106]가 끝나고 서원(書院)[107]에서 요리가 베풀어졌다. 오이노카미님·사누키노카미님이 나오셔서 모두에게 "요리는 가볍게 준비하라는 쇼군의 명이 있었습니다. 에도성 안의 요리를 가볍게 차리면 세상의 향응도 자연히 사치하지 않게 된다는 취지입니다. 다들 그 뜻을 생각하기 바랍니다"라고 말하셨다. [노] '후나벤케이(舟辨慶)'·'간요큐(咸陽宮)'가 끝나고 '모미지가리(紅葉狩)'가 시작되었을 때, [쇼군께서] 장지를 열어 직접 말씀하시기를, "이번에 면면들에게 마음에 품은 것을 말하고 제도를 제정한 바, 모두 그 뜻을 이해하여 주니 만족스러워

思召上ニ付, 今日御能拜見被仰付候間, 何茂緩々と
御酒ヲ茂被請候樣ニと有之. 尾張大納言樣·紀伊

105 오전 5시~7시.

106 각각 일본의 전통 예능 노의 작품 제목(演目).

107 에도성 안의 일실(一室). 건축양식의 일종인 쇼인즈쿠리(書院造)로 만들어진 방. 쇼인즈쿠리는 현관·도코노마(床の間)·선반·장지문·맹장지가 있는 집 구조. 위치나 구조 등에 따라 오모테쇼인(表書院), 오쿠쇼인(奧書院), 구로쇼인(黑書院), 시로쇼인(白書院), 오쇼인(大書院) 등으로 불린다.

大納言樣·水戸中納言樣　御前御伺公被成, 諸大名樣方江
御盃被下之. 其後何茂　御前近ク被罷出候樣ニ,
左無之候而ハ, 御酒宴樂ミ不申与之　上意ニ而, 御衆中樣
何茂, 御座近ク御進被成,　御前ニも御酒ヲ御進メ被遊
候樣ニと, 御衆中樣𠀋　御前江被仰上, 陸奥守樣御酌ニ
御立被成ル. 大納言樣·中納言樣御代ル代ル, 諸大名
樣方ヘ御肴被下之, 御返盃被差上候樣ニと有之. 諸
大名樣方, 於　御前小謠四五番御謠被成ル.

오늘 노를 관람하게 했으니, 모두들 천천히 술을 들도록 하라"고 하셨다. 오와리 다이나곤(尾張大納言)[108]님 · 기이 다이나곤(紀伊大納言)[109]님 · 미토 주나곤(水戸中納言)[110]님이 쇼군 곁에서 대기하며 다이묘들에게 술잔을 내리셨다. 그 후 모두 쇼군 가까이로 나아가도록, 그렇지 않으면 주연(酒宴)을 즐길 수 없다고 하셔서, 여러 분들이 모두 가까이로 이동해서 쇼군께서도 술을 드시도록 아뢰었다. 무쓰노카미님이 술을 따르기 위해 일어나셨다. 다이나곤님·주나곤님도 차례차례 여러 다이묘들에게 안주를 주시고 회답하는 잔을 올리게 하셨다. 여러 다이묘들이 쇼군 앞에서 고우타이(小謠)[111] 4, 5번 노래했다.

---

108 오와리(尾張) 나고야번(名古屋藩) 번주 도쿠가와 요시나오(德川義直). 도쿠가와 이에야스의 9남. (『日本人名大辭典』)

109 도쿠가와 요리노부(德川賴宣, 1602~1671). 도쿠가와 이에야스의 10남. 1619년 기이 와카야마번(和歌山藩) 번주가 되었다. 55만 5천 석. (『日本人名大辭典』)

110 도쿠가와 요리후사(德川賴房, 1603~1661). 미토번(水戸藩) 번주. 28만 석. (『日本人名大辭典』)

111 요곡(謠曲) 가운데 짧은 한 소절을 빼내어 노래하는 것. 축의용(祝儀用)으로 부르는 슈겐노우타이(祝言謠)와 술자리의 여흥으로 부르는 사카나우타이(肴謠) 등이 있다.

一. 同廿六日, 爲昨日之御禮, 諸大名樣方何も御登　城,
光雲院樣ニも御出仕, 讚岐守樣·伊豆守樣御取次
被成. 御衆中樣御退出之刻,　讚岐守樣·伊豆守樣へ,
書契役僧之儀, 彌御吟味を以, 被仰付被下候樣ニと,
被仰上候得者, 讚岐守樣·伊豆守樣御返答ニ,
其役人無之候而不叶事ニ候, 乍然各中ゟ其人ヲ
相究かたく候間, 御自分思召之通ヲ, 被仰聞候樣ニと
有之ニ付,　光雲院樣五山學名有之人, 金地院へ
申談書付之懷中仕候との御相拶ニ而, 其書付
被差上之. 其時讚岐守樣, 此書付之儀, 伊豆守殿

一. 동 26일, 어제의 향응에 대한 감사 인사를 드리러 여러 다이묘들이 모두 등성했고, 고운인님도 출사하셨다. 사누키노카미님·이즈노카미님이 주재하셨다. 여러 분들이 물러나셨을 때 사누키노카미님·이즈노카미님께 서계역승(書契役僧)의 일로 이제 검토를 지시해 달라고 말씀드렸다. 사누키노카미님·이즈노카미님이 답하시기를 "그 역인이 없으면 안 된다. 그렇지만 로주들이 그 사람을 정하기 어려우니 그대가 생각하는 바를 말하라"고 하여, 고운인님이 "고잔에서 학명이 높은 사람을 곤치인과 상의해서 써서 가져 왔습니다"라고 하고 그 문서를 드렸다. 그때 사누키노카미님이 "이 문서는 이즈노카미님

方ニ可被召置候, 衆議之上, 相定申渡候樣ニ可致与之
御相拶ニ而, 右書付伊豆守樣御請取之被成. 扨又
光雲院樣被仰上候ハ, 此度御制度被仰出候節, 諸大名
誓旨ニ不可及与之　御諚ニ御座候得共, 拙子儀者餘
人とハ違イ, 一件之儀別而厚ク奉蒙御恩, 殊ニ朝鮮

向御用之儀, 無別條相勤候樣ニと, 被仰付たる御儀ニ
候得ハ, 連々申上候ことく, 各別ニ誓旨差上申度
奉存候. 此度御制度之儀ニ付,　上意御丁寧之
處ヲ被存, 諸大名ゟ被奉願之誓旨, 被差上候
首尾ニも御座候者, 尤私ニも差上之候樣ニ可仕候. 左

쪽에 소집해 두었으니 함께 논의한 후에 정해서 알리겠다"라고 답하셨고, 이 문서를 이즈노카미님이 수취하셨다. 또한 고운인님이 말씀드리기를, "[쇼군께서] 이번에 제도를 선포하시며 다이묘들이 맹세서를 제출할 필요가 없다고 말씀하셨지만, 저는 다른 사람과는 달리 잇켄으로 특별히 두터운 은혜를 입었고, 특히 조선과의 통교도 변함없이 관장하라고 분부하셨으니 계속 말씀드린 대로 각별히 맹세서를 올리고 싶습니다. 이번 제도와 관련하여 쇼군의 뜻이 정중함을 알아서 여러 다이묘들이 받들고자 한다는 맹세서를 제출하고 있으니 저도 제출해야 합니다.

無之候ハヽ, 此誓旨之儀ハ,　上意之通無用ニ可仕候. 右
一件ニ付候誓旨之儀ハ, 各中樣時日ヲ御究被下, 判形
仕リ差上候樣ニ, 被仰付被下候得と, 被仰上候時, 讃岐守樣
誓旨之儀, 御取持被成候樣ニと, 伊豆守樣へ被仰候得ハ,
御心得被成候由, 伊豆守樣御相拶被成. 扨又
光雲院樣今度騎士率キ來候, 朝鮮馬御獻上
之儀, 被仰上候得ハ, 讃岐守樣此儀誠延引ニ罷成候.
此儀ハ伊豆守殿言上之事ニ候ハ, 彼方差圖御聞
被成候樣ニと被仰. 且　光雲院樣被仰上候ハ, 今度
闕所被仰付候, 柳川豊前·宗讃岐·以酊菴·流芳院·

그렇게 하지 않으면 이 맹세서는 쇼군의 뜻처럼 무용하게 될 것입니다. 위 잇켄과 관련된 맹세서는 로주님들이 시일을 정하셔서 날인하여 제출하게 해 주십시오"라고 했다. 사누키노카미님이 "맹세서를 가져오게 하십시오"라고 이즈노카미님에게 말하니, 그렇게 하겠다고 이즈노카미님이 답하셨다. 또한, 고운인님이 이번에 마상재인이 데려 온 조선 말 헌상의 건을 말씀드리니, 사누키노카미님이 "이 일은 참으로 지체되었다. 이 일은 이즈노카미님이 아뢸 일이니 그분의 지시를 듣기 바란다"고 하셨다. 또 고운인님이 "이번 몰수 처벌을 받은 야나가와 부젠·소 사누키·이테이안[112]·류호인·

嶋川内匠·松尾七右衛門等家財之儀, 盡ク闕所相濟
候段, 此間使之者歸着仕申聞候. 右闕所之帳面,
何方江相渡候様ニ可仕哉と, 御座候時, 伊豆守様江
御渡被成可然旨, 讃岐守様御差圖被成.
〃 同日, 右闕所之儀ニ付, 御國江被遣候御使者佐護
助左衛門ニ, 古川右馬助ヲ被相添, 豊前其外人衆闕所之
帳面, 伊豆守様御館江御持セ被遣候處, 御留守ニ付,
御家頼篠田九郎左衛門·和田利平江相渡罷歸ル.
一. 同廿七日, 明廿八日　御目見へ無之趣, 大炊頭様ゟ
御觸狀來ル.

시마카와 다쿠미·마쓰오 시치에몬의 가산 몰수가 전부 끝났음을 지난번 사자가 돌아와서 전해 주었습니다. 몰수 장부는 어느 분께 전달하면 될까요?"라고 하자, 이즈노카미님께 드리라고 사누키노카미님이 지시하셨다.

---

112 이테이안의 주지승 기하쿠 겐포. 보초로.

〃 같은 날, 위 몰수의 건으로 쓰시마에 보냈던 사고 스케자에몬(佐護助左衛門)에게 후루카와 우마노스케를 붙여, 부젠과 그 밖의 사람들의 가산 몰수의 장부를 이즈노카미님 댁으로 가져가게 했더니, 부재중이셔서 가신 시노다 구로자에몬·와다 리헤이에게 건네고 돌아왔다.

一. 동 27일, 다음 날 28일에 쇼군 알현이 없다고 오이노카미님에게서 공문이 왔다.

一. 同廿八日, 御用之儀有之, 讚岐守樣御館江御出被成候處,
御內用ニ付, 大炊頭樣彼方へ御入來被成御座候故,
御對面無之, 御歸宅.

一. 同廿九日, 御用御座候間, 明日辰刻御登 城被成
候樣ニと, 大炊頭樣ゟ御觸狀來ル.

一. 同晦日, 御登 城被成候處ニ, 御老中樣御列座ニ而,
當年御暇被下候. 御衆中樣方へ被仰渡之御用
有之. 且又當年御在勤之御衆中樣方へも, 先日
被仰出候通ニ, 每年四月可爲交代之旨, 御書付を以
被仰渡ル. 道春老被讀之相濟, 何も御退出.

一. 동 28일, 용무가 있어 사누키노카미님 댁에 가셨더니 내밀한 용건으로 오이노카미님이 그쪽에 와 계셔서 대면하지 못하고 돌아왔다.

一. 동 29일, 용무가 있으니 내일 진시에 등성하라는 오이노카미님의 공문이 왔다.

一. 동 30일, 등성하시니 로주님이 늘어앉은 자리에서 올해는 귀국해도 좋다고 명하셨다. 여러 분들께 지시한 용무가 있었다. 또한 올해 참근하는 분들에게도 이전에 명한대로 매년 4월에 교대하라는 내용을 문서로 전달하셨다. 도슌님의 낭독이 끝나고 모두 물러났다.

一. 七月朔日, 御登　城, 御儀式如例.

一. 同四日, 金地院入來.

一. 同五日早朝, 讚岐守様江御出被成. 御誓旨之事被仰上
候得ハ, 最早　御上聞ニ被達候趣, 讚岐守様御返答
有之. 書契僧之事被仰上候得者, 讚岐守様
書僧書付之儀, 伊豆守殿御請取候間, 吟味之上追而
可申渡与之御事也. 扨又騎士歸國已ニ四旬ニ及候處,
年條船未差渡候而ハ, 彼國疑心も可有之候. 乍然
所務茂有之事ニ候故, 早々差渡候様ニ仕度とハ,
難申上候得共, 其通ニも難致置候と被仰上候へハ,

一. 7월 1일, 등성하셨다. 의례는 전과 같았다.

一. 동 4일, 곤치인이 왔다.

一. 동 5일 이른 아침, 사누키노카미님께 가셨다. 맹세서에 관해 말씀드렸더니, 드디어 쇼군께서 들으셨다고 사누키노카미님이 대답하셨다. 서계승(書契僧)에 관해 말씀드리니, 사누키노카미님이 "서승(書僧)을 기재한 문서를 이즈노카미님이 접수했으니 검토한 후 곧 말씀이 있을 것이다"라고 하셨다. 또한 "마상재인이 귀국하고 이미 40일에 이르렀는데 세견선을 아직 보내지 않으면 그 나라도 의구심이 생길 것입니다. 그렇지만 수익(所務)[113]도 있기 때문에 서둘러 도항시키고 싶다고 여쭙기 어렵지만 그대로 두기도 어렵습니다"라고 말씀드리니,

113 쇼무(所務)란 역(役)에 대한 대가이자 지속적으로 역을 수행할 수 있게끔 하사받은 비용. 따라서 보통 중세 장원제하에서는 장원 통치 대행의 대가로서 인정받은 조세 징수권을 뜻한다. 쓰시마의 경우에는 조선통교 전담이라는 역의 대가로써 막부로부터 조선과 무역을 수행할 권리를 쇼무로 인정받았다고 주장했다.

讚岐守様船渡海之儀, 御自分御勝手之爲と
申のミニ無之. 畢竟ハ　公儀ニ預リ候儀ニ候ヘハ, 早速渡海
無之而不叶事ニ候. 當年御在勤之年ニハ候得共,
御用ニ付候儀者, 各別之御事ニ候條, 近日御暇
可被下と存候, 年條船之儀, 御歸州以後, 被差渡可然と
存候. 若御暇延引ニも及候ハヽ, 其以前被差渡可然
候との趣, 被仰ル.
〃 柳川豊前地行千石之儀, 先日大河内金兵衛·伊奈半十郎江
申談候. 彌何方ヘ引渡候様ニ可仕哉と, 御尋被成候ヘハ, 讚岐守様
日外於御城中, 其沙汰有之候ヘ共, 外之御用ニ付, 未落着不致候

사누키노카미님이 "선박의 도해가 그대의 재정을 위한 것만은 아니다. 결국엔 막부가 관여하는 일이니 빨리 도해하지 않으면 안 된다. 올해가 [에도에] 재근하는 해이지만 [막부의] 용무에 관한 사안은 각별하므로, 가까운 시일 내에 귀국을 허가해 주시리라 생각된다. 세견선은 쓰시마로 돌아간 후에 파견하는 것이 좋다. 만일 귀국 허가가 늦어지게 되면 그 이전에 파견할 수 있을 것이다"라고 말씀하셨다.

〃 "야나가와 부젠의 지행(地行) 1,000석에 관해서는 이전에 [막부의 다이칸] 오코치 긴베·이나 한주로와 상담했습니다. 이제 어느 쪽으로 넘겨주는 게 좋을까요?"라고 묻자, 사누키노카미님이 "언젠가 에도성에서 그것이 언급되었지만 다른 안건 때문에 아직 결론이 나지 않았다.

金兵衛ニも病氣之由ニハ候得共, 彌被仰談可然と被仰,
扨又　光雲院様方長老·流芳院所持之書箱茂,
闕所帳ニ記之. 伊豆守殿江差出之申候書箱

之儀ハ, 以來學僧之爲ニも御座候間, 對州ニ差置
如何可有之哉と, 被仰上候得ハ, 彌其通可然候,
後日方長老被召還候儀なとも御座候ハヽ, 其節ハ
御渡も可被成儀ニ候と, 讚岐守樣御返答被成. 且
一件相濟候儀, 朝鮮江被仰遣候草案, 信使御請イ
被成候草案, 兩樣文體之儀, 如何可然候哉と,
光雲院樣御尋被成候得ハ, 其儀者御暇被下

긴베도 병에 걸렸다고 하지만 이제 논의할 수 있을 것이다"라고 하셨다. 또한, 고운인님이 "보초로·류호인이 소지했던 서한 상자도 몰수 장부에 기재되어 있습니다. 이즈노카미님에게 제출한 서한 상자는 이후 학승(學僧)을 위해서라도 쓰시마에 두는 것은 어떨지요?"라고 여쭙자, "그러면 그렇게 하라. 후일 보초로를 소환하는 일이 생기면 그때 건넬 수도 있을 것이다"라고 사누키노카미님이 대답하셨다. 또한 잇켄이 해결된 것을 조선에 알리는 초안과, 통신사를 요청하는 초안 두 건의 문체를 어떻게 하면 좋을지 고운인님이 여쭙자, "그 일은 [쓰시마로] 귀국을 허가하셨을 때

候節, 可被仰出候. 此節各中ヘ被仰聞候儀ハ, 先
御無用ニ被成可然候. 扨又御暇被下候節, 御自分
思召之儀, 御尋被遊候事も, 有之候間, 御返答
被仰上樣, 兼而御思慮被置可然候, 其外御用之
事者, 御登　城候而, 各中江御相談御濟被成
可然候と, 讚岐守樣御返答被成ル.

〃 同日晝, 牧野傳藏樣爲　上使御出. 御鷹之雲
雀御拜領被仰付. 爲御禮, 卽日御登　城.

一. 同六日, 御普[114]代之衆,　御城江被召, 金銀拜借被
仰付之旨, 被仰出ル.

지시하겠다. 이번에 로주들에게 묻는 것은 쓸데없는 일이다. 또한 귀국 허가를 내리실 때 그대의 생각을 물으실 수도 있으니 답변할 수 있도록 미리 생각해 두는 것이 좋다. 그 외의 용무는 등성해서 로주들과 상담해서 처리하면 된다"라고 사누키노카미님이 이르셨다.

〃 같은 날 낮, 마키노 덴조(牧野傳藏)님이 조시(上使)로서 오셔서 매사냥으로 잡은 종다리(雲雀)를 받으라 하셨다. 감사 인사드리러 당일 등성했다.

一. 동 6일, 후다이들이 성으로 소집되어, 금은을 빌려주신다고 분부하셨다.

一. 同七日, 御登　城.
一. 同九日, 土井遠江守樣江, 伊豆守樣御息女, 御緣組
相濟, 爲御悦御出被成ル.
一. 同十日, 松平陸奧守樣江, 爲御見廻, 佐護助左衛門
奧州江被遣.
一. 同十一日, 大炊頭樣江御出被成候處, 書契役僧之儀,
達　上聞候得ハ, 御自分願之通, 可被仰付候趣ニ候.
誓旨之儀も各別之願之筋ニ候故, 御思慮被遊,
追而可被仰出之との御事ニ候と, 大炊頭樣被仰ル.
年條船渡海之事, 何とそ被仰付被下候樣ニと,

114 '후다이(譜代)'로 써야 하는데 普는 '譜'의 오기로 보인다.

一. 동 7일, 등성하셨다.

一. 동 9일, 도이 도토미노카미님께 이즈노카미님의 따님과 혼사 맺은 것을 축하하러 가셨다.

一. 동 10일, 마쓰다이라 무쓰노카미(松平陸奧守)[115]님께 문안드리러 사고 스케자에몬을 오슈(奧州)[116]로 보내셨다.

一. 동 11일, 오이노카미님께 가셨더니, "서계역승(書契役僧)의 건을 쇼군께 말씀드리니 그대가 원하는 대로 하라고 분부하셨고, 맹세서의 건도 특별한 바람이니 숙고해서 곧 명을 내리겠다고 하셨다"고 말씀하셨다. 세견선 도해 건을 아무쪼록 결정해 주시기 바란다고

被仰上候得ハ, 大炊頭様其段尤ニ候. 扨又信使來聘
之儀, 彌相違無之様ニと存候. 其儀者太閤御征伐
以來, 兩國交通及中終候節, 早々來聘有之可
然候, 左無之候ハヽ, 人數被差向, 御征伐可被遊与之
〃 權現様思召ニ有之たる事ニ候. 乍然豊前·七右衛門
仕方のことく, 種々ニ計略ヲ被用候儀者, 不可然候.
殊更彼國之儀ハ, 明國之幕下と承及候得者,
兎角好キ様ニ御取扱イ, 早々信使來聘有之
様ニと存候与, 被仰ル.
〃 卽晩大炊頭様·讚岐守様ゟ御奉書來ル.

---

115 다테 마사무네(伊達政宗, 1567~1636). 데와노쿠니(出羽國, 야마가타현)와 무쓰노쿠니(陸奧國)를 지배한 다이묘. 근세 다이묘로는 센다이번의 초대 번주.

116 무쓰노쿠니(陸奧國)의 별칭. 현재의 후쿠시마(福島)·미야기(宮城)·이와테(岩手)·아오모리(青森)의 4개 현과 아키타현(秋田縣)의 일부에 해당.

말씀드리니, 오이노카미님이 "물론이다. 또한 통신사 내빙은 틀림이 없어야 한다. 그 일은 다이코(太閤: 히데요시)의 조선 정벌 이래 양국 국교가 중단되었을 때 조속히 내빙이 있어야 했다. 그렇지 않으면 사람들을 보내 정벌을 하겠다고

〃 곤겐님이 생각하셨다. 그렇지만 부젠과 시치에몬이 그랬듯이 다양한 계략을 이용해서는 안 된다. 특히 그 나라는 명나라의 막하에 있다고 들었으니 어쨌든 좋게 처리해서 서둘러 통신사가 내빙하게 해야 할 것이다"라고 말씀하셨다.

〃 그날 밤, 오이노카미님·사누키노카미님에게서 봉서가 왔다.

其書ニ

御用之事候之間, 明日四ツ時分, 可有御登　城候, 恐々

謹言

七月十一日　　　　　土井大炊頭

　　　　　　　　　　酒井讃岐守

宗對馬守殿

一. 同十二日, 御登　城, 御前江被爲召, 御直ニ御諚被遊候ハ,

使船渡海之儀, 此節差渡可然, 被思召上候, 依之

御暇被成下候. 早々歸州仕り, 朝鮮之事差圖可然候.

奉窺　上意儀, 於有之ハ, 書付を以可申上候と

그 봉서에

용무가 있어 내일 오전 10시 무렵에 등성할 것입니다. 삼가 줄입니다.

7월 11일　　　　　도이 오이노카미

　　　　　　　　　사카이 사누키노카미

소 쓰시마노카미님

一. 동 12일, 등성해서 쇼군께서 불러 직접 말씀하시기를 "사선(使船) 도해는 지금 도항하게 함이 적절하다. 이에 귀국을 허가하니 조속히 쓰시마로 돌아가 조선 통교를 지휘하라. 내 뜻을 물을 일이 있다면 문서로 아뢰도록 하라"고

有之節, 掃部頭樣對馬守不思議之御暇被下置而,
殊ニ存寄之儀申上候樣ニ被仰付, 難有奉存候与之御取
合被仰上ル.　御前御退出被成, 於御書院大炊頭樣·
讚岐守樣, 首尾能御暇御拜領之御悅被仰ル. 扨又
被蒙仰候通, 朝鮮向之儀ニ付, 御窺被成度儀, 御座
候者, 書付ヲ以被仰上可然候趣, 被仰ル
〃 同卽夜, 松平大隅守樣御館ゟ失火.
一. 同十三日朝, 昨夜之火事ニ付, 爲御機嫌窺, 諸
大名樣方御登　城,　光雲院樣ニ茂御出仕, 御奏者
番江御對面, 御退出

하셨다. 가몬노카미님이 쓰시마노카미가 예외적인 귀국 허가를 받았으니 느낀 점을 말하라고 하셔서 감사히 여긴다고 말씀드렸다. 쇼군 앞에서 물러나 서원에서 오이노카미님·사누키노카미님이 순조롭게 귀국 허가를 받은 것을 축하한다고 하셨다. 또한 명을 받은 대로 조선과 관련되어 문의드릴 사안이 생기면 문서로 아뢰라고 하셨다.

〃 같은 날 밤, 마쓰다이라 오스미노카미(松平大隅守)[117]님 댁에 불이 났다.

一. 동 13일 아침, 어젯밤 화재와 관련하여 안부를 여쭙기 위해 다이묘들이 등성했다. 고운인님도 출사하셔서 소샤반을 대면하고 물러나왔다.

---

117 마쓰다이라 시게노리(松平重則, 1580~1642). 마쓰다이라 시게카쓰(松平重勝)의 3남. 도쿠가와 히데타다를 섬겼으며, 세키가하라 전투와 오사카 전투에 출진했다. 1633년 가즈사 하쿠슈번(百首藩) 1만 5천 석 다이묘가 되었다. (『日本人名大辭典』)

〃 同卽畫, 昨日被蒙仰候ニよつて, 條々之御書付,
御城江御持參被成. 大炊頭様·讃岐守様江, 被入御目見,
其內數ヶ條者, 御省キ被成可然趣, 御兩人様被仰.
其餘之ヶ條, 永喜老被致書載之, 御兩人様ゟ御渡
被成候而, 此通清書, 明日　御城江御持參候様ニと,
被仰ル. 扨又御老中様金地院御呼出被成候而, 五山
碩學之內, 書契役可相勤候僧衆御尋ニ候, 金地院
碩學之內十人書付之, 被差出之.
一. 同十四日, 御登　城. 被蒙仰候條々之淸書幷御誓旨,
大炊頭様·讃岐守様江被入御覽候處, 永喜老江

〃 같은 날 낮, 어제 말씀하신 바에 따라 조목을 적은 문서를 성에 가지고 가셨다. 오이노카미님·사누키노카미님께 보여 드리니, 그중 몇 개는 삭제하는 것이 좋다고 두 분이 말씀하셨다. 그 나머지 조목은 에이키님이 쓰시고, 두 분이 건네시면서 이대로 정서하여 내일 성으로 가져오라고 하셨다. 또한, 로주님들이 곤치인을 불러 고잔의 석학 중 서계역(書契役)으로 일할 승려들을 물으셨다. 곤치인이 석학 중 10명을 써서 제출했다.

一. 동 14일, 등성하셨다. 하명하신 조목들을 정서한 것과 맹세서를 오이노카미님·사누키노카미님에게 보여 드렸더니 에이키님에게

御爲讀被成. 御兩人様書面好候と, 御相揆被成. 乍然
誓旨之中, 先神文ハ御省キ, 案文斗御調, ヶ條之
書付同然ニ, 永喜宿所江被遣候様ニ, 重而何茂一覽
之後, 各中ゟ致差圖候様ニ可致与, 被仰候得ハ, 訴狀
等之儀者, 私方ニ御預り申上候格ニ御座候へ共, ヶ様之

書物御預り申候儀, 遠慮ニ存候と, 永喜老御相拶
被致ル.

一. 同十五日, 古川右馬助を以, ヶ條之御書物幷誓旨之案文, 大炊頭樣へ被差上之.

一. 同十六日, 酒井讚岐守樣江御出被成ル. 丹羽五郎左衛門樣御
招請ニ付, 御對面無之, 御歸宅.

읽게 하셨다. 두 분은 서면이 좋다고 하셨다. 하지만 "맹세서에서 먼저 신문(神文)은 삭제하고 안문(案文)만 기재해서 개조(箇條) 문서와 마찬가지로 에이키의 숙소로 보내고, 거듭 모두 일람한 후에 로주들이 지시할 것이다"라고 하셨고, "소장(訴狀) 등은 제가 담당하는 것이 격식이지만 이러한 문서를 맡는 것은 사양하고자 합니다"라고 에이키님이 답하셨다.

一. 동 15일, 후루카와 우마노스케를 통해 개조로 된 문서 및 맹세서의 안문을 오이노카미님께 제출했다.

一. 동 16일, 사카이 사누키노카미님께 가셨다. 니와 고로자에몬(丹羽五郎左衛門)님 초청으로 대면하지 못하고 돌아왔다.

一. 同十七日朝, 御用有之ニ付, 御登　城被成候樣ニと,
大炊頭樣ゟ申來候故, 則御出仕被成候得ハ, 大炊頭樣·
讚岐守樣被仰候ハ, 條々之趣委曲達　上聞候.
就夫被仰出之趣有之, 其段爲可申達, 御出仕
被成. 掃部頭樣も御出座, 一ヶ條々々ごとに
上意之趣ヲ被仰渡ル. 凡十ヶ條被讀終候時,
上意之趣御記憶候哉と, 御尋被成候ニ付, 御聞
通り被成候趣ヲ, 一々被仰上候得ハ, 御老中樣方
其趣ヲ御書載被置, 後日之考證ニ被成可然と,

一. 동 17일 아침, 용무가 있으니 등성하라는 오이노카미님의 전갈이 왔다. 곧바로 출사하시니 오이노카미님 · 사누키노카미님이 말씀하시기를 "조목들을 자세히 쇼군께 보고드렸다. 그와 관련해 분부하신 사안이 있어 그것을 전달하기 위해 출사했다. 가몬노카미님도 참여하시어 조목 하나하나별로 쇼군의 뜻을 전하셨다. 대략 10개조의 낭독을 마쳤을 때 쇼군의 뜻을 기억하는지 물으셔서, 처음부터 끝까지 들은 내용을 하나하나 말씀올렸더니 로주님들이 그 내용을 문서로 작성해 두고 후일의 고증으로 삼아야 한다"고

被仰候ニ付, 傳内殿江御預御書載被成, 御老中樣方へ
被入御披見, 相濟而御渡被成ル. 左記之

條々之書付

一. 朝鮮返翰草案相認候學僧之事

右　公儀ゟ可被仰付与之御事也.

一. 一件相濟候儀, 朝鮮江申遣候書稿, 何分ニ相認
候樣ニ, 可仕哉之事

右存寄之通書付之, 老中江差出之候樣ニ与之
御事也.

一. 信使來聘, 朝鮮江告候儀, 何分ニ可申遣哉之事

하셨다. 이에 덴나이(傳內)님에게 기록하여 로주님들에게 보여 드렸고, 그 후 건네주셨다. 아래에 기록한다.

조목 문서

一. 조선에의 회답서한 초안을 작성하는 학승(學僧).

위는 막부가 지시할 것이다.

一. 잇켄이 해결되었음을 조선으로 보내는 문서를 어떻게 작성하면 좋은가.

위는 생각대로 문서를 만들어 로주에게 제출한다.

一. 통신사 내빙을 조선에 어떤 식으로 전하면 좋은가.

　右其方存寄之通書付之, 差上候様ニ与之御事也.
一. 柳川豊前送使船三四年以來, 捨置不差渡候.
朝鮮國ゟ豊前江被授候印判, 豊前江賜候衣冠,
對州ニ有之候. 朝鮮江可送返候哉之事. 附流芳院
送使幷印判之事
　右言上候ことく, 朝鮮江返遣之候様ニ与之御事也.
一. 朝鮮國ゟ方長老江被送給候印判·送使船, 如何可仕
哉之事
　右同所
一. 柳川豊前守之千石, 誰氏江可相渡候哉之事

　위는 그쪽 생각대로 문서를 만들어 제출하라.

一. 야나가와 부젠 송사선을 3, 4년 이래 버려 두고 도항하지 않았다. 조선이 부젠에게 수여한 도장(印判)[118]과 부젠에게 사여한 의관(衣冠)이 쓰시마에 있다. 조선으로 돌려보내는 게 좋은가. 또한 류호인 송사와 도장 처리의 건.

　위는 말한 것처럼 조선으로 돌려보낸다.

一. 조선이 보초로에게 수여한 도장과 송사선은 어떻게 해야 하는가.

　위와 동일.

一. 야나가와 부젠노카미의 1,000석은 누구에게 양도하는가.

118 조일외교에서 활약한 자들이 조선정부로부터 그 공로를 인정받아, 수직인(受職人) 혹은 수도서인(受圖書人)이 되면서(또는 그 권리를 계승하면서) 조선으로부터 받은 관복(冠服)과 도서(圖書, 도장)를 말한다. 뒤에 나오는 '의관과 도장'도 이것을 말한다.

右其方在江戶中, 御差圖可被仰渡与之御事也.

一. 對州ニ在之豊前宿所, 其外闕所被仰付候家財,

何人江相渡可申哉之事

右同所

一. 方長老·流芳院闕所之書箱, 其寺ニ附置候様ニ

仕度事

右御差圖ニ而, 他人江可相渡与之御事也.

一. 武具其外不依何品, 朝鮮江差渡候儀, 御制禁

之物, 其品被仰渡可被下候之事

右先以前之格ヲ可相守候, 存寄之儀, 有之候ハヽ,

위는 그대가 에도에 있을 동안 막부가 지시할 것이다.

一. 쓰시마에 있는 부젠의 숙소와 그밖에 몰수 대상 가산은 누구에게 넘기는가.

위와 동일.

一. 보초로·류호인에게서 몰수한 서한 상자을 그 절에 두고자 하는 건.

위는 지시한 바에 따라 타인에게 넘기도록 한다.

一. 무구(武具), 그 외에 종류를 불문하고 조선에 건네서는 안 되는 금지품은 그 내역을 지시해 주실 것.

위는 우선 이전의 격식을 지키고, 의견이 있으면

追而言上仕候様ニ与之御事也

一. 今度朝鮮騎士率來候馬四疋獻上之儀, 如何可仕

哉之事

右伊豆守·加賀守令差圖之候与之御事也

〃 右之通被仰出之旨, 相濟候後, 此度一件朝鮮江
被仰越候趣, 案書御調被差出候樣ニと, 御老中樣
方被仰ル. 相濟御退出.

一. 同十九日, 一件之儀, 朝鮮江被仰遣候次第, ヶ條書ニ御調,
御城江御持參被成. 大炊頭樣·讚岐守樣ニハ, 御用
有之ニ付, 掃部頭樣江被入御披見, 道春老·永喜老

곧 보고한다.

一. 이번에 조선의 마상재 일행이 끌고 온 말 4필을 헌상하는 건.
위는 이즈노카미·가가노카미가 지시할 것이다.

〃 위와 같이 말씀하신 내용이 전달된 후, 이번 잇켄을 조선에 알리는 문건 초안을 작성하여 제출하라는 로주님들의 말씀이 있었다. 마치고 물러났다.

一. 동 19일, 잇켄을 조선에 알리는 내용을 개조서로 작성하여 성에 가지고 갔다. 오이노카미님·사누키노카미님은 용무가 있으셔서 가몬노카미님께 보여 드렸고, 도슌님·에이키님이

讀之.

一. 同廿日, 御登　城被成候處, 　公方樣東叡山
被遊候間, 明日御出仕候樣との御事ニ而, 御退出

一. 同廿一日, 御登　城, 一件落着之儀, 朝鮮江被仰遣樣之
ヶ條書, 掃部頭樣·大炊頭樣·讚岐守樣江, 一同被入御披見
候得ハ, 各中樣何茂尤ニ思召候間, 和文ニ御認, 明日
御城江御持參候樣ニ, 其節各中存寄可申談候と,
被仰ル.

一. 同廿二日, 尾張大納言樣, 於　二丸御茶被差上之, 躍
在之ニ付, 御登　城無之.

그것을 읽으셨다.

一. 동 20일, 등성하셨더니 쇼군께서 도에이잔에 외출하시어 내일 출사하라 해서 물러났다.

一. 동 21일, 등성하셨다. 잇켄이 해결되었음을 조선에 알리는 개조서를 가몬노카미님·오이노카미님·사누키노카미님 일동이 보시고, "다 적절하니 일문으로 작성해서 내일 성으로 가져오시오. 그때 여러분들과 상의하겠다"고 하셨다.

一. 동 22일, 오와리 다이나곤(尾張大納言)님이 니노마루(二丸)[119]에서 차(茶)를 올리고 끓이는 다회(茶會)가 있어 등성하지 않았다.

一. 同廿三日, 御登　城, 一昨日御老中樣方江被入御披見候
ヶ條, 和文ニ御調御持參. 掃部頭樣·大炊頭樣·讚岐守樣江
御披見ニ被入候得ハ, 御老中樣方一件落着之儀, 彼國江
被申越樣, 彌此通可然与存候と, 被仰候時, 掃部頭樣
此通迄ニ而ハ, 對馬守勝利ヲ被得候事のミ相見候.
外ニも被申越樣も, 可有之事ニ候. 各中ゟ御差圖
被成候ハヽ, 對馬守可爲大幸与存儀ニ御座候と,
被仰候節,　光雲院樣一件之儀, 仰之通委曲彼

119 에도성의 일각. 혼마루(本丸)의 남서쪽. 1592년 창건. 쇼군이 은거한 뒤의 거소, 세자의 거소로 사용했다. 메이지 유신 후 황거(皇居)가 되었다. (『日本國語大辭典』)

國江申越候樣ニ致度候得共, 　公儀思召ヲ難奉
計候故, 存寄迄ヲ書載致候, 何とそ各中様

一. 동 23일, 등성하셨다. 이틀 전 로주님들께 보여 드린 개조서를 일문으로 작성하여 가져갔다. 가몬노카미님 · 오이노카미님 · 사누키노카미님에게 보여 드리니, 로주님들이 "잇켄의 해결을 그 나라에 알리는 것은 이대로 하면 된다"고 하셨고, 가몬노카미님이 "이대로 하면 쓰시마노카미가 승리를 얻은 것으로만 보입니다. 그밖에도 알릴 것이 있을 테니 각자 의견을 주시면 쓰시마노카미에게 큰 다행일 겁니다"라고 하셨다. 고운인님이 "분부하신 대로 잇켄의 곡절을 그 나라에 통보하고 싶지만 막부의 생각을 다 헤아릴 수 없어 제 의견만 적었습니다. 아무쪼록 로주님들이

御差圖被下候樣ニ奉願候と, 被仰上候得ハ, 讃岐守様
御國内治平候間, 朝鮮ニも可爲安心之旨, 書添之
可然候哉と, 被仰候節, 　光雲院様被仰上候ハ, 思召
之通朝鮮國存候所茂, 拙子訴事一件を
氣毒ニ被存候のミニ無之, 畢竟御國内安泰, 御隣
交無御別條樣ニと, 被存候所, 主意ニ御座候と,
被仰上候得ハ, 掃部頭様, 各中ニも此儀早速ニハ差圖も
難致事ニ候間, 此和文先永喜被預リ置之候樣ニと,
被仰候時, 御老中様方ニも, 掃部頭殿被申候ことく,
兎角閑暇之節重而申談, 差圖可致与之御事ニ而,

의견을 주시기 바랍니다"라고 아뢰자, 사누키노카미님이 "나라 안의 다스림이 태평하니 조선도 안심하라는 내용을 추가로 써 넣으면 좋지 않겠는가?"라고 하셨다. 고운인님이

"말씀하신 대로 조선이 생각하는 바도, 저의 송사(訟事)를 안타깝게 여길 뿐 아니라 필경 [일본] 국내가 태평을 이루고 이웃 나라와의 통교에 문제가 없기를 바랄 거라는 것이 주안점입니다"라고 했다. 가몬노카미님이 "로주들도 그것에 관해 신속하게 의견을 내기 어려우니 이 일문은 우선 에이키에게 맡기도록 하라"고 말씀하셨을 때, 로주님들도 "가몬노카미님이 말했듯이 어쨌든 한가할 때 거듭 논의하여 지시하겠다"고 하셔서

御退出.

一. 同廿六日, 酒井讃岐守様御館江御出被成. 讃岐守様先日被仰聞候御妹御婚姻之事, 御帳面ニ爲記置之候間, 可爲御安心と, 被仰候ニ付, 先日使者を以, 私妹婚姻之事申上候處, 御厚意之段忝存候. 早速縁組相濟申度与之儀ニハ無之候得共, 御暇被下, 遠國江罷越候ニ付, 御次手ニ御上聞ニも被達被下候様ニと, 存候故ニ御座候. 殊ニ妹儀, 一旦豊前江嫁之候者之事ニ候得ハ, 婚姻之儀　公儀江申上候も, 如何ニハ奉存候得共, 萬石以上之婚姻者,　公儀江御窺

물러나왔다.

一. 동 26일, 사카이 사누키노카미님 댁에 가셨다. 사누키노카미님이 "이전에 들었던 여동생의 혼인은 문서에 적어 두게 했으니 안심하라"고 하셔서, "이전에 사자를 통해 제 여동생의 혼인에 관해 말씀드렸는데 후의에 감사드립니다. 서둘러 혼담을 성사시키려는 건 아니지만 참근을 쉬게 해 주셔서 먼 지방에 가는 것이니, 이참에 쇼군께도 말씀드려 주셨으면 합니다. 특히 여동생은 부젠과 한번 결혼했던 사람이라 혼인을 막부에 보고하는 것이 적절하지 않다고 생각했지만, 만 석 이상의 혼인은 막부에 보고하라고

可申上之旨, 被仰出置候ニ付, 右之趣各中樣迄兼而
申上置以來, 相應之人有之節, 緣組之儀重而
奉願覺悟ニ御座候と, 被仰上候得ハ,
讚岐守樣御妹之儀, 麁末之人ニ御緣組可被成樣無之事ニ候, とくと
御見合御濟可然事ニ候. 殊ニ豊前一件以前, 離
別之儀ニ候得ハ, 別而御妹ニ相碍リ申事ハ, 無之事ニ候.
乍然此節ハ少々被差延, 幷御參勤之節, 被仰上
可然存事ニ候, 御用ニ付, 來年も御在州候ハヽ,
御書中ニ而可被仰聞候, 隨分御肝入可申候. 扨又
先日御見セ被成候御誓旨之草稿, 各中差圖

명하셨기에, 위의 내용을 로주님들께 전에 말씀드린 이래로 적당한 사람이 있으면 결혼시킬 것을 거듭 청원할 각오로 있습니다"라고 말씀드리자, 사누키노카미님이 "여동생이 변변치 않은 사람과 결혼하는 일은 없을 것이다. 잘 살펴본 후에 정해야 한다. 특히 부젠 잇켄이 발생하기 전에 이혼했으니, 특별히 여동생에게 장애가 될 것은 없다. 그렇지만 이번에는 다소 연기가 되어 참근할 때 말씀드려야 한다. 공무로 인해 내년에도 쓰시마에 머물게 되면 문서로 아뢰어야 하니 상당히 신경 써야 한다. 또한 앞서 보여 준 맹세서의 초고는 로주들의 지시가

可有之候條, 其通ニ被成可然候と, 被仰ル. 光雲院樣被
仰上候ハ, 扨兼々申上置候書契相調候當役之儀,
何とそ早々被仰付被下候樣ニと存候, 當役之人
御究被下候ても, 旅行之用意何角ニ付, 少々者
手間も取申事ニ御座候間, 何とそ一日も早々

被仰付被下, 拙子同道對州江罷越候様ニ, 致度
与之趣, 被仰上ル. 讃岐守様被仰候ハ, 五山碩學之內
兩人有之. 只今吟味致候間, 近日內相定候様ニ
可致との御相拶ニ付, 光雲院様被仰上候者,
書役之儀, 相國寺晫長老ニ可被仰付様ニ, 御沙汰有之由,

있으니 그대로 따르라"고 하셨다. 고운인님이 "또한 전부터 말씀드린 서계를 작성할 담당자를 아무쪼록 조속히 정해 주십시오. 담당자를 정해 주시더라도 여행 준비며 이런 저런 이유로 조금은 시간이 걸리게 되니, 아무쪼록 하루라도 빨리 정해 주시어 저와 함께 쓰시마에 갔으면 합니다"라고 말씀드렸다. 사누키노카미님이 말씀하시기를, 고잔의 석학 중에 두 사람이 있어 지금 검토 중이니 가까운 시일 내에 정한다고 답하셨다. 고운인님이 "서역에 쇼코쿠지(相國寺)의 다쿠초로(晫長老)[120]가 임명될 거라는 소문을

金地院物語被致候. 晫長老ニハ, 私少々俗緣之譯も
御座候ニ付, 遠慮ニ存候与之趣, 被仰上候得ハ, 讃州様
晫長老ニハ, 文才勝レ候様ニ承及候与, 御返答被成候ニ付,
光雲院様五山碩學之儀者, 彌金地院江被仰談
被下候様ニと存候. 左無之候ハヽ, 御前侍候之
御學者衆と懇意ニ候人ヲ, 被仰付被下候ハヽ,
可爲大幸候. たとひ御差圖無之人ニ而茂,

120 긴슈쿠 겐타쿠(昕叔顯晫). 교토 쇼코쿠지(相國寺)의 주지.

金地院なと申談, 相應なる人有之候ハヽ, 苦かる
間敷候哉, 扨又朝鮮筋之事, 存候者有之節,
書役之人江書契御用向之儀, 內所爲申談候樣ニ

곤치인이 언급했습니다. 다쿠초로는 저도 다소간 속세의 연이 있어서 사양하고 싶습니다"라고 말씀드리자, 사누키노카미님이 "다쿠초로는 문재가 뛰어나다고 들었다"라고 답변하셨다. 고운인님이 "고잔 석학은 이제 곤치인에게 명하여 주십시오. 아니면 쇼군을 모시는 학자들과 친밀한 사람으로 정해 주시면 다행입니다. 가령 정해 주신 사람이 아니더라도 곤치인 등이 알아봐서 적합한 사람이 있으면 관계없을까요? 또한 조선 관계에 관해 아는 사람이 있다면 서역을 맡는 사람에게 서계 업무에 관해 내밀히 이야기하도록

致候儀者, 如何可有之哉と, 被仰上候得ハ, 讃岐守樣被
仰聞候趣承届候. 乍然朝鮮筋之儀存候人, 外ニ者
有之間敷樣ニ存候と, 被仰候ニ付, 光雲院樣被仰上候ハ,
方長老ニ隨侍致來リ候僧二三人も有之候. ヶ樣之
僧ニ而も書役之人ヘ付, 苦借ル間敷候哉. 豊前扶持
仕置候僧之內ニも, 邵首座と申僧有之候. 只今
京都ニ罷有由ニ候, 若拙子歸州之節, 召連之樣ニ
なとハ, 罷成間敷候哉と, 被仰上候得ハ, 彌其通苦
借ル間敷候趣, 讃岐守樣被仰ル.
一. 同廿七日, 御用之儀有之ニ付, 明日出仕御免被遊

하는 것은 어떨까요?"라고 말씀드리니, 사누키노카미님이 "말한 바는 잘 이해했다. 그

렇지만 조선 관계를 알고 있는 사람 외에는 있을 수 없다고 생각한다"고 하셔서, 고운인 님이 "보초로를 수행해 온 승려가 2, 3명 있습니다. 그런 승려가 서역을 맡아도 관계없을까요? 부젠이 데리고 있던 승려 중에 쇼슈소라는 자가 있습니다. 지금 교토에 있다고 합니다. 만일 제가 쓰시마로 돌아가는 길에 데려가면 안 될까요?" 하고 말씀드리니, 그렇게 해도 상관없다고 사누키노카미님이 말씀하셨다.

一. 동 27일, 용무가 있어 내일 출사하지 않는다고

之旨, 大炊頭様ゟ御觸狀來ル.

一. 同廿八日, 御登　城無之.

一. 八月朔日, 御登　城, 御儀式如例.

一. 同二日, 松倉長門守様江御出, 御料理有之候處,

大炊頭様ゟ御使者, 御奉書來ル.

其書

明日御船ニ而川口江被爲成候. 御供今度被仰付候,

大船可致見物之旨,　上意ニ候. 左様ニ候ハヽ, 五ツ時分

自分向井將監所迄, 御出御待合尤ニ候. 恐々

謹言

오이노카미님의 공문이 왔다.

一. 동 28일, 등성하지 않으셨다.

一. 8월 1일, 등성하셨다. 의식은 전례와 같았다.

一. 동 2일, 마쓰쿠라 나가토노카미(松倉長門守)님께 가셨다. 요리가 제공되었는데, 오이노카미님이 사자를 통해 봉서를 보내셨다.

그 봉서에

내일 [쇼군께서] 배로 강어귀까지 나가십니다. 이번에 참가하십시오. 대선(大船)을 구경하라는 쇼군의 뜻입니다. 그러니 오전 8시 무렵 무카이 쇼겐(向井將監)에게 가서 기다리십시오. 삼가 줄입니다.

猶以船中之事ニ候間, 羽折ニ而御出可然候. 以上

八月二日　　堀田加賀守

阿部豊後守

松平伊豆守

酒井讚岐守

土井大炊頭

宗對馬守殿

大炊頭様御奉書之上ニ, 御書添被成候者,

爲御內證申入候, 羽織·帷子ニ, 少々氣のつきたるヲ,

御めし可然候. 併金銀之入たるハ, 必御無用ニ御座候.

또한 선중(船中)의 일이므로 하오리(羽織)[121]를 착용하고 오십시오. 이상

8월 2일　　홋타 가가노카미(堀田加賀守)

아베 분고노카미(阿部豊後守)

마쓰다이라 이즈노카미(松平伊豆守)

사카이 사누키노카미(酒井讚岐守)

도이 오이노카미(土井大炊頭)

소 쓰시마노카미(宗對馬守)님

121 상의 겉옷.

오이노카미님이 봉서 위에 부기하셨다. '내밀히 전합니다. 하오리 · 가타비라(帷子)[122]는 약간 신경을 쓴 것을 착용하되 반드시 금은이 들어갈 필요는 없습니다.'

右御奉書來候ニ付, 長門守樣江御斷被仰, 則大炊頭樣·讃岐守樣御館江御出, 直ニ御登　城. 亥刻ニ及, 御歸宅被成ル.

一. 同三日早朝, 向井將監樣江御出被成. 御衣裳濃藍染, 御帷子藍染, 繻子御袴, 八條島御羽織被召之. 御船江御參被成候節, 御衣裳御改, 御布上下淺黃小紋, 御帷子白地四目結·蛇の目·裏菊, 萌黃の絲ニ而縫有之, 御羽織ハ右同然也,　公方樣御船三階の樓上ニ被遊御座. 諸御大名樣方廻リ緣ニ而, 御拜禮被成, 一階目の樓ニ而, 御料理被下之. 大炊頭樣·讃岐守樣

위의 봉서가 와서 나가토노카미님에게 미리 말씀드리고 곧바로 오이노카미님 · 사누키노카미님 댁에 갔다가 바로 등성하셨다. 해시(亥刻)[123]가 되어 귀가하셨다.

一. 3일 이른 아침, 무카이 쇼겐(向井將監)님에게 가셨다. 의상은 짙은 남색, 가타비라는 남색, 공단(繻子)[124]으로 된 하카마,[125] 하치조지마(八條島)의 하오리를 입으셨다. 배로 가셨을 때 옷을 갈아입어, 무명의 상하의는 옅은 황색에 작은 문양, 가타비라는 흰 천에

122 속을 대지 않은 의복의 총칭. 생견(生絹)이나 마로 만든 여름용 한 겹짜리 옷.

123 밤 9시~11시.

124 수자(繻子)는 공단, 새틴.

125 하카마(袴)는 하의의 총칭. 상의로 하오리와 하카마 착용은 정식 복장을 의미한다.

요쓰메유이(四目結)[126] 무늬, 자노메(蛇の目)[127] 무늬, 우라기쿠(裏菊)[128] 무늬가 있고 연두색 실로 재봉된 것이다. 하오리는 위와 같았다. 쇼군께서는 배 3층의 누각에 계셨다. 여러 다이묘들은 가장자리에서 배례했다. 누각의 1층에서 요리를 내리셨다. 오이노카미님·사누키노카미님이

御出座ニ而, 御前ニおいて御料理可被下之候得共, 諸
大名安座被致候様ニと, 被思召上候ニ付, 態と出御
不被遊候. 何も緩々と遊, 宴被仕候様ニ与之　上意之趣,
被仰渡ル. 御料理相濟, 諸大名様方御樓上江
御召, 御土器出ル. 酒二行之後, 座位格式有之, 御酒
興無之, 被思召上候間, 列座被仕候様ニと,　上意有之.
御衆中様江御土器被下之. 拍子五番有之. 亂酒ニ
成リ, 御大名様方御謠有之. 松平肥前守様·

126 메유이(目結, 사각형 안에 점을 넣은 문양) 네 개를 정사각형 또는 마름모꼴로 나열하여 도안화(圖案化)한 것.

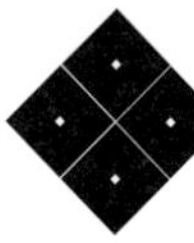

요쓰메유이(四つ目結)의 일례
[デジタル大辭泉(japanknowledge.com)].

127 뱀의 눈. 뱀의 눈처럼 굵은 원형의 도형(圖形).

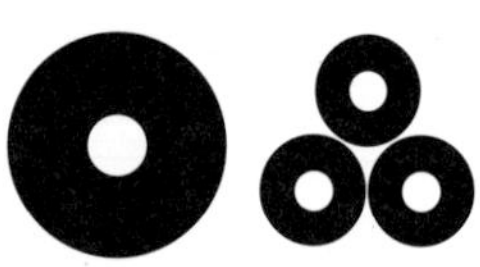

자노메(蛇の目)의 일례
[デジタル大辭泉(japanknowledge.com)].

128 국화꽃을 뒤에서 본 형태의 도안. 가문(家紋), 의복, 갑옷의 장식용 금구(金具)로 사용한다.

우라기쿠(裏菊)의 일례
(ko.m.wikipedia.org/wiki)

細川越中守様·松平越前守様·松平新太郎様·
松平阿岐守様, 何茂御舞有之. 松平伊豫守様·

나오셔서 "쇼군이 계신 곳에서 요리를 내리셔야 하지만 여러 다이묘들이 편하게 있어야 한다고 생각하셔서 일부러 [1층으로] 오지 않으셨다. 모두들 천천히 놀며 연회를 즐기기 바란다"고 쇼군의 뜻을 전하셨다. 요리가 끝나고 여러 다이묘들을 누각에 불러서 토기(土器)를 내리셨다. 술이 두 차례 반복된[129] 후, 자리 순서에 격식이 있어 주흥(酒興)이 없어진다고 생각하신 쇼군께서 늘어앉으라고 하시고 여러 사람에게 토기를 내리셨다. 효시(拍子)[130] 오번(五番)이 연주되었다. 어지러운 음주가 되었고 다이묘들이 노래를 불렀다. 마쓰다이라 히젠노카미(松平肥前守)님·호소카와 엣추노카미(細川越中守)님·마쓰다이라 에치젠노카미(松平越前守)님·마쓰다이라 신타로(松平新太郎)님·마쓰다이라 아키노카미(松平阿岐守)님 모두가 춤을 추셨다. 마쓰다이라 이요노카미(松平伊豫守)님·

松平越後守様·松平出羽守様, 御伴拍子ニ而, 御國風之
小舞御舞被成. 福島信濃守様, 御國風之例古
節御歌イ, 松平長門守様御小謠御歌イ被成.
御酒數遍ニ及候時, 何茂能御酒被給候与之
上意ニ而　還御, 御大名様方何も御退出.
一. 同四日巳之刻, 御登　城, 於奥御座, 此度御暇
被下之譯, 幷朝鮮之儀一件落着之事共,

---

129 원문의 '二行'은 '후타유쿠(ふたゆく)' 즉 '두 번 가다, 두 번 반복하다'로 번역했다.

130 1. 가구라(神樂), 사이바라(催馬樂), 아즈마아소비(東遊) 등 아악(雅樂)에서 사용하는 악기의 하나. 2. 노가쿠(能樂) 등에서 사용하는 악기, 후에(笛)·고쓰즈미(小鼓)·오쓰즈미(大鼓)·다이코(太鼓)를 욘뵤시(四拍子)라고 한다.

御直御熟意之御諚被遊, 於御次之間, 御帷子
御單衣, 御銀御拜領. 御前江御出, 御禮被仰上,
御退出. 掃部頭様·讃岐守様与, 朝鮮其外

마쓰다이라 에치고노카미(松平越後守)님·마쓰다이라 데와노카미(松平出羽守)님은 반박자로 그 지방 특유의 고마이(小舞)[131]를 추셨다. 후쿠시마 시나노노카미(福島信濃守)님은 그 지방의 오래된 노래를 부르셨고, 마쓰다이라 나가토노카미님은 고우타(小謠)를 부르셨다. 술을 여러 번 마셨을 때, 모두들 술을 잘 먹었다고 하시고 쇼군께서 돌아가셨고 다이묘들도 모두 물러났다.

一. 동 4일, 사시(巳刻)에 등성하셨다. 오쿠고자(奥御座)[132]에서 이번에 귀국을 허가해 주신 이유, 조선의 일이 해결된 것에 관해 직접 숙의하셔서 말씀하셨고, 쓰기노마(次之間)[133]에서 가타비라·홑겹 옷·은을 받았다. 어전에 나아가 감사 인사를 올리고 물러났다. 가몬노카미님·사누키노카미님과 조선 및 그 밖의

御用向之儀共, 御相談被成. 扨又一件落着之儀, 朝鮮へ
被仰越候草案和文, 御老中様御改削, 御渡被成ル.
和文
近年豊前企不義, 主従之道をもちかへ, 其上
朝鮮通用之儀共, 色々申上候ニ付而, 舊冬以來
爲御穿鑿, 毎年送使渡海被相留候而, 三月

131 1. 교겐(狂言) 중의 연석(宴席)에서 추는 짧은 춤. 2. 교겐의 배우가 분장을 하지 않은 채 추는 짧은 춤.

132 1. 오쿠고자쇼(奥御座所)는 오오쿠(大奥). 2. 오쿠자(奥座)는 상위자, 주인 등이 앉는 자리.

133 주군이나 귀인의 거실 다음에 마련된 공간. 신하나 가신이 대기하는 방. 여기에서는 에도성의 일실(一室).

十一日於江戶　御城, 其御沙汰之處, 萬端御明白ニ
被仰付候之故, 拙子無誤之通, 被聞召分島をも
安堵仕候. 殊ニ朝鮮裁判之儀, 如前々被仰出候.
然者豊前儀, 朝鮮取睦ニ付, 中途ニ而私非法

용무에 관해 상담하셨다. 또한 잇켄이 해결되었음을 조선에 알리는 문서 초안의 일문을 로주님들이 개삭하여 건네주셨다.

일문

최근 부젠이 꾀한 불의는 주종의 도리도 어기고 조선 통교에 관해서도 여러 가지로 말씀 올렸기에, 지난 겨울 이래 조사를 했고 매년 가던 송사(送使)의 도해도 중지했습니다. 3월 11일 에도성에서 그것을 재판하여 모든 것을 명백하게 명하신 결과, 저에게는 잘못이 없으니 이전처럼 섬을 지배하게 하셨고 특히 조선 교섭을 이전처럼 지시하셨습니다. 부젠은 조선과 친하게 지내며 중간에서 사적으로 비법(非法)을

之儀多依有之, 被受遠流候. 次方長老·宗讚岐·
流芳院, 是又依有誤, 遠流被仰付候. 其外重科
之者, 嶋川內匠·豊前內松尾七右衛門, 被行誅罰候.
此段之委細之儀, 乘方ニ被相添, 兩使見聞候之條,
定而可申達候. 如此御穿鑿, 首尾能落着候而,
至朝鮮も相替儀無御座, 可爲御滿足与存候.
然者任舊例, 送使差渡候. 則日本朝鮮通用
之儀も, 如前々無相違樣ニ与, 被仰出候. 此上ハ朝鮮も
彌誠信之道肝要存候. 萬事期後喜候.

起請文前書之事

많이 저질러서 멀리 유배형에 처해졌습니다. 그리고 보초로·소 사누키·류호인, 이들 역시 저지른 잘못에 근거하여 유배형에 처해졌습니다. 그밖에 중벌을 받는 자로는 시마카와 다쿠미와 부젠의 수하 마쓰오 시치에몬이 사형에 처해졌습니다. 이 일의 자세한 사정은 말 타는 사람들과 함께 왔던 두 명의 역관(兩使)이 보고 들은 내용을 틀림없이 전할 것입니다. 이와 같이 엄밀하게 조사해서 좋은 결말로 끝났기에 조선으로서도 변함없이 만족하시리라 생각합니다. 그래서 관례대로 송사(送使)를 보내겠습니다. 일본과 조선의 통교도 이전처럼 틀림없이 수행하라는 분부이셨습니다. 그러하니 조선도 성신(誠信)의 도리를 중대하게 생각하여 주십시오. 만사가 기쁘기를 기원합니다.

기청문(起請文) 전서(前書)

一. 今度拙子一件, 數度御穿鑿被仰付, 殊更　殿中
被召出達　上聞. 拙子無誤通被聞召分, 如前々
島をも致安堵候樣ニ被仰出. 萬事御奉公之作法,
無相違儀, 外聞實儀, 偏御當代之御高恩与, 忝
奉存候. 冥加至極, 家之面目, 不過之候. 如此之上ハ, 拙子
式難申上候得共, 竭粉骨之忠節, 毛頭不奉存貳,
全不可奉忘其志候事.
一. 至違　公儀輩者, 一切不可申談候事.
一. 被仰出御法度以下, 相背申間敷事.
一. 日本朝鮮通用之儀ニ付, 日本之御事を大切奉

一. 이번에 저의 사건을 여러 번 조사하셨고, 특히 에도성으로 부르셔서 들으셨습니다. 저에게 잘못이 없다고 판단하셔서 이전처럼 쓰시마 지배를 계속하게 하셨습니다. 모든 일에서 막부를 섬김에 틀림이 없을 것이며, 평판과 내실이 오로지 당대의 높은 은혜 때문이니 감사히 생각합니다. 신불(神佛)의 가호가 지극하여 가문의 면목에 지나침이 없습니다. 이런 상황에 저 같은 사람이 말씀드리기 어렵지만, 뼈를 가는 충절을 다하고, 털끝만큼도 두 마음을 품지 않으며 그 뜻을 잊지 않을 것입니다.

一. 막부를 어기는 자들과는 일체 논의하지 않을 것입니다.

一. 분부하신 법도 등을 어기지 않을 것입니다.

一. 일본과 조선의 통교에서 일본을 소중히 생각하고

存知, 御爲ニ惡様ニハ, 毛頭仕間敷候. 何事ニよらす, 朝鮮ニ心ひかれ, 日本之御事を存知かへ申候而, 御うしろくらきいたすましき事. 付日本又朝鮮へ, 何茂御隱密之儀, 若承候共, 親類縁者たりといふ共, 一言も其沙汰仕ましき事.

一. 朝鮮之仕置以下, 如家業被仰付候. 重疊々御恩深罷蒙候段, 難有忝奉存候. 何様之儀も, 被仰出候之趣守, 其旨萬端速御奉公油斷仕間敷事.

右之御高恩共, 子々孫々聊忘却仕間敷候.

一言片辭挾僞心候者云々

막부에게 나쁜 일은 조금도 행하지 않겠습니다. 어떤 일이라도 조선에 마음이 이끌리고 일본을 생각하는 마음이 바뀌어서, 꺼림칙할 짓을 저지르는 일은 없을 것입니다. 또, 일본이나 조선 어느 쪽에든 막부의 정탐사가 파견되었음을 듣게 되어도, 친척이나 집안사람이라 하더라도 한 마디도 발설하지 않을 것입니다.

一. 조선의 단속 등을 가업(家業)처럼 수행하라는 명을 받았습니다. 거듭거듭 깊은 은혜를 입었음에 감사드립니다. 어떠한 일이라도 분부하신 바를 지키고, 그 뜻을 모두 신속하게 받듦에 허술함이 없을 것입니다.

이처럼 높은 은혜를 자자손손 조금도 망각하지 않겠습니다.

일언반구라도 거짓된 마음을 품는다면 운운(云々)

右貳枚之書キ物御拜受, 御退出. 直ニ御老中樣方·御出頭衆中樣江御出, 御禮被仰上ル.

〃 同日晩, 大炊頭樣ゟ御使者を以, 御用之儀ニ付, 明朝讚岐守樣·大炊頭樣, 御兩所樣之內江, 御勝手次第ニ御出被成候樣ニと, 申來ル

一. 同五日早朝, 大炊頭樣御館江御出被成, 酒井讚岐守樣·柳生但馬守樣御出. 道春老·永喜老も伺公被致, 御老中樣方御面前ニ而, 御誓旨御自筆ニ御調被成. 其外未相濟候御用向共, 大炊頭樣·讚岐守樣江, 被仰上. 扨又此度信使來聘之儀,

위 두 장의 문서를 받아서 물러나셨다. 직접 로주님들께 청원하셨고 막부의 관리들께 가서 감사 인사를 드렸다.

〃 같은 날 밤, 오이노카미님이 사자를 보내 용무가 있으니 내일 아침 사누키노카미님·오이노카미님 두 분께 편할 때 오라고 하셨다.

一. 동 5일 이른 아침, 오이노카미님 댁에 가셨다. 사카이 사누키노카미님·야규 다지마노카미님이 오셨다. 도슌님·에이키님도 오셨고, 로주님들의 면전에서 맹세서를 자필로 작성하셨다. 그밖에 아직 마무리되지 않은 용무들을 오이노카미님·사누키노카미님께 말씀드렸다. 또한, 이번에 통신사를 초대하기 위해

朝鮮江被仰越候書翰之和文, 被差上候處, 大炊頭樣御請取之被成, 其後爲御餞別, 御料理

出, 御茶畢候而, 御歸宅.

一. 同六日, 江戶御留守番幷御供人衆之儀, 被仰出ル.

一. 同十日, 古川右馬助伊豆守樣江被遣候樣ニと, 大炊頭樣ゟ御差圖被成ニ付, 被遣之候得ハ, 此間大炊頭樣江被仰上置候, 未相濟ル御用向之儀共, 御差圖有之. 扨又書契役僧對州以酊庵ニ被差置之趣, 被仰渡ル.

其書

一. 柳川豊前·方長老·流芳院幷其外闕所之物,

조선에 보내는 서한의 일문을 제출했고 오이노카미님이 받으셨다. 그 후 전별[134]로 요리가 나오고 차를 마신 뒤 돌아오셨다.

一. 동 6일, 에도에 남을 사람들(留守番)과 수행할 사람들(供人衆)을 정하셨다.

一. 동 10일, 후루카와 우마노스케를 이즈노카미님께 보내라고 오이노카미님이 지시하셔서 보냈더니, 이전에 오이노카미님에게 말씀드렸던 아직 해결되지 않은 용무에 관해 지시하셨다. 또한 서계역승은 쓰시마 이테이안에 두라고 하셨다.

그 글에

一. 야나가와 부젠·보초로·류호인 및 그 외 몰수한 것들은

從對馬守壹岐江相屆, 松浦肥前守ニ可渡之事.

一. 柳川豊前木藪千石之知行所, 末次平藏御代官所ニ, 可申付事.

134 잔치를 베풀어 작별한다는 뜻으로, 보내는 쪽에서 예를 차려 작별함을 이르는 말.

以上

八月十日

〃 公儀御稱號之儀, 後日御差圖可被仰渡との御事也.

〃 扨又書契役僧, 此度ゟ對州江被差下之候趣, 京都御所司板倉周防守様江被仰越候. 右之趣周防守様ゟ僧衆江被仰渡候刻, 光雲院様ニも可爲御同席之條, 周防守様江御差圖被成候旨, 被

쓰시마노카미가 이키(壹岐)로 보내서 마쓰라 히젠노카미에게 건넬 것.

一. 야나가와 부젠의 기야부(木藪)[135] 1,000석 영지는 스에쓰구 헤이조(末次平藏)[136] 다이칸쇼(代官所)에게 부여할 것.

이상

8월 10일

〃 쇼군의 칭호는 후일 정할 것이라고 한다.

〃 한편, 서계역승을 이번부터 쓰시마로 보낸다는 내용을 교토쇼시다이 이타쿠라 스오노카미(板倉周防守)님에게 전하셨다. 이 내용을 스오노카미님이 승려들에게 전할 때 고운인님도 동석할 것을 스오노카미님에게 지시하셨다고

仰渡ル.

一. 同十一日, 酒井讚岐守様爲御餞別, 御料理有之. 先日

---

135 기이(基肄)와 야부(養父).

136 스에쓰구 시게사다(末次茂貞). 1630년 아버지 헤이조(平藏)의 뒤를 이어 나가사키다이칸(長崎代官)이 되었다. 통칭은 헤이자에몬(平左衛門), 헤이조(平藏).

被仰上候得ハ, 未相濟御用向之儀共, 又々被仰候得ハ,
讚岐守樣信使之一件隨分御働, 早々渡海候樣ニ,
被成可然思召候趣, 被仰候ニ付,　光雲院樣御返答ニ
信使之儀, 何とそ早々渡海仕候樣ニ, 相働候覺悟ニ
罷有候. 朝鮮之儀者, 奉重　公命御事ニ而, 拙子ニも
先祖ゟ數代申通候好ミも, 有之事ニ御座候得者,
此度信使之儀申遣候節, 多クハ別條有之間敷
哉と存候. 然者此度一件, 御穿鑿有之刻, 豊前 ·

했다.

一. 동 11일, 사카이 사누키노카미님이 전별로 요리를 내셨다. 이전에 말씀드렸으나 아직 마무리되지 않은 용건들을 다시 말씀드렸더니, 사누키노카미님이 통신사 건은 열심히 힘써서 조속히 도해시켜야 한다고 하셨다. 고운인님이 답변에 "통신사가 아무쪼록 빨리 도해하도록 노력할 각오로 있습니다. 조선과의 통교에서는 막부의 명을 무겁게 받들어야 하는 일이고, 저도 선조부터 수대에 걸쳐 쌓아 온 친분이 있어서 이번 통신사를 [조선에] 요청할 때 대부분 별문제는 없으리라 생각합니다. 이번 잇켄을 조사할 때, 부젠과

七右衛門同然ニ, 日本·朝鮮通交之儀ハ, 中間ニ而計略ヲ用
不申候而ハ, 首尾難仕譯も有之候樣ニ申上候. 拙子ニ者
朝鮮向之儀, 不功ニ罷有候. 豊前·七右衛門, 右之通ニ申上候
儀, 全ク左樣之譯, 有之間敷共, 難申候得ハ, ヶ樣之處
乘掛ニ存候儀ニ御座候. 乍然拙子ニ者成否ハ各別,
何事も明白ニ言上仕ル覺悟ニ而, 彼輩のことく, 穢キ

敷仕形ハ, 不仕所存ニ御座候と, 被仰上候得者,
讚岐守様御返答ニ, 被仰聞之趣, 御尤至極ニ候. 事
之成不成者各別, 兎角有體ニ被仰上候得者,
全ク御自分御不調法ニ, 可罷成事と, 不存儀ニ候と,

시치에몬은 한결같이 일본과 조선의 통교는 중간에서 계략을 쓰지 않으면 순조롭게 진행되기 어렵다는 듯이 언급했습니다. 제가 조선과 관련된 사안에 미숙하긴 합니다. 부젠과 시치에몬의 그런 말이 전혀 그럴 리 없다고 하기는 어렵지만, 그러한 상황에서 착수하고자 합니다. 그렇지만 저는 일의 성부(成否)뿐만 아니라 어떠한 일도 명확하게 말씀드릴 각오로, 저들처럼 부정한 짓은 하지 않을 생각입니다"라고 아뢰니, 사누키노카미님이 "지극히 지당한 말이다. 일이 성사되고 않고는 논외로 하더라도, 어찌 되었건 있는 그대로 보고하면 온전하게 그대의 잘못이라고 생각되지는 않을 것이다"라고

被仰ル.
一. 同十二日, 古川右馬助　御城江被遣, 書役之僧扶助之儀,
何分ニ仕リ可然候哉と, 御尋被仰上候得ハ, 御老中様方
御返答, 馳走之儀, 大概知行百石斗ニ而可然与, 被仰ル.
一. 同十三日, 爲御暇乞, 大炊頭様江御出被成. 御料理
有之. 其後　光雲院様今度一件ニ付, 被召寄候
者共, 御裁許相濟候ニ付, 歸州被仰付候輩者,
無別條其通ニ召使申度候. 豊前方江相勤候者
とても, 本私領地之者ニ御座候得者, 是又似合ニ召
使候様ニ仕度儀と, 存候との思召, 被仰上候得者,

대답하셨다.

一. 동 12일, 후루카와 우마노스케를 성에 파견하여 서역승에게 제공하는 부조를 어느 정도로 해야 할지 여쭈었더니, 로주님이 "접대는 대략 지행(知行)[137] 100석이 좋다"고 하셨다.

一. 동 13일, 작별 인사를 드리러 오이노카미님께 가셨다. 요리 대접이 있었다. 그 후 고운인님이 "이번 사건으로 불려온 자들에 대한 판결이 마무리되었으니, 귀향이 허가된 무리들은 별문제 없으니 그대로 데리고 있고 싶습니다. 부젠 휘하에서 일했던 자라 하더라도 본래 제 영지의 사람들이니 이 또한 걸맞게 쓰고자 합니다"라고 생각을 말씀드리자

> 大炊頭様, 右之者共, 無異儀被返下候上者, 彌無別條
> 被召使可然候, 豊前方江相勤候者とても, 似合ニ可被召
> 使段, 別而御尤ニ存候, 此度一件之儀とても, 御自分
> 豊前ヲ御潰シ被成度との譯ニハ無之, 善惡共ニ各
> 中裁許ニ被相任たる事ニ而, 曾而毛頭御私意有之
> 儀と不存候. 殊更豊前ヶ様非義ヲ相企候所ニ,
> 彼者召使候家人迄も, 其通ニ可被召使与御座候者,
> 御出入乍慮外致感入候と, 被仰ル. 扨又　光雲院様
> 今度豊前黨人之內, 郘首座と申僧有之候. 少々
> 文學ヲも存罷有候. 一件御僉議之節, 各中樣ニも

오이노카미님이 "이 자들은 이상이 없어서 돌려보내는 것이므로 이제 문제없이 써도 될

137 에도시대 막부나 번에서 가신에게 봉록으로 토지를 지급한 것. 또는 그 토지나 봉록. (『日本國語大辭典』)

것이다. 부젠 쪽에서 일했던 자라 하더라도 적절하게 쓰는 것이 지당하다. 이번 사건도 그대가 부젠을 부수고 싶어서가 아니라, 선악 어느 쪽이든 각자 판결에 맡기려는 것이지 전부터 조금이라도 사적인 의도가 있었다고 생각하지 않는다. 특히 부젠이 그 같은 부정을 저지른 상황에서 그가 데리고 있던 가인(家人)들까지 그대로 쓰겠다고 하니, 다툼은 의외였지만 감동했다"고 하셨다. 한편, 고운인님이 "이번 부젠의 무리 중에 쇼슈소라는 승려가 있습니다. 다소 학문도 알고 있습니다. 사건 때문에 조사하셨을 때 로주님들도

御見及被成候哉. 一件落着以後, 追放被仰付候へ共,
其後御赦免被遊候者ニ而, 只今京都ニ罷有候由,
承及候. 此僧對州江召連罷越, 如何可有之哉と, 被
仰上候得ハ, 大炊頭様一件御僉議之節, 成程
右之僧見及申候. 彌碍リ無之者ニ御座候間,
被召連可然候. 乍然書翰ヲ御爲書被成候儀ハ, 各中へ
御談合被成可然候. 尤其身草案ヲ相認候と
申事ニハ, 無之候得共, 一件ニ付候人數之內ニ候得者,
此儀ハ各中江御談合無之候而, 不叶事と存儀ニ
候と, 被仰ル.

보셨는지요. 사건이 해결되고는 추방령에 처해졌지만 그 후 사면을 받아 지금은 교토에 있다고 들었습니다. 이 승려를 쓰시마로 데리고 가는 것은 어떠할지요?"라고 말씀드리자, 오이노카미님이 "사건을 조사할 때 과연 그 승려를 보았다. 이제 그다지 지장이 없으니 데려가도 된다. 그렇지만 서한을 작성하게 하는 사안은 다른 로주들과 상의해야 한다. 무엇보다 그 사람이 초안을 작성하는 게 아니지만, 사건과 관련되었던 무리에 있던 자이니 이 건은 다른 로주들과 상의가 없으면 안 된다"고 하셨다.

一. 同十五日, 爲御暇乞, 伊豆守様江御出被成候處, 御登
城故, 御歸宅.
一. 同十六日昨晚, 讃岐守様江古川右馬助被遣候處, 明日
巳刻御登　城被成候様ニと, 右馬助江被仰付候故,
御登　城被成ル. 掃部頭様·大炊頭様·讃岐守様·伊豆守様
御出座被仰候ハ, 此間被仰聞候信使之儀, 朝鮮江
被仰越候書翰和文, 如此御認可然と, 各中申談候与之
御事ニ而, 御渡し被成. 道春老·永喜老被讀之.

其和文ニ

■今啓達候. 日本彌御安泰ニ候. 貴國も可爲

一. 동 15일, 작별 인사를 드리러 이즈노카미님에게 가셨으나, 등성하신 터라 돌아오셨다.

一. 동 16일, 지난밤 사누키노카미님에게 후루카와 우마노스케를 보내셨는데, 내일 사시(巳刻)에 등성하라고 우마노스케에게 분부하셔서, 등성하셨다. 가몬노카미님·오이노카미님·이즈노카미님이 나오셔서 말씀하시기를 "이번에 들은 통신사와 관련해서 조선에 보낼 서한의 일문을 이렇게 쓰는 것이 좋다고 논의되었다"고 하시며 건네셨다. 도슌님·에이키님이 읽으셨다.

그 일문에

이번에 삼가 아룁니다. 일본은 요즈음 평안하고 태평합니다. 귀국(貴國)도

御同然候. 然ハ往年爲御遜讓之賀儀, 信使雖
來朝候. 先大君薨御以後, 及數年益太平ニ候. 今程
信使被差渡, 御禮有之可然時分ニ候之間, 急度
信使渡海尤ニ候, 爲其以飛船申述候.

〃 大炊頭様被仰候者, 此案文朝鮮ニ而, 如何可存候哉,
朝鮮人所存之筋者, 御自分可爲御存候間, 思召有之候て,
被仰聞候様ニと, 御座候ニ付, 光雲院様, 拙子儀對州ニ
罷有, 少々朝鮮之儀致存知候とても, 此度信使
渡海成不成之儀者, 極而難申上奉存候. 案文之趣,
彌碍り無之様ニと奉存候と, 被仰上候得ハ, 大炊頭様

마찬가지리라 생각합니다. 왕년에는 축하하기를 겸손하게 사양하여 통신사가 내조하기 어려웠습니다. 전 대군(大君)이 돌아가신 후로 수년 동안 더욱 태평해지고 있습니다. 지금 통신사를 파견하여 인사함이 좋을 시기이니 반드시 통신사를 도해시키는 것이 지당합니다. 그것을 위해 비선을 보냅니다.

〃 오이노카미님이 말씀하시기를 "이 안문을 조선에서 어떻게 생각하겠는가? 조선인이 생각하는 바를 그대가 알고 있을 테니 의견이 있으면 말하시오"라고 하여, 고운인님이 "제가 쓰시마에 있어서 다소 조선에 관해 안다고 하더라도 이번에 통신사의 도해가 성사되고 안 되고를 말씀드리기가 매우 어렵습니다. 안문의 취지는 별문제가 없다고 봅니다"라고 아뢰자, 오이노카미님이

御自分ニも差當リ, 御思慮難被成可有之候. 御持歸リ, とくと
御思慮候而可然と, 被仰候故, 光雲院様各中様
御吟味之上者, 別條有之間敷と存候与, 被仰上候
時, 掃部頭様對馬守被申候ことく, 此書案各中
吟味之上ニ候得者, 別條有之間敷候. 書面中難落着
被存所も, 可有之候ハヽ, 其譯とくと被申聞, 彌好キニ
相究リ候節, 可被差渡事ニ候と, 被仰ル.

光雲院様被仰上候者, 和文之儀者, 各中様御吟味
之上と, 御座候得ハ, 彌別條有之間敷と存候. 朝鮮
向様子之儀者, 承及次第申上候様ニ可致候,

"그대도 당장 생각해내기에는 어려움이 있을 것이다. 가지고 돌아가서 잘 숙고하시오" 라고 하셨다. 고운인님이 로주님들이 검토하셨기 때문에 별다른 문제가 없을 거라고 아뢰었을 때, 가몬노카미님이 "쓰시마노카미가 말하는 것처럼 이 초안은 로주들이 검토했기 때문에 별문제는 없을 것이다. 서면 중 결정하기 어려운 부분이 있다면 그 이유를 잘 이야기하여 마음에 들게 결정되면 건넬 것이다"라고 말씀하셨다. 고운인님이 말씀드리기를 "일문은 로주님들이 검토하셨으므로 별문제가 없을 것입니다. 조선 관련 상황은 듣는 대로 보고 드리겠습니다.

然者　公儀御稱號之儀, 書翰ニハ大君と奉稱
候得共, 口上ニ而ハ, 何分ニ奉稱可然候哉, との御儀ニ御座
候處, 掃部頭様左様之儀者, 我々存寄無之候.
道春·永喜なとハ, 如何被存候哉. 王とハ難奉稱,
將軍と申上候而ハ, 中國ニ而ハ, 中下之官ニ罷成
事ニ候. あらわニ王共無之, 其義ニも相叶イ, 御位茂,
御下リ不被遊候, 好キ唱ヘ様可有之儀と存候と, 被仰候
時, 道春老日本上様と奉唱, 如何可有御座と, 被
申候得ハ, 御老中様方, 何茂尤と被仰ル.
光雲院様此書翰幷先日之書簡, 兩通共ニ今度

그런데 쇼군의 칭호를 서한에는 '대군(大君)'이라고 칭했지만 구상(口上)으로는 어떻게 칭해야 할까요?"라고 하자, 가몬노카미님이 "그런 것을 우리들은 알 수 없다. 도슌·에이키 등은 어떻게 생각하는가? '왕(王)'이라고는 칭하기 어렵고, '장군(將軍)'이란 중국에서는 중하(中下)급 관리이다. 공공연히 왕이 아니지만 그에 해당되고 지위도 낮지 않은, 좋은 호칭이 있어야 한다"고 말씀하셨을 때, 도슌님이 "니혼우에사마(日本上様)라 부르는 것은 어떨지요"라고 하여 로주님들 모두 "적절하다"고 하셨다. 고운인님이 "이 서한 및 이전의 서간 두 통을 함께 이번에

於京都, 眞文書僧江爲相調之, 飛脚を以各中樣御
一覽ニ入候樣ニ仕候而ハ, 延引ニ可及と奉存候. 板倉
周防守江申談, 次飛脚ニ而差上, 如何可有之哉と,
被仰上候得ハ, 御老中樣之內, 此度之書翰延引
候とても, 差而苦借間敷候間, 其書翰出來之
節, 被差上候樣ニと, 被仰候御方有之處, 掃部頭樣
貳通之草案一同ニ差上之度, 對馬守存寄と
相聞候. 書翰相認候儀, 手間取不申候事ニも候て,
出來之節, 彌次飛脚を以被差上之可然と, 被
仰候ニ付, 　光雲院樣, 又々信使之儀, 成不成者

교토에서 한문(眞文) 작성하는 승려에게 쓰게 해서 파발로 보내 로주님들이 일람하시게 하면 일이 지체될 것입니다. [교토쇼시다이] 이타쿠라 스오노카미와 논의해서 역참파발[138]로 올리는 것이 어떻겠습니까?"라고 여쭈니, 로주님 중에서 "이번에 서한이 지체된다 하더라도 그다지 상관없으니 그 서한이 완성되면 제출하라"고 말씀하신 분이 있었다.

138 쓰기비캬쿠(次飛脚, 繼飛脚)는 에도 막부가 각 역참에 배치한 파발꾼.

가몬노카미님이 "2통의 초안을 한꺼번에 제출하려는 게 쓰시마노카미의 생각인 듯하다. 서한을 작성하는 데 시간이 걸리지 않는 일이기도 하니 완성되었을 때 역참파발로 제출하시오"라고 하시어, 고운인님이 "또한 통신사가 성사되고 되지 않고는

難計奉存候得共, 成たけハ相働候様ニ可仕候. 若
別儀有之候ハヽ, 其次第早速可申上之と, 被仰上
御退出.
〃 同日, 刑部卿永喜老, 御城ゟ爲御暇乞, 御出候而,
京都ゟ飛脚到着, 書役僧之儀三人之內, 璘西堂
御承ケ相濟候由, 申來候と之御物語ニ而, 書付被入御覽ル.
書役出家衆之書付
天龍寺之內
慈濟院　仙長老
東福寺之內
南昌院　召長老

헤아리기 어렵지만, 가능한 한 힘쓸 것입니다. 만일 별다른 일이 발생하면 그 경위를 신속하게 말씀드리겠습니다"라고 하고 물러났다.

〃 같은 날, 교부쿄(刑部卿) 에이키님께 에도성에서 작별 인사를 드리고 나오셨다. 교토에서 파발이 도착하여 서역승을 세 명 중 린세이도(璘西堂)[139]가 맡는다는 소식을 전해 왔다

139 교쿠호 고린(玉峰光璘). 에도시대 전기의 임제종 승려. 교토 도후쿠지(東福寺) 호쇼인(寶勝院) 승려로 1635년 최초로 조선수문직(朝鮮修文職)에 임명되어 교대로 이테이안에 파견되었으며, 쓰시마의 대조선 외교 업무를 수행했다. 당시 조선의 국서에서 도쿠가와 쇼군의 호칭을 '대군(大君)'이란 호칭을 제안했다. 1636년 통신사 때에 소 요시나리 · 조선수문직 도인 겐쇼(棠蔭玄召) 등과 함께 조선사신을 호행 접대하며 외교문서를 담당했다. (『대일외교사전』)

고 해서 문서를 읽어 보셨다.

서역 출가승에 관한 문서

덴류지(天龍寺)에서

지사이인(慈濟院)　　　센초로(仙長老)[140]

도후쿠지(東福寺)에서

난쇼인(南昌院)　　　쇼초로(召長老)[141]

同

寶勝院　　璘西堂

一. 同十七日, 御宿願ニ付, 淺草觀音御參詣.

一. 同卄日, 江戶御發足.

동

호쇼인(寶勝院)　　　린세이도(璘西堂)

一. 동 17일, 이전부터 품고 있던 소원이 있어 센소지(淺草寺) 관세음보살상[142]에 참배하다.

一. 동 20일, 에도를 출발하다.

---

140 도샤쿠 주센(洞叔壽仙). 에도시대 전기의 임제종 승려. 주센(壽仙)은 법명. 교토에 있는 덴류지(天龍寺) 지사이인(慈濟院) 승려로 사누키(讚岐) 다카마쓰번(高松藩) 초대 번주인 마쓰다이라 요리시게(松平賴重)를 가르쳤다. 1635년 최초로 조선수문직에 임명되어 교대로 이테이안에 파견되었으며, 쓰시마의 대조선 외교문서를 관리했다. (『대일외교사전』)

141 도인 겐쇼. 에도시대 전기의 임제종 승려. 성은 겐(玄), 자는 도인(棠陰), 통칭은 고인(江陰). 오미(近江) 출신. 교토에 있는 도후쿠지 난쇼인(南昌院) 승려로 1635년 최초로 조선수문직에 임명되어 교대로 이테이안에 파견되었으며, 쓰시마의 대조선 외교 업무를 수행했다. 시문에도 능했으며 1636년 통신사 때에 조선사신을 호행 접대했다. (『대일외교사전』)

142 도쿄 아사쿠사(淺草)에 있는 긴류잔(金龍山) 센소지(淺草寺) 덴포인(傳法院)의 본존 관세음보살상.

『관영병자신사기록』 3

朝鮮信使記録巻之三　　御歸州

一. 寛永一二乙亥年九月朔日, 昨夜ゟ風雨. 宮之渡相停候付,
美濃路御越被成, 此日吉田作右衛門爲御使者, 尾州様江御屆
被仰進ル.
一. 同四日, 京都御着. 栗田口尊勝院へ御宿被成.
一. 同五日, 古川右馬助以, 今度朝鮮書契役僧三人　公儀ゟ
被仰付候. 右之趣其元様ゟ僧衆へ被仰渡候節, 拙子ニも可致同座
之旨, 御老中ゟ被仰渡候之趣, 板倉周防守様へ被仰遣ル. 何時ニ而も
御閑暇次第被仰知候様ニと, 周防守様ゟ御返答有之. 依之明日
巳刻, 周防守殿御館へ御來候様ニと, 仙長老·召長老·璘西堂江

一. 간에이(寬永) 12 을해년(1635) 9월 1일, 어젯밤부터 비바람. 미야노와타시(宮之渡)[1] 해로가 멈췄기 때문에 미노지(美濃路)[2]로 이동하시고, 이날 요시다 사쿠에몬을 사자로 보내 비슈님(尾州様)[3]께 보고하셨다.

一. 동 4일, 교토에 도착했다. 아와타구치(粟田口)[4]의 손조인(尊勝院)에 묵으셨다.

一. 동 5일, 후루카와 우마노스케를 통해 "이번에 조선서계역승(朝鮮書契役僧)[5] 3명을 막부에서 임명하셨습니다. 이를 귀하가 승려들에게 말씀하실 때, 저도 동석하라고 로주님들이 말씀하셨습니다"라고 이타쿠라 스오노카미[6]님께 말씀하셨다. "언제든 한가하실 때를 알려주십시오"라고 스오노카미님이 말하셨다. 이에 "내일 사시(巳刻)에 스오노카미님 댁으로 오십시오"라고 센초로(仙長老)[7] · 쇼초로(召長老)[8] · 린세이도(璘西堂)[9]에게

---

1 시치리노와타시(七里の渡し)라고도 함. 도카이도(東海道, 에도와 교토를 잇는 해안도로)의 미야슈쿠(宮宿, 아이치현 나고야시)에서 구와나주쿠(桑名宿, 미에현 구와나시)로 이동하는 항로를 말한다. 이하에 나오는 '슈쿠, 주쿠(宿)'는 '슈쿠바(宿場)'를 말한다. 슈쿠바란 교통의 요지에 설치되어 사람과 말의 교대와 숙박을 주요 업무로 삼았던 교통 집락이다. (『日本國語大辭典』)

2 도카이도의 미야슈쿠와 나카센도(中山道, 에도와 교토를 잇는 내륙도로)의 다루이주쿠(垂井宿, 기후현 후와군)를 연결하는 도로.

3 비슈(尾州)는 오와리노쿠니(尾張國)의 이칭. 현재 아이치현(愛知縣) 서부. 비슈님은 오와리 나고야번(名古屋藩) 번주 도쿠가와 요시나오(德川義直).

4 현재 교토시 히가시야마구(東山區)와 사쿄구(左京區) 사이에 걸친 지명. 교토로 들어오는 7개의 입구 중 한 곳이다.

5 조선에 보낼 서계 작성을 담당할 승려.

6 교토쇼시다이 이타쿠라 시게무네.

7 도샤쿠 주센(洞叔壽仙).

8 도인 겐쇼.

9 교쿠호 고린(玉峰光璘).

被仰遣ル.

其答ニ

尊翰忝拜見仕候. 御上洛目出度奉存候. 今朝預御使者候所,

南昌院迄罷越, 御返事不申上, 慮外之至ニ御座候. 重而

被仰下忝存候. 然者明日四つ時分, 板倉周防守殿へ可罷出之旨,

奉得其意候. 尙御使者へ申入候. 恐惶頓首.

尙々, 明日四つ時分ニ, 周防守殿へ參上仕相待, 可奉得

尊意候. 東福寺兩人も被仰達之旨, 可被罷出候. 以上.

九月五日　　　　　　　　　　仙長老

對馬守樣尊報

연락하셨다.

그 답서에

편지는 감사히 읽었습니다. 교토에 오신 것(上洛)을 기쁘게 생각합니다. 오늘 아침 사자를 보내셨는데, 난쇼인에 가 있느라 답변을 드리지 못해서 대단히 송구합니다. 다시 알려주셔서 감사합니다. 내일 오전 10시경(四つ時分)에 이타쿠라 스오노카미님 댁으로 오라는 말씀 잘 알았습니다. 또한 사자에게 말해 두었습니다. 삼가 말씀드립니다.

아울러 내일 10시경 스오노카미님 댁으로 가서 기다렸다가 뵙겠습니다. 도후쿠지의 2명[10]도 말씀하신 대로 갈 것입니다. 이상.

9월 5일　　　　　　　　　　센초로

쓰시마노카미님께 답장(尊報)

10 교쿠호 고린과 도인 겐쇼.

尊翰謹而拜見忝存候. 明日四つ時分, 周防守殿へ可致伺候
之旨, 奉得其意候. 璘西堂令同道, 於二條可得尊意候間,
不詳候. 恐惶謹白.

　　九月五日　　　　　　　　　　　　南昌院

　宗對州様尊報

尊書致拜見候. 昨晩御參着之旨, 先刻預御使者, 辱
奉存候. 然者明日巳刻, 至周防守殿三人可參之由, 被仰
聞候. 各申合候而遂伺候, 萬々可得尊慮候. 恐惶謹言.

　　九月五日　　　　　　　　　　　　璘西堂

　對馬守様人々御中

편지는 삼가 읽어 보았습니다. 내일 10시경 스오노카미님 댁으로 가서 대기하라는 말씀 잘 알겠습니다. 린세이도와 동행하여 니조(二條)에서 뵙겠으니, 자세히 적지는 않겠습니다. 삼가 말씀드립니다.

　　9월 5일　　　　　　　　　　　　난쇼인[11]

　쓰시마노카미님께 답장

편지는 읽어 보았습니다. 어젯밤 도착했다고 조금 전에 사자를 통해 들었으며, 황공하게 생각합니다. 내일 10시경 스오노카미님 댁으로 3명이 오라는 연락을 들었습니다. 다른 사람들과 얘기해서 대기하고 있다가 여러 말씀을 듣도록 하겠습니다. 삼가 말씀드립니다.

　　9월 5일　　　　　　　　　　　　린세이도

　쓰시마노카미님 가신들에게

---

11 난쇼인의 도인 겐쇼.

〃 右三人僧衆御宿所江, 御見廻可被申之由ニ, 御座候得共, 周防守様へ

未御參會不被成候以前故, 御遠慮ニ被思召, 御斷被仰遣ル.

一. 同六日巳刻, 周防守様へ御出被成, 右三人僧衆同座之上, 周防守様

被仰渡候ハ, 朝鮮通用書契之儀, 三人江被仰付候間, 諸事對馬守へ

被申談候様ニ与, 今度被仰出ニ候. 當年ハ璘西堂當番之由ニ候.

早々相仕廻被罷越候様ニ与之御儀ニ付, 光雲院様ニも周防守殿

仰之ことく, 三人僧衆書役之儀, 今度被蒙 仰候. 異國御用之

事と申, 殊更偏僻之地へ御越之段, 御苦勞ニ存候. 自今以後

得御意候様ニ可致候与, 被仰聞候節, 遠所へ罷越候段ハ, 少も不苦

候得共, 重キ異國御用奉承候處, 迷惑ニ奉存候. 異國書契

〃 위 3명의 승려가 [요시나리의] 숙소에 문안을 올리겠다고 했지만, 아직 스오노카미님과 만나시기 전이라 조심스럽게 여겨 거절하셨다.

一. 동 6일, 사시(巳刻)에 스오노카미님에게 가셨다. 위 3명의 승려가 동석해서 스오노카미님이 말씀하시길, "조선과 주고받는 서계에 관한 업무를 3명에게 지시할 것이니 모든 일은 쓰시마노카미와 상의하라고 이번에 [막부에서] 지시하셨습니다. 올해는 린세이도가 당번이라고 합니다. 서둘러 준비하여 [쓰시마로] 가십시오"라고 하셨고, 고운인님도 "스오노카미님이 말씀하신 것처럼 3명의 승려가 서역으로 이번에 임명되었습니다. 이국(異國)에 관한 업무이고, 대단히 먼 외진 곳으로 가느라 고생스러우리라 생각됩니다. 앞으로 의견을 듣도록 하겠습니다"라고 말씀하셨다. "먼 곳으로 가는 것은 아무렇지도 않지만, 이국에 관해 무거운 업무를 맡게 되어 곤혹스럽습니다. 이국의 서계는

之儀, 五岳ニも平生習之不申事ニ候得ハ, 何分ニ相勤得可申段,
無覺束候. 乍然此節御斷申上候段ハ,　公儀ヲ奉輕候ニ罷成事ニ
候得ハ, 先被　仰出之通奉畏, 樣子見合追而御斷申上候樣ニ可仕与,
召長老御相拶有之, 其節周防守樣, 書契之儀ハ, 對馬守樣ゟ
和文ヲ以, 可被申達候得ハ, 漢語ニ御改候と申迄ニ候故, 差而難成儀と
申程之事とハ不存候と, 御相拶被成,　光雲院樣, 今度御老中へ
得御意候和文有之候間, 各へ入御披見, 眞文草案出來候節,
江戶へ可被差上之旨, 僧衆へ被仰達候得ハ, 周防守樣被仰候ハ, 和文ヲ
以漢語ニ被致候迄ニ候得ハ, 極而容易成事ニ而, 可有之与存候. 出來候ハヽ
江戶へ被差上可然候と, 御返答被成候時,　光雲院樣被仰候ハ,

오악(五岳)[12]에서도 평소에 배우지 않기 때문에 어떻게 일해야 할지 불안합니다. 하지만 이번에 거절하면 막부를 가벼이 여기는 것이 되므로 우선 명령을 받들도록 하고, 상황을 보아서 나중에 사퇴하겠습니다"라고 쇼초로가 대답했다. 그때 스오노카미님이 "서계는 쓰시마노카미님이 일본어로 된 글을 전달하시면 한어(漢語)로 고치기만 하시면 되니, 그렇게 어렵다고 할 정도의 일이라고 생각하지 않습니다"라고 대답하셨다. 고운인님이 "이번에 로주님들의 의견을 듣고 작성한 일문이 있으니, 여러분들이 보시고 한문 초안이 완성되면 에도로 보내겠습니다"라고 승려들에게 말씀하시니, 스오노카미님이 "일문을 한어로 고치는 것일 뿐이니 분명 간단한 일이라고 생각합니다. 완성되면 에도로 보내는 것이 좋겠습니다"라고 답변하셨다. 고운인님이

12 고잔.

書契之儀甚難事と, 僧衆被存段も, 尤成ル儀と存事ニ候. 尤
主意ハ, 手前ゟ相調可申達之候得共, 文句之認様ニゟ, 主意之
通ニ相叶イかたき様ニも, 可罷成事ニ候得ハ, 何も被入念候段ハ, 左可
有之儀ニ候. 則旅宿へ致同道, 眞文草案被相調候様ニ, 被成度之
思召, 被仰達候節, 周防守様ニも彌其通可然と, 被仰ル.
光雲院様, 草案出來之節, 拙子ゟ飛脚ヲ以, 江戸へ申上候而ハ,
延引ニ及可申候間, 次飛脚ヲ以申上候様ニ致度存候と, 被仰入候得ハ,
周防守様, 此段御尤ニ候間, 草案出來候ハヽ, 早々私方迄被遣候へと,
御相拶被成. 則三人僧衆御宿所へ直ニ御同道被成, 和文被入
御披見. 扨又年來書契認様不好處, 今度　公儀御吟味

"서계 업무를 대단히 어려운 일이라고 승려들께서 생각하시는 것도 당연하다고 봅니다. 단 중심이 되는 내용은 내가 준비하여 전달하겠지만, 문구를 어떻게 작성하는가에 따라 중심 내용에 부합되기 어려워지기도 하니 모두 주의를 기울여야 합니다. 숙소로 동행하여 한문 초안을 준비해 주시면 좋겠습니다"라고 말씀하시니, 스오노카미님도 "그렇게 하는 것이 좋겠습니다"라고 하셨다. 고운인님이 "초안이 완성되었을 때 제가 파발로 에도에 보고를 드리면 늦어지니, 역참파발로 보고드리고자 합니다"라고 말씀하시니, 스오노카미님이 "그게 좋으니, 초안이 완성되면 서둘러 저에게 보내 주십시오"라고 하셨다. 이에 3명의 승려가 숙소까지 바로 동행해서 일문을 보았다. 또한 종래 서계의 작성에서 좋지 않았던 부분을 이번에 막부에서 검토하시고

之上, 御改被遊候与之次第も, 委曲御物語被成ル. 其節三人僧衆
和文被寫取之, 草案之儀相談之上, 相認候様ニ可致与, 御返答
有之. 其後御料理出ル. 常光院紹長老幷皥長老·法橋

玄仲御入來.

一. 同十日, 江戶ゟ飛脚到來, 御老中様ゟ之御奉書來.

其書

伴天連幷きりしたん宗旨之事, 從此以前御制禁

候得共, 爾今斷絶無之様ニ被　聞召. 依之堅御法度被

仰出候間, 御領分能々被遂穿鑿, 自然右之宗門於有之ハ

捕置, 急度可有言上. 恐惶謹言.

개정한 내역에 관해서도 자세히 말씀하셨다. 그때 3명의 승려가 일문을 베껴 적고, 초안은 상의한 후에 작성하겠다고 했다. 그 후 요리가 나왔다. 조코인(常光院) 쇼초로(紹長老)[13]와 다쿠초로(晫長老),[14] 호쿄겐추(法橋玄仲)[15]가 [숙소에] 왔다.

一. 동 10일, 에도에서 파발이 와서 로주님들이 보낸 봉서가 도착했다.

그 글에

바테렌[16]과 크리스천 신앙(宗旨)은 이전부터 막부가 금지했는데, 아직도 근절되지 않았다고 들었다. 이에 엄하게 법도를 내리니 영지를 잘 조사하여 만일 위의 신앙을 가진 자가 있으면 잡아 두고, 반드시 [막부에] 보고하라. 삼가 줄임.

---

13 모겐 쇼하쿠(茂源紹柏). 임제종 승려. 교토 겐닌지의 303대 주지이며, 제10번 이테이안 윤번승. (『대일외교사전』)

14 긴슈쿠 겐타쿠(昕叔顯晫).

15 사토무라 겐추(里村玄仲). 아들 겐쇼(玄祥), 손자 쇼초(紹兆)의 대까지 막부의 렌가(連歌)에 관한 일을 맡는 렌가시(連歌師)였다. (『日本人名大辭典』)

16 크리스트교가 일본에 전래되었을 당시의 선교사·신부에 대한 호칭. 또는 크리스트교의 속칭. '伴天連', '破天連', '頗姪連' 등으로 표기. (『日本國語大辭典』)

尚以, 今程在國之儀ニ候間, 彌可被入御精候. 以上.

八月廿七日　　　　　　　　　　堀田加賀守

阿部豊後守

松平伊豆守

酒井讚岐守

土井大炊頭

宗對馬守殿

一. 同十一日, 右御奉書之趣, 奉畏候与之御受, 飛脚ヲ以江戸表へ被仰上ル.

〃 同日, 書役之三僧衆, 眞文草案御持參ニ付,　光雲院様

아울러 지금쯤 쓰시마에 계실 터이니 더욱 힘써 주십시오. 이상.

8월 27일　　　　　　　　　　호타 가가노카미(堀田加賀守)[17]

아베 분고노카미(阿部豊後守)[18]

마쓰다이라 이즈노카미(松平伊豆守)[19]

사카이 사누키노카미(酒井讚岐守)[20]

도이 오이노카미(土井大炊頭)[21]

소 쓰시마노카미님

17 홋타 마사모리(堀田正盛).

18 아베 다다아키(阿部忠秋).

19 마쓰다이라 노부쓰나(松平信綱).

20 사카이 다다카쓰(酒井忠勝).

21 도이 도시카쓰.

一. 동 11일, 위 봉서의 내용을 잘 알았다는 답변을 파발로 에도에 보고하셨다.

〃 같은 날, 서역 승려 3명이 한문 초안을 가져와 고운인님이

御覽被成候處, 漢語ニ被寫樣, 少々御老中樣方㠯被仰渡候意味

とハ, 間違有之ニ付, 再御改削候得と被仰渡ル.

一. 同十二日, 八つ時, 璘西堂草案御改, 御持參被仰候ハ, 和文之儀

漢語ニ寫候時ハ, 假名之文體之ことくニハ, 書述かたき事ニ而, 其

大略ヲ書述申事ニ候. 且又漢文之法ニハ, 必祝儀ヲ始末ニ書キ載せ

申事ニ御座候と有之, 右眞文草案卽席御爲封, 光雲院樣·

璘西堂御同然ニ, 御封印被成, 御狀幷三人僧衆之書狀被

相添, 御狀箱上封相濟, 御料理出ル.

一. 同十三日, 古川右馬助ヲ以, 右之御狀箱, 板倉周防守樣へ御持せ

被遣, 次飛脚ヲ以江戶へ御達被下候樣ニ与, 被仰進ル.

보셨는데, 한어로 옮긴 것이 다소 로주님들이 말씀하신 의미와는 달라서 다시 고치라고 말씀하셨다.

一. 동 12일 오후 2시경, 린세이도가 초안을 수정해서 가져와, "일문을 한어로 옮길 때는 가나(假名) 문체처럼 서술하기 어렵기 때문에 그 대략을 서술했습니다. 또한 한문 문법에서는 반드시 축의(祝儀)를 처음과 끝에 적습니다"라고 했다. 그 한문 초안을 그 자리에서 봉하게 하여 고운인님이 린세이도와 함께 봉인(封印)하신 후, [요시나리의] 서한과 승려 3명의 서한을 첨부하여 서한 상자를 상봉(上封)하셨다. 요리가 나왔다.

一. 동 13일, 후루카와 우마노스케에게 위의 서한 상자를 이타쿠라 스오노카미님께 가져가게 하고 역참파발로 에도에 보내 달라고 연락하셨다.

其返答ニ

御狀令拜見候. 然ハ江戶御年寄衆へ被遣候御狀箱壹, 慥ニ請取申候. 早速相屆可申候間, 御心安可思召候. 尙期後音之節候. 恐惶謹言.

九月十三日　　　　　板倉周防守

對馬守殿貴報

一. 同十五日, 明日　仙洞へ　行幸有之ニ付, 今宵ゟ日野大納言樣御亭へ御出被成, 御拜見被成.

一. 同十七日, 明日京都御發足ニ付, 御爲暇乞周防守樣へ御出被成. 病氣ニ付, 御對面無之.

그 답서에

서한은 읽어 보았습니다. 그리고 에도의 도시요리(年寄)[22]들께 보내시는 서한 상자 1개를 확실히 받았습니다. 서둘러 보낼 테니 안심하십시오. 또한 다음 연락 때를 기대하겠습니다. 삼가 말씀드립니다.

9월 13일　　　　　이타쿠라 스오노카미

쓰시마노카미님께 답장

一. 동 15일, 내일 센토(仙洞)[23]로 천황의 행차(行幸)가 있어서 오늘 밤부터 히노 다이나곤(日野大納言)[24]님 댁에 가서 구경하셨다.

---

22 로주.

23 상황(上皇)의 거처. (『日本國語大辭典』)

24 히노 스케카쓰(日野弘資). 에도시대 전기의 구교(公卿), 전통 귀족. 1614년 곤노다이나곤(權大納言)이 되었으며, 1630년 부케덴소(武家傳奏, 막부와 조정의 연락 담당)가 되었다. (『日本人名大辭典』)

一. 동 17일, 내일 교토에서 출발하므로, 작별 인사를 드리러 스오노카미님에게 가셨다. 병 때문에 대면하지 않았다.

一. 同十八日, 京都御發足. 御通り掛ニ東福寺寶勝院へ御入り, 仙長老·召長老ニも御對面, 璘西堂御儀御同道ニ而, 大坂へ御下被成. 璘西堂御從僧支度未相濟候得共, 後ゟ相仕廻, 大坂へ被罷越候樣ニ与之趣, 西堂へ御相談被成, 御下り被成.

一. 同十九日, 大坂御着. 町御奉行久貝因幡守樣ゟ, 今番饗應被成度段申來, 則御出被成. 曾我又左衛門樣御同席也.

一. 同廿一日, 朝鮮騎士歸國之返翰到來ニ付, 飛脚ヲ以江戸御老中樣へ被差上ル.

一. 同廿二日八つ時, 久貝因幡守樣·曾我又左衛門樣御來. 御亭主庄村新四郎御料理出之.

一. 동 18일, 교토에서 출발하셨다. 가는 길에 도후쿠지 호쇼인에 가셔서 센초로, 쇼초로와도 대면하셨고, 린세이도와 동행해서 오사카로 내려가셨다. 린세이도의 종승(從僧)은 준비가 아직 끝나지 않았지만, 뒤에 준비하여 오사카로 오게 하라고 린세이도와 상의하시고 내려가셨다.

一. 동 19일, 오사카에 도착했다. 마치부교[25] 구가이 이나바노카미(久貝因幡守)[26]님이 이번에 향응을 베풀고 싶다는 연락이 와서 바로 [거기로] 가셨다. 소가 마타자에몬(曾我又左衛

---

25 오사카마치부교(大坂町奉行). 오사카에 근무하면서 오사카의 시정 일반을 담당하며, 셋쓰(攝津), 가와치(河內), 이즈미(和泉), 하리마(播磨) 4국의 막부직할지 소송 등도 담당했다. 동과 서로 2명이 있었으며, 1개월 교대로 집무하고 배하에 요리키(與力)와 도신(同心)이 있었다. (『日本國語大辭典』)

26 구가이 마사토시(久貝正俊). 1636년 통신사행과 1643년 통신사행 때, 오사카에서 통신사를 접대했다. (『대일외교사전』)

門)[27]님도 동석하셨다.

一. 동 21일, 조선 마상재 일행 귀국의 답서가 도착했으므로, 파발로 에도의 로주님들께 보내셨다.

一. 동 22일 2시경, 구가이 이나바노카미님, 소가 마타자에몬님이 오셨다. 집주인 쇼무라 신시로(庄村新四郎)가 요리를 내왔다.

一. 同廿三日, 昨八つ時ゟ雨天, 今朝雨霽候ニ付, 璘西堂御同然ニ御乘船, 河口へ御下被成.

〃 京都御用被仰付候問屋, 柳屋七右衛門と兩所ニ候處, 一所闕候ニ付, 今度淺水德右衛門ニ被仰付ル. 大坂問屋之儀ハ, 以前之通庄村新四郎, 鷹宿之儀も木津屋ニ被仰付趣, 古川右馬助ゟ差圖仕候樣ニと被仰付.

一. 同廿四日, 江戶御屋敷へ飛脚仕立之, 八つ時順風川口御出船.

一. 同廿五日, 牛窓御着.

一. 同廿六日, 上關御着.

一. 同廿七日, 伊崎御泊.

一. 동 23일, 어제 2시 무렵부터 비가 내리다가 오늘 아침 개어서 린세이도와 함께 승선하고 가와구치(河口)[28]로 내려가셨다.

〃 교토 업무를 맡은 도매상(問屋)[29]은 야나기야 시치에몬(柳屋七右衛門)과 [한 곳을 더해] 두

27 소가 히사스케(曾我古祐). 막신(幕臣). 오사카 여름 전투(大坂夏の陣)에서 군령 위반으로 탈주하여 일시 처벌을 받았다. 후에 메쓰케(目付), 나가사키가리부교(長崎假奉行)를 거쳐 1634년 오사카부교가 되어 25년간 재직했다. (『日本人名大辭典』)

28 현재 오사카시 니시구(西區) 가와구치(川口).

29 돈야, 도이야(問屋). 물품을 사 모아서 도매를 하는 상인.

곳이었는데, 한 곳은 빠졌으므로 이번에 아사미즈 도쿠에몬(淺水德右衛門)을 임명하셨다. 오사카의 도매점은 이전처럼 쇼무라 신시로(庄村新四郎)를, 鷹宿[30]은 기쓰야(木津屋)를 임명하신다고, 후루카와 우마노스케에게 통보를 지시하셨다.

一. 동 24일, 에도의 쓰시마 번저에 파발을 보내시고, 2시 무렵 순풍이 불어 가와구치에서 출선했다.

一. 동 25일, 우시마도(牛窓)[31]에 도착했다.

一. 동 26일, 가미노세키(上關)[32]에 도착했다.

一. 동 27일, 이자키(伊崎)[33]에 묵으셨다.

一. 同廿八日, 逆風. 伊崎御逗留.

一. 同廿九日, 藻連御泊.

一. 同晦日, 藍嶋御着. 御領地肥前田代之庄屋等, 御爲迎罷出ル.

園部之儀ハ, 今度御代官方ニ被仰付候故, 進物御受不被成, 被下物斗有之.

---

30 미상.

31 현재 오카야마현(岡山縣) 세토우치시(瀨戶內市) 우시마도초(牛窓町) 우시마도(牛窓). 예로부터 규슈지방 항로의 항구로 번영했으며, 근세에는 통신사 기항지로 지정되었다. 우시마도에 있는 혼렌지(本蓮寺)는 조선통신사와 참근교대 다이묘의 숙소였다. 1607년과 1617년 통신사행 때에는 식료나 물의 보급을 위한 기항이었고, 1624년 사행 때부터는 통신사의 기항지로 지정되었다. (『대일외교사전』)

32 야마구치현 구마게군(熊毛郡) 가미노세키초(上關町). 세토나이카이(瀨戶內海)의 최서단에 위치하여 가미노세키해협을 사이에 두고 무로쓰항(室津港)과 마주 보고 있는 가미노세키항(上關港)은 헤이안(平安)시대에는 세토나이카이 항로상의 주요 항구로서 역할을 했고, 무로마치시대와 에도시대에는 통신사가 기항 상륙한 것 외에도 기타마에부네(北前船, 운송선) 등에 의해 항구가 번창했다. 하기번(萩藩)이 가미노세키에 오차야(御茶屋), 가미노세키 오반쇼(上關御番所, 해상경찰·세관 역할), 오후나구라(御船藏, 선창) 등의 시설도 설치했다. 조선후기 통신사행 가운데 1811년을 제외한 나머지 사행 때마다 사신 일행이 가미노세키에서 묵었다. (『대일외교사전』)

33 야마구치현 시모노세키시(下關市) 이자키초(伊崎町).

一. 十月二日, 大河內金兵衛様·伊奈判十郎様ゟ, 末次平藏殿へ
被遣候御狀, 吉田作右衛門ヲ以長崎へ被差遣.

一. 同八日, 勝本御着.

一. 同十九日, 朝鮮初鷹江戶へ御進上被成. 勝本ゟ被差上之.

一. 同廿二日, 嶋雄左太右衛門·大浦新兵衛, 此度闕所之品々勝本へ

一. 동 28일, 역풍. 이자키에 체류하셨다.

一. 동 29일, 무쓰레(藻連)[34]에 묵으셨다.

一. 동 30일, 아이노시마(藍嶋)[35]에 도착했다. [요시나리의] 영지인 히젠 다시로(肥前田代)[36]의 쇼야(庄屋)[37] 등이 마중을 위해 나왔다. 소노베(園部)[38]는 이번에 다이칸에게 편입이 결정되었으므로, 진상물은 받지 않고 하사품만 내려주셨다.

一. 12월 2일, 오코치 긴베에(大河內金兵衛)[39]님과 이나 한주로(伊奈判十郎)[40]님이 스에쓰구 헤이조(末次平藏)[41]님에게 보내시는 서한을 요시다 사쿠에몬을 통해 나가사키로 보내셨다.

一. 동 8일, 가쓰모토(勝本)[42]에 도착했다.

34 야마구치현 시모노세키시 무쓰레지마(六連島)로 추정.

35 후쿠오카현(福岡縣) 가스야군(糟屋郡) 신구마치(新宮町)의 신구항(新宮港)에서 북서쪽 7.5km에 있는 아이노시마(相島). 조선 후기 통신사행 중 1811년 역지통신 때를 제외한 나머지 사행 때에는 사행단이 이곳 다옥(茶屋)에 묵었다. (『대일외교사전』)

36 쓰시마번이 쓰시마섬 외에 영지로 갖고 있던 규슈 북부의 도비치(飛び地).

37 에도시대 마을의 사무를 보던 관리로 선거나 세습으로 정해졌다. 다이칸의 지시를 받아 징세와 용수 및 농업기술의 지도도 맡았다. 나누시(名主), 기모이리(肝煎)라고도 했다. (『日本國語大辭典』)

38 쓰시마번의 도비치 중 하나인 기이군(基肄郡) 소노베무라(園部村). 야나가와 잇켄의 결과로 잠시 막부령으로 편입되었다.

39 오코치 히사쓰나(大河內久綱). 막부의 다이칸 및 간조부교.

40 이나 다다하루(伊奈忠治).

41 나가사키다이칸.

42 가자모토(風本)라고도 한다. 이키(壹岐)섬 북단에 위치하는 가스고(加須鄕)지역. "진구(神功) 황후가 신라에 출진할 때 이 땅

一. 동 19일, 조선의 하쓰쓰루(初鶴)[43]를 에도에 진상하셨다. 가쓰모토에서 보내셨다.

一. 동 22일, 시마오 사타에몬(嶋雄左太右衛門)과 오우라 신베에(大浦新兵衛)가 이번에 몰수한 물품을 가쓰모토로

持參仕ル. 右之品　公儀御差圖ニ, 松浦肥前守樣へ御渡被成候樣与有之ニ付, 持來ル也.

一. 同廿三日, 府內浦御着. 璘西堂ハ御老中樣御差圖之通, 直ニ以酊庵へ御入居.

一. 同廿四日, 夜ニ入, 平山四郎左衛門, 江戶御老中樣ゟ之御奉書持來. 此御達書之儀, 京都板倉周防守樣迄次飛脚ヲ以到來, 周防守樣ゟ四郎左衛門へ御渡被成.

其書ニ

先月十三日之芳札相達候. 無事ニ上京之由, 珍重存候.

今程對馬ニ御着可有之与存知候. 仍朝鮮へ從貴殿被遣候

가져왔다. 위의 물품은 막부가 마쓰라 히젠노카미(松浦肥前守)[44]님에게 건네라고 해서 가져온 것이다.

을 '가자모토(風本)'라 이름 붙이고, 개선할 때 '가쓰모토(勝本)'로 개칭했다"는 설화가 전해진다. 쓰시마는 에도시대에도 이 항구를 통상 '가자모토'라고 불렀고, 통신사 일행이 일본으로 올 때 11번, 조선으로 갈 때 8번 입항했다고 한다. 쓰시마는 혼슈와 쓰시마를 왕복할 때 연락기관 혹은 휴식소로 사용하기 위해 이곳에 저택을 세우고 상주하는 사람들도 두었다고 한다. (『근세 한일관계 사료집 Ⅲ』)

43 신년에 처음으로 보는 학. (『日本國語大辭典』)

44 마쓰라 다카노부(松浦隆信).

一. 동 23일, 후나이우라(府內浦)[45]에 도착했다. 린세이도는 로주님의 지시대로 바로 이테이안으로 들어갔다.

一. 동 24일, 밤이 되어 히라야마 시로자에몬이 에도 로주님들이 보낸 봉서를 가져왔다. 이 서한은 교토 이타쿠라 스오노카미님에게 역참파발로 도착한 것을, 스오노카미님이 시로자에몬에게 건네신 것이다.

그 서한에

지난달 13일 자 편지가 도착했습니다. 무사히 상경(上京)하셔서 기쁘게 생각합니다. 지금쯤 쓰시마에 도착하셨으리라 생각합니다. 이에 조선으로 귀하가 보내시는

書簡之案, 兩通共參着候. 於爰元者案文之儀, 我等共可致
一覽と申候得共, 今度一往ハ貴殿相計, 先輕々と書簡調之
可被遣候. 右之返札共參次第可有御越候. 其節ハ可令相談候. 御當地
別條無之, 　上樣御機嫌能被成御座候間, 可御心安候. 恐々
謹言.
尙以, 書簡兩通之案令返遣候. 已上.
十月五日　　　　酒井讚岐守
　　　　　　　　土井大炊頭
追而令申候. 松伊豆守一所ニ無之候間, 不及加判候. 已上.
宗對馬守殿

서한의 안(案)이 2통 모두 도착했습니다. 이곳에서는 안문(案文)을 저희가 한번 살펴보겠다고 했지만, 이번 한 번은 귀하가 주선하셔서 우선 가볍게 서간을 준비하여 보내십시

45 후나이(府內), 즉 쓰시마 후추에 있던 항구. 후추는 쓰시마 이즈하라(嚴原)의 옛 이름. 에도시대에 쓰시마번의 정청(政廳)이 있던 곳.

오. 그에 대한 답서들이 도착하는 대로 보내 주십시오. 그때는 상의를 하겠습니다. 이곳은 별일이 없으며, 쇼군께서도 잘 계시니 안심하십시오. 삼가 말씀드립니다.

아울러 서간 2통의 안도 돌려 드립니다. 이상.

10월 5일　　　　사카이 사누키노카미

도이 오이노카미

추가로 말씀드립니다. 마쓰 이즈노카미(松伊豆守)[46]는 같이 있지 않아서 날인(加判)하지 않았습니다. 이상.

소 쓰시마노카미님

先月廿一日之芳札令拜見候. 同知·判事幷馬藝之者, 漸可爲出船之由承候. 然者從貴殿右之者ニ相添被遣候書簡之儀ニ付, 示給候趣得其意候. 將又先書之御報も別條相認申入候. 猶期後音之節可申達候. 恐々謹言.

十月五日　　　　酒井讚岐守

土井大炊頭

宗對馬守殿

貴札忝令存候. 內々於此地被仰候朝鮮へ之書翰下書兩通, 御老中へ御越之由尤存候. 定而各ゟ委可被仰入候. 道中御無事ニ御上着, 右之書翰被明御隙, 今程御國へ

지난달 21일 자 편지를 읽어 보았습니다. 동지(同知)와 판사(判事)[47] 그리고 마상재 곡예

46 마쓰다이라 이즈노카미.

47 동지는 왜학역관 홍희남, 판사는 최의길.

사가 드디어 출선했다는 소식을 들었습니다. 그리고 귀하가 위 사람들에게 들려 보내는 서간과 관련하여 말씀하신 내용은 잘 알았습니다. 또한 이전 서한에 대한 답장도 따로 작성하여 드립니다. 다시 연락할 때를 기하겠습니다. 삼가 말씀드립니다.

10월 5일 사카이 사누키노카미

도이 오이노카미

소 쓰시마노카미님

서한 감사합니다. 내밀하게 이곳에서 말씀하신, 조선에 보내는 서한의 초안 2통을 로주님들에게 보내셨다고 하는데 잘하셨습니다. 분명 각자 자세히 [초안에 대해] 말씀하실 것입니다. 가시는 길 무사히 교토에 도착하셔서 위의 서한에 틈을 내셨는데, 지금쯤 쓰시마에

可爲御着, 珍重存候. 此御地御無事ニ, 彌　上樣御機嫌能
被成御座候條, 御心安可被思召候. 恐惶謹言.

十月三日 井伊掃部頭

宗對馬守樣御報

先月十三日之貴翰相達令拜見候. 定而今程御無事ニ
至對馬, 可爲御着と存候. 此地相替儀無御座候. 朝鮮へ被遣候
書翰之所ハ, 御老中ゟ委曲可被仰入候. 璘西堂へ御報
可申候得共, 於　殿中此狀相認申候故, 不載別札候, 御心得
所希ニ候. 金地院一所ニ無之故, 加判ニ不及候. 猶後音之
節可申達候. 恐惶謹言.

도착하셨을테니 기쁘게 생각합니다. 이곳은 아무 일 없으며 쇼군께서도 잘 계시니 안심하십시오. 삼가 말씀드립니다.

10월 3일　　　　　　　　　　　　　　　이이 가몬노카미(井伊掃部頭)[48]

소 쓰시마노카미님께 답장

지난달 13일의 편지가 도착하여 읽어 보았습니다. 분명 지금쯤 무사히 쓰시마에 도착하셨으리라 생각합니다. 이곳은 별다를 일이 없습니다. 조선에 보내는 서한에 관해서는 로주님들이 자세히 말씀하실 겁니다. 린세이도에게 답장을 보내야 하나, 에도성에서 이 서한을 작성하므로 따로 서한은 싣지 않겠습니다. 곤치인[49]은 함께 있지 않아서 날인하지 않았습니다. 다음 연락 때를 기약합니다. 삼가 말씀드립니다.

小春　　　　　　　　　　　　　刑部卿法印

　　　　　　　　　　　　　　　民部卿法印

宗對馬守樣

一. 同廿五日, 璘西堂御城へ御出, 昨夜江戸表到來有之趣, 御物語被成.

一. 同廿七日, 津江杢允江戸御使者被仰付.

一. 同廿八日, 璘西堂へ御見廻被成.

一. 同廿九日, 璘西堂御入來. 此日虎皮貳張・鰤鹽曳五喉・諸白壹駄, 江戸へ御獻上被成. 大炊頭樣・讚岐守樣へ, 御連書被進, 伊豆守樣へも御狀被進. 漂流人送還之返翰, 朝鮮ち來候付,

48 이이 나오타카(井伊直孝).

49 사이가쿠 겐료(最嶽元良).

소춘(小春)[50]　　　　　　　　교부쿄호인[51]

민부쿄호인[52]

소 쓰시마노카미님께

一. 동 25일, 린세이도가 성(城)[53]으로 와서 지난밤 에도에서 도착한 내용에 관해 이야기하셨다.

一. 동 27일, 쓰노에 모쿠노조(津江杢允)를 에도로 보내는 사자로 임명하셨다.

一. 동 28일, 린세이도를 문안하셨다.

一. 동 29일, 린세이도가 왔다. 이날 호피(虎皮)[54] 2장, 다랑어소금절임(鰤鹽曳) 5마리, 모로하쿠(諸白)[55] 1짐을 에도에 헌상하셨다. 오이노카미님과 사누키노카미님에게 연서(連書)를 보내시고, 이즈노카미님에게도 서한을 보내셨다. [조선인] 표류민 송환에 관한 답서가 조선에서 도착해서

寫以大炊頭様·讃岐守様へ被差上, 掃部頭様へも其儀被仰進,

道春老·永喜老へも右之趣, 被仰遣ル.

一. 十一月五日, 津江杢允出船仕ル.

〃 同日, 璘西堂御入來. 往年朝鮮ゟ柳川調興へ被贈候衣冠·

印なと, 今度朝鮮國へ被送返之候ニ付, 其品璘西堂へ被入御披

見.

---

50 음력 10월.

51 하야시 에이키.

52 하야시 라잔.

53 쓰시마 번주 소씨의 거성. 가네이시성(金石城).

54 예부터 조선의 특산품 중 하나. 얼룩덜룩한 혼색(混色)을 특징으로 하며, 보통 털이 붙은 호랑이의 가죽을 일컫는다. 호랑이 가죽은 표범이나 곰 가죽과 함께 매우 귀한 것으로 이웃 나라와 교역할 때 쓰이는 중요한 물품 중의 하나였다. (『대일외교사전』)

55 잘 정백(精白)한 백미를 사용한 누룩과 찐쌀로 담근 술. (『日本國語大辭典』)

一. 同九日, 嶋雄左太右衛門·大浦新兵衛, 壹州勝本ゟ歸着仕ル.

闕所之品々, 松浦肥前守樣御家賴靑木伊兵衛·明石作太夫·

日高十右衛門へ相渡候段, 申上ル.

一. 同十一日, 柳川送使印·衣冠, 此度御送還之御書翰,

사본을 오이노카미님과 사누키노카미님에게 보냈고, 가몬노카미님에게도 이를 알리셨으며 도슌[56]님과 에이키[57]님에게도 이 내용을 전했다.

一. 동 11월 5일, 쓰노에 모쿠노조가 출선했다.

〃 같은 날, 린세이도가 왔다. 이전에 조선이 야나가와 시게오키에게 보낸 의관(衣冠)과 도장 등을 이번에 조선으로 반환하게 되어, 그 물품을 린세이도에게 보여 주셨다.

一. 동 9일, 시마오 사타에몬, 오우라 신베에가 이키(壹州) 가쓰모토에서 돌아왔다. 몰수한 물품은 마쓰라 히젠노카미님의 가신 아오키 이베에(靑木伊兵衛), 아카시 사쿠다유(明石作太夫), 히다카 주에몬(日高十右衛門)에게 건넸다고 보고했다.

一. 동 11일, 야나가와 송사[58]의 도장과 의관을 이번에 돌려보낸다는 서한을

璘西堂御城へ御持參, 卽席古川右馬助へ封印被仰付ル.

書翰之趣ハ, 御老中樣へ御相談之和文之通也.

一. 同十九日, 惣而朝鮮へ被遣候御書翰, 逐一御記錄, 書役へ御渡

被置候樣ニ与, 璘西堂へ被仰談.

---

56 하야시 라잔.

57 하야시 에이키.

58 1613년 야나가와 도시나가(柳川智永)가 사망한 뒤 조선이 그에게 부여한 도서(圖書)는 아들 야나가와 시게오키에게 이어졌고, 1635년 국서개작 폭로 사건 이후 조선에 반환되었다가 1640년 쓰시마 번주의 요청에 의해 부특송사(副特送使)로 바뀌었다.(『대일외교사전』)

一. 同廿一日, 御往例之通, 鰤十喉江戸へ御獻上, 其趣御連書

以, 大炊頭様·讃岐守様·伊豆守様へ被仰上. 且又, 今度朝鮮へ

使者一人申付候間, 返翰到來仕候節, 早速可被差上之旨

飛脚以被仰上.

一. 十二月朔日, 江戸へ被遣候飛脚, 此日出船.

一. 同三日, 林儀左衛門·國部與一右衛門, 江戸御老中様ゟ之御狀持來ル.

린세이도가 성으로 가져와서, 그 자리에서 후루카와 우마노스케에게 봉인을 지시하셨다. 서한의 내용은 로주님과 상의하신 일문 문장대로이다.

一. 동 19일, 모든 조선에 보내는 서한은 빠짐없이 기록하여 서역에게 건네라고 린세이도에게 말씀하셨다.

一. 동 21일, 선례대로 다랑어 10마리를 에도에 헌상하시고, 그 내용을 연서로 오이노카미님, 사누키노카미님, 이즈노카미님께 보고하셨다. 또한 이번에 조선에 파견할 사자 1명을 임명했으니, 답장이 도착하면 서둘러 제출하겠다고 파발로 연락하셨다.

一. 12월 1일, 에도로 보내는 파발이 오늘 출선했다.

一. 동 3일, 하야시 기자에몬(林儀左衛門), 고쿠부 요이치에몬(國部與一右衛門)이 에도 로주님들의 서한을 가져왔다.

其書ニ

先月十三日之芳札相達候. 無事上着之由珍重候. 今程

對馬へ御着可有之与存知候. 仍朝鮮へ從貴殿被遣候書簡

之案, 兩通共ニ參着候. 於爰許者案文之儀, 我等共可及

一覽と申候得共, 此度一應ハ貴殿相計イ, 先輕々と書簡

調之被遣尤ニ候. 右之返札共參次第, 可有御越候. 其節ハ

可令相談候. 御當地別條無之候. 　上樣御機嫌克被成
御座之間, 可御心安候. 此趣者五日ニも申入候得共, 次飛脚候之間,
爲念重而如此候. 恐々謹言.

十月八日　　　　　　　　　　松平伊豆守

그 서한에

지난달 13일 자 편지가 도착했습니다. 무사히 교토에 도착했다고 하니 다행입니다. 지금쯤 쓰시마에 도착하셨으리라 생각합니다. 이에 조선으로 귀하가 보내는 서한 2통은 모두 도착했습니다. 이곳에서는 안문을 저희가 한번 살펴볼 것이라고 했지만, 이번은 귀하가 주선해서 우선 가볍게 서간을 작성해서 보내는 것이 좋겠습니다. 위의 답서가 도착하는 대로 보내 주십시오. 그때 상의하도록 하겠습니다. 이곳은 별일 없습니다. 쇼군께서도 잘 계시니 안심하십시오. 이 내용은 5일에도 말씀드렸지만 역참파발이기 때문에 만약을 위해 거듭 이처럼 적었습니다. 삼가 말씀드립니다.

10월 8일　　　　　　　　　　마쓰다이라 이즈노카미

酒井讃岐守
土井大炊頭

宗對馬守殿

去月廿一日之芳札令拜見候. 同知·判事幷馬藝之者, 漸
可爲出船候由承候. 然者從貴殿右之者ニ相添被遣候書簡
之儀, 示給候之趣得貴意候. 將又先書之御報も, 別紙ニ相
添進之候. 右之趣ハ五日ニも申入候得共, 次飛脚候間, 如此候. 恐々
謹言.

十月八日　　　　　　　　　　松平伊豆守
酒井讃岐守

사카이 사누키노카미

도이 오이노카미

소 쓰시마노카미님

지난달 21일 자 서한을 읽어 보았습니다. 동지와 판사 그리고 마상재 곡예사가 출선했다고 들었습니다. 그리고 귀하가 위 사람들에게 들려 보내는 서한에 관해 말씀하신 내용은 잘 알았습니다. 또한 이전에 보내신 서한에 대한 답장도 별지에 첨부하여 보냅니다. 위의 내용은 5일에도 언급했지만 역참파발이라서 이처럼 적습니다. 삼가 말씀드립니다.

10월 8일 마쓰다이라 이즈노카미

사카이 사누키노카미

土井大炊頭

宗對馬守殿

一. 同九日, 吉田作右衛門, 肥州田代ゟ罷歸ル. 柳川豊前千石之處, 末次平藏殿へ御渡, 申入相濟候段申上ル. 平藏殿之書狀來ル.

其書ニ

貴札拜見仕候. 然ハ柳川豊前上知, 於薗部村千石之所御代官所ニ被仰付由ニ而, 大河內金兵衛殿・伊奈判十郎殿ゟ被仰下, 御墨付慥請取申候. 則右之上地爲請取壹人差遣候條, 御引渡可被成候. 隨而爲御音信人參壹斤・松子一箱被掛御意忝奉存候. 從是以書狀可申上候條, 不能詳候. 恐惶謹言.

도이 오이노카미

소 쓰시마노카미님

一. 동 9일, 요시다 사쿠에몬이 히젠(肥前) 다시로(田代)에서 돌아왔다. 야나가와 부젠(柳川豊

前)의 1,000석의 영지를 스에쓰구 헤이조님께 건넨다는 보고를 마쳤다고 했다. 헤이조님의 서한이 왔다.

그 서한에

편지를 읽었습니다. 그리고 야나가와 부젠에게서 몰수한 영지인 소노베무라(薗部村)의 1,000석은 다이칸쇼(代官所)[59]에 [막부령으로] 편입시키셨다고, 오코치 긴베에님과 이나 한주로님에게서 연락이 와서 그 문서를 확실히 받았습니다. 위 몰수지를 받기 위해 1명을 보낼 것이니, 인도해 주십시오. 그리고 선물로 인삼 1근과 잣 1상자를 마음 써 주셔서 감사합니다. 앞으로 서한으로 보고드릴 것이니 자세히 적지 않겠습니다. 삼가 말씀드립니다.

尙以, 伴天連山籠仕候ニ付, 爲山狩先月ゟ御代官所へ罷
居候故, 御使者へ面談不仕候. 被爲入念候通, 爰元兩御奉行へも
爲申聞候. 於江戶各樣へも具可申上候. 以上.

十月八日　　　　　　　　　　末次平藏

宗對馬守樣

〃 同日, 幾度九左衛門·古川彌一右衛門, 鰐浦ゟ來. 唐坊佐左衛門
出船仕ル.

一. 同十三日,　公儀ゟ諸大名樣方へ被仰渡御制度之御條目,
御領承被成候趣, 飛脚以御老中樣へ被仰上.

其條目ニ

아울러 선교사가 산에서 농성하고 있어, 그 토벌을 위해 지난달부터 다이칸쇼에 기거하

59 다이칸의 집무소.

고 있어서 사자와 면담하지 못했습니다. 걱정하고 계시는 내용은 이곳의 두 부교(奉行)[60] 에게도 말했습니다. 에도의 다른 분들에게도 자세히 보고하겠습니다. 이상.

10월 8일 스에쓰구 헤이조

소 쓰시마노카미님께

〃 같은 날, 기도 구자에몬(幾度九左衛門), 후루카와 야이치에몬(古川彌一右衛門)이 와니우라(鰐浦)[61]에서 왔다. 도보 사자에몬(唐坊佐左衛門)이 출선했다.

一. 동 13일, 막부에서 각 다이묘들에게 지시하신 제도(制度)의 조목(條目)[62]을 받들겠다는 내용을 파발로 로주님들에게 보고하셨다.

그 조목(條目)에

一. 國持大名御用幷訴訟之事.

土井大炊頭·讚岐守·松平伊豆守·阿部豊後守·

堀田加賀守, 五人ニ而致一月宛ニ可承事.

一. 御旗本·諸奉公人御用幷訴訟之事.

土井遠江守·酒井備後守·三浦志摩守·大田備中守·

阿部豊後守, 五人ニ而一月宛番ニ可致事.

一. 金銀納方, 酒井雅樂頭·松平大隅守·牧野内匠頭·酒井

和泉守·杉浦內藏丞, 五人ニ而可致事.

一. 證人御用幷訴訟之事.

酒井雅樂頭·松平紀伊守·牧野内匠頭·松平大隅守·

---

60 나가사키부교.

61 쓰시마의 항구.

62 일명 「老中竝諸役人月番ノ始及分職庶務取扱日定則」이라고 불리는 조목이다. 막부의 로주 이하 역인(役人)들의 업무 분장에 대한 규정이다. (『御觸書寛保集成』 12)

一. 구니모치다이묘(國持大名)[63] 관련 업무 및 소송.

도이 오이노카미, 사누키노카미, 마쓰다이라 이즈노카미, 아베 분고노카미, 홋타 가가노카미 5명이 한 달씩 맡음.

一. 하타모토(旗本), 여러 호코닌(奉公人)[64] 관련 업무 및 소송.

도이 도토미노카미,[65] 사카이 빈고노카미,[66] 미우라 시마노카미,[67] 오타 빗추노카미,[68] 아베 분고노카미[69] 5명이 한 달씩 차례로 맡음.

一. 금은의 납부는 사카이 우타노카미, 마쓰다이라 오스미노카미,[70] 마키노 다쿠미노카미,[71] 사카이 이즈미노카미,[72] 스기우라 구라노조[73] 5명이 맡음.

一. 증인 관련 업무 및 소송.

사카이 우타노카미, 마쓰다이라 기이노카미,[74] 마키노 다쿠미노카미, 마쓰다이라 오스미노카미,

---

63 하나 이상의 구니(國)를 영유한 다이묘 혹은 하나의 구니를 영유하지 않아도 가격(家格)이 높은 다이묘를 칭한다. (『日本國語大辭典』)

64 조닌(町人)이나 백성(百姓)과 대비하여 무사 신분을 말한다. (『日本國語大辭典』)

65 도이 도시타카(土井利隆).

66 사카이 다다토모(酒井忠朝). 사카이 다다카쓰의 장남. 1635년 고쇼반가시라가 되어 쇼로(少老, 와카도시요리의 이칭)에 취임했다. (『日本人名大辭典』)

67 미우라 마사쓰구(三浦正次). 미우라 마사시게(三浦正重)의 아들. 어머니는 도이 도시카쓰의 여동생. 1633년 로쿠닌슈가 되었다. (『日本人名大辭典』)

68 오타 스케무네(太田資宗). 오타 시게마사(太田重正)의 아들. 히데타다와 이에미쓰를 섬겼고 로쿠닌슈가 되었다. (『日本人名大辭典』)

69 아베 다다아키(阿部忠秋). 미부번(壬生藩)·오시번(忍藩) 번주. 1633년 로주에 임명.

70 마쓰다이라 시게노리(松平重則). 1633년 가즈사노쿠니(上總國) 햐쿠슈번(百首藩) 번주가 되었다.

71 마키노 노부시게(牧野信成). 1633년 이시토번(石戶藩) 번주. (『日本人名大辭典』)

72 사카이 다다요시(酒井忠吉). 사카이 다다카쓰의 동생.

73 스기우라 마사토모(杉浦正友). 막신. 1626년 히데타다의 교토 행차를 수행. 당시 루스이야쿠(留守居役). (『日本人名大辭典』)

74 마쓰다이라 이에노부(松平家信). 당시 시모우사 사쿠라번 번주. (『日本人名大辭典』)

酒井和泉守·杉浦內藏丞, 右五人ニ而可致事.

一. 寺社方御用弁遠國訴訟之事.

安藤右京亮·松平出雲守·堀市正, 右三人ニ而一月番ニ可致事.

一. 町方御用弁訴訟人之事.

加々爪民部少輔·堀式部少輔, 一月番ニ可致事.

一. 關東中御代官方弁百姓なと御用·訴訟, 松平右衛門大夫·伊丹播磨守·伊奈半十郎·大河內金兵衛·曾根源左衛門, 五人ニ而一月宛二番ニ可致事.

一. 御作事方ニ付而, 御用弁訴訟之事, 佐久間將監·酒井

사카이 이즈미노카미, 스기우라 구라노조 5명[75]이 맡음.

一. 사원과 신사(寺社方) 관련 업무 및 온고쿠(遠國)[76]의 소송.

안도 우쿄노스케,[77] 마쓰다이라 이즈모노카미,[78] 호리 이키노카미[79] 위 3명이 한 달씩 차례로 맡음.

一. 마치카타(町方)[80] 관련 업무 및 소송인.

---

75 6명. '5명'은 원문의 오기.

76 1. 수도에서 멀리 떨어진 지역. 2.에도에서 멀리 떨어진 막부의 직할지.

77 안도 시게나가(安藤重長). 당시 쇼인반가시라(書院番頭, 쇼군의 호위 담당). (『日本人名大辭典』)

78 마쓰다이라 가쓰타카(松平勝隆). 마쓰다이라 시게카쓰(松平重勝)의 5남. 1633년 1만 500석을 받아 오반가시라(大番頭, 에도성과 에도 시내의 경호 담당)와 소샤반(奏者番, 에도성 예식과 쇼군의 사자 담당)을 역임. (『日本人名大辭典』)

79 호리 도시시게(堀利重). 호리 히데마사(堀秀政)의 동생. 히타치(常陸) 다마토리번(玉取藩) 번주. 당시 소샤반. (『日本人名大辭典』)

80 에도시대에 무라카타(村方, 농촌), 야마카타(山方, 산촌), 우라카타(浦方, 어촌)와 대비하여 도시(町)를 가리키던 말. (『日本國語大辭典』)

가가쓰메 민부쇼유,[81] 호리 시키부소유[82]가 한 달씩 차례로 맡음.

一. 관동(關東)지방 다이칸 및 백성 등에 관한 업무 및 소송인에 관한 일은 마쓰다이라 우에몬다유,[83] 이타미 하리마노카미,[84] 이나 한주로, 오코치 긴베에, 소네 겐자에몬[85] 5명이 1개월씩 2번 맡음.

一. 건축 관련 업무 및 소송에 관한 일은 사쿠마 쇼겐,[86] 사카이

因幡守·神尾內記, 右三人ニ而可致事.

一. 萬事證人方, 水野河內守·柳生但馬守·秋山修理進·井上筑後守四人ニ而可致事.

一. 目安裏判之儀, 其役々可仕事.

一. 御普請奉行·小普請奉行·道奉行御用之儀ハ, 松平伊豆守·阿部豊後守·堀田加賀守可承. 且大造之御普請幷大キ成屋敷割ハ, 土井大炊頭·松平讚岐守樣可遂相談事.

一. 國持大名御用幷訴訟承日之事.

三日 九日 十八日

---

81 가가쓰메 다다즈미(加々爪忠澄). 막신. 메쓰케, 마치부교 역임. (『日本人名大辭典』)

82 호리 나오유키(堀直之). 1631년 마치부교 임명. (『日本人名大辭典』)

83 마쓰다이라 마사쓰나(松平正綱). 오코치 히데쓰나(大河內秀綱)의 차남. 마쓰다이라 마사쓰구(松平正次)의 양자. 이에야스의 긴주슛토닌(近習出頭人) 역임, 다마나와번(玉繩藩) 번주. (『日本人名大辭典』)

84 이타미 야스카쓰(伊丹康勝). 가이(甲斐) 성주(城主)와 도쿠미번(德美藩) 번주. (『日本人名大辭典』)

85 소네 요시쓰구(曾根吉次).

86 사쿠마 사네카쓰(佐久間實勝).

이나바노카미,[87] 가미오 나이키(神尾內記)[88] 위 3명이 맡음.

一. 모든 증인에 관해서는 미즈노 가와치노카미,[89] 야규 다지마노카미,[90] 아키야마 스리노조,[91] 이노우에 지쿠고노카미[92] 4명이 맡음.

一. 소장 접수(目安裏判)[93]는 그 [담당] 관리가 맡음.

一. 후신부교(普請奉行),[94] 고부신부교(小普請奉行),[95] 미치부교(道奉行)[96]에 관해서는 마쓰다이라 이즈노카미, 아베 분고노카미, 홋타 가가노카미가 담당한다. 또한 거대 공사 및 대저택의 토지 할당은 도이 오이노카미, 마쓰다이라 사누키노카미님과 상의한다.

一. 구니모치다이묘(國持大名) 업무 및 소송 접수일.

3일　　9일　　18일

町方公事承日之事

九日　　十九日　　廿七日

〃 同日, 柳川豊前·以酊庵·流芳院之印·衣冠なと朝鮮へ御送還之趣, 大炊頭様·讃岐守様·伊豆守様へ, 御連書ニ而被仰上.

---

87 사카이 다다토모(酒井忠知).

88 가미오 모토카쓰(神尾元勝). 하타모토. 나라부교(奈良奉行), 간조부교 역임. (『日本人名大辭典』)

89 미즈노 모리노부(水野守信). 1632년 오메쓰케 취임.

90 야규 무네노리(柳生宗矩). 1632년 오메쓰케 취임.

91 아키야마 마사시게(秋山正重). 1632년 오메쓰케 취임.

92 이노우에 마사시게(井上政重). 이노우에 마사나리(井上正就)의 동생. 1632년 오메쓰케 취임. (『日本人名大辭典』)

93 에도시대 소송에서 부교쇼(奉行所)는 들어온 소장[訴狀, 메야스(目安)]을 즉시 접수하지 않고 엄격한 사전심사를 거쳐서 수리했는데, 사전심사에 통과하면 부교가 소장(目安)에 이서(裏書)함으로써 재판에 붙여졌다. (『國史大辭典』)

94 로주의 지배를 받아 상하수도 등의 토목공사, 무가저택(武家屋敷)의 관리를 담당. (『日本國語大辭典』)

95 에도성 혼마루, 도에이잔, 조조지, 하마고텐(濱御殿), 모미지야마 영묘(紅葉山靈廟), 그 외 관사의 조영과 수리를 담당. (『日本國語大辭典』)

96 에도 안의 도로와 수도 업무 담당. (『日本國語大辭典』)

一. 同十七日, 去ル十三日江戸へ被遣候飛脚, 今日出船.

一. 同廿日, 柳川豊前·以酊庵·流芳院闕所之品, 松浦肥前守様
御家頼へ御引渡, 勝本ニおゐて相濟候趣, 大炊頭様·讃岐守様·
伊豆守様へ, 御連書ヲ以被仰上.

〃 同日, 右闕所之品々, 於壹州勝本御家頼へ, 引渡相濟候与之
趣, 江戸御老中様へ被仰上候様ニ与, 松浦肥前守様へ被仰遣.

마치카타(町方) 소송 접수일

9일 19일 27일

〃 같은 날, 야나가와 부젠,[97] 이테이안,[98] 류호인[99]의 도장과 의관 등을 조선에 반환한다고, 오이노카미님·사누키노카미님·이즈노카미님께 연서로 보고하셨다.

一. 동 17일, 지난 13일 에도에 보내신 파발이 오늘 출선했다.

一. 동 20일, 야나가와 부젠, 이테이안, 류호인에게서 몰수한 물품을 마쓰라 히젠노카미님의 가신에게 인도하는 것을 가쓰모토에서 마쳤다고, 오이노카미님, 사누키노카미님, 이즈노카미님께 연서로 보고하셨다.

---

97 야나가와씨의 경우 임진왜란 후 통교 재개에 공헌한 공로를 인정받아 조선정부로부터 독자적인 권리를 인정받았다. 그중에는 조선으로부터 도서(圖書)를 받아 세견선을 파견할 권리를 인정받았던 수도서선 두 척의 권리가 있었다. 한 척은 시게오키의 조부 야나가와 시게노부와 부친 도시나가에게 허가된 '야나가와 송사(柳川送使)'이고, 또 한 척은 1605년 시게노부가 사거한 후 향화를 제공한다는 명목으로 신설한 '류호인 송사(流芳院送使)'이다. 이 두 척은 시게오키가 그 권리를 소유하고 있었으나, 야나가와 잇켄이 발생한 후 일단 모두 조선에 반환되었다. 그 후 소씨는 조선에 반환된 사송선의 권한을 재개시키고자 노력하여, 조선으로부터 야나가와 송사와 이테이안 송사의 파견을 다시 승인받기에 이르렀다. 또한 이 두 사송선은 모두 번주 소씨가 장악하게 되었다.

98 이테이안 송사.

99 류호인 송사.

〃 같은 날, 위의 몰수품을 이키 가쓰모토에서 [마쓰라의] 가신들에게 인도했음을 에도의 로주님들께 보고해 달라고, 마쓰라 히젠노카미님에게 연락하셨다.

一. 同廿一日, 松浦壹岐守様御家頼, 松浦大學助・熊澤大膳亮, 右闕所之品々請取之候趣, 飛船ヲ以古川式部・杉村伊織方へ申越之.

一. 同廿四日, 璘西堂御招請.

一. 同廿六日, 江戸𠮟飛脚到來. 掃部頭様・大炊頭様・讚岐守様・伊豆守様𠮟之御狀來ル.

其書ニ

貴札拜見忝存候. 如仰此表相替儀, 無御座候間, 可御心易候. 隨而上様へ朝鮮之初鷹五羽・眞鷹二被成進上候. 酒讚岐守申談, 遂披露候處, 一段御仕合共御座候. 然ハ朝鮮馬藝之者無事歸國幷同知・判事至朝鮮都, 今度御手前出入落着之

一. 동 21일, 마쓰라 이키노카미[100]님의 가신 마쓰라 다이가쿠노스케(松浦大學助), 구마자와 다이젠노스케(熊澤大膳亮)가 위의 몰수한 물품을 수령했다고 비선으로 후루카와 시키부(古川式部), 스기무라 이오리(杉村伊織)에게 전했다.

一. 동 24일, 린세이도를 초청하셨다.

一. 동 26일, 에도에서 파발이 도착했다. 가몬노카미님, 오이노카미님, 사누키노카미님, 이즈노카미님의 서한이 왔다.

그 서한에

편지를 읽어 보았으며, 감사합니다. 말씀하신 대로 이곳은 별다를 일이 없으니 안심하

100 마쓰라 다카노부(松浦隆信)는 관직으로 '히젠노카미(肥前守)' 외에 '이키노카미(壹岐守)'도 갖고 있었다.

십시오. 쇼군께 조선의 하쓰쓰루 5마리, 재두루미(眞鶴) 2마리 진상하셨습니다. 사누키노카미님과 상의하여 쇼군께 보여 드렸더니 한층 더 기뻐하셨습니다. 조선의 마상재 일행이 무사히 귀국하고 동지와 판사가 조선의 도성에 도착하여 이번에 귀하의 재판이 마무리된

通申候所, 日本御仕置御明白ニ有之儀, 於彼地も悦申候由, 令得
其意候. 將又石見致漂流候朝鮮人, 彼地へ送屆, 滿足申候旨
尤存候. 次璘西堂無事被成同道候由, 是又得其意存候. 右
御書中之趣, 具達　上聞候所ニ, 一入御機嫌共御座候. 尙期後
音之時候. 恐惶謹言.

　尙以, 自京都御越之書翰草案之儀承候. 先日以連書
　御返事申入候間, 彌可被成其心得候. 已上.

　　霜月廿日　　　　　　　　　　土井大炊頭

　　宗對馬守様貴報

別紙之尊書致拜見候. 然ハ朝鮮馬藝之者無事歸國仕,

것을 말했더니 일본의 판결이 명백한 것을 조선에서도 기뻐했다는 소식, 잘 알았습니다. 그리고 이와미(石見)[101]에 표류한 조선인을 조선으로 송환하여 만족했다는 것도 좋은 일입니다. 다음으로 린세이도와 무사히 동행하셨다니 이 또한 잘 알았습니다. 위 서한의 내용을 자세히 쇼군께 보고했더니 한층 기뻐하셨습니다. 다음 연락 때를 기하겠습니다. 삼가 말씀드립니다.

---

101 이와미노쿠니(石見國). 현재 시마네현(島根縣)의 서반부에 해당하는 지역.

아울러 교토에서 보내 주신 서한의 초안을 수령했습니다. 지난번에 연서로 답장을 드렸으니 그렇게 알아주십시오. 이상.

상월(霜月)[102] 20일　　　　　　　　도이 오이노카미

소 쓰시마노카미님께 답장

별지(別紙)의 서한을 읽어 보았습니다. 그리고 조선의 마상재 일행이 무사히 귀국했고,

就中同知·判事, 朝鮮都へ参, 貴殿一儀落着被仰付候通申候處, 日本之御仕置奉感之由, 得其意存候. 隨而內々於當御地被仰聞候石見へ致漂流候朝鮮人被送返候儀, 是又於朝鮮大慶ニ存之由, 返札對州迄參候由尤ニ候. 將又從京都被差越候書翰草案之儀, 先日御報相調進之候間, 定而相届可申候. 尚期御音之時候. 恐惶謹言.

尙以, 璘西堂無事御同道被成候由, 奉得其意候. 已上.

十一月廿日　　　　　　　　酒井讚岐守

宗對馬守樣貴報

貴札拜見仕候. 然ハ　公方樣彌御機嫌能被成御座候間, 御心

특히 동지와 판사가 조선의 도성에 도착해서 귀하의 사건이 마무리된 것을 말하자, [조선에서] 일본의 판결에 감심했다는 소식, 잘 알았습니다. 내밀히 여기에서 말씀하신, 이와미에 표류한 조선인을 송환하신 일 또한 조선이 매우 기뻐한다는 답장이 쓰시마에 도착한 것도 좋은 일입니다. 그리고 교토에서 보내 주신 서한의 초안은 지난번에 답장을

102 음력 11월.

준비하여 보내 드렸으니, 분명 도착할 것입니다. 다음 연락 때를 기하겠습니다. 삼가 말씀드립니다.

아울러 린세이도와 무사히 동행하셨다니 잘 알았습니다. 이상.

11월 20일 사카이 사누키노카미

소 쓰시마노카미님께 답장

편지 읽어 보았습니다. 쇼군께서는 잘 계시니 안심

安可被思召候. 隨而朝鮮之初靏五羽御進上被成候. 各被遂披露, 御仕合能上り申之由ニ御座候. 私へ同二羽黑被懸御意, 誠被入御念, 御懇意之段忝存候. 將又朝鮮筋相替儀無御座, 馬藝之者無事ニ歸在仕候由, 得其意候. 先以御手前儀逆風故, 壹岐勝本へ御滯船之由, 無御心元奉存候. 漸今程可爲御歸國与存候. 次拙者儀當月初時分ゟ, 相煩罷在候得共, 大形本復仕, 昨日ゟ登　城仕事ニ御座候. 猶追而可得御意. 恐惶謹言.

霜月廿三日 松平伊豆守

宗對馬守樣貴報

御歸國之從海路貴札, 殊朝鮮初靏二羽, 被懸御意忝

하십시오. 그리고 조선의 하쓰쓰루 5마리를 진상하셨습니다. 로주들이 쇼군께 보여 드렸고, 기쁘게 받으셨다고 합니다. 저에게 같은 것으로 2마리 검은목두루미[103]를 마음을 써서 마련해 주시니 친절한 마음 감사합니다. 그리고 조선은 별다를 일이 없으며, 마상

103 원문에는 '黑'만 기재되어 있으나, 검은목두루미(黑鶴)로 추정된다.

재 일행이 무사히 돌아갔다니 잘 알겠습니다. 이전에 귀하가 역풍 때문에 이키 가쓰모토에 체류하셨다니 안타깝습니다. 지금쯤 쓰시마에 도착하셨을 겁니다. 그리고 저는 이달 초부터 병을 앓았지만, 많이 회복되어 어제부터 등성하고 있습니다. 다시 뵙도록 하겠습니다. 삼가 말씀드립니다.

상월 23일　　　　　　　　　　마쓰다이라 이즈노카미

소 쓰시마노카미님께 답장

귀국(歸國)하는 해로에서 보내 주신 편지, 특히 조선 하쓰쓰루 2마리를 신경 써 주셔서 감사합니다.

存候. 如御存自何方, 如何樣之物被下候も, 不申請候間, 御理申達候.
仍逆風故, 早速御國へ御着無御座候由, 御迷惑差察候. 然者
御當地無御別條,　上樣去比御風被爲引候得共, 今程
御快氣, 御機嫌能, 如常　御膳被召上候之間, 御心易可被
思召候. 將又馬藝幷同知·判事歸國之樣子被仰聞, 珍重
存候. 隨而朝鮮へ書翰之儀, 從御老中可被仰達候. 委者期後
音之時候. 恐惶謹言.

霜月十七日　　　　　　　　　　井伊掃部頭

對馬守樣御報

一. 寬永十三丙子年正月

아시다시피 누가 어떤 물건을 주어도 받지 않으니, [하쓰쓰루를] 거절했습니다. 역풍 때문에 바로 쓰시마에 도착하지 못하셨다니 고생하셨으리라 생각합니다. 이곳은 별다른 일 없고 쇼군께서 얼마 전 감기에 걸리셨지만, 지금은 회복하셔서 건강하게 평소처럼 식사하고 계시니 안심하십시오. 또한 마상재 곡예사와 동지, 판사가 귀국했다니 기쁩니다.

이에 조선으로 보내는 서한은 로주님들이 지시할 것입니다. 자세한 것은 다음 연락 때를 기하겠습니다. 삼가 말씀드립니다.

상월 17일　　　　　　　　　　　　이이 가몬노카미

소 쓰시마노카미님께 답장

一. 간에이 13(1636) 병자년 1월

一. 同五日, 璘西堂爲御賀年御來.

一. 同六日, 爲年賀以酊庵へ御出被成.

〃 同日, 第一船書契和文, 璘西堂へ被遣.

和文

新春之御慶珍重ニ存候. 仍任舊例第一船正官氏名乘,

都船主氏名乘, 進物懸り之者差渡候. 不相替可被取行候. 日本

別而御静謐ニ候. 貴國も可爲御同然与存候. 任往例音信之

目錄, 別紙書付候. 心事自跡以飛船可申入候. 已上.

右之第一船ニ相添候水木船之吹擧

一. 今度差渡候第一船相副候水木船之事, 若風波悪候而

一. 동 5일, 린세이도가 새해 축하를 위해 왔다.

一. 동 6일, 새해 축하를 위해 이테이안에 가셨다.

〃 같은 날, 제일선(第一船)[104] 서계의 일문(和文)을 린세이도에게 보내셨다.

---

104 세견선(歲遣船) 중 하나.

일문

신춘 인사를 기쁘게 생각합니다. 구례대로 제일선은 정관(正官)[105] 아무개를 태우고, 도선주(都船主) 아무개를 태우고, 진상물 담당자를 파견합니다. 다름없이 집행해 주십시오. 일본은 매우 평화롭습니다. 귀국도 같을 것입니다. 선례대로 선물 목록을 별지에 작성했습니다. 제 생각을 나중에 비선으로 전하겠습니다. 이상.

위의 제일선과 함께 보내는 수목선[106]의 스이코

一. 이번에 보내는 제일선과 함께 보내는 수목선이 혹여 악천후로 인해

邊浦ニ罷着候共, 無御疑釜山浦へ則送屆可給候. 已上.

〃 同日, 昆布一折·鰤五喉·寒鶴十羽·諸白壹駄, 江戸へ御進上,
大炊頭様·讃岐守様·伊豆守様·加賀守様へ, 御連書ニ而被仰上.

〃 若大鷹三居同所御進上, 大炊頭様·讃岐守様へ御連書ニ而被仰上.

〃 朝鮮王妃之訃到來之趣, 大炊頭様·讃岐守様·伊豆守様へ被仰上.

〃 一件落着之儀, 舊冬朝鮮へ被仰遣候書契, 無別條彼國都へ
相通り候由, 朝鮮ニ差置候家頼ゟ申聞候. 返翰到來候ハヽ, 追而可
被差上之趣, 是又被仰上.

一. 同十三日, 江戸へ被遣候御狀出□

一. 同十四日, 璘西堂第一船之草案御持參.

---

105 조선이 통신사행 때 사행원으로 정사(正使), 부사(副使)·종사관(從事官)인 삼사, 그리고 수행원으로 군관·상통사·제술관·격군 등으로 구성하여 파견했듯이, 일본도 조선으로 보내는 사행원으로 정관(正官), 부관(副官), 도선주(都船主), 유선주(留船主), 압물(押物), 시봉(侍奉), 반종(伴從) 등으로 구성하여 파견했다. 그러나 이 구성원이 모두 갖추어져서 파견되는 경우는 야나가와 송사뿐이었다. (『대일외교사전』)

106 조선에 도항하는 사송선(使送船)이 물이나 땔나무 운반을 목적으로 대동한 작은 배. 연례 송사 중 수목선을 허락받은 것은 제일선송사, 특송선(特送船) 3척, 만송원송사(萬松院送使), 부특송사(副特送使)뿐이었다. (『대일외교사전』)

주변 항구에 도달해도 의심하지 말고 부산포로 곧바로 보내 주십시오. 이상.

〃 같은 날, 다시마 1절(折), 다랑어 5마리, 두루미(寒鶴) 10마리, 모로하쿠 1짐을 에도로 진상하시고, 오이노카미님, 사누키노카미님, 이즈노카미님, 가가노카미님께 연서로 알리셨다.

〃 어린 참매(大鷹) 3마리를 같은 곳에 진상하시고, 오이노카미님, 사누키노카미님께 연서로 알리셨다.

〃 조선 왕비의 부고[107]가 왔다고 오이노카미님, 사누키노카미님, 이즈노카미님께 보고했다.

〃 잇켄(一件)이 마무리된 사실에 관해 지난 겨울 조선에 보낸 서계가 무사히 조선의 도성에 도착했다고, 조선에 파견해 둔 가신[108]이 보고했다. 답장이 도착하면 바로 제출하겠다고 아뢰었다.

一. 동 13일, 에도에 보내시는 서한이 출발했다.

一. 동 14일, 린세이도가 제일선의 초안을 가지고 왔다.

一. 同十六日, 駿府火事之趣, 從江戶飛脚到來. 大炊頭様·讃岐守様·伊豆守様へ御狀被進.

一. 同十八日, 歲遣第二船之和文, 璘西堂へ被遣.

和文

一. 任舊例歲遣船差渡候. 不相替可被取行候. 少分之音信物, 別錄ニ書付進之候.

一. 同廿日, 璘西堂歲遣二船之草案御持參.

---

107 1635년 음력 12월에 인열왕후 한씨(인조의 정비이자 소현세자와 효종의 어머니) 서거.

108 부산의 두모포 왜관에 파견해 둔 가신.

一. 同廿三日, 唐坊佐左衛門 朝鮮ゟ歸國.

一. 同廿四日, 第一船使內野權兵衛, 今日出船.

一. 同廿五日, 璘西堂 朝鮮返翰披見.

一. 동 16일, 슨푸(駿府)[109]에 화재가 났다고 에도에서 파발이 왔다. 오이노카미님, 사누키노카미님, 이즈노카미님께 서한을 보내셨다.

一. 동 18일, 세견제이선(歲遣第二船)의 [서계] 일문을 린세이도에게 보내셨다.

일문

一. 구례대로 세견선을 파견합니다. 다름없이 집행해 주십시오. 적지만 선물을 별록(別錄)에 적어서 보냅니다.

一. 동 20일, 린세이도가 세견이선(歲遣二船)의 초안을 가지고 오셨다.

一. 동 23일, 도보 사자에몬이 조선에서 귀국했다.

一. 동 24일, 제일선의 사신 우치노 곤베에가 오늘 출선했다.

一. 동 25일, 린세이도가 조선이 보낸 답장을 보았다.

一. 同廿六日, 朝鮮返翰璘西堂へ御爲持被遣.

一. 同廿九日, 朝鮮返翰江戶へ被差上ル. 將又彼國一件落着之爲賀儀, 使者可差越之由, 申來候与之趣, 大炊頭様·讚岐守様·伊豆守様へ, 御連書ヲ以被仰上.

一. 同晦日, 多田源右衛門, 朝鮮御使者被仰付ル.

一. 二月朔日, 大浦次郎左衛門從江戶來ル. 掃部頭様·讚岐守様ゟ

109 시즈오카시(靜岡市). 이에야스는 쇼군에서 물러난 후 슨푸성을 자신의 거성(居城)으로 삼았다.

御状到來.

其書ニ

去十月廿九日之貴札拜見. 殊人參二斤被懸御意忝

令存候. 從何方如何樣之物被下候も, 不申請候間, 御留守居へ御理

一. 동 26일, 조선에서 보낸 답장을 린세이도에게 보내셨다.

一. 동 29일, 조선의 답장을 에도로 보내셨다. 또한 그 나라에서, 잇켄이 마무리된 것을 축하하는 사자를 파견[110]하겠다는 연락이 왔다고 오이노카미님, 사누키노카미님, 이즈노카미님께 연서로 보고하셨다.

一. 동 30일, 다다 겐에몬을 조선으로 파견하는 사자로 임명하셨다.

一. 2월 1일, 오우라 지로자에몬이 에도에서 도착했다. 가몬노카미님, 사누키노카미님이 보내신 서한이 도착했다.

그 서한에

지난 10월 29일 자 편지 읽어 보았습니다. 인삼 2근을 신경 써 주셔서 감사합니다. 어느 누가 어떤 물건을 주셔도 받지 않으니, 루스이(留守居)[111]에게 거절한다고

申候. 思召寄候所, 右之仕合御免可被成候. 仍海路御無事ニ, 拾月

廿三日ニ御國へ御着之由, 珍重ニ存候. 然者此御地御無事,

110 조선의 역관사절, 문위행(問慰行)을 말한다. 문위행은 쓰시마 번주가 에도로부터 환도(還島)한 것을 문위하고, 쇼군이나 번주의 경조사를 치하(致賀)·조위(弔慰)하기 위하여 쓰시마에 파견된 사행(使行)이다. 『속대전(續大典)』 「예전(禮典)」 대사객조(待使客條)에는 쓰시마 번주가 에도에서 쓰시마로 돌아오면 그를 문위하기 위해 역관을 파견한다고 규정되어 있다. 문위행의 최고책임자가 역관이었기 때문에 이를 문위관(問慰官) 혹은 문위역관(問慰譯官)이라고 했다. (『대일외교사전』)

111 쓰시마번 에도 번저의 루스이.

上様彌御機嫌好, 被爲成御座候條, 御心易可被思召候. 隨而
朝鮮へ之書翰之儀, 御紙面之通尤ニ存候. 彼國へ漂流人
被遣候返翰之寫, 御老中へ被進候. 則於　殿中披見申候.
無相違樣子と, 相聞へ申候. 御滿足察入存候. 委者期後音之
時候. 恐惶謹言.

猶々, 朝鮮信使之儀, 來年被仰遣, 其返事御聞屆,
御參覲可被成候由, 左樣之所御老中ゟ, 定而御差圖可有
御座候. 已上.

말했습니다. 마음을 써 주셨는데 이런 상황이 됨을 용서해 주십시오. 해로로 무사히 10월 23일에 쓰시마에 도착했다니 기쁩니다. 이곳은 아무 일 없으며 쇼군께서도 잘 계시니 안심하십시오. 조선에 보내는 서한은 편지 내용대로 괜찮다고 생각합니다. 조선에 표류인을 보낸 것에 대한 답장 사본을 로주들에게 보내셨습니다. 바로 에도성에서 읽었고 문제없어 보인다고 합니다. 만족하시리라고 생각합니다. 자세한 것은 다음 연락 때를 기하겠습니다. 삼가 말씀드립니다.

아울러 조선 신사(信使)는 내년에 요청하고 그 답변을 듣고서 참근(參勤)하겠다고 하셨는데, 이에 관해 로주님들의 지시가 있을 것입니다. 이상.

極月　　　　　　　　　　　　　　　井伊掃部頭
宗對馬守樣貴報

去年十一月廿一日之貴札拜見, 幷御國之鰤三本被懸
御意, 忝令存候. 慮外成申事ニ候得共, 從何方自然被下候も,
不申請候條, 御使者へ御理申達候. 仍而緩々と御在國忝思
召候由, 得其意候. 然者御當地御無事, 彌　上樣御機嫌

能御座被爲成候條, 心易可被思召候. 隨而朝鮮御使船御渡し候由
尤存候. 返事參次第, 御老中迄可被仰上由, 可然存候. 精者
期後音之時候. 恐惶謹言.

正月八日　　　　　　　　　　井伊掃部頭

극월(極月)[112]　　　　　　　　　　이이 가몬노카미

소 쓰시마노카미님께 답장

작년 11월 21일 자 편지를 읽어 보았으며, 쓰시마의 가다랑어 3마리를 신경 써 주셔서 감사합니다. 죄송하지만 어느 곳에서든 혹여 주셔도 받지 않는다고 사자에게 거절 의사를 전했습니다. 그리고 여유롭게 쓰시마에 머물고 계심을 감사드린다는 것도 잘 알겠습니다. 이곳은 아무 일 없고 쇼군께서도 잘 계시니, 안심하십시오. 조선으로 사선을 보내셨다니 잘하셨습니다. 답장이 오는 대로 로주님들에게 보고하는 것도 당연합니다. 자세한 것은 다음 연락 때를 기하겠습니다. 삼가 말씀드립니다.

정월 8일　　　　　　　　　　이이 가몬노카미

宗對馬守樣御報

兩通之尊書致拜見候. 如仰此表別條無御座候間, 御心
易可被思食候. 然者如例年鰤十本被成御進上候. 伊豆守
就當番, 被遂披露候之所, 御仕合能候間, 是又可御心易候.
私へも同三本饋被下候. 誠遠路之處, 御悃意之段忝奉存候.

112 음력 12월.

隨而貴殿も緩々と被成御在國, 辱思召候由尤存候. 將又朝鮮へ

壹人被候渡候間, 返事參次第可被仰上之由, 奉得其意候.

猶期後音之節候. 恐惶謹言.

正月十一日　　　　　　　　　　酒井讚岐守

宗對馬守樣尊報

소 쓰시마노카미님께 답장

2통의 편지를 읽어 보았습니다. 말씀하신 대로 여기는 별일 없으니 안심하십시오. 예년처럼 가다랑어 10마리를 보내 주셨습니다. 이즈노카미가 [로주 근무] 당번이어서 쇼군께 보여 드리자 기뻐하셨으니, 이 또한 안심하십시오. 저한테도 같은 것을 3마리 보내 주셨습니다. 먼 곳에서 마음을 써 주시니 감사합니다. 귀하가 여유롭게 쓰시마에 계심을 황공하게 여기시는 것도 좋습니다. 또한 조선에 1명을 파견했으니 답장이 오는 대로 보고하겠다는 것도 잘 알았습니다. 다음 연락 때를 기하겠습니다. 삼가 말씀드립니다.

정월 12일　　　　　　　　　　사카이 사누키노카미

소 쓰시마노카미님께 답장

一. 同七日, 唐坊佐左衛門出船.

一. 同十二日, 璘西堂御來. 多田源右衛門へ御渡被成候草案淸書.

此草案江戶御老中樣ゟ, 御渡被成候和文ヲ, 御用被成.

一. 同十三日, 多田源右衛門出船.

一. 同十四日, 洪同知·姜判事鰐浦へ着. 有田杢兵衛伴イ來候由,

御案內申上ル.

一. 同十五日, 伴天連·岐利志多牟之宗門, 去年以來御穿鑿
被成候處, 御領內右之宗門無之段, 大炊頭様·讚岐守様·伊豆守様へ,
御連書二而被仰上.

一. 同十八日, 朝鮮兩譯使府着.

一. 동 7일, 도보 사자에몬이 출선했다.

一. 동 12일, 린세이도가 왔다. 다다 겐에몬에게 건네시는 초안을 청서(淸書)했다. 이 초안은 에도의 로주님들이 건네주신 일문을 사용한 것이다.

一. 동 13일, 다다 겐에몬이 출선했다.

一. 동 14일, 홍동지(洪同知)[113]와 강판사(姜判事)[114]가 와니우라에 도착했다. 아리타 모쿠베에(有田杢兵衛)[115]가 함께 왔다고 보고했다.

一. 동 15일, 바테렌·크리스천 신앙을 작년 이래 조사했는데, 영지 내에 그 신자가 없음을 오이노카미님, 사누키님, 이즈노카미님께 연서로 보고하셨다.

一. 동 18일, 조선의 두 역사(兩使)[116]가 후나이(府內)에 도착했다.

---

113 왜학역관 홍희남.

114 왜학역관 강위빈(姜渭濱).

115 1587년 출생. 아리타씨(有田氏)의 계보에 의하면, 후지 사콘(藤左近)의 3남으로 태어나 아리타 모쿠노조(有田杢允)의 양자가 되었다고 한다. 또한 쓰시마의 외교승 게이테쓰 겐소와 기하쿠 겐포 밑에서 조선통교를 배웠다. 그 후 규슈를 돌며 상업에 종사하다가 쓰시마로 돌아왔고, 1624년 마치도시요리(町年寄)를 거쳐 1632년에 사이한야쿠(裁判役, 외교 담당관)에 임명되었다. 1651년 건강 문제로 사직이 받아들여질 때까지(1646년부터 중풍 기미가 보여서 사직을 요청했지만 이때는 받아들여지지 않았음) 왜관을 왕래하며 각종 교섭을 맡았다. (「一七世紀の裁判役—對馬藩と朝鮮との外交折衝擔當官—」)

116 홍희남과 강위빈.

一. 同廿四日, 兩譯登　城. 於御廣間御對面被成. 禮曹ゟ之音物有之, 有田杢兵衛來書請取, 古川右馬助へ相渡之. 右馬助御廣間上壇ニ差置之. 兩譯二度半拜禮相濟, 軍官へハ廣縁ゟ, 小童·通事ハ板緣拜シ, 其餘從者庭ゟ拜仕ル. 其後兩使自分之音物配之, 又二度半拜禮仕ル. 引渡シ·銚子·土器之御儀式相濟, 於御書院精進之御料理受之. 去年極月朝鮮王妃薨御ニ付候故也. 璘西堂も御來.

一. 同廿五日, 兩譯使以酊庵へ來ル. 音物有之.

一. 同廿六日, 多田源右衛門昨日出船之趣, 鰐浦ゟ註進仕ル.

一. 同廿七日, 此度之譯使, 御一件落着之爲御賀儀罷渡り, 御首尾

一. 동 24일, 두 역관이 [소씨의] 거성에 등성했다. 히로마(廣間)에서 대면하셨다. 예조에서 보낸 선물이 있었고, 아리타 모쿠베에가 서한을 수령하여 후루카와 우마노스케에게 건넸다. 우마노스케가 히로마의 상단에 이를 놓았다. 두 역관은 2번 반 배례를 마치고 군관은 툇마루에서, 소동(小童)[117]과 통사(通事)[118] 판자 툇마루에서 절을 하고, 나머지 종자들은 뜰에서 절했다. 그 후 두 사신이 가져온 선물을 늘어놓았다. 다시 2번 반 배례를 했

117 나이가 어린 10대 아동. 배소동(陪小童)·소동자(小童子)라고도 한다. 소동은 직무나 소속에 따라 통인소동(通引小童), 소동통사(小童通事), 수역소동(首譯小童) 등으로 구분되며, 소동 중에는 간혹 갓을 쓸 정도의 나이인 성인도 있다. 통신사행 때 대체로 삼사가 각각 4명씩 거느렸고, 당상관이 각각 2명씩 거느렸으며, 제술관이 1명을 거느렸다. 사행 중 정사, 부사, 종사관, 제술관, 역관의 시중을 들며, 때로는 춤을 추거나 노래를 불러 사신 일행의 무료함을 달래 주는 역할을 맡기도 했다. 일본 우시마도에는 사행 당시 소동들이 추었다고 하는 가라코 춤이 지금까지도 전해지고 있다. 통신사행 때 육로에서 소동은 상관(上官)과 마찬가지로 상마(上馬)를 타며 수종(隨從)하는 왜인들이 10명도 넘었다. (『대일외교사전』)

118 문위행으로 도해한 소통사(小通事)로 보인다. 소통사는 중앙에서 파견한 왜학역관 훈도와 별차를 보좌하는 하급 통사이다. (『대일외교사전』)

다. 히키와타시(引渡シ),[119] 조시(銚子),[120] 가와라케(土器)[121] 의식을 마치고, 서원(書院)에서 정진요리(精進料理)[122]를 받았다. 작년 12월에 조선 왕비가 세상을 떠났기 때문이다. 린세이도도 왔다.

一. 동 25일, 두 역관이 이테이안에 왔다. 선물이 있었다.

一. 동 26일, 다다 겐에몬이 어제 출선했다고 와니우라에서 보고가 왔다.

一. 동 27일, 이번 역관사행은 잇켄의 마무리를 축하하러 건너왔고, 순조롭게 마무리된

之程朝鮮ニも大慶ニ被存候趣, 禮曹㐂申來候ニ付, 其趣幷來翰共ニ, 御老中樣へ被差上之. 將又信使來聘之儀, 御尋被成候へハ, 相違有之間敷由, 兩譯御返答仕ル之趣, 及先日信使來聘之儀, 朝鮮國へ被仰遣候一人歸國仕候節, 御參覲可被成と思召候与之儀も, 御老中樣へ御書以被仰上.

一. 同廿八日, 以酊庵ニ而兩譯饗應有之. 此日禮曹來翰, 璘西堂御封印被成. 則江戶御老中樣へ被差上.

一. 同廿九日, 兩譯渡海之返翰和文, 以酊庵へ被入御覽.

和文

新春之御慶先日雖申達候, 珍重不可有際限候. 貴國

것을 조선도 크게 기뻐한다고 예조에서 전달해 와서, 그 내용과 서한을 전부 로주님들께

119 으뜸 상(本膳)에 술잔 3개를 곁들인 상차림. 또는 산보(三方, 나무 상)에 노시(熨斗, 말린 전복), 가치구리(勝栗, 말린 밤), 다시마를 올린 것. (『日本國語大辭典』)

120 데운 술을 넣어서 술잔에 따르기 위한 주기(酒器). (『日本國語大辭典』)

121 술을 마시는 그릇. (『日本國語大辭典』)

122 야채, 해초, 곡물만을 재료로 하여 어패류와 육류는 일체 사용하지 않은 요리. (『日本國語大辭典』)

보내셨다. 또한 신사(信使)의 내빙에 관해 물으셨더니 틀림없을 거라고 두 역관이 대답했다는 것과 지난번 신사 내빙 때문에 조선국에 파견한 [사자] 한 명이 귀국할 때 참근하고자 한다는 것도 로주님들께 서한으로 보고하셨다.

一. 동 28일, 이테이안에서 두 역관을 향응했다. 이날 예조가 보낸 서한을 린세이도가 봉인해서 바로 에도의 로주님들께 보내셨다.

一. 동 29일, 두 역관의 도해에 대한 답장 일문을 이테이안에 보여 주셨다.

일문

신춘의 경축 인사를 이전에도 말씀드렸지만 기쁘기 그지없습니다. 귀국의

御安寧目出度存候. 仍而去年一件首尾能相濟候ニ付,
爲御祝兩使被差渡, 遠路御心走之程, 欣然不淺候. 日本當
御代御明白故, 我等利運被　仰出, 國中迄安堵之體, 可被成御察
候. 不相替貴國御取次之儀被　仰出候ニ付, 彌向後誠眞之道ヲ以,
可被仰通之由尤ニ存候. 將又爲御音信種々送給, 御懇懃之
段難申謝候. 仍少分之土宜令進入候. 委曲洪同知·姜判事
申含候.

東萊へ之和文

一書令啓候. 仍而我等一件首尾能相濟候ニ付, 爲御慶從
朝廷兩使被差渡, 令祝着候. 則禮曹迄御返事令申候. 然者

안녕하심을 축하드립니다. 작년에 잇켄이 순조롭게 마무리되었기에 축하를 위해 두 사자를 보내셔서 먼 곳까지 마음 써 주신 점 대단히 기쁩니다. 일본의 쇼군께서는 명백하시어 저희에게 일리가 있다고 판결하셔서 쓰시마 전체를 지배하도록 살펴 주셨습니다. 변함없이 귀국과의 통교를 중개하게 해 주셨으니, 앞으로 성진(誠眞)의 도리로써 조선에 전함이 마땅합니다. 또한 선물로 여러 가지를 보내 주시니 친절함에 감사의 뜻을 다 전

하기 어렵습니다. 이에 적은 양이지만 선물을 드립니다. 자세한 것은 홍동지, 강판사에게 말해 두었습니다.

동래부사에게 보내는 서한의 일문

편지를 적습니다. 저희들 잇켄이 순조롭게 마무리됨을 축하하기 위해 조선 조정에서 두 사자를 파견해 주시니 기쁩니다. 바로 예조에 답서를 드립니다. 그런데

信使之儀ニ付, 先日一人差渡候. 定而都へ可有註進候. 早々御返事參候樣ニ, 御肝入尤ニ存候. 今度藤智繩相副, 兩判事送返候. 委曲兩使可爲演說候.

一. 三月朔日, 兩譯へ御饗應有之.

一. 同三日, 兩譯成相寺見物仕ル.

一. 同四日, 岩崎喜兵衛従江戸來. 大炊頭様·金兵衛様ゟ之御状御状[ママ]到來.

其書ニ

追而貴札拜見珍重存候. 其許緩々与御休息忝思食之旨尤ニ存候. 然者朝鮮へ一人被遣候間, 返翰參次第可

통신사 건으로 이전에 1명을 파견했습니다. 분명 한성에 보고해 주셨을 것입니다. 서둘러 답변이 오도록 힘써 주시기 바랍니다. 이번에 등지승(藤智繩)[123]을 붙여 두 역관을 전송합니다. 자세한 것은 두 역관이 말할 것입니다.

一. 동 3월 1일, 두 역관에게 향응이 있었다.

一. 동 3일, 두 역관이 나리아이지(成相寺)를 구경했다.

---

123 아리타 모쿠베에.

一. 동 4일, 이와사키 기헤에가 에도에서 도착했다. 오이노카미님, 긴베에님이 보내신 서한이 도착했다.

그 서한에

이어서 귀하의 편지를 읽었습니다. 그곳에서 여유롭게 쉬고 계셔서 황공하다고 하시니 좋은 일이라고 생각합니다. 그리고 조선에 1명을 파견했으니 답장이 오는 대로

有言上之由, 得其意存候. 御書中之趣も御耳ニ立申候. 將又鰤三本被懸御意候. 誠園路之所御悃志之段, 別而忝存候. 猶期後音之時候. 恐惶謹言.

正月晦日　　　　　　　　土井大炊頭

宗對馬守様

新春之不得御意, 目出度儀御同前ニ申納候. 去年ハ鰤二本被懸御意忝候. 其元久々ニ而御越, 御休息被成候覽と奉存候. 當地相替儀無御座候. 上様御機嫌好候. 貴様御事取沙汰能共惡敷共無御座候. 自然錢なと新錢ニかわり候儀, 可有御座候. 一ケ國ニ而壹人宛爲鑄可申候.

보고하겠다는 말씀 잘 알았습니다. 서한 내용도 쇼군께 전했습니다. 그리고 가다랑어 3마리를 보내서 진심으로 먼 곳까지 마음 써 주시니 더욱 감사합니다. 다음 연락 때를 기하겠습니다. 삼가 말씀드립니다.

정월 30일　　　　　　　　도이 오이노카미

소 쓰시마노카미님

신춘에 뵙지 못하고 신년 축하 말씀드립니다. 작년에는 가다랑어 2마리를 보내 주셔서 감사했습니다. 그곳에 오랜만에 가서 쉬고 계시리라 생각합니다. 이곳은 변함없습니다.

쇼군께서도 잘 계십니다. 귀하에 관한 소문은 좋은 것도 나쁜 것도 없습니다. 곧 동전(錢) 등을 신전(新錢)으로 바꾸게 될 것입니다.[124] 1국(國)에서 1명씩 주조하게 할 것입니다.

左樣ニも候ハヽ, 貴樣へも當り候覽かと, 皆々御申候つる. 夫も此中者沙汰も無御座候. 恐惶謹言.

尙々, 何ニ而も御用之儀, 可被仰付候. 柳川豊前知行殘物, 貴樣御內衆ゟ平藏方へ御書付被遣候由, 平藏申越候間, 請取候得と申遣候. 少預り候物, 少も隱不申樣ニ可被成候. 豊前何角と申候得ハ, いかゝニ候間, 扨申候. 以上.

正月廿日　　　　　　　　　大河內金兵衛

宗對馬守樣貴報

一. 同八日, 璘西堂御來.

一. 同十一日, 江戶番代之御家中出船.

그렇게 되면 귀하도 배당을 받게 될 거라고 모두가 말했습니다. 그것도 요즘에는 아무런 얘기가 없습니다. 삼가 말씀드립니다.

아울러 무엇이든 용건이 있으면 말씀하십시오. 야나가와 부젠의 지교(知行)에서 남은 것들을 귀하의 가신들이 헤이조에게 문서로 보냈다고, 헤이조에게서 연락이 왔기에 수령하라고 했습니다. 조금이라도 맡고 계신 물건을 조금도 숨겨서는 안 됩니다. 부젠이 무언가 트집 잡으면 좋지 않아서 말씀드립니다. 이상.

정월 20일　　　　　　　　　오코치 긴베에

124 전좌(錢座)를 설치하여 관영통보(寬永通寶)를 주조하기 시작한 것을 가리킨다. 관영통보는 1636년 창주(創鑄)되어 1868년에 이르기까지 장기간 주조된 원형방공(圓形方孔) 동화(銅貨)이다.

소 쓰시마노카미님께 답장

一. 동 8일, 린세이도가 왔다.

一. 동 11일, 에도 근무를 교대하는 가신들이 출선했다.

一. 同十五日, 兩譯へ送別之御饗應有之. 拜禮如式.

〃 同日, 江戶飛脚到來.

一. 同十六日, 御返翰幷御返禮, 兩譯へ御渡被成.

一. 同廿一日, 兩譯乘船.

一. 同廿二日, 兩譯出船之趣, 大炊頭樣·讚岐守樣·伊豆守樣へ, 御連書ニ而被仰上.

一. 同廿三日, 古川彌一右衛門以, 兩譯へ問案被仰遣.

一. 同廿四日, 第一船歸國.

一. 四月三日, 兩譯出帆.

〃 同日, 多田源右衛門, 朝鮮ゟ渡海仕ル.

一. 동 15일, 두 역관에게 송별 향응이 있었다. 배례는 식(式)과 같았다.

〃 같은 날, 에도에서 파발이 도착했다.

一. 동 16일, 답서와 답례품을 두 역관에게 건네셨다.

一. 동 21일, 두 역관이 승선했다.

一. 동 22일, 두 역관이 출선한다고 오이노카미님, 사누키노카미님, 이즈노카미님께 연서로 보고하셨다.

一. 동 23일, 후루카와 야이치에몬을 보내 두 역관을 문안하셨다.

一. 동 24일, 제일선이 귀국했다.

一. 4월 3일, 두 역관이 출선했다.

〃 같은 날, 다다 겐에몬이 조선에서 돌아왔다.

一. 同四日, 多田源右衛門府着.

一. 同八日, 大炊頭様·讚岐守様·伊豆守様へ, 御連書以被仰上候ハ, 信使來聘之儀, 申越候使者, 歸國仕候. 來聘之儀, 八·九月之間, 拙子差圖のごとく, 可差渡之由申來候. 扨又被仰上候ハ, 前日も申上候通, 彼國王妃之喪有之候得共, 拙子差圖之ごとく, 信使被差渡之候儀, 偏ニ日本へ對仕り, 厚キ心入有之故と奉存候. 殊ニ此度之信使之儀, 執政輩之內ゟ可被差越之由風聞仕, 大慶仕候. 且拙子參觀仕候節, 璘西堂ヲも同道仕り, 朝鮮書契往來之儀, 幷ニ信使一件ニ付候折渡り, 私同然ニ各中様御差圖ヲ蒙り候様ニ, 致度候与之趣も, 被仰上之.

一. 동 4일, 다다 겐에몬이 후나이에 도착했다.

一. 동 8일, 오이노카미님, 사누키노카미님, 이즈노카미님께 연서로 보고하시길, '통신사의 내빙에 관해 [조선에] 전달한 사자가 귀국했습니다. 내빙은 8, 9월 사이에 저의 지시대로 파견할 것이라고 전해 왔습니다' 또한 아뢰기를, '지난번에도 보고했듯이 조선이 왕비의 상중임에도 불구하고 저의 지시대로 신사를 파견하겠다는 것은, 오로지 일본에 대해 두터운 마음이 있기 때문이라고 생각합니다. 특히 이번 신사는 [조선의] 집정들 중에서 파견한다는 풍문이 있기에 매우 경사스럽습니다. 또한 제가 참근할 때 린세이도도 동행해서 조선과의 서계 왕래와 신사 파견에 관해 교섭하여, 저와 마찬가지로 로주님들의 지시를 받게 하고 싶습니다'라고도 아뢰었다.

一. 同十日, 江戶へ被遣候御狀出來.

一. 同廿二日, 江戶飛脚到來. 御老中様御連書, 幷大炊頭様·加賀守様ゟ御狀來ル.

其書二

御狀令拜見候. 柳川豊前守·宗讚岐守·以酊庵·流芳院·嶋河
內匠·澤村七右衛門, 右闕所物之儀, 松浦肥前守方へ被相渡之由,
得其意候. 恐々謹言.

二月廿九日　　　　　　　　松平伊豆守
酒井讚岐守
土井大炊頭

一. 동 10일, 에도에 보내는 서한이 준비되었다.

一. 동 22일, 에도에서 파발이 도착했다. 로주들님이 보내신 연서와 오이노카미님, 가가노카미님의 서한이 왔다.

그 서한에

서한을 읽어 보았습니다. 야나가와 부젠노카미, 소 사누키노카미,[125] 이테이안, 류호인, 시마카와 다쿠미, 사와무라 시치에몬, 이들에게서 몰수한 물품을 마쓰라 히젠노카미에게 건네셨다는 점, 잘 알았습니다. 삼가 말씀드립니다.

2월 29일　　　　　　　　마쓰다이라 이즈노카미
사카이 사누키노카미
도이 오이노카미

宗對馬守殿

貴札致拜見候. 隨而御當地別條無御座儀, 御滿足旨, 得其意

125 소 사누키. 번주 요시나리의 사촌.

存候. 然者去年諸大名へ被　仰出候　御諚之趣, 御留守居衆迄,
各被申渡候通, 具二聞召之由尤存候.　公儀御用之儀者, 以連狀
御報申入候. 恐惶謹言.

三月朔日　　　　　　　　　土井大炊頭

宗對馬守様貴報

貴札致拜見候. 先以爰許別條無御座,　公儀様彌御
機嫌能被成御座之間, 御心易可被思召候. 隨而今度被　仰出旨,
被得其意之由, 御尤存候. 猶期後音之時候. 恐惶謹言.

소 쓰시마노카미님

편지를 읽어 보았습니다. 이곳에 별다를 일이 없어 만족하고 계신다고 들었습니다. 작년에 여러 다이묘에게 내리신 명령을, [쓰시마번의 에도] 루스이들에게 로주들이 전달한 대로 자세히 전해 들으셨다니 다행입니다. 막부의 공무에 관해서는 연장(連狀)[126]으로 답변하겠습니다. 삼가 말씀드립니다.

3월 1일　　　　　　　　　도이 오이노카미

소 쓰시마노카미님께 답장

편지 읽어 보았습니다. 우선 이곳은 별다를 일이 없으며, 쇼군께서도 매우 잘 지내시니 안심하십시오. 이번에 [쇼군이] 내린 지시를 잘 이해하셨다니 좋은 일입니다. 다음 연락 때를 기하겠습니다. 삼가 말씀드립니다.

---

126 여러 명이 서명하여 보내는 서한. 여기에서는 여러 명의 로주가 서명하여 보내는 봉서.

三月朔日　　　　　　　　　　　堀田加賀守

宗對馬守樣貴報

一. 同廿四日, 內山杢左衛門, 江戸ゟ到着. 掃部頭樣·大炊頭樣·民部卿·刑部卿ゟ之御狀來ル.

其書ニ

貴札令拜見候. 隨而　公方樣へ爲年始之御祝儀, 朝鮮寒中之靍拾羽, 內眞五·鰤之鹽引五本·昆布一折, 幷御酒雙樽被成進上候. 今日者堀田加賀守當番之故, 披露之所, 一段之御仕合共御座候.　御前之樣體, 右之仁ゟ可被申達候. 恐惶謹言.

猶以, 正月晦日之御狀乍御報, 是又令拜見候. 去年朝鮮

3월 1일　　　　　　　　　　　홋타 가가노카미

소 쓰시마노카미님께 답장

一. 동 24일, 우치야마 모쿠자에몬(內山杢左衛門)이 에도에서 도착했다. 가몬노카미님, 오이노카미님, 민부쿄, 교부쿄의 서한이 도착했다.

그 서한에

편지를 읽어 보았습니다. 쇼군께 새해 선물로 염장한 조선의 학 10마리, 그중 재두루미 5마리, 가다랑어소금절임 5마리, 다시마 1절, 술 2통을 진상하셨습니다. 오늘은 홋타 가가노카미가 당번이어서 보여 드렸더니 대단히 기뻐하셨습니다. 쇼군의 용태에 대해서는 위의 사람이 전할 것입니다. 삼가 말씀드립니다.

아울러 정월 30일의 서한은 답장이지만 이 또한 읽어 보았습니다. 작년 조선

馬藝之者致歸國, 都ニ而之樣子各申談, 達　上聞候儀, 御滿足之旨, 令得其意候. 以上.

三月廿五日　　　　　　　　　　　　土井大炊頭

宗對馬守様御報

貴札忝令存候. 如仰此御地御無事ニ,　上様彌御機嫌克御座

被爲成候條, 御心易御珍重, 可被思食候. 仍自朝鮮之儀, 御紙面

一々見分得其意, 目出度存候. 朝鮮信使返札到來次第, 御

參覲可被成由尤存候. 精者期後音之時候. 恐惶謹言.

尙々, 御使者御口上承屆候. 已上.

三月十九日　　　　　　　　　　　　井伊掃部頭

마상재 곡예사가 귀국한 사실과 한성의 상황을 다른 로주님들과 상의해서 쇼군께 말씀드린 것에 만족하셨다고 들었습니다. 이상.

3월 25일　　　　　　　　　　　　도이 오이노카미

소 쓰시마노카미님께 답장

편지를 읽어 보았습니다. 말씀하신 대로 여기는 아무 일 없으며 쇼군께서도 매우 잘 계시니 안심하고 기뻐하십시오. 조선에서 온 연락을 지면(紙面) 꼼꼼히 살펴보았고 경축합니다. 조선 신사에 관한 답장이 도착하는 대로 참근하시겠다는 뜻도 좋습니다. 자세한 것은 다음 연락 때를 기대합니다. 삼가 말씀드립니다.

아울러 사자가 구두로 전한 내용도 잘 들었습니다. 이상.

3월 19일　　　　　　　　　　　　이이 가몬노카미

宗對馬守様御報

貴柬拜讀仕候. 御勇健之由珍重奉存候. 當地相替儀無

御座候. 抑朝鮮國趙禮曹弁鄭良弼返簡到來, 御滿足

之旨尤存候. 貴公より被遣候御狀之面, 無相違相談候儀,

一段之御事ニ御座候. 每度拙者式迄御悃書忝存候. 委曲

平田將監方ゟ可有演說候. 尙期后音之時候. 恐惶謹言.

三月廿二日　　　　　　　　　　刑部卿法印

對馬侍從樣拜答

一. 同廿八日, 山川喜兵衛從江戶來ル. 掃部頭樣·讚岐守樣·民部卿·

소 쓰시마노카미님께 답장

편지를 읽었습니다. 건강히 계신다니 기쁩니다. 이곳은 변함없습니다. 애초에 조선국 조예조(趙禮曹)[127] 및 정양필(鄭良弼)[128]의 답장이 도착하여 만족하신다 하니 다행입니다. 귀하가 보내시는 서한의 문면에 대해 확실히 상의한 것은 한층 다행스러운 일입니다. 매번 저 같은 사람에게까지 서한을 보내 주시니 감사합니다. 자세한 것은 히라타 쇼겐(平田將監)이 말할 것입니다. 다음 연락 때를 기하겠습니다. 삼가 말씀드립니다.

3월 22일　　　　　　　　　　교부쿄호인

　　　　　　　　　　　　　　민부쿄호인

쓰시마지주(侍從)[129]님께 답장

一. 동 28일, 야마카와 기베에가 에도에서 도착했다. 가몬노카미님, 사누키노카미님, 민부쿄,

127 예조판서 조익(趙翼)으로 추정.

128 동래부사.

129 소 요시나리의 관위는 '從四位下侍從', '쓰시마노카미(對馬守)'.

刑部卿ゟ之御狀到來.

其書ニ

當二月廿六日之貴札忝令存候. 從朝鮮其許へ使者參候儀, 御紙面之趣具ニ見分仕, 珍重存斗候. 信使之儀返事到來次第, 貴樣可被成御參之由, 得其意存候. 仍而此御地御無事ニ, 上樣彌御機嫌克, 頓而日光へ御社參可被爲成　上意ニ而御座候條, 御心易可被思召候. 精者期後音之時候. 恐惶謹言.

四月六日　　　　　　井伊掃部頭

宗對馬守樣御報

尊書致拜見候. 然者柳川豊前へ, 從朝鮮給置候裝束·印判

교부쿄가 보내신 서한이 도착했다.

그 서한에

이번 2월 26일 자 편지를 받아 기쁩니다. 조선에서 쓰시마로 사자가 왔음을 지면에서 자세히 읽었으며 기쁘게 생각할 따름입니다. 신사에 관한 답장이 도착하는 대로 귀하가 [에도로] 오신다는 것도 잘 알았습니다. 이곳은 아무 일 없고 쇼군께서도 매우 잘 계시며, 드디어 닛코 참배[130]를 가실 생각이시니 안심하십시오. 자세한 것은 다음 연락 때를 기하겠습니다. 삼가 말씀드립니다.

4월 6일　　　　　　이이 가몬노카미

소 쓰시마노카미님께 답장

편지 읽어 보았습니다. 야나가와 부젠에게 조선이 지급한 옷가지(裝束)와 도장

130 도쿠가와 이에야스를 봉안한 닛코 도쇼구 참배로 추정된다.

幷以酊庵·流芳院之印判, 何も朝鮮へ返進被成候之所, 慥

請取候由, 返簡書載候旨, 奉得其意候. 殊ニ豊前へ印を遣

置候儀, 貴殿家老役を仕候故, 如此ニ候間, 此以後も家老役

仕候者ニハ, 馳走可被仕之旨, 申來候由, 存其旨候. 併從朝鮮信使

不相調內, 加様之儀, 從此方御取あい候儀, 如何ニ思召候由, 一段尤ニ

存候. 不達儀候間, 貴殿御參府之刻, 御相談可被成候. 以酊庵

印判之儀も, 其節御談合可然候. 尙期後音之節候. 恐惶謹言.

卯月七日　　　　　　　　　　酒井讚岐守

宗對馬守様尊報

二月廿六日之貴札致拜見候. 如仰當御地相替儀無御座,

및 이테이안·호류인의 도장 모두 조선에 반납하셨는데, 잘 받았다는 답장이 왔다고 하니 잘 알았습니다. 특히 [조선이] 부젠에게 도장을 지급한 것은 귀하의 가로(家老)직을 맡은 자였기 때문이므로 이 이후로도 가로직을 맡은 자를 접대하겠다는 답장이 왔다고 하셨는데 잘 알겠습니다. 하지만 조선에서 신사 준비가 되지 않은 상태에서 그러한 사안을 이쪽에서 다투는 것을 바람직하지 않게 생각하신다는 것도 매우 지당하다고 봅니다. [서면으로는] 부족하니 귀하가 참근하면 상의하겠습니다. 이테이안의 도장에 관해서도 그때 상의하겠습니다. 또한 다음 연락 때를 기하겠습니다. 삼가 말씀드립니다.

묘월(卯月) 7일　　　　　　　　　　사카이 사누키노카미

소 쓰시마노카미님께 답장

2월 26일 자 편지를 읽어 보았습니다. 말씀대로 이곳은 별다른 일이 없으며,

公方樣彌御機嫌能被成御座候間, 御心易可被思召候. 隨而去年御手前,
御前之御仕合ニ付, 自朝鮮國爲祝悅之兩使被差渡之由,
令得其意候. 然者彼書簡, 今度各迄被差越之旨, 御尤
存候. 右兩使之一札朝鮮國へ被仰渡候間, 歸朝次第御聞屆被成,
可有御參覲之由, 是又令得其意候. 尙追而可得御意候. 恐惶謹言.

卯月六日　　　　　　　　堀田加賀守

宗對馬守樣貴報

二月廿六日之貴簡相達, 令拜誦候. 此度爲御歸嶋之
賀儀, 自朝鮮國洪同知·姜判事之兩使渡海之由, 珍重
存候. 御滿足察存候. 兩使持參候趙禮曹書簡, 御老中へ

쇼군께서도 대단히 잘 계시니 안심하십시오. 작년에 귀하가 쇼군 앞에서 있던 일로, 조선국이 축하를 위해 두 사자를 파견했다니 다행입니다. 그리고 그 서한을 이번에 로주들에게 보내신 것도 지당합니다. 위 두 사자에 대한 서한을 조선국에 보냈으니 [사자가] 일본에 돌아오는 대로 들은 후에 참근하시겠다는 것 또한 잘 알았습니다. 다시 곧 뵙겠습니다. 삼가 말씀드립니다.

묘월(卯月) 6일　　　　　　　　홋타 가가노카미

소 쓰시마노카미님께 답장

2월 26일 자 편지가 도착하여 읽어 보았습니다. 이번 쓰시마로 돌아가신 것을 축하하러 조선국에서 홍동지와 강판사 두 사자가 도해했다니 기쁩니다. 만족하셨으리라 생각합니다. 두 사자가 가져 온 조예조의 서한을 로주님께

被掛御目候. 文章之爲體尤存候. 信使來朝之儀も被仰遣由ニ候.

爰元別條無御座候. 御屋敷御無事之由ニ候. 可御心安候. 尙期

后音之節可申達候. 恐惶謹言.

尙以, 每度悃書忝存候. 璘西堂ゟも預芳書候.

萬々重而可申入候. 已上

孟夏六日　　　　刑部卿法印

民部卿法印

對馬侍從樣尊報

一. 五月朔日, 府中之制札改立.

一. 同五日, 璘西堂御來.

보여 드렸고, 문장은 좋았습니다. 신사의 내조(來朝)에 대해서도 보고하셨다고 들었습니다. 이곳은 별일이 없습니다. 쓰시마번 에도 번저는 아무 일 없다고 하니 안심하십시오. 다음 연락 때를 기하겠습니다. 삼가 말씀드립니다.

아울러 매번 정성스러운 편지를 보내주시니 감사드립니다. 린세이도가 보낸 편지도 받았습니다. 모두 나중에 말씀드리겠습니다. 이상.

맹하(孟夏)[131] 6일　　　　교부교호인

민부교호인

쓰시마지주님께 답장

一. 5월 1일, 후추에 제찰(制札)을 다시 세웠다.

一. 동 5일, 린세이도가 왔다.

131 음력 4월.

一. 同八日, 璘西堂, 特送使之眞文草案御持參.

和文

爲每歳特送使上官氏名乘, 都船主氏名乘, 二船氏

名乘, 封進押物官差渡候. 如常々可被取行候. 進物ハ目錄ニ而

申入候. 以上.

右之船渡し候書簡和文

先日以飛船信使之儀申入候所, 早速御返詞滿足申候. 我等

爲御案內, 近日江戸參上仕候時分之儀ハ, 得　御意, 重而

可申入候. 以上.

一. 同十日, 吉日ニ候得共, 逆風故御出船無之.

一. 동 8일, 린세이도가 특송사(特送使)[132]가 가져갈 한문 초안을 가지고 왔다.

일문

매년 [파견하는] 특송사 상관(上官)[133]으로 아무개를 태우고, 도선주(都船主) 아무개를 태우고, 이선(二船)[134]으로 아무개를 태우고, 봉진압물관[135]을 파견합니다. 평소대로 집행해 주십시오. 진물은 목록에 있습니다. 이상.

위의 선박에 건넨 서간의 일문

지난번 비선으로 신사에 대해 말씀드렸는데, 서둘러 답해 주셔서 만족스럽습니다. 저희가 보고를 드리러 에도로 가는 시기에 대해서는 막부의 의견을 듣고서 다시 전하겠습니

132 매년 조선으로 파견된 쓰시마의 사선 중 하나.

133 정관(正官). 사신의 우두머리. 조선에서는 정관왜(正官倭)라고도 한다.

134 이선주(二船主). 사송선과 병행하여 도항하는 부선(副船)의 선주(船主).

135 조선에 진상하는 방물(方物)을 담당하는 사람.

다. 이상.

一. 동 10일, 길일(吉日)이었지만 역풍 때문에 출선은 없었다.

一. 同十八日, 松浦壹岐守樣御家頼熊澤大膳亮·松浦大學助ゟ古川式部·杉村伊織方へ書狀來ル.

一. 同廿二日, 從江戶飛脚到來. 柳川豊前調置候船板, 博多ニ有之候ヲ, 今度御拜領被仰付候旨, 堀田加賀守樣へ被遊御意候ニ付, 加賀守樣ゟ平田將監へ被仰渡候趣申來ル.

一. 동 18일, 마쓰라 이키노카미님의 가신 구마자와 다이젠노스케, 마쓰라 다이가쿠노스케가 후루카와 시키부, 스기무라 이오리에게 보낸 서한이 도착했다.

一. 동 22일, 에도에서 파발이 도착했다. 야나가와 부젠이 마련해 둔 선판(船板) 하카타에 있던 것을, 이번에 [요시나리에게] 하사하신다고 쇼군께서 홋타 가가노카미님에게 명하시어, 가가노카미님이 히라타 쇼겐에게 지시하셨다는 연락이 왔다.

『관영병자신사기록』 4

朝鮮信使記錄卷之四　　　御參覲

一. 寛永十三丙子年六月三日, 御國御出帆, 藍嶋江御着.

一. 同四日, 藍嶋出帆, 向嶋江御着.

一. 今日江戶表, 御老中樣方ゟ之御奉書到來. 卽日

御請之, 御狀被差越ル.

右之御奉書於京都板倉周防守樣ゟ, 此方附士

大浦助大夫江御渡被成候由. 御奉書之案, 左記之.

去月八日之御狀令拜見候. 朝鮮之信使來朝之事,

當年八 · 九月以後, 貴殿差圖次第可罷渡之由, 申來

候通承屆候. 右之趣達　上聞之處, 九月 · 十月之時分, 信使

조선신사기록권지사(朝鮮信使記錄卷之四)　　어참근(御參覲)

一. 간에이(寬永) 13 병자년(1636) 6월 3일, 쓰시마에서 출선하셔서 아이노시마(藍嶋)에 도착했다.

一. 동 4일, 아이노시마에서 출선하셔서 무카이시마(向嶋)[1]에 도착했다.

一. 오늘 에도의 로주님들이 보낸 봉서가 도착했다. 이날 바로 수령하여 서한을 보내셨다.

위의 봉서는 교토에서 이타쿠라 스오노카미님이 우리 쪽 번사(附士)[2] 오우라 스케다유에게 건네셨다고 한다. 봉서의 안(案)을 다음에 적는다.

지난달 8일 자 서한을 읽어 보았습니다. 조선 신사의 내조는 올해 8, 9월 이후 귀하의 지시대로 건너올 거라는 말씀, 잘 알았습니다. 이 내용을 쇼군께 보고했더니, 9, 10월에 신사가

相渡候様ニと被仰出候. 被得其意, 可被申渡候. 近日可有

參府之由候之間, 萬々得節候. 恐惶謹言.

尙以, 最寄兩度之御狀幷書翰相屆候. 以上.

五月十一日　　松平伊豆守

酒井讚岐守

土井大炊頭

宗對馬守殿

御報

---

1 현재 야마구치현 호우시(防府市)에 있는 섬. 에도시대에는 스오노쿠니(周防國)에 속했다. 물결이 매우 급하여 지나가기가 쉽지 않아 형편에 따라 선상에서 머물다 가는 곳 가운데 하나이다. (『대일외교사전』)

2 말 그대로 '붙여 둔 번사'라는 의미 같은데, 정확한 것은 미상.

一. 同六日, 向嶋御出帆, 上關江御着.

一. 同七日, 上關御出帆, 鎌苅江御着.

一. 同八日, 鎌苅御出帆, 下津江御着.

건너오게 하라고 명하셨습니다. 그 점을 [조선에] 전하십시오. 가까운 시일 내에 에도에 오신다고 하니 모두 그때를 기하겠습니다. 삼가 말씀드립니다.

아울러 가장 최근 2개의 문서 및 서한이 도착했습니다. 이상.

5월 11일 마쓰다이라 이즈노카미

사카이 사누키노카미

도이 오이노카미

소 쓰시마노카미님에게

답장

一. 동 6일, 무카이시마에서 출선, 가미노세키(上關)에 도착했다.

一. 동 7일, 가미노세키에서 출선, 가마가리(鎌苅)[3]에 도착했다.

一. 동 8일, 가마가리에서 출선, 시모쓰이(下津江)[4]에 도착했다.

一. 同九日, 下津江出帆, 室津江御着.

一. 同十日 申刻, 室津御出帆, 江嶋江御着.

〃 今子刻, 江戸表御老中様方ゟ之御奉書, 幷大坂町御

奉行ゟ之添御状なと, 此方附士古川清右衛門江御渡シ被成

---

3 히로시마현(廣島縣) 구레시(吳市) 시모가마가리초시모지마(下蒲刈町下島). 12차 통신사행 가운데 1617년과 1811년 사행을 제외한 나머시 사행 때마나 사신 일행이 이곳에 묵었나. (『내일외교사전』)

4 가마가리에서 오사카로 향하는 해로로 볼 때 현재 아와지시마(淡路島) 쓰이(津井) 항구로 추정된다.

候由ニ而, 繼船を以到來. 御奉書之案, 左記之.

一筆令啓達候.

公方樣一段御機嫌能被成御座候間, 可御心安候. 將又

朝鮮之信使八·九月之時分, 貴殿差圖次第可相渡之通,

其方使者ニ申越候由, 最前示給候. 彌其分ニ候哉. 左樣

候者, 先書ニ如申入候, 九月·十月之比, 信使相渡候樣ニ可被

一. 동 9일, 시모쓰이에서 출선, 무로쓰(室津)[5]에 도착했다.

一. 동 10일 신시(申刻),[6] 무로쓰를 출선, 에시마(江嶋)[7]에 도착했다.

〃 자시(子刻),[8] 에도의 로주님들이 보내신 봉서 및 오사카마치부교가 첨부한 서한(添狀) 등을 우리 쪽 번사 후루카와 세이에몬(古川淸右衛門)에게 건네시어, 쓰기부네(繼船)로 도착했다. 봉서의 안은 다음과 같다.

글을 올립니다. 쇼군께서는 한층 잘 계시니 안심하십시오. 조선 신사를 8, 9월에 귀하의 지시대로 파견할 것을 귀하의 사자에게 연락했다고 얼마 전에 말씀하셨습니다. 정말 그렇습니까? 그렇다면 지난번 서한에서 언급한 대로 9, 10월경에 신사가 건너오도록

申越候. 此御返事早々可承候. 恐々謹言.

尙々, 此趣次飛脚を以, 申入候得共, 爲念重而如此候.

---

5 아와지시마의 무로쓰 항구.

6 오후 3시~5시.

7 아와지시마의 에시마(繪島) 항구.

8 오후 11시~오전 1시.

以上.

六月五日　　堀田加賀守

阿部豊後守

松平伊豆守

酒井讚岐守

土井大炊頭

宗對馬守殿

一. 同十一日, 江嶋御出帆, 大坂江御着.

연락하십시오. 이에 대한 답장을 서둘러 보내 주십시오. 삼가 말씀드립니다.

아울러 이 내용을 역참파발로 보냈지만 만약을 위해 다시 보냅니다. 이상.

6월 5일　　홋타 가가노카미

아베 분고노카미

마쓰다이라 이즈노카미

사카이 사누키노카미

도이 오이노카미

소 쓰시마노카미님

一. 동 11일, 에시마에서 출선, 오사카에 도착했다.

一. 同十二日, 大坂御逗留.

〃 昨日御當地江御着被遊候段, 今日町御奉行江御屆ケ被遊ル.

〃 同日, 江戶表江飛脚被差越ル.

〃 同十三日, 久貝因幡守樣ゟ御招請ニ付, 御出被遊ル.

一. 同十四日, 大坂御發足, 伏見江御着.

〃 南昌院玄召長老, 東福寺ゟ御出被成ル.

一. 同十五日, 伏見御發足. 草津御晝休, 暮ニ石部江御着.

一. 同十六日, 石部御發足. 土山御晝休, 暮ニ小野江御着.

一. 同十七日, 小野御發足. 桑名御晝休, 暮ニ熱田江御着.

一. 同十八日, 熱田御發足. 岡崎御晝休, 暮ニ吉田江御着.

一. 동 12일, 오사카에 체류하셨다.

〃 어제 이곳에 도착했다고 오늘 마치부교에게 보고하셨다.

〃 같은 날, 에도에 파발을 보내셨다.

〃 동 13일, 구가이 이나바노카미(久貝因幡守)님의 초청을 받아 외출하셨다.

一. 동 14일, 오사카를 출발, 후시미(伏見)[9]에 도착했다.

〃 난쇼인 겐쇼초로가 도후쿠지에서 오셨다.

一. 동 15일, 후시미에서 출발, 구사쓰(草津)[10]에서 낮에 휴식하시고 저녁때 이시베(石部)[11]에 도착했다.

一. 동 16일, 이시베에서 출발, 쓰치야마(土山)[12]에서 낮에 휴식하시고 저녁때 오노(小野)[13]에 도착했다.

一. 동 17일, 오노에서 출발, 구와나(桑名)[14]에서 낮에 휴식하시고 저녁때 아쓰타(熱田)[15]에 도착했다.

9 교토시 후시미구(伏見區)에 있던 슈쿠바(宿場).

10 사가현 구사쓰시(草津市)에 있던 슈쿠바.

11 사가현 고난시(湖南市)에 있던 슈쿠바.

12 사가현 고가시(甲賀市) 쓰치야마초(土山町)에 있던 슈쿠바.

13 나가노현 가미이나군(上伊那郡) 다쓰노마치(辰野町)와 시오지리시(鹽尻市)에 걸쳐 있던 슈쿠바.

14 미에현(三重縣) 구와나시(桑名市)에 있던 슈쿠바.

15 아이치현 나고야(名古屋) 아쓰타구(熱田區)에 있던 슈쿠바. 미야주쿠(宮宿).

一. 동 18일, 아쓰타에서 출발, 오카자키(岡崎)[16]에서 낮에 휴식하시고 저녁때 요시다(吉田)[17]에 도착했다.

一. 同十九日, 吉田御發足. 荒井御書休, 暮二濱松江御着.
一. 同廿日, 濱松御發足. 掛川御書休, 暮二日坂御着.
一. 同廿一日, 日坂御發足. 岡部御書休, 暮二江尻江御着.
一. 同廿二日, 江尻御發足. 吉原御書休, 三嶋江御着.
一. 同廿三日, 三嶋御發足. 箱根御書休, 暮二大礒江御着.
一. 同廿四日, 大礒御發足, 江戶表江御着被遊ル.
一. 同廿五日, 昨日御當地江御着被遊候与之趣, 御老中樣方江御狀を以被仰上.
〃 今晚, 璘西堂御當地江參着.
一. 同廿六日, 酒井讚岐守樣ゟ御狀幷御音物到來.
〃 同日御獻上之品·御書付, 古川右馬助を以酒井讚岐守樣

一. 동 19일, 요시다에서 출발, 아라이(荒井)[18]에서 낮에 휴식하시고 저녁때 하마마쓰(濱松)[19]에 도착했다.

一. 동 20일, 하마마쓰에서 출발, 가케가와(掛川)[20]에서 낮에 휴식하시고 저녁때 닛사카(日坂)[21]에 도착했다.

---

16 아이치현 오카자키시(岡崎市)에 있던 슈쿠바.

17 아이치현 도요하시시(豊橋市)에 있던 슈쿠바.

18 시즈오카현(靜岡縣) 고사이시(湖西市) 아라이초(新居町)에 있던 슈쿠바.

19 시즈오카현 하마마쓰(濱松市) 시미즈구(淸水區)에 있던 슈쿠바.

20 시즈오카현 가케가와시(湖西市)에 있던 슈쿠바.

21 시즈오카현 가케가와시 닛사카(日坂)에 있던 슈쿠바.

一. 동 21일, 닛사카에서 출발, 오카베(岡部)[22]에서 낮에 휴식하시고 저녁때 에지리(江尻)[23]에 도착했다.

一. 동 22일, 에지리에서 출발, 요시와라(吉原)[24]에서 낮에 휴식하시고 저녁때 미시마(三嶋)[25]에 도착했다.

一. 동 23일, 미시마에서 출발, 하코네(箱根)[26]에서 낮에 휴식하시고 저녁때 오이소(大礒)[27]에 도착했다.

一. 동 24일, 오이소를 출발, 에도에 도착했다.

一. 동 25일, 어제 이곳에 도착했다고 로주님들께 서한으로 연락하셨다.

〃 오늘 밤, 린세이도가 이곳에 도착했다.

一. 동 26일, 사카이 사누키노카미님이 보내신 문서와 선물이 도착했다.

〃 같은 날, 헌상품과 문서를 후루카와 우마노스케를 통해 사카이 사누키노카미님에게

御披見ニ被入ル.

一. 同廿七日, 土井大炊頭様ゟ御狀幷御音物到來.

〃 參府之爲御禮, 明日御登　城可被遊之旨, 松平伊豆守様

より申來.

一. 同廿八日, 御參府之爲御禮, 御登　城被遊候處, 　御目見被

仰付候上ニ而, 早々御參府被遊, 御苦勞ニ被思召候与之趣, 別而

---

22 시즈오카현 후지에다시(藤枝市) 오카베초(岡部町)에 있던 슈쿠바.

23 시즈오카현 시즈오카시 시미즈구(淸水區)에 있던 슈쿠바.

24 시즈오카현 후지시(富士市)에 있던 슈쿠바.

25 시즈오카현 미시마시(三島市)에 있던 슈쿠바.

26 가나가와현(神奈川縣) 아시가라시모군(足柄下郡) 하코네마치(箱根町)에 있던 슈쿠바.

27 가나가와현 나카군(中郡) 오이소마치(大磯町)에 있던 슈쿠바.

御懇之　御意有之候時, 大炊頭様·讃岐守様ニも朝鮮國

信使之儀, 對馬守差圖次第可罷渡之旨, 朝鮮國ゟ

申來候段, 御披露被成ル.

〃 同日, 御參府之爲御屆, 御老中様方へ御出被遊ル.

보여 드렸다.

一. 동 27일, 도이 오이노카미님이 보내신 서한과 선물이 도착했다.

〃 에도 도착 인사를 위해 내일 등성하라는 마쓰다이라 이즈노카미님의 전갈이 왔다.

一. 동 28일, 에도 도착 인사를 드리러 등성하셨는데 쇼군님을 알현하라는 지시가 있었다. "서둘러 에도로 오느라 고생했다"라는 대단히 따뜻한 쇼군의 말씀이 있었을 때, 오이노카미님·사누키노카미님도 "조선국 신사가 쓰시마노카미의 지시대로 건너올 것이라고, 조선국에서 연락이 왔습니다"라고 쇼군께 말씀하셨다.

〃 같은 날, 에도 도착을 보고하러 로주님들께 가셨다.

一. 同廿九日, 御參府之爲御屆, 御老中様方江御音物被遣ル.

〃 同日, 道春老·永喜老御入來ニ付, 朝鮮ゟ到來之御書翰

被掛御目候處, 文字なと成程宜御座候由被仰ル.

一. 七月朔日, 爲御禮御登　城被遊, 直ニ御老中様方江,

御出被遊ル.

〃 酒井讃岐守様, 玄琢法印同然ニ此方江御出被成ル.

璘西堂も御同席也. 御吸物·御酒なと御出シ被成, 兼而

御老中様方思召寄御聞爲可被成, 御認被成置候御覺

書被差出, 被掛御目候處, 御披見被成候而, 御了簡之通

御尤ニ思召候. 彌此旨御窺被成可然与之御挨拶有之.

一. 동 29일, 에도 도착을 알리기 위해 로주님들께 선물을 보내셨다.

〃 같은 날, 도슌님·에이키님이 오셨기에 조선에서 온 서한을 보여 드렸더니, 문자 등이 과연 좋다고 하셨다.

一. 7월 1일, 인사를 드리러 등성해서 바로 로주님들께 가셨다.

〃 사카이 사누키노카미님이 겐타쿠 호인(玄琢法印)[28]과 함께 이쪽으로 오셨다. 린세이도도 동석했다. 국(吸物),[29] 술 등을 내왔다. 일찍이 로주님들의 생각을 듣기 위해 작성해 두셨던 각서(覺書)를 보여 드렸더니, 보시고 난 뒤 "[귀하의] 생각이 지당하다. 이제 이 내용에 대해 문의하시오"라고 대답하셨다.

一. 同二日, 酒井讃岐守様ゟ御招請ニ付, 御出被遊ル. 璘西堂茂御同
然ニ御出被成ル.
一. 同七日, 御登　城被遊候而, 朝鮮江被遣候御書翰之案, 御
老中様方被入御披見候處, 御文言成程宜御座候由
被仰渡ル. 此節左之御窺之御書付被差出, 御老中様
方被得御差圖ル.
一. 日光江參詣之事.
御答
上意を可被相待候.

一. 동 2일, 사카이 사누키노카미님의 초청을 받아 가셨다. 린세이도도 같이 갔다.

---

28 노마 겐타쿠(野間玄琢, 1590~1645). 마나세 겐사쿠(曲直瀨玄朔)에게 배웠다. 1623년 호인(法印)이 되어 주쇼인(壽昌院)이라는 호(號)를 받았다. 1626년 도쿠가와 히데타다의 시의(侍醫)로서 에도에 갔으며, 1636년 도후쿠몬인(東福門院, 고미즈노오 천황의 중궁이자 히데타다의 딸)을 진료하기 위해 교토로 돌아갔다. (『日本人名大辭典』)

29 스이모노. 어패류와 야채를 넣은 국물 요리. (『日本國語大辭典』)

一. 동 7일, 등성하셔서 조선에 보내는 서한의 안을 로주님들께 보여 드렸더니, 문언(文言)이 좋다고 말씀하셨다. 이때 다음과 같이 문의하는 문서를 제출하여 로주님들의 지시를 받으셨다.

一. 닛코 참배의 건.

답변

쇼군의 하명을 기다리시오.

一. 御目見相濟候段, 朝鮮江可申遣候哉之事.

御答

此儀成程可宜候. 併是又可被得上意候.

一. 信使渡海仕候ハヽ, 此度ハ召長老·璘西堂, 兩人共ニ同道可仕候哉之事.

御答

當年之輪番ハ, 璘西堂ニ被相定. 同道之儀者, 可被得上意候.

一. 每歲朝鮮國江差渡候送使船之儀, 如前々私了簡を以, 差渡シ可申候哉之事.

一. 쇼군 알현을 마쳤다고 조선에 알려야 하는가.

답변

이는 과연 좋을 것이다. 하지만 이 또한 쇼군의 지시를 얻으시오.

一. 신사가 도해하면 이번은 쇼초로, 린세이도 2명 모두 동행해야 하는가.

답변

올해 윤번(輪番)은 린세이도이다. 동행에 관해서는 쇼군의 지시를 받으시오.

一. 매년 조선에 파견하는 송사선(送使船)[30]은 이전처럼 저의 판단으로 파견해도 좋은가.

御答

此窺之儀, 廉潔之上ゟ私ニ無之段を, 分明ニ被致度存寄と, 相聞候得共, 使船之儀者, 如前々入念, 一分ヲ以可被差渡候.

一. 信使參向之節, 着船仕筈之諸州江, 兼而御指圖之事.

御答

承屆候. 其內可遂言上候.

一. 信使渡海之人數之事

御答

渡海之人數相知レ來り候ハヽ, 御差圖之諸州江,

답변

이 문의는 '청렴함에서 나온, 사적인 것이 아니라는 점을 분명히 하고 싶다'고 하셨는데, 송사선은 이전처럼 정성을 들여 책임을 갖고 파견하시오.

一. 신사가 에도로 갈 때, [해로로 이동하면서] 배가 닿게 될 각 지역에 미리 지시를 내려 주시는 건.

답변

잘 알겠다. 곧 쇼군께 말씀드릴 것이다.

一. 신사의 도해 인원수.

답변

도해할 인원수를 파악하게 되면 지시를 내리는 각 지역에

30 세견선.

其譯可被申達候.

一. 日本通詞之儀者, 朝鮮人之內ニ相加へ, 諸州之馳走ヲ受させ可申哉之事.

御答

如先規朝鮮人同然ニ, 諸州馳走を受させ可被申候.

一. 御當地幷京都·大坂ニ而之信使宿之事.

御答

重而此方ゟ可申達候.

一. 就信使渡海, 私儀御暇可被成下候哉. 且又信使召連候節, 私供之駄馬幷兵器之數之儀, 其外鐵砲茂

그 내역을 전달할 것이다.

一. 일본의 통사는 조선인 안에 포함시켜서 각지의 접대를 받게 해야 하는가.

답변

전례와 같이 조선인과 마찬가지로 각지에서 접대를 받게 하시오.

一. 이곳[에도]·교토·오사카에서 신사가 묵을 숙소.

답변

다시 이쪽에서 말할 것이다.

一. 신사의 도해와 관련해서 저의 귀국이 허락되는가. 또한 신사를 [에도로] 데리고 갈 때 본인이 거느리는 기마(騎馬) 및 병기(兵器)의 수, 그 외 철포(鐵砲)를

爲持可申候哉之事.

御答

此儀ハ可被得　上意候.

一. 同八日, 民部卿道春老ゟ御狀來候付, 朝鮮來書之寫, 御返書ニ

相添被遣ル.

一. 同十一日, 爲　上使蒔田玄蕃頭樣御入, 御鷹之雲萑[31] 三十

御拜領被成ル. 爲御禮卽日御登　城被遊ル.

〃 同日, 阿部豊後守樣ゟ御奉書來ル. 御文言, 左記之.

今朝ハ早々得御意候.

一. 日光社參之御暇之儀, 今度信使之儀ニ付而, 御用茂

지참해도 되는가.

답변

이것은 쇼군의 지시를 받으시오.

一. 동 8일, 민부쿄 도슌님이 보낸 서한이 도착하여 조선에서 온 문서의 사본을 답장에 첨부해서 보냈다.

一. 동 11일, 상사(上使)[32] 마이타 겐바노카미(蒔田玄蕃頭)[33]가 오셨고, 쇼군이 매사냥으로 잡으신 종다리[34] 30마리를 받으셨다. 답례를 위해 이날 바로 등성하셨다.

〃 같은 날, 아베 분고노카미님이 보내신 봉서가 도착했다. 문언을 다음에 적는다.

31 원문 글자의 형태는 '雲萑'이나 '雲雀'의 오기로 보인다.

32 에도 막부에서 다이묘 등에게 쇼군의 뜻(上意)을 전하기 위해 파견한 사람. (『日本國語大辭典』)

33 마이타 사다마사(蒔田定正, 1591~1641). 비추(備中) 아사오번(淺尾藩) 번주 마이타 히로사다(蒔田廣定)의 장남. (『日本人名大辭典』)

34 다카가리(鷹狩り)로 획득한 종다리. 다카가리란 매에게 사냥을 시켜서 조류나 작은 짐승류를 잡는 사냥법으로, 중세 이래 일본 무사에게 널리 애호되었다. 전국시대(戰國時代)가 되면 다카가리용 맹금류(猛禽類)가 사냥한 기러기나 백조 같은 조류를 증답품으로 주고받으며 무사사회의 소통 수단으로 삼았다. 오락뿐만 아니라 영지 내를 순찰하거나 군사 훈련 역할을 하기도 했다. 질 좋은 매를 손에 넣어 다카가리를 하는 것이 무사의 스테이터스(status)이기도 했다.

오늘 아침은 일찍 의견을 여쭙습니다.

一. 닛코 참배를 하러 가시는 사안은 이번에 신사와 관련된 업무도

可有之候間, 御用相濟社參可仕旨,　　上意之事.

一. 御當地參覲候間, 御目見相濟候之儀, 朝鮮江早々

可被仰越事. 委細期後音之時候. 恐惶謹言.

尙以, 先刻雲萑被成御拜領, 忝思召候付, 爲

御禮私宅へ御出之處, 御城へ罷有, 不得御意, 御殘

多候. 以上.

七月十一日　　　　　　　　　　在判

宗對馬守樣

人々御中

一. 同十二日, 今度朝鮮へ被遣候御書簡之和文, 土井

있을 테니 업무를 마치고 참배하라는 것이 쇼군의 뜻입니다.

一. 이곳에 참근하셔서 쇼군께 알현을 마쳤다고 서둘러 조선에 전하십시오. 자세한 것은 다음 연락 때를 기하겠습니다. 삼가 말씀드립니다.

아울러 지난번 종다리를 받으시고 감사하는 마음에 인사드리러 저의 집으로 왔는데, 에도성에 가 있어서 만나지 못해 대단히 아쉽습니다. 이상.

7월 11일　　　　　　　　　　재판(在判)[35]

소 쓰시마노카미님

가신들에게

35 고문서의 사본에서 원본에 수결(花押)이 있었음을 나타내는 말. (『日本國語大辭典』)

一. 동 12일, 이번에 조선으로 보내시는 서간의 일문을 도이

大炊頭様·酒井讃岐守様江被遣, 被掛御目候處, 成程宜思召候与之御事也. 和文, 左記之.

態一書令啓候. 仍我等儀去六月廿三日, 東武參着申候. 日本國御靜謐ニ候. 同廿九日, 御目見相濟, 一段仕合能候間, 可御心安候. 然者信使之儀, 彌遂言上候處, 九月·十月之間可被差渡由, 御諚候. 然者少茂延引ニ罷成候者, 風茂荒時分ニ候間, 九月初ニ出船候樣ニ, 可然与存事候. 就其爲迎使船差渡候. 我等茂罷下, 國元ニ而待請, 同道候而參上可申候. 以上.

오이노카미님, 사카이 사누키노카미님에게 보내서 보여 드렸더니 과연 좋다고 하셨다. 일문을 다음에 적는다.

글을 올립니다. 우리는 지난 6월 23일 에도에 도착했습니다. 일본국은 태평합니다. 동 29일, 쇼군께 알현을 마쳤고 한층 잘 지내고 계시니 안심하십시오. 신사에 관해서 드디어 쇼군께 보고했더니 9, 10월 사이에 건너오라고 하셨습니다. 조금이라도 늦어지면 바람이 거칠어지는 시기가 되니, 9월 초에 출선하는 것이 좋다고 생각합니다. 이와 관련해서 [통신사를] 맞이하기 위한 사선(使船)을 파견합니다. 우리도 내려가서 쓰시마에서 기다렸다가 동행하여 에도로 가겠습니다. 이상.

右禮曹江

信使爲迎使船差渡候間, 令啓候. 禮曹江之書中ニ如申入候,信使渡海之時分者, 九月初比可然存候. 少も延引候へ者, 風荒時分ニ候間, 被差急候様ニ, 都江被申越, 無油斷様ニ肝入尤ニ存候. 我等儀　東武參上申候處,　御前之仕合能候而, 大慶存事ニ候. 猶使之者可爲演說候間, 書中不能審候. 以上.

右東萊江

〃 同日, 大炊頭様江御招請ニ付, 御出被成ル. 加藤式部少輔様御同席也.

위는 예조에게

신사를 맞이하는 사자를 태운 배를 보내면서 글을 올립니다. 예조에 보내는 글에서도 말씀드렸듯이 신사의 도해 시기는 9월 초가 좋겠다고 생각합니다. 조금이라도 늦어지면 바람이 거칠어지는 시기가 되니 서두르도록 한성에 전해 주시고, 빈틈없이 신경 써 주십시오. 우리는 에도(東武)에 왔는데 쇼군께서 안녕하셔서 대단히 경사스럽습니다. 또한 사자가 구두로 전달할 것이니 글은 자세히 적지 않겠습니다. 이상.

위는 동래부사에게

〃 같은 날, 오이노카미님의 초청을 받아 가셨다. 가토 시키부노쇼(加藤式部少輔)[36]님이 동석하셨다.

36 가토 아키나리(加藤明成). 무쓰 아이즈번(會津藩) 번주. (『日本人名大辭典』)

一. 同十三日, 裁判役有田杢兵衛従朝鮮歸着, 此便ニ御返簡
持渡り候由ニ而, 致到來候付, 璘西堂江左之通, 註解御頼
被成候而, 酒井讚岐守樣江被差上ル.

禮曹之書

二舌官廻　とハ, 兩判事朝鮮江歸る事.

專差護涉　とハ, 對馬より使を相そへ送事.

益見厚誼　とハ, あつきねんころの事をミる也.

感意罔喩　とハ, かんする心たとゆる事なきの心.

矧奉惠復　とハ, 人を付おくらるゝのミならす, 御返事を給心.

備悉撫洫增重全島獲安　とハ, たミをなつる事.

一. 동 13일, 사이한야쿠(裁判役)[37] 아리타 모쿠베에가 조선에서 돌아와, 이 편에 [조선이 보낸] 답장을 가져왔다고 연락이 와서, 린세이도에게 다음과 같이 주해(註解)를 부탁한 다음, 사카이 사누키노카미님께 보내셨다.

예조의 글

二舌官廻　란 두 판사가 조선에 돌아왔다는 것.

專差護涉　란 쓰시마에서 사자를 함께 보냈다는 것.

益見厚誼　란 두터운 정다움을 보았다는 것.

感意罔喩　란 기뻐하는 마음을 비할 데 없다는 뜻.

矧奉惠復　란 사람을 붙여 둘 뿐만 아니라 답장을 보낸다는 뜻.

備悉撫洫增重全島獲安　란 백성을 어루만진다는 것.

37 재판차왜(裁判差倭). 쓰시마가 외교 절충을 위해 조선에 파견한 사신.

倍切頎慰之至　とハ, 朝鮮にますます[38]心をかたむけ, なくさむの

いたりにたへたるの心なり.

別錄禮物轉啓領留　とハ, 別錄之禮物をひらき, 物領し留る事.

併希垂炯　とハ, 右之段々をあわせててらし, かかやかん事をこいねかふの事也.

東萊之書

便廻獲承惠翰　とハ, 兩判事の歸便ニ, 御狀をうけたまハるの事.

隨審體履安和　とハ, 對馬守殿あんをんに御座候事を, つま

ひらかにする事.

欣慰良深　とハ, 朝鮮によろこひ申事.

信使之行待報當發　とハ, 信使之儀, 今一度御左右次第可罷立事.

前書備盡　とハ, 先書に委細申事.

想已登徹　とハ, 定而先書此方へ相届候ハんとの事.

倍切頎慰之至　란 조선에 더욱 마음을 써 주어 대단히 위안이 된다는 뜻.

別錄禮物轉啓領留　란 별록의 예물을 열어 보고 받아 두었다는 것.

併希垂炯　란 위의 것들을 함께 비추어 보고 빛나기를 바란다는 것.

동래부사의 글

便廻獲承惠翰　란 두 판사(判事)가 돌아오는 편에 서한을 받았다는 것.

隨審體履安和　란 쓰시마노카미님이 안온(安穩)하게 계심을 자세히 한다는 것.

欣慰良深　란 조선이 기뻐한다는 것.

---

38 원문에는 'ます'가 반복됨을 의미하는 기호가 기재되어 있다.

信使之行待報當發　란 신사와 관련하여 한 번 더 소식이 떠났다는 것.

前書備盡　란 지난 글에 자세히 언급했다는 것.

想已登徹　란 분명 지난 글이 이쪽에 도착했다는 것.

草此敬復　とハ, 忙鋪にて早々御返事申事.

委鑒幸甚　とハ, くわしく此狀を御かかみ可被下の事.

一. 同十四日, 阿部豊後守樣江御狀被遣ル.

一. 同十五日, 於增上寺　公儀御施餓鬼御執行ニ付,

御大名樣方ニ者

公方樣御參詣以後, 御參り被成ル.

〃 同日, 阿部豊後守樣ゟ昨日之御返書來ル. 御文言,

左記之.

昨日ハ預貴札致拜見候. 仍從朝鮮御手前江

書翰參候付而, 御見せ可被成之由, 差得其意候.

草此敬復　란 서둘러 답장을 보낸다는 것.

委鑒幸甚　란 자세한 것은 이 서한을 살펴보아달라는 것.

一. 동 14일, 아베 분고노카미님에게 서한을 보내셨다.

一. 동 15일, 조조지에서 쇼군께서 시아귀(施餓鬼)[39]를 거행하시어, 다이묘님들은 쇼군께서 참배하신 후에 [참배하러] 가셨다.

〃 같은 날, 아베 분고노카미님에게서 어제의 답장이 도착했다. 문언을 다음에 적는다.

---

39 아귀도(餓鬼道)에 떨어져 기아에 고통받는 망자(餓鬼)에게 음식을 베푼다는 뜻으로, 연이 없는 망자를 위해 베푸는 독경과 공양을 말한다. (『日本國語大辭典』)

어제 편지를 읽어 보았습니다. 조선에서 귀하에게 보낸 서한이 도착하여 보여 주신다는 점 잘 알았습니다.

併各江茂被入披見可然存候. 尤と被思召候者, 何茂之御透を見合, 御左右可申候間, 書簡爲御待,[40] 御登城可有之候哉. 先私見候樣ニと被思召候ハヽ, 明朝も宿ニ可罷有候間, 貴樣次第ニ御座候. 猶期面上之時候. 恐惶謹言.

七月十五日　　　　　　　　　　在判

宗對馬守樣

御報

一. 同十六日, 從朝鮮之來書, 阿部豊後守樣江御持參,

하지만 다른 로주들에게도 보여 드리는 것이 좋습니다. 그렇게 생각하신다면 다른 사람들의 비는 시간을 살펴보고 처리할 테니, 서간을 가지고 등성하시겠습니까? 우선 제가 보기를 바라시면 내일 아침에도 숙소에 있으니 귀하가 편하신 대로 하십시오. 다시 뵐 때를 기하겠습니다. 삼가 말씀드립니다.

7월 15일　　　　　　　　　　재판(在判)

소 쓰시마노카미님에게

답장

一. 동 16일, 조선에서 온 서간을 아베 분고노카미님에게 가져가서

40 '持'의 오기로 추정된다.

被掛ケ御目候處, 御同役衆中樣江可被掛御目候由ニ而,

御留メ被成被置ル.

一. 同十七日, 御長袴被爲召, 東叡山江御參詣被遊ル.

一. 同十八日, 阿部豊後守樣ゟ所望ニ付而, 朝鮮馬一疋

被遣ル.

一. 同十九日, 土井大炊頭樣御招請被成度, 御狀ヲ以被仰遣ル.

則其御狀箱ニ御入被成, 古川右馬助を以被遣ル.

一. 同日, 阿部豊後守樣ニも右御同然ニ, 御招請被成度旨, 平田

將監を以御狀被遣候處, 左之通御返書來ル.

貴札致拜見候. 先日御持參被成候朝鮮ゟ之書簡

보여 드렸더니, 다른 로주님들께 보여 드리겠다고 하며 받아 두셨다.

一. 동 17일, 나가바카마를 입으시고 도에이잔을 참배하셨다.

一. 동 18일, 아베 분고노카미님이 원하셔서 조선의 말(馬) 1필을 보냈다.

一. 동 19일, 도이 오이노카미님을 초청하고자 서한을 보내셨다. 그 서한을 상자에 넣어서 후루카와 우마노스케를 통해 보내셨다.

一. 같은 날, 아베 분고노카미님에게도 초청하고 싶다는 뜻을 히라타 쇼겐 편에 서한을 보내셨는데, 다음과 같이 답서가 왔다.

편지를 읽어 보았습니다. 지난번 가지고 오신 조선에서 보낸 서간을

則各入披見申候. 將又今度朝鮮へ被遣候書簡之

下書之儀, 今日各入披見可申候. 大炊頭殿·讚岐守殿

さへ御覽被成候ハヽ, 早々被遣候而可然候間, 左樣ニ御心得

可被成候. 恐惶謹言.

七月十九日　　　　　　　　　　在判

宗對馬守樣

御報

一. 同廿日, 土井大炊頭樣ゟ御狀來り候付, 則御返書御渡シ被遣ル.

御使者橫田角左衛門.

一. 同廿一日, 御老中樣方江御出被成ル.

바로 다른 로주들에게 보여 주었습니다. 또한 이번 조선에 보내는 서간의 초안은 오늘 다른 로주들에게 보여 줄 것입니다. 오이노카미님, 사누키노카미님만 보시면 서둘러 [조선에] 보내셔도 괜찮을 것이니 그렇게 알고 계십시오. 삼가 말씀드립니다.

7월 19일　　　　　　　　　　재판

소 쓰시마노카미님에게

답장

一. 동 20일, 도이 오이노카미님의 서한이 도착해서 바로 답서를 보내셨다. 사자는 요코타 가쿠자에몬이었다.

一. 동 21일, 로주님들께 가셨다.

一. 同廿二日, 土井大炊頭樣江被差上候御書付, 左記之.

覺

一. 騎馬　　三十騎　　此內十騎ハ信使ニ附候.

一. 步行者　　四十人

一. 長柄　　三十本

一. 待道具　　五本

一. 弓　　十張

一. 肩物　　貳丁

一. 鐵砲　　廿丁　　　是ハ可然と思召候ハヽ, 御手形
可被下候.

一. 先年信使着岸之　上使者, 秋山修理大夫政重·

一. 동 22일, 도이 오이노카미님께 드린 서한을 다음에 적는다.

각(覺)

一. 기마　　30기　　　이 중에서 10기는 신사에 붙여 둠.

一. 보행자　40명

一. 장창　　30자루

一. 待道具[41]　5자루

一. 활　　　10장

一. 肩物[42]　2정

一. 철포　　20정　　　이것을 [에도에 가져가도] 괜찮다고 생각하시면 확인증(手形)을 주십시오.

一. 지난번 신사의 도착에 따른 조시(上使)는 아키야마 슈리다유 마사시게(秋山修理大夫政重)와

石川八左衛門ニ而, 岡崎迄被遣ル.

一. 先年江戸表ニ而之信使宿之奉行人者, 安藤右京進

41 불명.

42 불명.

重長·阿部備中守正次ニ而御座候.

右之御書付被差上候處, 御請取被成候与之

御返答申來ル.

一. 同廿三日, 多田源右衛門, 朝鮮江御使者ニ爲可被

差渡, 御國江被差下ル.

一. 同廿四日, 增上寺江御參詣被遊ル.

一. 同廿五日, 早朝ニ阿部豊後守様江, 御出被成候處, 豊後守様

被仰候者, 　貴様御事, 信使御迎之儀, 對州迄

이시카와 하치자에몬(石川八左衛門)[43]이었으며, 오카자키까지 보내셨다.

一. 지난번 에도에서 신사 숙소의 담당자(奉行人)는 안도 우쿄노조 시게나가(安藤右京進重長)와 아베 빗추노카미 마사쓰구(阿部備中守正次)[44]였다.

위의 서한을 드렸더니, 수령하셨다는 답변이 왔다.

一. 동 23일, 다다 겐에몬을 조선에 사자로 파견하기 위해 쓰시마로 보내셨다.

一. 동 24일, 조조지를 참배하셨다.

一. 동 25일, 이른 아침에 아베 분고노카미님께 가셨는데, 분고노카미님이 말씀하시길, "[쇼군께서는] 귀하가 신사를 맞이하기 위해 쓰시마까지

43 이시카와 시게쓰구(重次). 막신. 에도 스미다(隅田) 하구의 요로이지마(鎧島)를 받아 이곳에 저택을 세워, 이후로 이 섬을 이시카와지마(石川島)라고 불렀다고 한다. (『日本人名大辭典』)

44 아베 마사쓰구(阿部正次, 1569~1647). 오타키번(大多喜藩) 성주(城主), 오다와라 성주를 거쳐 1623년 이와쓰키번(岩槻藩) 번주가 되었다. 또한 소샤반을 거쳐 오사카조다이(大坂城代)로 21년 동안 근무했다. (『日本人名大辭典』)

御下り被成候段ハ, 海陸御苦労ニ思召候條, 京都·大坂邊迄可
被差越与之思召ニ候間, 信使大阪參着之間ハ, 御當地ニ
おゐて御休息可被成候. 召長老·璘西堂ニ早々對州江被罷下,
信使同道候而, 御當地參着候樣ニ, 被仰附筈ニ候. 是又貴樣
被召連候騎馬·兵器·鐵砲なと之儀, 先日書付被差出
候通ニ可被仕旨, 被仰出候間, 可被得其意旨, 被仰渡ル.

〃 璘西堂御事, 今日御暇可被成下候條, 登　城被仕候樣ニ与之
御事ニ付, 此方ゟ古川右馬助被差添ル. 西堂御事, 御暇
被成下, 白銀參拾枚·生絹面布貳十疋拜領也.

一. 同廿七日, 璘西堂御事, 信使御用始終御務之儀ニ付,

내려가면 해로와 육로에서 고생을 하므로 교토·오사카까지 가는 것으로 생각하고 계시니, 신사가 오사카에 도착할 때까지는 이곳에서 쉬십시오. 쇼초로, 린세이도를 서둘러 쓰시마로 내려 보내서 신사와 동행하여 이곳으로 오라고 명하실 겁니다. 또한 귀하가 거느리는 기마, 병기, 철포 등은 지난번 문서로 제출한 대로 하라고 허가하셨으니, 그렇게 아십시오"라고 하셨다.

〃 린세이도는 오늘 에도를 떠나라고 허락하실 것이니 등성하라고 하기에, 이쪽에서 후루카와 우마노스케를 함께 보냈다. 린세이도는 에도를 떠나라는 허가를 받아, 백은(白銀) 30매, 생견면포(生絹面布) 20필을 하사받았다.

一. 동 27일, 린세이도가 신사 관련 업무를 처음부터 끝까지 담당함에 따라

讃岐守樣江爲可得御同意, 彼方樣江御出候而, 御了簡
之趣被仰上候處, 讃岐守樣御返答ニ被仰候者, 貴僧
御了簡之趣, 一々尤ニ存候. 併異國之儀ニ候へ共, 拙者壹人

承候而も, 相濟不申事ニ候間, 各申談追而可及返
答与之御事之由也.
一. 同廿八日,　公儀御禮之儀, 八朔無餘日候ニ付, 今日者
御大名様方御出仕無之.
一. 同廿九日,　公儀之儀ニ付, 璘西堂御登　城ニ付,
光雲院様ニも御登　城被遊ル. 西堂ゟケ條書を以,
御老中様方へ被相窺候趣, 左記之.

사누키노카미님의 동의를 얻기 위해 그분께 가서 생각하는 바를 말씀드렸더니, 사누키노카미님이 답하시길, "귀승(貴僧)의 생각 모두 지당하다. 하지만 이국에 관한 일은 나 혼자 들어서는 안 되니 다른 로주들과 상의하여 바로 답변하겠다"고 하셨다고 한다.

一. 동 28일, 막부의 의례[45]가 팔삭(8월 1일)까지 얼마 남지 않아서 오늘은 다이묘들이 출사(出仕)하지 않았다.

一. 동 29일, 막부의 일로 린세이도가 등성하여 고운인님도 등성하셨다. 린세이도가 조목을 작성하여 로주님들께 문의한 내용을 다음에 적는다.

一. 朝鮮國之儀ハ, 專舊例を相守り候國風ニ而御座候由, 兼而
承及罷有候. 左様御座候得ハ, 信使釜山浦江致下着候而,
若對馬守殿歸州無之內ハ, 彼地出船仕間敷なと〻
被申候時, 其段及御案內候而ハ, 往復之內ニ信使參向も,
段々延引可仕候. 右之通之儀有之候節ハ, 如何仕可然候哉.

45 도쿠가와 이에야스가 1590년 8월 1일에 처음으로 에도성에 들어간 것에 유래하여, 팔삭일에 다이묘와 하타모토가 시로카타비라(白帷子)를 입고 등성하여 쇼군에게 축사를 하는 행사가 열렸다. (『日本大百科全書』)

一. 舊例ニ違, 對馬守殿歸州無之段, 彼方ゟ被相尋候ハヽ,
何程ニ返答仕可然候哉.
一. 當年ハ朝鮮國ニ茂, 不幸之儀有之, 爾今喪服
着用仕居候得共, 信使渡海之儀, 御急キ被成候付,
可然被差渡候段を, 誠信と被存候付, 喪服之儘ニ而

一. 조선국은 구례를 지키는 것이 그 나라의 풍속이라고 일찍이 들었습니다. 그렇다면 신사가 부산포에 도착해서 혹여 쓰시마노카미님이 쓰시마에 있지 않은 동안은 그곳에서 출선하지 않겠다고 할 때, 이를 보고하면 [보고와 지시가] 왕복하는 동안 신사가 에도로 가는 것이 점점 늦어질 것입니다. 이런 일이 생기면 어떻게 해야 할까요?

一. 구례와 달리 쓰시마노카미님이 쓰시마에 돌아와 있지 않은 것을 그쪽에서 질문하면 어떻게 대답하면 좋을까요?

一. 올해 조선국에서도 불행(不幸)[46]이 있어 여태껏 상복을 착용하고 있는데, 신사의 도해를 서두르시니 그렇게 파견하는 것을 성신(誠信)이라고 생각해서 상복 차림으로

渡海仕筈ニ候由承及申候. 左候へハ, 御當地へも喪
服之儘ニ而, 參着仕可然候哉. 又者喪服を改メ參
府仕候樣ニ, 可申達候哉.
一. 對馬守殿, 朝鮮國江通交之儀, 何事茂舊例
之通と, 被仰出候由ニハ御座候. 今度信使渡海ニ付,
對州ゟ例年之送使船茂先被差扣, いまた盡ク

46 인열왕후의 서거.

不被差渡候付, 彼國ニ茂信使渡海之砌とハ乍

申, 釜山浦江送使船渡り居不申段を, 不審ニ存候由

承及候. 左候ヘハ舊例之通, 對馬守殿了簡を以, 無

何事段々送使船被差渡, 如何可有御座候哉.

도해할 것이라고 들었습니다. 그렇다면 이곳에도 상복 차림으로 오게 해야 할까요? 또는 상복을 고쳐 입고 에도에 오라고 전해야 할까요?

一. 쓰시마노카미님이 조선국과의 통교는 모두 구례대로 하는 것이라고 합니다. 이번에 신사가 도해함에 따라 쓰시마에서 예년대로 파견하는 송사선도 우선 중단하고 여태껏 모두 파견하지 않으셨기 때문에 조선에서도 신사가 도해하는 시기이기는 하지만 부산포에 송사선이 오지 않은 것을 수상히 여긴다고 들었습니다. 그렇다면 구례대로 쓰시마노카미님의 판단으로 아무 일 없는 듯이 점차 송사선을 파견하는 것이 어떻습니까?

此儀者不圖存寄候付, 申上候.

一. 古來ゟ對州ゟ通交之書翰役相勤候人ハ, 信使

渡海之節者, 信使同然ニ, 御馳走所之饗應を請

來候由承及候. 此度も如先例可仕候哉. 又者

對馬守殿馳走斗を受ケ可申候哉.

一. 召長老幷拙僧儀, 信使同道仕候樣ニ与之御事,

以御奉書被仰渡可被下候.

右之通璘西堂ゟ被相窺候處, 喪服を改候樣ニ与之

儀, 幷送使船如前々御渡被成候得との御事. 且又

書翰役所々ニおゐて, 馳走を御受ケ候樣ニ与之儀ハ,

이는 문득 생각이 나서 말씀드립니다.

一. 예로부터 쓰시마에서 통교 서한역(書翰役)을 맡은 사람은 신사가 도해했을 때 신사와 마찬가지로 접대 장소(馳走所)에서 향응을 받았다고 들었습니다. 이번에도 선례대로 하는 것이 좋겠습니까? 또는 쓰시마노카미님이 베푸는 접대만 받아야 하겠습니까?

一. 쇼초로와 졸승(拙僧)은 신사와 동행하라고 봉서로 지시해 주십시오.

위와 같이 린세이도가 문의하자, '상복은 고쳐 입도록 하고 송사선은 이전처럼 파견하라'고 하셨다. 또한 서한역이 곳곳에서 접대를 받게 하라고

卽刻被仰渡ル.

一. 八月朔日, 爲御禮御登　城被成ル.

一. 同二日之晩, 信使渡海之節, 於御國御馳走之次第なと,
ケ條書被成, 土井大炊頭樣江御持參被成, 思召寄茂
御座候者, 御差圖被仰聞被下候樣ニ被仰上ル.

一. 去年以來從朝鮮之來書, 各中樣中江差上置申候.
此度信使渡海ニ付, 右之書簡若入用之儀も, 可有
御座哉ニ而候間, 御披見相濟候ハヽ, 御返し被下候樣ニと
奉存候.

一. 信使登　城之節拜禮之規式, 如前々隨分丁寧ニ

즉각 지시하셨다.

一. 8월 1일, 의식을 위해 등성하셨다.

一. 동 2일 밤, 신사가 도해할 때 쓰시마에서 제공하는 접대 내용 등을 조목으로 작성해서 도이 오이노카미님께 가지고 가서, 의견을 달라고 말씀하셨다.

一. 작년 이래 조선에서 온 서한들을 로주님들께 제출했습니다. 이번 신사 도해와 관련하여

위 서간들이 혹시 필요할 수도 있으니 다 보셨으면 돌려주시기 바랍니다.

一. 신사가 등성할 때의 배례 규식(規式)은 이전처럼 충분히 정성을

有之候様ニ与申達置候. 依之日本向御禮式之儀, 三使對州在留之節委細ニ申聞, 能合點仕居被申候. 勿論彼國之儀, 平生禮義を重シ候風俗ニ御座候故, 彼方ゟも每度私江差圖ヲ請被申候. 下々ニ至而ハ, 猶更日本之風儀存知不申候付, 三使殊外心遣被仕事ニ御座候.

一. 信使始而私宅へ相招候を, 古來ゟ茶禮与相唱候. 此日朝鮮國ゟ私方江遣候書簡を持參仕, 使者口上之趣茂, 申聞ル事ニ御座候. 依之私ゟも日本御靜謐なと之趣なと申聞, 如舊例上·中·下官之輩遂對面, 饗應なと仕候. 此度も三使ゟ日本向之儀なと,

들이라고 지시했습니다. 이에 일본식 예식을 [통신사] 삼사가 쓰시마에 머물 때 자세하게 말할 것이며, 잘 납득하고 있습니다. 물론 조선은 평소부터 예의를 중시하는 풍속이므로, 그쪽에서도 매번 저에게 지시를 청할 것입니다. 아랫사람들에 이르러서는 더욱 일본의 풍의(風儀)를 모르기 때문에 삼사가 특히 신경을 쓸 것입니다.

一. 신사를 처음 저의 집에 초대하는 것을 예로부터 다례(茶禮)라 합니다. 그날 조선이 저에게 보내는 서한을 가져오고, 사자가 구두로 전하는 내용도 있습니다. 이에 저도 일본이 태평하다는 내용 등을 말하고, 구례대로 상·중·하관들과 대면한 다음에 향응을 합니다. 이번에도 삼사가 일본에 관한 것 등을

相尋可被申候條, 相應ニ返答可仕与奉存候.

一. 逗留之中比, 上·中·下官共ニ終日饗應仕, 爲馳走

　　躍なと申付候得者, 彼方ゟも從者共ニ琵琶·琴
　　なと爲彈被申候. 古來ゟ是を中宴席と相唱申候.
一. 出船之刻, 爲餞別於私宅又々饗應仕候.
一. 信使ニ對面仕候節ハ, 爲相定禮式御座候.
一. 信使被相連候人數幷諸事馳走方之儀, 所々
　　御馳走所江申達候儀, 願ハ兩長老ニ證印爲致度
　　存候. 如何思召候哉.
一. 從朝鮮國獻上之馬·鷹渡り來り候ハヽ, 海陸ニ而之

물어볼 것이니, 적절하게 답변할 것입니다.

一. [쓰시마에] 체류하는 중간쯤에 상·중·하관을 종일 향응하고 접대로 춤을 추게 하면, 그쪽에서도 종자들에게 비파(琵琶), 거문고(琴) 등을 켜게 합니다. 예로부터 이것을 중연석(中宴席)이라고 부릅니다.

一. 출선 시에 작별 인사(餞別)로 저의 저택에서 다시 향응을 합니다.

一. 신사와 대면할 때에는 정해진 예식이 있습니다.

一. 신사가 데리고 가는 인원수와 그 외 접대를 곳곳의 접대 장소에 지시를 내리는 것은 바라건대 두 초로에게 증인을 하게 해 주십시오. 어떻게 생각하십니까?

一. 조선국이 헌상하는 말과 매[47]가 건너오면, [에도로 가는] 해로와 육로에서

---

47 맷과에 속하는 중형 조류. 매를 세는 단위 명사인 연(連)을 붙여서 '응연(鷹連)'이라고도 한다. 조정에서 통신사를 파견할 때 보낸 공예단품(公禮單品)에 해당되었고, 차왜(差倭)가 구청한 물품에도 다수 포함되었다. 『증정교린지』에 적힌 공예단의 수량에는 매(鷹子) 46마리 중 관백(關白) 20마리, 구관백(舊關白)·약군(若君) 각 10마리, 집정 5인·경윤(京尹) 각 1마리라고 했다. 보내는 매의 숫자는 전례를 따랐고, 사행 도중에 병들어 죽는 매가 있는 것을 고려하여 미리 정한 수 외에 몇 마리를 더 보내는 것이 관례였다. 또한 매를 기르는 사람인 외응(喂鷹) 한두 명이 사행에 동행했다. 일본으로 가는 도중에 매가 병으로 죽는 것이 많았다고 한다. (『대일외교사전』)

餌■など, 如舊例所々之馳走を爲受申候哉.

一. 御當地幷京都·大坂·其外海陸ニ而私幷兩長老宿所之儀, 信使宿同町ニ用意有之候樣ニ, 被仰付可被下候.

右之趣被仰上候處, 何茂先規之通ニ, 可被成旨被仰達. 相濟而, 又々大炊頭樣被仰候者, 先比者可被召寄之由ニ存候. 幸明日者悶茂無御座候間, 御城退出候ハヽ參上可致候. 必御丁寧成儀, 御無用ニ被成候樣ニ与之御事也.

一. 同三日, 大炊頭樣御招請ニ付, 御側醫師道三玄鎭·民部卿法印道春·刑部卿法印永喜ニ茂爲

필요한 먹이 등은 구례대로 곳곳에서 접대를 받게 할까요?

一. 이곳과 교토, 오사카, 그 외 해로와 육로에서 저와 두 초로의 숙소는 신사의 숙소와 같은 구역(町)에 준비하도록 지시하여 주십시오.

위의 내용을 말씀드렸더니, 모두 전례대로 하라고 지시하셨다. 마친 뒤에 다시 오이노카미님이 말씀하시길, "얼마 전에 [나를] 초청하려 했다. 마침 내일은 지장이 없으니, 에도성에서 물러나면 가겠다. 부디 [과도하게] 정성을 들이지는 마시오"라고 하셨다.

一. 동 3일, 오이노카미님을 초청하셨는데, 오소바이시(御側醫師)[48] 도산 겐친(道三玄鎭), 민부교호인 도슌, 교부쿄호인 에이키도

48 막부의 의사로 니시노마루(西丸, 쇼군이 은거한 뒤의 거처 및 세자의 거처)에서 근무했다. (『日本國語大辭典』)

御相伴御入來. 且又璘西堂ニ茂御同道也.

〃 大炊頭様被仰候者, 貴様御事, 信使渡海ニ付而, 御國元へ之御暇被成下候与之御事, 被仰出候付, 以奉書申遣候. 未相達不申候哉と, 被仰候內ニ, 其御奉書來ル. 御文言, 左記之.

一筆令啓候. 朝鮮之官使渡り次第, 其方大坂邊迄可被遣かと, 被思召候得共, 如先例對馬迄罷越可致同道之由, 御意ニ候. 委細以面談可申入候. 恐々謹言.

八月三日　　阿部豊後守

松平伊豆守

동석하러 오셨다. 또한 린세이도도 같이 왔다.

〃 오이노카미님이 "귀하가 신사 도해 때문에 쓰시마로 돌아가는 것을 허락한다고 [쇼군이] 명하셔서 봉서로 전했다. 아직 도착하지 않았는가?"라고 말씀하시는 사이에 그 봉서가 도착했다. 그 문언을 다음에 적는다.

글을 보냅니다. 조선의 관사(官使)가 도해하는 대로 귀하를 오사카 근처까지 보내려고 생각하셨지만, 선례대로 쓰시마까지 가서 동행하라는 것이 쇼군의 뜻입니다. 자세한 것은 면담으로 전하겠습니다. 삼가 말씀드립니다.

8월 3일　　아베 분고노카미

마쓰다이라 이즈노카미

酒井讃岐守

土井大炊頭

宗對馬守殿

一. 同六日, 御登　城被成候様ニ与之御事, 酒井讚岐守様ゟ
以御使者申來候付, 御登　城被成候處, 　御前江
被召出, 　上意有之候者, 其方儀信使渡海ニ付, 京都·
大坂邊迄可被差越与, 兼而被思召上候得共, 舊例も
有之儀与申, 其方歸州無之候而ハ, 諸事之差圖なと
難成可有之と, 思召候付, 御暇被成下候. 打續往還

사카이 사누키노카미

도이 오이노카미

소 쓰시마노카미님

一. 동 6일, 등성하라고 사카이 사누키노카미님이 사자를 보내 연락하셔서 등성하셨는데, 쇼군 앞으로 불려 가셨다. 쇼군의 뜻은 "귀하를 신사의 도해와 관련하여 교토, 오사카 근처까지 보내려고 일찍이 생각하고 있었지만, 구례가 있기도 해서 귀하가 쓰시마로 돌아가지 않으면 여러 일을 지휘하기가 힘들 거라 판단하여 쓰시마로 돌아가는 것을 허락한다. 연이어 [쓰시마와 에도를] 왕복

之段苦勞ニ思召候. 早々國元江罷下り, 追付信使同道ニ而
參府可有之旨, 別而御懇々　上意有之. 相濟而, 又々
御前江被召出, 關東之馬, 西國ニ而ハ珍敷可有之候條,
遣之候間, 引せ可申与之御事也. 其後又々被召出, 二ノ丸ニ
御舞臺を被爲建候付, 近日御能御興行可被遊
候條, それ迄ハ逗留候而, 見物可被仕旨, 　上意也. 其節
大炊頭様·讚岐守様ゟ, 對馬守儀御懇之　上意を
蒙り候段, 冥加難有奉存候旨, 御取合有之ル. 暫有之而,

御帽子·御單物·御銀など色々御拜領被成ル.

一. 同七日, 於二ノ丸御能七番有之. 諸御大名樣方御同然ニ

하는 것이 고생스러우리라 생각한다. 서둘러 쓰시마로 내려가서 후에 신사와 함께 에도로 오라"라는 대단히 친절하신 쇼군의 말씀이 있었다. 마치고 다시 쇼군 앞으로 불려 갔더니, "관동(關東)의 말이 서국(西國)에서는 드물 것이다. 말을 보내 줄 것이니, 끌고 가게 하라"고 하셨다. 그 후 또 불려가서 "니노마루에 무대를 세우고 있어 가까운 시일 내에 노 공연이 있을 것이니 그때까지는 체류하다 구경하라"라고 명하셨다. 이때 오이노카미님과 사누키노카미님이 "쓰시마노카미님이 쇼군의 친절하신 뜻을 입으니 대단히 기쁜 일입니다"라는 첨언이 있었다. 잠시 뒤에 보시(帽子),[49] 히토에모노(單物),[50] 은(銀) 등을 받으셨다.

一. 동 7일, 니노마루에서 노 7번[51] 공연이 있었다. 여러 다이묘들과 함께

御見物被仰付, 御振舞御頂戴也. 右之御舞臺御池之

內ニ建つ. 龜鷗之類池中ニ浮ひ, 池之左右ニ長屋作り之,

御見物所有之. 御見物所之邊ニ御庭構有之由.

一. 同日, 璘西堂御當地發足ニ付, 唐坊佐左衛門被差添ル.

一. 同八日朝, 堀田加賀守樣江御窺事有之ニ付, 御出被成.

---

49 에보시(烏帽子). 성인 남성이 쓰던 모자의 일종. 검게 칠한(烏塗) 모자(帽子)라는 뜻. 일반적으로 의례 때를 제외하면 무로마치 시대 말기 이후 쓰지 않았다. (『日本國語大辭典』)

50 안감을 대지 않은 히타타레(直垂, 예복). (『日本國語大辭典』)

51 에도시대의 노 상연 방식에서 '四番目物(雜能物)'에 해당되는 『간탄(邯鄲)』, 『마쿠라지도(枕慈童)』 등의 중국종(中國種)의 '노 7번'을 의미하는 것으로 추정된다. [能, 日本大百科全書(ニッポニカ), ジャパンナレッジ (japanknowledge.com)]

被得御差圖候趣, 左記之.

一. 去年以來從朝鮮之來書, 各樣爲御披見差上置

申候. 左候へハ, 此度信使渡海ニ付, 若ハ考なと之爲入用之

儀も, 可有御座哉と奉存候. 此儀者璘西堂ゟも被申上

置候. 御披見相濟, 御入用ニも無御座候者, 御返し

구경하라는 명을 받고 향응을 받으셨다. 무대는 연못 가운데 지어졌다. 거북이와 새가 연못 위에 떠 있고, 연못 좌우에 나가야(長屋)[52]를 지어 객석이 있었다. 객석 주변에 정원(庭構)이 있었다.

一. 같은 날, 린세이도가 이곳에서 출발하므로, 도보 사자에몬을 함께 보내셨다.

一. 동 8일, 아침에 홋타 가가노카미님에게 문의할 것이 있어서 가셨다. 지시받은 내용을 다음에 적는다.

一. 작년 이래로 조선에서 온 서한들을 로주님들께 보여 드리기 위해 제출했습니다. 이번 신사 도해와 관련하여, 혹시 참고를 위해 필요할 수도 있다고 생각합니다. 이는 린세이도도 말씀드렸습니다. 다 보시고 필요 없으시면 돌려

可被下候哉.

御答

同役中江申達, 追而此方ゟ差返可申候.

一. 信使被相連候人數之儀, 朝鮮國ゟ遲ク申來候ハヽ, 人數

大概何程と申候儀, 先私了簡を以, 所々御馳走所へ可

52 얇고 긴 형태로 세운 한 채의 가옥. (『日本國語大辭典』)

申達置候哉. 左候者御馳走所, 何方ニ々[53]与申儀, 以御
書付被仰聞置可被下候.

御答

若朝鮮國ゟ之註進及延引候ハヽ, 貴様御了簡ヲ以,
大概之人數御馳走所江被申達置候.

주시겠습니까?

답변

다른 로주들에게 말하고 바로 이쪽에서 돌려줄 것이다.

一. 신사가 데려오는 인원수에 대해 조선에서 늦게 연락이 오면, 인원수는 대략 몇 명 정도라고 우선 저의 판단으로 곳곳의 접대 장소에 연락해 두어야 합니까? 그렇다면 접대 장소는 어느 곳인지 문서로 말씀해 주십시오.

답변

혹여 조선의 연락이 늦어지면 귀하의 판단으로 대략의 인원수를 접대 장소에 전달하시오.

御馳走所之儀者, 御觸状相認り候以後, 書付可遣候.

一. 此中璘西堂ゟ茂被相窺候通, 兩長老儀海陸所々ニ
おゐて, 御馳走之饗應を受ケ被申候様ニ, 可仕候哉.
又者私方斗ゟ饗應可仕候哉.

御答

御馳走所之饗應を受ケ被申候様ニ, 可被仕候.

53 '々'로 처리했지만 반복되는 부분은 '何方ニ' 세 글자로 추정된다.

一. 從朝鮮國獻上之鷹致渡海候者, 海陸所々ニおゐて,
御馳走所之御賄を請ケ候樣ニ可仕候哉. 勿論馬も
同然ニ御座候.

御答

접대 장소에 관해서는 회람문(觸狀)을 작성한 뒤 문서를 보낼 것이다.

一. 최근에 린세이도도 문의했듯이 두 초로는 해로와 육로 곳곳에서 접대하는 향응을 받도록 해야 합니까? 또는 저만 향응을 해야 합니까?

답변

접대 장소에서 향응을 받도록 하라.

一. 조선국에서 헌상하는 매가 도해하면, 해로와 육로 곳곳에서 접대소의 먹이 제공을 받아야 합니까? 물론 말도 마찬가지입니다.

답변

御馳走所之賄を, 爲受被申候.

一. 御當地幷京都·大坂·其外海陸所々ニおゐて私幷兩長老
宿所之儀, 同町ニ用意有之候樣ニ被仰附可被下候.

御答

同役中申談, 其通りニ可申渡候.

一. 信使京都着仕候ハヽ, 仙長老儀被致對面候樣ニ可仕候哉.

御答

書僧役蒙　仰候人ニ候ハヽ, 對面被仕候樣ニ可被致候.

一. 璘西堂儀, 御老中樣方之御姓名なと, 得と存知不被申
候付, 信使ゟ被相尋候節, 返答仕候爲ニ御座候條, 委細ニ

접대 장소에서 먹이 제공을 받으시오.

一. 이곳과 교토, 오사카, 그 외 해로와 육로 곳곳에서 저와 두 초로의 숙소는 같은 구역(町)에 준비하도록 지시하여 주십시오.

답변

다른 로주들과 상의하여 그렇게 명할 것이다.

一. 신사가 교토에 도착하면 센초로와 대면하도록 해야 합니까?

답변

서승역(書僧役)에 임명된 사람이면 대면하게 하라.

一. 린세이도가 로주님들의 성명(姓名) 등을 잘 몰라서 신사에게 질문받았을 때 답변하기 위한 것이니 자세히

御書付被下候樣ニ与之儀, 私江被申聞置候.

御答

拙子家來江申付, 同役中方承合, 書付可遣候.

一. 同九日, 今度御拜領之御馬, 阿部豊後守樣ゟ御幸せ被遣ル.

一. 同十日, 明日御當地御發足ニ付, 爲御暇乞酒井讚岐守樣江, 御出被成候處, 彼方ニ而御料理なと御出し被成ル. 御咄之席ニ讚岐守樣江被仰上候者, 當月ハ堀田加賀守殿御用番ニ付, 信使御用之儀なと, 彼方江得御差圖申候. 其內少々未相濟不申儀茂御座候. 願者一事も相殘不申樣ニ, 存寄之趣盡ク申上, 相濟候而發足仕度奉存候由, 被仰上

문서로 작성해 달라고 저에게 말했습니다.

답변

나의 가신에게 일러 다른 로주들 [성명]을 조사하여 문서를 보낼 것이다.

一. 동 9일, 이번에 하사받은 말(馬)에 관해 아베 분고노카미님의 축하 인사가 왔다.

一. 동 10일, 내일 이곳을 출발하므로 작별 인사를 드리러 사카이 사누키노카미님께 갔더니 그곳에서 요리 등을 내주셨다. 말씀 나누는 자리에서 사누키노카미님께 말씀하시길, "이번 달은 홋타 가가노카미님이 당번이시라 신사 관련 업무 등은 그분의 지시를 받았습니다. 그중에는 다소 마무리하지 못한 일도 있습니다. 바라건대 [미해결이] 하나도 남지 않도록 제 생각을 모두 말씀드리고 이를 마친 뒤에 출발하고 싶습니다"라고

候得者, 成程御尤ニ思召候. 隨分相殘り不申候樣ニ, 御濟メ候而, 御發足被成候樣ニ与之御事ニ付, 又々被仰上候ハ, 璘西堂儀, 御老中樣方之御姓名, 得与存知不被申候付, 三使ゟ被相尋候節之爲, 御書付被下候樣ニ与, 申上置候へ共, 發足之砌又々申上候儀, 致失念候間, 私ゟ申上, 御書付被下候樣ニ可仕旨, 被申聞置候付, 最前加賀守殿江, 其段申上候得者, 成程御心得被成候. 彼方御家來江被仰付, 各樣中之御家來中江承合候樣ニ, 可被成之由, 御座候段, 被仰上候處, 讚岐守樣ニも, 御尤ニ思召候与之御事也. 讚岐守樣又々被仰候者, 信使參向之節, 於京都者

하시자, "맞는 말이다. [그런 사안이] 남지 않게 마무리한 뒤에 출발하시오"라고 하시기에 다시 말씀드리길, "린세이도가 로주님들의 성명을 제대로 알지 못하는 터라 삼사의 질문을 받았을 때를 위해 문서로 주시도록 말씀드렸었습니다. 그런데 출발할 때 다시 말씀드리는 것을 잊어버려서, 제가 말씀드려 문서를 달라고 했는데, 얼마 전 가가노카미님에게 이를 말씀드렸더니 이해해 주셨고 본인의 가신에게 명해서 다른 로주님들의 가신에게 조사하시겠다고 하셨습니다"라고 하자, 사누키노카미님도 "지당하다"고 하셨다. 사누키노카미님이 또 말씀하시길 "신사가 에도로 올 때, 교토에서는

諸事板倉周防守殿江, 被仰談候様ニ与之御事ニ付, 御卽話
被仰上候者, 先年以來於京都ハ, 紫野大德寺を信使宿ニ
被仰附候へ共, 彼所ヲ信使宿ニ被仰付候而ハ, 諸事不勝手之事共
御座候由, 被仰上候へハ, 如何様之儀, 不勝手ニ御座候哉と, 御尋
被成候付, 御返答ニ被仰上候者, 大德寺之儀ハ, 第一邊地ニ而
御座候故, 彼御地發足之節, 道繰之爲ニも不宜, 其上
禁門茂相見江申儀ニ御座候へハ, 旁以如何敷奉存候. 先ハ
彼者共禁裏江罷上ルニ而も, 無御座候處, 猥ニ禁門之體
をも御見せ被成候段, 宜ケ間敷儀と奉存候. 先年信使
京着之節, 行列なと　叡覽可被遊旨, 私儀蒙

여러 일을 이타쿠라 스오노카미님과 상의하시오"라고 하시기에, 바로 말씀드리길 "이전부터 교토에서는 무라사키노(紫野)에 있는 다이토쿠지(大德寺)[54]를 신사 숙소로 지정해 주셨지만, 그곳을 신사의 숙소로 정하면 여러 가지 불편한 점도 있습니다"라고 아뢰자 "어떠한 점이 불편한가?"라고 물으시기에, 말씀드리길 "다이토쿠지는 무엇보다도 변두리 지역에 있기 때문에 그곳을 출발할 때 이동경로를 짜기에도 좋지 않으며, 더욱이 황거(禁門)도 보여서 여러 가지로 좋지 않습니다. 우선은 그들이 황거(禁裏)에 가지는 않지만, 함부로 황거의 의식까지 보여 주는 것은 좋지 않다고 봅니다. 이전 신사가 교토에 도착했을 때, [통신사] 행렬 등을 천황께서 보시겠다는

54 교토시 기타구(北區) 무라사키노다이토쿠지초(紫野大德寺町)에 위치한 임제종 사원. 대덕사파 대본산이며, 산호(山號)는 류호잔(龍寶山)이다. 교토고잔 중의 하나. (『대일외교사전』)

勅命候. 此度も信使ニ付, 何とそ之事ニ付而,　勅命を以
被仰付儀茂, 可不座候哉. 其段相窺候而, 如何可有
御座哉. 此段ハ私ゟ屹与各様江奉窺候と申ニ而者,
無御座候. 一時不圖存當り候付, 御咄申上候由, 被仰上
候處, 讃岐守様被仰候者, 貴様御了簡次第, 一々
御尤存候. 左候ハヽ, 信使宿之儀, 何方江被仰付可然哉.
本國寺ニ被仰付候而, 如何可有御座候哉との御事ニ付,
御返答ニ被仰上候ハ, 私儀元來京都之事, 得とハ存知
不申候へ共, 本國寺ニ而候ハヽ, 道繰なと之爲ニハ, 可然様ニ
奉存候由, 被仰上候得ハ, 讃州様被仰候而, 左候ハヽ, 其

칙명을 제가 받았습니다. 이번에도 신사와 관련하여 부탁한다는 의미로 칙명으로 지시받는 일도 있지 않겠습니까? 이 점에 대해 여쭈어도 되겠습니까? 이것은 제가 확실히 로주분들께 문의하려는 것은 아니라 갑자기 문득 생각이 나서 말씀드리는 것입니다"라고 했더니, 사누키노카미님이 말씀하시길 "귀하의 생각이 모두 맞다. 그러면 신사의 숙소는 어디로 지정하는 것이 좋겠는가? 혼코쿠지(本國寺)[55]로 하면 어떠한가?"라고 하시므로, "저는 원래 교토에 대해 잘 알지 못하지만, 혼코쿠지라면 이동경로를 짜기에도 괜찮을 것입니다"라고 하셨다. 산슈(讃州)[56]님이 말씀하시길, "그렇다면 이

---

55 교토시 야마시나구(山科區) 북쪽 미사사기(御陵)에 위치한 일련종(日蓮宗) 사원. 일련종의 대본산이며, 산호는 다이코잔(大光山)이다. (『대일외교사전』)

56 사누키노카미.

段同役中申談, 其通りニ相濟候ハヽ, 京都板倉周防守殿
方江可申遣候. 只今貴様御咄ヲ承候ヘハ, 大德寺を信使
宿ニ被仰付候段者, 寔宜ケル間敷儀と存候由被仰, 相續
何角与御咄有之候刻, 又々被仰上者, 私家來古川右馬助
儀, 御手前樣江ハ, 每度御目見被仰付候故, 御見知り茂
可有御座候. 此者儀殊外年罷寄, 風雨之節, 道路
往還仕候段, 難儀仕儀ニ御座候. 左樣之節者, 駕籠ニ而
往來仕候樣ニ, 仕度奉存候. 如何被思召候哉と, 被仰上候處,
讚岐守樣被仰候ハ, 如被仰聞候, 彼者儀老人と申, 殊
御法式茂有之事ニ候ヘ者, 指而苦ケル間敷儀ニ候條,

를 다른 로주들과 상의해서 그대로 마무리되면 교토의 이타쿠라 스오노카미님에게 연락하겠다. 지금 귀하의 말을 들으니 다이토쿠지를 신사의 숙소로 지정하는 것은 대단히 좋지 않다고 생각된다"고 하셨다. 이어서 이런저런 이야기를 나누고 [요시나리가] 다시 말씀하시길, "저의 가신 후루카와 우마노스케는 귀하가 매번 알현을 허락해 주셔서 면식이 있으실 겁니다. 이 자가 매우 나이가 들어 비바람이 치면 도로를 다니기가 힘듭니다. 그럴 때엔 가마(駕籠)로 왕래하게 해 주고 싶습니다. 어떻게 생각하십니까?"라고 하셨더니, 사누키노카미님이 "말씀대로 그는 노인이기도 하고, 특히 [관련] 법식(法式)도 있어서 딱히 안 될 것은 없으니,

此儀者貴樣御了簡ヲ以, 被差免可然由, 御挨拶有之ル.
一. 同十二日, 堀田加賀守樣江御出被成, 又々京都·大坂信使
宿之儀, 御尋被成候ヘ共, 未御議定不相濟由也.
一. 同十三日巳刻, 江戶表御發足. 於川崎御晝休有之, 暮ニ

神奈川御一宿被成ル.

一. 同十四日, 神奈川御發足, 小田原御泊.

一. 同十五日, 小田原御發足, 三嶋御泊.

一. 同十六日, 三嶋御發足, 淸見關御泊.

一. 同十七日, 風雨ニ付, 淸見關御滯留.

一. 同十八日, 淸見關御發足, 藤枝御泊.

이는 귀하의 판단으로 허락하시오"라고 하셨다.

一. 동 12일, 홋타 가가노카미님께 가셔서, 다시 교토와 오사카의 신사 숙소에 관해 문의하셨지만, 아직 논의가 끝나지 않았다고 했다.

一. 동 13일, 사시(巳刻)에 에도에서 출발, 가와사키(川崎)[57]에서 낮에 휴식하시고 저녁때 가나가와(神奈川)[58]에 묵으셨다.

一. 동 14일, 가나가와에서 출발해서 오다와라(小田原)[59]에 묵으셨다.

一. 동 15일, 오다와라에서 출발해서 미시마에 묵으셨다.

一. 동 16일, 미시마에서 출발해서 기요미가세키(淸見關)[60]에 묵으셨다.

一. 동 17일, 비바람으로 인해 기요미가세키(淸見關)에 체류하셨다.

一. 동 18일, 기요미가세키에서 출발해서 후지에다(藤枝)[61]에 묵으셨다.

57 가나가와현 가와사키시(川崎市) 가와사키구(川崎區)에 있던 슈쿠바.

58 가나가와현 요코하마시(橫濱市) 가나가와구(神奈川區)에 있던 슈쿠바.

59 시즈오카현 오다와라시(小田原)에 있던 슈쿠바.

60 시즈오카현 시즈오카시 시미즈구에 있던 오키쓰슈쿠(興津宿).

61 시즈오카현 후지에다시에 있던 슈쿠바.

一. 同十九日, 藤枝御發足, 見付御泊.

一. 同廿日, 見付御發足, 吉田御泊.

一. 同廿一日, 吉田御發足, 池鯉鮒御泊.

一. 同廿二日, 池鯉鮒御發足, 關御泊.

〃 同日, 江戶表御老中様方ゟ之御奉書, 幷信使參向之節, 海陸所之御馳走所々, 御書付到來. 卽御返書被差上ル. 御奉書之御文言, 左記之.

一筆令啓候. 今度從朝鮮之信使, 江戶迄之路次中泊々, 幷休息之所江馳走人別紙書付遣之候. 官使其所々江參着之時分, 其外萬事先様委細被

一. 동 19일, 후지에다에서 출발해서 미쓰케(見付)[62]에 묵으셨다.

一. 동 20일, 미쓰케에서 출발해서 요시다에 묵으셨다.

一. 동 21일, 요시다에서 출발해서 지류(池鯉鮒)[63]에 묵으셨다.

一. 동 22일, 지류에서 출발해서 세키(關)[64]에 묵으셨다.

〃 같은 날, 에도에서 로주님들이 보내신 봉서와 신사가 에도로 갈 때 해로와 육로의 접대 장소에 대한 문서가 도착했다. 바로 답장을 드렸다. 봉서의 문언은 다음과 같다.

글을 보냅니다. 이번에 조선에서 오는 신사가 에도까지 오는 길에서 묵을 곳과 휴식을 취할 곳의 접대 담당자(馳走人)를 별지 문서에 적어 보냅니다. 관사(官使)가 그 장소들에 도착하면, 여러 일은 귀하가 자세하게

62 시즈오카현 이와타시(磐田市)에 있던 슈쿠바.

63 아이치현 지류시(知立市)에 있던 슈쿠바.

64 미에현 스즈카(鈴鹿) 산맥에 있던 슈쿠바.

相達, 無滯様ニ尤ニ候. 恐々謹言.

八月十五日　　　　　　　　　　堀田加賀守

阿部豊後守

松平伊豆守

酒井讃岐守

土井大炊頭

宗對馬守殿

〃 右之外, 御馳走所へ被仰遣ル御觸狀之寫, 切紙ニ御書載被成, 御奉書之內ニ卷込ミ來ル. 其御文言, 左記之.

從朝鮮國信使相渡候. 如先年御馳走尤ニ候. 時分

전달하시고, 지체되지 않도록 하십시오. 삼가 말씀드립니다.

8월 15일　　　　　　　　　　홋타 가가노카미

아베 분고노카미

마쓰다이라 이즈노카미

사카이 사누키노카미

도이 오이노카미

소 쓰시마노카미님

〃 그 밖에도 접대 장소에 보내신 회람 문서의 사본을 종이에 기재해서 봉서 안에 넣어 보내 주셨다. 그 문언을 다음에 기록한다.

조선국에서 신사가 건너오니 이전과 같이 접대하셔야 합니다. 시기

幷人數以下之儀, 委從對馬守可被申入候. 以上.

從朝鮮國信使相渡ニ付, 道中御馳走衆覺

一. 壹岐島	松浦壹岐守
一. なこや　風なとのため	寺澤兵庫頭
一. 藍嶋	松平右衛門作
一. 小倉　風なとのため	小笠原右近
一. 赤間關	毛利甲斐守
一. 上關	松平長門守
一. かまかり	松平安藝守
一. とも	水野日向守

와 인원수에 관해서는 자세하게 쓰시마노카미가 말할 것입니다. 이상.

조선국 신사가 이동하는 도중의 접대 담당에 관한 기록

一. 이키노시마(壹岐島)	마쓰라 이키노카미(松浦壹岐守)
一. 나고야(名護屋)[65] 바람 등 대비	데라사와 효고노카미(寺澤兵庫頭)[66]
一. 아이노시마(藍嶋)	마쓰다이라 에몬노스케(松平右衛門佐)[67]
一. 고쿠라(小倉)[68] 바람 등 대비	오가사와라 우콘(小笠原右近)[69]
一. 아카마가세키(赤間關)[70]	모리 가이노카미(毛利甲斐守)[71]

65 사가현 히가시마쓰라군(東松浦郡) 진제이초(鎭西町).

66 데라사와 가타타카(寺澤堅高). 히젠 가라쓰번(唐津藩) 번주. (『日本人名大辭典』)

67 구로다 다다유키(黑田忠之). 지쿠젠 후쿠오카번(福岡藩) 번주. (『日本人名大辭典』)

68 후쿠오카현 기타큐슈시(北九州市).

69 오가사와라 다다자네(小笠原忠眞). 부젠 고쿠라번(小倉藩) 번주. (『日本人名大辭典』)

70 야마구치현 시모노세키의 옛 이름.

71 모리 히데모토. 나가토 후추번 번주. (『日本人名大辭典』)

一. 가미노세키(上關)	마쓰다이라 나가토노카미(松平長門守)[72]
一. 가마카리(蒲刈)	마쓰다이라 아키노카미(松平安藝守)[73]
一. 도모(鞆)[74]	미즈노 휴가노카미(水野日向守)[75]

一. しも津い	松平新太郎
一. うしまと	同人
一. むろ	本多甲斐守
一. 明石　風なとのため	松平丹波守
一. 兵庫	青山大藏少輔
一. 大坂 泊	曾我又左衛門
御賄	
	鈴木三郎九郎
	松波五郎右衛門
	豊嶋十左衛門

一. 시모쓰이(下津井)	마쓰다이라 신타로(松平新太郎)[76]
一. 우시마도(牛窓)	위의 사람
一. 무로(室)[77]	혼다 가이노카미(本多甲斐守)[78]

---

72 모리 히데나리(毛利秀就). 나가토 하기번(萩藩) 번주. (『日本人名大辭典』)

73 아사노 미쓰아키라(淺野光晟). 아키(安藝) 히로시마번(廣島藩) 번주. (『日本人名大辭典』)

74 히로시마현 후쿠야마시(福山市) 도모지구(鞆地區)에 위치한 항구.

75 미즈노 가쓰나리(水野勝成). 빈고 후쿠야마번(福山藩) 번주. (『日本人名大辭典』)

76 이케다 미쓰마사(池田光政). 비젠 오카야마번(岡山藩) 번주. (『日本人名大辭典』)

77 효고현 다쓰노시(たつの市)에 위치한 항구.

78 혼다 마사토모(本多政朝). 하리마 다쓰노번(龍野藩) 번주. (『日本人名大辭典』)

一. 아카시(明石)[79] 바람 등 대비　마쓰다이라 단바노카미(松平丹波守)[80]

一. 효고(兵庫)[81]　아오야마 오쿠라노쇼(青山大藏少輔)[82]

一. 오사카(大坂) 숙박　소가 마타자에몬(曾我又左衛門)

식사 담당

스즈키 사부로쿠로(鈴木三郎九郎)

마쓰나미 고로에몬(松波五郎右衛門)

도시마 주자에몬(豊嶋十左衛門)

彦坂平九郎

ひらかた晝休, 右同人

一. 淀 泊　永井信濃守

一. 京 泊　板倉周防守

御賄

五味金右衛門

小野惣左衛門

藤林市兵衛

木村惣兵衛

大津晝休

---

79 효고현 아카시시(明石市) 일대에 있던 아카시번(明石藩).

80 도다 미쓰시게(戸田光重). 하리마 아카시번(明石藩) 번주. (『日本人名大辭典』)

81 효고현 고베시(神戸市) 효고구(兵庫區)에 있는 효고항의 옛 이름. (『日本國語大辭典』)

82 아오야마 요시나리(青山幸成). 셋쓰 아마가사키번(尼崎藩) 번주. (『日本人名大辭典』)

히코사카 헤이쿠로(彦坂平九郎)

히라카타(枚方)[83] 낮 휴식, 위와 같음.

一. 요도(淀)[84] 숙박 나가이 시나노노카미(永井信濃守)[85]

一. 교토(京) 숙박 이타쿠라 스오노카미(板倉周防守)

식사 담당

고미 긴에몬(五味金右衛門)

오노 소자에몬(小野惣左衛門)

후지바야시 이치베에(藤林市兵衛)

기무라 소베에(木村惣兵衛)

오쓰(大津)[86] 낮 휴식

一. 森山 泊 觀音寺

八幡山書休 小堀近江守

一. さほ山 泊 井伊掃部頭

います 書休 岡田將監

一. 大垣 泊 戶田左門

すのまた書休 竹腰山城守

成瀨隼人正

---

83 오사카부(大阪府) 기타가와치(北河內) 지역에 위치하는 시. (『근세 한일관계 사료집 Ⅲ』)

84 교토시 후시미구의 남서부에 있던 슈쿠바.

85 나가이 나오마사(永井尙政). 야마시로 요도번(淀藩) 번주. (『日本人名大辭典』)

86 시가현(滋賀縣) 서부에 위치하는 시이자 현청 소재지. 667년 덴지(天智) 천황이 현재 오쓰시로 천도하여 오쓰쿄(大津京)라고 한 것을 비롯해 오랜 역사를 갖는 고도(古都). 신사와 절이 많다. 동쪽은 비와(琵琶) 호수에 접하고, 서쪽은 교토시와 경계선을 접하고 있다. (『근세 한일관계 사료집 Ⅳ』)

一. なこや泊	右兩人
なるミ 晝休	右兩人
一. 岡崎 泊	本多伊勢守
赤坂 晝休	鈴木八右衛門
	鳥山牛之介

一. 모리야마(森山)[87] 숙박	간논지(觀音寺)[88]
하치만야마(八幡山)[89] 낮 휴식	고보리 도토미노카미(小堀遠江守)[90]
一. 사호야마[91] 숙박	이이 가몬노카미(井伊掃部頭)
이마스(今須)[92] 낮 휴식	오카다 쇼겐(岡田將監)
一. 오가키(大垣)[93] 숙박	도다 사몬(戶田左門)[94]
스노마타(墨俣)[95] 낮 휴식	다케노코시 야마시로노카미(竹腰山城守)[96]
	나루세 하야토노카미(成瀨隼人正)[97]
一. 나고야(名古屋) 숙박	위의 두 사람

---

87 시가현 모리야마시(守山市)에 있던 슈쿠바.

88 시가현 모리야마시에 위치한 천태진성종(天台眞盛宗) 사원. (『대일외교사전』)

89 시가현 오미하치만시(近江八幡市) 미나미쓰다초(南津田町)에 위치한 산.

90 고보리 마사카즈(小堀政一). 오미 고무로번(小室藩) 번주. (『日本人名大辭典』)

91 사와야마(佐和山)로 추정된다. 사와야마는 현재 시가현 히코네시(彦根市)에 위치한 산.

92 기후현 후와군의 세키가하라초(關ケ原町)에 있던 슈쿠바.

93 기후현 오가키시(大垣市)에 있던 슈쿠바.

94 도다 우지테쓰(戶田氏鐵). 미노 오가키번(大垣藩) 번주. (『日本人名大辭典』)

95 기후현 오가키시 스노마타초(墨俣町). (『근세 한일관계 사료집 Ⅲ』)

96 다케노코시 마사노부(竹腰正信). 미노 이마오번(今尾藩) 번주이자 나고야번 쓰케가로(附家老). (『日本人名大辭典』)

97 나루세 마사토라(成瀨正虎). 오와리 이누야마번(犬山藩) 번주이자 나고야번 쓰케가로. (『日本人名大辭典』)

나루미(鳴海)[98] 낮 휴식	위의 두 사람
一. 오카자키(岡崎) 숙박	혼다 이세노카미(本多伊勢守)[99]
아카사카(赤坂)[100] 낮 휴식	스즈키 하치에몬(鈴木八右衛門)
	도리야마 우시노스케(鳥山牛之介)

一. 吉田　泊	水野隼人正
荒井　晝休	秋鹿七兵衛
一. 濱松　泊	高力攝津守
見付　晝休	松平清左衛門
一. 掛川　泊	松平大膳大夫
かなや　晝休	遠山六左衛門
一. 藤枝　泊	水野監物
駿府　泊	安藤彌兵衛
一. 清見寺　泊	井出半左衛門
吉原　晝休	長谷川藤右衛門

一. 요시다(吉田) 숙박	미즈노 하야토노카미(水野隼人正)[101]
아라이(荒井) 낮 휴식	아이카 시치베에(秋鹿七兵衛)
一. 하마마쓰(濱松) 숙박	고리키 세쓰노카미(高力攝津守)[102]

98 아이치현 나고야시 미도리구(綠區)에 있던 슈쿠바.

99 혼다 다다토시(本多忠利). 미카와 오카자키번(岡崎藩) 번주. (『日本人名大辭典』)

100 아이치현 도요카와시(豊川市)에 있던 슈쿠바.

101 미즈노 다다키요(水野忠淸). 미카와 요시다번(吉田藩) 번주. (『日本人名大辭典』)

102 고리키 다다후사(高力忠房). 도도미 하마마쓰번(濱松藩) 번주. (『日本人名大辭典』)

미쓰케(見付) 낮 휴식 마쓰다이라 세이자에몬(松平淸左衛門)

一. 가케가와(掛川) 숙박 마쓰다이라 다이젠노다이부(松平大膳大夫)[103]

가나야(金谷)[104] 낮 휴식 도야마 로쿠자에몬(遠山六左衛門)

一. 후지에다(藤枝) 숙박 미즈노 겐모쓰(水野監物)

슨푸(駿府) 숙박 안도 야베에(安藤彌兵衛)

一. 세이켄지(淸見寺)[105] 숙박 이데 한자에몬(井出半左衛門)

요시와라(吉原) 낮 휴식 하세가와 도에몬(長谷川藤右衛門)

一. 三嶋　泊　小林彦五郎

箱根　晝休　諸星勝兵衛

江川太郎左衛門

一. 小田原泊　稻葉信濃守

大磯　晝休　坪井次左衛門

一. 藤澤泊　成瀨五左衛門

一. 神奈川泊　伊奈平藏

一. 品川　晝休　同人

江戶迄

子

八月十五日

一. 同廿三日, 關御發足, 草津御泊.

103 마쓰다이라 다다시게(松平忠重). 도토미 가케가와번(掛川藩) 번주. (『日本人名大辭典』)

104 시즈오카현 시마다시(島田市) 가나야(金谷)에 있던 슈쿠바.

105 시즈오카시 시미즈구에 있는 임제종 사원. (『대일외교사전』)

一. 미시마(三嶋) 숙박	고바야시 히코고로(小林彦五郎)
하코네(箱根) 낮 휴식	모로호시 가쓰베에(諸星勝兵衛)
	에가와 다로자에몬(江川太郎左衛門)
一. 오다와라(小田原) 숙박	이나바 시나노노카미(稻葉信濃守)
오이소(大磯) 낮 휴식	쓰보이 지자에몬(坪井次左衛門)
一. 후지사와(藤澤)[106] 숙박	나루세 고자에몬(成瀨五左衛門)
一. 가나가와(神奈川) 숙박	이나 헤이조(伊奈平藏)
一. 시나가와(品川)[107] 낮 휴식	위의 사람
에도까지	

子

8월 15일

一. 동 23일, 세키를 출발해서 구사쓰에 묵으셨다.

〃 板倉周防守様御事, 御親父伊賀守様御忌有之候付,
爲御悔三州江御越被成候由ニ付, 此所ゟ直ニ三州江御屆之
御使者被遣之ル.

〃 同廿四日, 草津御發足, 京都御着.

〃 同廿七日, 板倉周防守様ゟ御返書來ル. 則御文言左記之.
一昨日, 桑名ゟ之御狀令拜見候. 然者朝鮮信使當九·
十月來朝仕候様ニと, 被仰出之旨, 奉得其意候. 霜月ニハ
可爲京着之由, 就其御馳走之儀, 先年之通ニ相違

106 가나가와현 후지사와시(藤澤市)에 있던 슈쿠바.

107 도쿄도(東京都) 시나가와구(品川區)에 있던 슈쿠바.

有之間敷之樣ニ, 被仰出之旨, 彌奉得其意候. 最前ニ
人馬以下之員數御書付, 是江可被下候. 將又拙子儀

〃 이타쿠라 스오노카미님이 부친 이가노카미(伊賀守)[108]님의 기일 법회(御忌)가 있어 조의를 위해 산슈(三州)[109]에 가셨다고 하여, 이곳에서 바로 산슈로 보고를 위한 사자를 보내셨다.

〃 동 24일, 구사쓰를 출발해서 교토에 도착했다.

〃 동 27일, 이타쿠라 스오노카미님이 보낸 답서가 도착했다. 문언을 다음에 적는다.

그제 구와나에서 보내신 편지를 읽었습니다. 조선 신사가 이번 9, 10월에 내조하도록 명하셨다는 내용, 잘 알았습니다. 상월(霜月)에 교토에 도착할 것이며, 접대를 이전과 다름없이 하라는 막부의 명을 받았다는 것도 잘 알겠습니다. 이전에 인원과 말(人馬) 이하의 수를 문서로 작성하여 이곳에 보내 주셨습니다. 그런데 제가

少シ用御座候而, 俄ニ三州江罷下候. 頓而可罷歸候. 朝鮮人宿
之儀, 今度ハ本國寺ニ而可有御座候間, 可被成其御心得候.
恐惶謹言.
尙々, 信使早々來朝, 拙子式迄大慶存候. 以上.
八月廿五日　　　　板倉周防守
宗對馬守樣
御報

108 이타쿠라 가쓰시게(板倉勝重). 도쿠가와 이에야스를 섬기고, 슨푸 및 에도의 마치부교를 거쳐 1603년에 교토쇼시다이가 되었다. 이신스덴과 함께 공가(公家) 및 서일본에 대한 도쿠가와 정권의 세력 침투에 힘썼다. 1624년 사망. (『日本人名大辭典』)

109 미카와노쿠니의 이칭. 현재 아이치현 동부.

〃 同日, 信使參向之節, 於京都諸事·御用意なと之書付, 平田

將監を以, 周防守様御家老都筑平右衛門迄被遣置ル.

一. 九月朔日之朝, 都筑平右衛門儀, 此方御旅宿足立宗傳

조금 용무가 있어서 급히 산슈로 내려갔습니다. 이제 돌아갈 것입니다. 조선인의 숙소가 이번에는 혼코쿠지이니 그렇게 알고 계십시오. 삼가 말씀드립니다.

아울러 신사가 서둘러 내조하니 저 같은 사람에게도 기쁜 일입니다. 이상.

8월 25일 이타쿠라 스오노카미

소 쓰시마노카미님에게

답장

〃 같은 날, 신사가 에도로 갈 때 교토에서의 여러 일과 준비 등을 적어 히라타 쇼겐 편에 스오노카미님의 가로 쓰즈키 헤에몬(都筑平右衛門)에게 보냈다.

一. 9월 1일 아침, 쓰즈키 헤에몬이 이쪽의 숙소인 아다치 소덴(足立宗傳)[110]의

所江被罷出候付, 信使京着之節之御用意なと之儀被仰渡ル.

〃 右信使御用之儀ニ付, 周防守様江御直談被成度思召候付,

今日迄御當地江御逗留被成候へ共, 周防守様御歸京及

延引候付, 御發足被成ル.

〃 同日晩, 大坂江御着.

〃 同二日之朝, 御着岸之爲御祝詞, 久貝因幡守様ゟ御使

110 아사미즈 도쿠에몬(淺水德右衛門)과 교토 도이야(問屋)를 담당하는 상인. (「日朝貿易における白絲·絹織物の輸入と京都販賣」)

者を以御狀來ル. 且又江戶表ゟ繼飛脚到來候處, 伊奈判十郎殿·曾根源右衛門殿ゟ, 此方江之御狀致到來候由ニ而爲持來ル. 因幡守樣幷江戶表兩所ゟ之御狀案, 左記之.

집으로 왔기에 신사가 교토에 도착했을 때의 준비 등에 대해 말하셨다.

〃 위 신사 관련 업무에 관해 스오노카미님께 직접 말씀을 드리려고 오늘까지 이곳에 체류하셨지만, 스오노카미님의 교토 귀환이 늦어져 출발하셨다.

〃 같은 날 밤, 오사카에 도착했다.

〃 동 2일 아침, 도착을 축하하기 위해 구가이 이나바노카미[111]님이 사자 편에 서한을 보내셨다. 또한 에도에서 역참파발이 도착했는데, 이나 한주로님과 소네 겐에몬(曾根源右衛門)[112]님이 이쪽으로 보내신 서한이 도착했다면서 가져왔다. 이나바노카미님과 에도의 두 분께서 보내신 서한의 안을 다음에 적는다.

只今當地御着之由, 庄村所ゟ申越承候. 然者伊奈判十郎·曾根源右衛門方ゟ, 次飛脚ニ書狀參候間, 爲持進之候. 被成御報候ハヽ, 被遊可被下候. 今日次飛脚參候. 朝鮮之信使人數·彼是, 貴樣江得御意, 於當地馳走可仕旨, 從御年寄衆申來候. 今日ハ御草臥可被成候間, 明朝御食參候樣ニ, 御出可忝候. 何樣曉程致伺候, 可得御意候. 恐惶謹言.

111 오사카 마치부교.

112 앞에는 '소네 겐자에몬'으로 기록되어 있다.

九月二日　　　　　　　　　　　　久貝因幡守

宗對馬守様

　　人々御中

현재 이곳에 도착했다고 쇼무라 쪽에서 연락이 와서 들었습니다. 이나 한주로·소네 겐에몬에게서 역참파발로 서한이 도착했으니 [사자에게] 들려 보냅니다. 답장을 쓰시면 주십시오. 오늘 역참파발이 도착했습니다. 조선 신사의 인원수나 이런저런 사안에 관해서는 귀하의 의견을 듣고 이곳에서 접대하라는 로주님들의 연락이 왔습니다. 오늘은 지치셨을 테니, 내일 아침 식사를 하러 오시면 기쁘겠습니다. 아무쪼록 새벽에 기다렸다가 뵙겠습니다. 삼가 말씀드립니다.

9월 2일　　　　　　　　　　　　구가이 이나바노카미

소 쓰시마노카미님

　　가신들에게

信使海道之泊幷晝休馳走人之覺

	鈴木三郎九郎
一. 大坂	松波五郎右衛門
	豊嶋十左衛門
	末吉孫左衛門
一. ひらかた	彦坂平九郎
	平野藤次
	五味金右衛門

신사 도해 시 숙박 및 낮 휴식의 접대 담당자에 대한 기록

	스즈키 사부로쿠로
一. 오사카	마쓰나미 고로에몬
	도시마 주자에몬
	스에요시 마고자에몬(末吉孫左衛門)
一. 히라카타	히코사카 헤이쿠로
	히라노 후지쓰구(平野藤次)
	고미 긴에몬
一. 京	藤林市兵衛
	木村惣右衛門
一. 大津	小野惣左衛門
一. 清見寺	安藤彌兵衛
	間宮彦次郎
一. 吉原	長谷川藤右衛門
	井出半左衛門
一. 교토	후지바야시 이치베에
	기무라 소에몬
一. 오쓰	오노 소자에몬

一. 세이켄지　　　　　　　　안도 야베에

마미야 히코지로(間宮彦次郎)

一. 요시와라　　　　　　　　하세가와 도에몬

이데 한자에몬

一. 品川　　　　　　　　伊奈兵藏

守屋佐大夫

右之所々御馳走人, 先度御年寄衆ゟ御書立被
遣候內ニ而, 少宛替り申候間, 爲御心得, 書付仕進之候.
右七ヶ所之御代官衆江も, 此方ゟ狀を越申候. 別ニ
替儀者無之候得共, 御代官衆差加江申計候. 爲念
如此候. 右七ヶ所之外者, 少も相替り不申候. 以上.

八月廿三日　　　　　　　　曾根源左衛門

在判

伊奈判十郎

一. 시나가와　　　　　　　　이나 헤이조

모리야 사다유(守屋佐大夫)

위 장소의 접대 담당들이 지난번 로주님들이 작성해서 보낸 목록과 조금 달라졌기 때문에 참고하시라고 문서를 작성하여 보냅니다. 위 7곳의 다이칸들에게도 이쪽에서 서한을 보냈습니다. 크게 바뀐 것은 없지만 다이칸들을 추가했을 뿐입니다. 만일을 위해 보내 드립니다. 위 7곳 외에는 조금도 바뀌지 않았습니다. 이상.

8월 23일　　　　　　　　　　소네 겐자에몬

재판

이나 한주로

在判

宗對馬守樣

一. 同三日朝, 久貝因幡守樣ゟ御招請ニ付, 御出被成ル.

〃 同日, 因幡守樣江被仰達候趣, 左記之.

一. 繼飛脚之事.

一. 次船之御手形之事.

一. 於御當地信使乘り船, 何方へ着可致可申哉之事.

一. 從御當地淀迄之間, 三使銘々ニ川船御用意可被成候. 其餘ハ從者之人數, 幷荷物之多少相知レ次第, 追而可申達候事.

재판

소 쓰시마노카미님

一. 동 3일 아침, 구가이 이나바노카미님의 초청을 받아 가셨다.

〃 같은 날, 이나바노카미님에게 말씀드린 내용을 다음에 적는다.

一. 역참파발에 관한 것.

一. 쓰기부네(次船)[113]의 사용증(手形)에 관한 것.

一. 이곳에서 신사가 탄 선박은 어느 곳으로 도착해야 하는가.

一. 이곳에서 요도 사이에 삼사 각자에게 하천용 배(川船)를 준비해야 한다. 그 나머지는

113 파발처럼 항구에서 항구로 배를 통해 문서와 화물을 전달하는 것.

종자의 인원수와 짐의 많고 적음을 알게 되는 대로 바로 알릴 것.

一. 両長老江茂銘々ニ川船壹艘宛, 御用意可被成候事.

一. 私幷両長老宿之儀, 信使宿之近邊ニ, 可被仰付候事.

一. 信使參着之砌, 一両日者御饗應可被仰付事.

一. 両長老儀茂於所々, 信使同然ニ御馳走を請ヶ被申候事.

一. 私方ゟ信使江相副候通詞之儀茂, 所々ニ而朝鮮人同然ニ, 御馳走を請申筈ニ候事.

一. 人馬·其外諸事御用意之儀, 私方ゟハ成たけ切つめ, 一はいニ可申進候. 併餘計なと之儀ハ, 其元ニ而宜様ニ御了簡候而被仰付, 差支不申様ニ, 可被成候事.

一. 두 초로에게도 각각 하천용 배 1척씩 준비해 주실 것.

一. 저와 두 초로의 숙소는 신사의 숙소 근처로 지정하실 것.

一. 신사가 도착했을 때 하루에서 이틀은 향응을 해 주실 것.

一. 두 초로도 곳곳에서 신사와 마찬가지로 접대를 받는다.

一. 제가 신사에게 붙이는 통사(通詞)[114]들도 곳곳에서 조선인과 마찬가지로 접대를 받을 예정이라는 것.

一. 인원과 말, 그 외 여러 준비에 관해 저는 가능한 한 줄여서 최소한으로 말씀드릴 것. 하지만 그 이상의 것은 귀하가 잘 판단하셔서 처리하고 지장이 생기지 않도록 할 것.

---

114 조선어 통역하는 일본인.

一. 從朝鮮國獻上之馬·鷹差登せ候節ハ, 飼料なと
所々之御馳走を受申候事.

一. 御當地御奉行之儀, 前々ゟ信使江御參會有之候
哉事.

〃 同日之晚, 璘西堂御當地江着.

〃 同日, 久貝因幡守樣ゟ御狀, 幷次船之御手形爲持來ル.

御狀案, 左記之.

昨曉ハ得御意, 本望之至奉存候. 明日御出船天
氣次第ニ被成, 御尤ニ存候. 然者船次之手形五枚
進之候. 日付不致進之候間, 御越候刻, 月日御書付,

一. 조선에서 헌상하는 말, 매를 [에도로] 올려 보낼 때 먹이 등을 곳곳에서 접대한다.

一. 이곳의 부교(奉行)[115]는 이전에 신사와 만났는가.

〃 같은 날 밤, 린세이도가 이곳에 도착했다.

〃 같은 날, 구가이 이나바노카미님이 보내신 서한과 쓰기부네의 사용증을 가지고 왔다.

그 서한의 안을 다음에 적는다.

어제 새벽 만나 뵈니 바라던 바였습니다. 내일 출선은 날씨를 보아서 하시는 것이 좋겠습니다. 후나쓰기(船次) 사용증 5장을 보내 드립니다. 날짜는 기재하지 않았으니 이동할 때 날짜를 기재해서

---

115 오사카마치부교.

可被成御越候. 壹岐國ニ而肥前殿內衆江之書狀も進之候間,

御下之刻可被遣候. 爰元御逗留中御用候者, 可被

仰付候. 恐惶謹言.

九月四日　　　　　　　　久貝因幡守

宗對馬守様

人々御中

一. 同五日, 爲御屆, 船中信使御馳走之所々江者三浦

加左衛門, 從京都江戶迄之馳走所江ハ齋藤格右衛門,

御使者ニ被遣ル.

一. 同六日, 大坂川口御出船, 卽日兵庫江御着.

보내 주십시오. 이키노쿠니(壹岐國)에서 히젠님(肥前殿)[116]의 가신들에게 보내는 서한도 보내니 내려가셨을 때 전달해 주십시오. 이곳에 체류하는 중 필요한 것이 있으면 말씀해 주십시오. 삼가 말씀드립니다.

9월 4일　　　　　　　　구가이 이나바노카미

소 쓰시마노카미님

가신들에게

一. 동 5일, 보고를 위해 배로 이동하는 경로의 접대 장소에는 미우라 가자에몬(三浦加左衛門)을, 교토에서 에도 사이에 있는 접대 장소에는 사이토 가쿠에몬(齋藤格右衛門)을 사자로 파견하셨다.

一. 동 6일, 오사카 가와구치에서 출선해서 그날 효고에 도착했다.

116 마쓰라 다카노부(松浦隆信).

一. 同七日, 兵庫御出船, 京上■江御着.

一. 同八日, 京上■御出船, 下津江ニ御着.

一. 同九日, 下津江御出船, 高崎江御着.

一. 同十日, 高崎御出船, 上關江御着.

一. 同十一日, 上關御出船, 室住江御着.

一. 同十二日, 室住御出, 下關江御着.

一. 同十三日, 下關御出船, 藍嶋江御着.

〃 同日, 江戶表御老中様方ゟ之御奉書, 幷大坂町御奉行所ゟ之御狀到來. 卽日次船を以, 御返書被差越ル.

但, 次船之手形ハ最前町御奉行所ゟ御渡被成候手形也.

一. 동 7일, 효고에서 출선해서 京上■에 도착했다.

一. 동 8일, 京上■에서 출선해서 시모쓰이에 도착했다.

一. 동 9일, 시모쓰이에서 출선해서 다카사키(高崎)에 도착했다.

一. 동 10일, 다카사키에서 출선해서 가미노세키에 도착했다.

一. 동 11일, 가미노세키에서 출선해서 무로즈미(室住)[117]에 도착했다.

一. 동 12일, 무로즈미에서 출선해서 시모노세키에 도착했다.

一. 동 13일, 시모노세키에서 출선해서 아이노시마에 도착했다.

〃 같은 날, 에도의 로주님들이 보낸 봉서와 오사카마치부교쇼에서 보낸 서한이 도착했다. 이날 바로 쓰기부네로 답장을 보냈다.

단, 쓰기부네 사용증은 최근 [오사카] 마치부교쇼에서 주신 사용증이다.

117 야마구치현 히카리시(光市)에 위치한 항구.

御奉書幷大坂ゟ之御狀案, 左記之.

一筆申入候. 從朝鮮信使之一左右有之候者, 早々
樣子可被申上候. 勿論彼國官使出候と申來候註文,
幷釜山浦·對馬なとへ信使着候ハヽ, 其趣追々可
被申上候. 不及申候得共, 無油斷御註進尤ニ候. 爲
其大坂迄之送狀之手形五枚調進之候. 恐惶
謹言.

猶以, 酒讚州御暇被下, 若州江被參候. 阿豐後
一所ニ不有之候間, 不能判形候. 以上.

九月四日　　　　　　　　　堀田加賀守

봉서 및 오사카에서 보낸 서한의 안을 다음에 적는다.

글을 보냅니다. 조선에서 파견하는 신사에 관한 소식이 있으면 서둘러 상황을 보고하십시오. 물론 그 나라의 관사(官使)가 출발했다고 온 보고와 부산포, 쓰시마 등에 신사가 도착하면 그 내용을 계속 보고하십시오. 말할 필요도 없지만, 빈틈없이 보고하셔야 합니다. 이를 위해 오사카까지 보내실 송장(送狀)의 사용증 5장을 보냅니다. 삼가 말씀드립니다.

아울러 산슈(讚州)[118]는 귀국 허가를 받아서 자쿠슈(若州)[119]로 가셨습니다. 분고(豊後)[120]는 같이 있지 않아서 날인하지 않았습니다. 이상.

9월 4일　　　　　　　　　홋타 가가노카미

---

118 사카이 사누키노카미.

119 사카이 사누키노카미의 영지인 와카사노쿠니(若狭國)의 이칭. 현재 후쿠이현(福井縣) 남부.

120 아베 분고노카미.

松平伊豆守

土井大炊頭

宗對馬守殿

一筆申入候. 今朝從御年寄衆御狀參候間, 次船ニ而進入申候. 朝鮮之信使相渡り候ニ付而, 貴樣ゟ先樣切々註進可有御座候間, 無油斷次飛脚ニ而, 江戶江可申上由, 拙子共方江申來候. 此中者天氣惡敷候而, 船中はかも參間敷と令察候. 此狀箱參次第, 何方之浦ニ而も, 御披見之所ゟ御請被遊, 貴樣御手形ニ而, 是迄可被下候. 恐惶謹言.

마쓰다이라 이즈노카미

도이 오이노카미

소 쓰시마노카미님

글을 보냅니다. 오늘 아침 로주님들이 보내신 서한이 도착하여 후나쓰기로 보내 드립니다. 조선 신사가 건너오는 것을 귀하가 그분들께 꼼꼼하게 보고할 것이니 빈틈없이 역참파발로 에도로 보내라고 저희 쪽으로 연락이 왔습니다. 요즘은 날씨도 나빠서 배도 더디게 나갈 거라 봅니다. 이 서한 상자가 도착하는 대로 어느 항구에서든 서한을 보신 곳에서 [서한을] 받으셨다고 귀하의 [후나쓰기] 사용증으로 이곳까지 보내 주십시오. 삼가 말씀드립니다.

九月九日 久貝因幡守

稻垣攝津守

阿部備中守

宗對馬守様

人々御中

一. 同十四日, 藍嶋御出船, 勝本御着.

一. 同十五日, 勝本御出船, 御國御着.

一. 同十六日, 御國御着被成候段, 朝鮮江以飛船被仰遣ル.

御使者小田才兵衛.

一. 同十七日, 今度渡海信使之人數, 幷御馳走を受ケ候

9월 9일 구가이 이나바노카미

이나가키 셋쓰노카미(稲垣攝津守)

아베 빗추노카미(阿部備中守)

소 쓰시마노카미님

가신들에게

一. 동 14일, 아이노시마에서 출선해서 가쓰모토에 도착했다.

一. 동 15일, 가쓰모토에서 출선해서 쓰시마에 도착했다.

一. 동 16일, 쓰시마에 도착했다고 조선에 비선으로 연락하셨다. 사자는 오다 사이베에(小田才兵衛).

一. 동 17일, 이번에 도해하는 신사의 인원수와 접대를 받는

日本人之員數, 御狀被相添, 船中所々御馳走所江

被遣之. 御使者平田權之丞.

一. 正使 一. 副使 一. 從事 一. 上々官貳人 一. 判事官三人

一. 上官四十六人 一. 中官百五十七人 一. 下官貳百六十七人

合四百七十五人也.

右之内ニ, くん官之内笠掛仕候者有之, 學士壹人·

醫者三人·筆者三人·畫師壹人·馬藝貳人·

馬醫壹人·樂者六人.

一. 召長老同宿·小姓共ニ十一人·下之者九人.

일본인의 인원수를 적은 문서를 첨부하여 [통신사 일행이] 배로 이동하는 경로에 있는 접대 장소에 보냈다. 사자는 히라타 곤노조(平田權之丞).

一. 정사(正使) 一. 부사(副使) 一. 종사(從事) 一. 상상관(上上官) 2명 一. 판사관(判事官) 3명.

一. 상관(上官) 46명 一. 중관(中官) 157명 一. 하관(下官) 267명.

합 475명[121]

이 안에 군관 중 삿갓을 쓰는(笠掛仕) 자가 있고, 학사(學士)[122] 1명, 의사(醫者) 3명, 문서 담당(筆者) 3명, 화가(畫師) 1명, 마상재 곡예사(馬藝) 2명, 말 의사(馬醫) 1명, 악사(樂者) 6명.

一. 쇼초로의 동료승(同宿),[123] 고쇼(小姓) 모두 11명이며 하인은 9명.

---

121 일본 측은 통신사의 등급을 삼사·상상관·상관·차관·중관·하관 등으로 구분했다. 삼사는 정사·부사·종사관, 상상관은 통신사를 수행한 조선의 역관 중 최고위 당상관(堂上官)이다. 상관에는 동의학(東醫學)에 정통한 의사, 글씨에 능한 사자관(寫字官), 서기(書記), 화원(畵員)이 속하며, 학술과 문화 교류에 대비하여 각 분야의 일인자가 선발되었다. 중관은 승마술에 능한 마상재, 전악(典樂), 선장 등, 하관은 풍악수와 격군(格軍: 船夫) 등이 속한다.

122 제술관을 일본에서 부르던 명칭. 통신사행 때 전례문(典禮文) 등을 지어 바치는 임시 벼슬. 문장이 뛰어난 사람 중에서 선발했고, 정사가 타고 가는 제일선에 배속되었다. 제술관이라는 명칭은 1682년 통신사행 때부터 나타났다. 그 이전에는 학관(學官)·이문학관(吏文學官)·독축관(讀祝官) 등의 명칭으로 사행에 참여했다. 학관에서 독축관으로의 명칭 변화는 통신사행의 닛코산치제(日光山致祭) 참여로 인하여 축문을 읽을 사람이 필요했기 때문이다. 닛코산치제 폐지 이후에는 필담창화(筆談唱和)와 같은 문화 교류의 전담자로서 제술관으로 명칭이 바뀌게 되었다. (『대일외교사전』)

123 같은 절의 승방(僧坊)에 사는 사람. 동료 승려. (『日本國語大辭典』)

一. 璘西堂同宿·小姓共二拾壹人, 下之者六人.

一. 朝鮮人ニ對馬ニ而附候通詞之者五十五人.

内, 拾五人ハかこ通詞.

以上

一. 同十八日, 平田權之允出船仕ル.

右之便ニ信使九月六日釜山浦江着仕候儀, 幷信使人

數之儀, 江戸表御老中様方江, 御狀を以被仰上ル.

一. 同廿日, 信使渡海之様子爲御聞合, 松浦肥前守様ゟ

飛船を以御狀來ル.

一. 同廿二日, 兩長老爲御心得, 信使江御饗應之膳具など,

一. 린세이도의 동료승, 고쇼 모두 11명, 하인은 6명.

一. 조선인에게 쓰시마에서 붙여 준 통사는 55명.

이 중 15명은 가코 통사.

이상

一. 동 18일, 히라타 곤노조가 출선했다.

위의 편으로 신사가 9월 6일 부산포에 도착했다는 것과, 신사의 인원수를 에도의 로주님들께 서한으로 보고하셨다.

一. 동 20일, 신사의 도해 상황에 대해 문의하고자 마쓰라 히젠노카미님이 보내신 서한이 비선으로 도착했다.

一. 동 22일, 두 초로가 파악하고 있도록 신사 향응에 사용하는 식기(膳具) 등을

御座江被爲据候而, 被掛御目ル.

一. 同廿三日, 朝鮮ゟ飛船到來.

一. 同廿四日, 大浦作兵衛, 朝鮮江之御使者被仰付, 佐護之

湊より出し船を以渡海被仰付ル.

一. 同廿五日, 信使當月十八日彼地首途仕候段, 江戸表江

御案内被仰上. 御使者飯田五郎右衛門.

一. 同日, 信使渡海之時節爲御掛合, 寺澤兵庫頭様ゟ

御使者來ル.

一. 同廿六日, 飯田五郎右衛門出船仕ル.

一. 十月朔日, 信使之御儀式爲可被仰談, 兩長老御

자리에 두게 하고 보여 주셨다.

一. 동 23일, 조선에서 비선이 도착했다.

一. 동 24일, 오우라 사쿠베에(大浦作兵衛)를 조선에 파견하는 사자로 임명하고, 사고(佐護)항에서 준비한 배로 도해하게 했다.

一. 동 25일, 신사가 이번 달 18일 그곳에서 출발했다고 에도에 보고하셨다. 사자는 이다 고로에몬(飯田五郎右衛門).

一. 같은 날, 신사의 도해 시기에 관해 이야기하기 위해 데라사와 효고노카미님이 보내신 사자가 도착했다.

一. 동 26일, 이다 고로에몬이 출선했다.

一. 10월 1일, 신사의 의식에 관해 상의하시기 위해 두 초로를

招請被成ル.

一. 同二日, 小田才兵衛, 朝鮮ゟ歸着. 此便ニ信使當月四日·

五日之内渡海有之筈之由申來ル.

一. 同三日, 從朝鮮獻上之馬·鷹飼料之儀, 船中所々

御馳走所へ以飛船被仰越ル. 御使者波多野新助.

一. 同五日, 大浦作兵衛, 朝鮮ゟ歸國. 此便ニ信使
彌順風次第渡海被仕筈之由申來ル.

초청하셨다.

一. 동 2일, 오다 사이베에가 조선에서 돌아왔다. 이 편으로 신사가 이번 달 4일에서 5일 사이에 도해할 것이라는 연락이 왔다.

一. 동 3일, 조선에서 헌상하는 말과 매의 사료에 관해 배로 이동하는 경로에 있는 곳곳의 접대 장소에 비선으로 연락하셨다. 사자는 하타노 신스케(波多野新助).

一. 동 5일, 오우라 사쿠베에가 조선에서 귀국했다. 이 편으로 신사가 드디어 순풍을 기다려 도해할 것이라는 연락이 왔다.

1636년 조선통신사 기록

사료 원문

『관영병자신사기록』 1

朝鮮信使来聘紀本

一 按ニ将軍家ニ付嘉吉年中申叔舟来聘被成候以後
中絶シ候処天正十七年己丑ノ歳豊臣秀吉公ヨリ御征
伐ニ付 長寿院公 萬松院公ト御同道ニテ豊臣秀吉ニ為
御謁見被為召候ニ付御和睦被成候ニ付秀吉ヨリ御直ニ
東乳世ニ付朝鮮分離ニ候文武威ニ為一統被仰付候
朝鮮ハ王ニ為御役詞我ニ來聘ノ致候ニ付王ヘ
御征伐ニ候處ニ申豊臣秀吉御談ニ付 萬松院公
義長老柳川調信ト朝鮮漢城ニ御越来平被ニ
御進而ニ付國王来聘ニ成ル御仲ニ而仍テ全々其

許容無之ニ付依テ先通信使ニ而被成候様ニ種々被盡
御力候處元和合議一許藏合候海ニ而ト申處数十
万之人ニ而元ニ此所ニ御征伐ニ被成候朝鮮國王
先導ニ被為候ニ許容無之ニ付先朝鮮ヘ之ニ無
討従ニ而追信使ニ而仰合被成朝鮮ハ其旨
不随ニ因テ文禄元年壬辰四月宰相他家ニ而家
之為ノ人將加藤主計頭清正小西攝津守行長
先陣ニ而都合人元十餘万ニ而被渡朝鮮
御征伐ニ始ハ慶長七年之年月ヨリ戊戌之仲秋ニ
及豊臣秀吉死去ニ付御引被渡海ニ而候

御攻伐之征伐之師而停止ニ而彼是ニ而來被ニ而通
交中絶ニ而候處 東照君御講好ニ而御修復之
思召ニ而其記 萬松院公ニ而仰合慶長九年甲辰
朝鮮ハ松雲大師惟政孫文彧ヲ御國ニ
差渡和睦之御請申上其後修交之納ニ而ニ而
相定リ慶長十二年丁未呂祐吉慶暹丁好寛
為信使渡海 萬松院公御道導ニ而之 東照君
御謁見其後為大坂落城之賀元和三年丁巳
呉允謙朴梓李景稷ニ而被渡 義成公御道導ニ而
台徳君ニ御謁見 寛永元年甲子鄭岦

差扣置候事ニ御座候ハヽ　義成公御道寺門之
大猷君御[illegible]以後寛永十三年丙子信使之一件
此冊ニ記之

朝鮮信使記録　巻一　　韓[illegible]

一　寛永八年辛未二月十六日　光雲院様古川右馬助
平田将監を以明日可被[illegible]御意之旨被仰[illegible]
[illegible]光須一千石[illegible]御[illegible]
[illegible]一件[illegible]
[illegible]今日[illegible]之
[illegible]柳川調興[illegible]
[illegible]

一　同十年癸酉五月五日土井大炊頭様酒井雅楽頭様
[illegible]酒井讃岐守様[illegible]

中務少輔御老中様方江御同席ニ而豊前一件
始末之[illegible]
御老中様方[illegible]此一件[illegible]
[illegible]一同[illegible]
中上[illegible]　上[illegible]御[illegible]相[illegible]
[illegible]中[illegible]上[illegible]
[illegible]　上聞[illegible]

一　同十二日大炊頭様讃岐守様[illegible]酒井讃岐守様[illegible]
[illegible]御老中様方
御上洛[illegible]日[illegible]対馬守[illegible]　上洛之

彼奉豊前一件　遂御詮議可被仰出之　上意之
旨ニ御座候

一　同十一年甲戌十月十九日於　殿中豊前一件対馬守
[illegible]今[illegible]相[illegible]　上意[illegible]
[illegible]大炊頭様[illegible]
御[illegible]松平伊豆守様[illegible]
柳生但馬守様[illegible]
同席ニ而一件始末[illegible]御[illegible]先年[illegible]守様
御前[illegible]及[illegible]豊前
[illegible]御[illegible]対馬守[illegible]

對州ニ對シ　公儀之法ヲ背候旨之通、御老中より對馬守殿
江被申含ニ付、其通ニ候而、右之大豊前相果候ハゝ、對馬守
非理ニ私ニ誅戮可仕とて、致言上候處ニ、對州之近キ
後府ニ而豊前、上野介殿ニ相勤候而、今日之仕合
及申候、殊更對馬守殿妹ヲ娶候而、其上　權現様ニ
御奉公之縁組ニ而、御座候處、此處ニ者、對馬守殿各々
全ク虚偽ニ而、御老中ヲ申掠候由ニ付、大猷院様
光雲院様之御恩ヲ忘、豊前之儀者、御奉公仕候
候而、右豊前儀、先年後府ニ被罷在候ニ付、又
對馬守御用為ニ相勤、上野介殿ニ御頼申入

差置候事ニ而、豊前申候ことく、對州ヲ立退キ候而も申様にて
其意ハ彼者幼稚ニ付と申、不遂召捕之、致誅戮候儀
何分ニ易キ間之儀ニ候處、為立退キ之申様ニも無之候
私妹婚姻之儀茂、於之大指図ニ給之候　權現様
御意ニ被仰出候ハゝ、全ク虚偽ニ相究リ候得ハ、諸州守諸
御様子婚姻之儀、縁組願上候ニ付而、御ハ者出候
之儀ニ而、御座候儀者、結局之儀と申、調興の之二派
權現様之縁組ニ而、御對面被成候と申候、御定候處
大猷院様ニ御奉公、對州之風俗大様ニ其外ニ
右之事ニ而候、又右之薩摩守殿、定ハ前後ニ候ニ付

對州之風俗も皆相背候而、前々之事共ニ候而御座
候得
一　同月九日大猷院様御意ニ而、御豊後様へ被仰、御速ニ可
一件之儀、明日於　殿中ニ相済シ候様ニと、被仰候
一　十月朔日為　御禮、御登　城被成候、御老中様方
御同道ニ而、酒井雅楽頭様、御歓ニ而、御対面被成候ニ付
光雲院方長老、朝鮮　王城ニ而、其の節之儀ニ付、自ら
公儀之御權威ヲ借、押而、對州之為ニ相掠候、豊前申候
此儀者、不届ニ而候と、御尋ニ付、先年方長老、朝鮮へ
罷越候而、其之禮曹回翰、調興・光雲院ニ相渡

差出候旨ヲ、御老中様方へ被申入、御披見即日大猷院様
伊豆守様・豊後守様・町奉行民部少輔様・式部少輔様
御同座ニ而、右之回翰、判形之儀、永喜ニ讀之
一　同二日大猷院様ニ而、豊前ヲ被召出、右之回翰擬旨
御見七候由、此回翰之儀、書付ニ而執筆之者
御本ノ造候者、何茂對州ニ而首尾相整、光雲院信使
来聘之義も　公儀之御指図ニ而、對州之誅戮之件
御本ノ押ニ而、信使ニ而被成候ニ付、其外ニ私毎度
誅之候而も、詐密ニ而致候而、擬旨之ヲ相背キ
君臣之道を絶ニ而申候得而、此儀ニ付候而、所々と

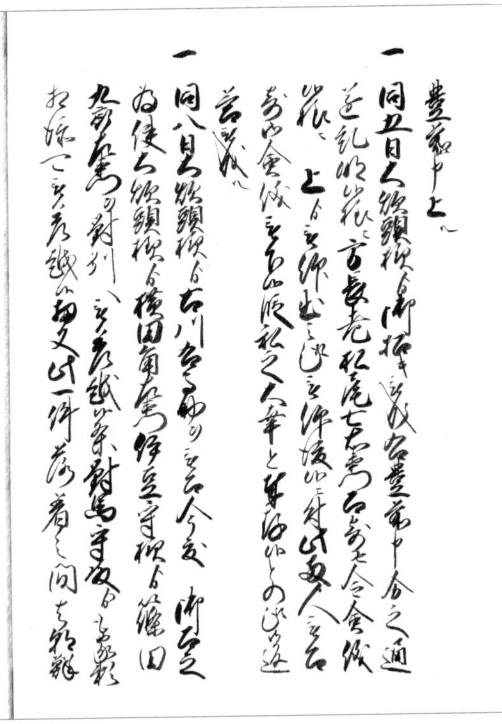

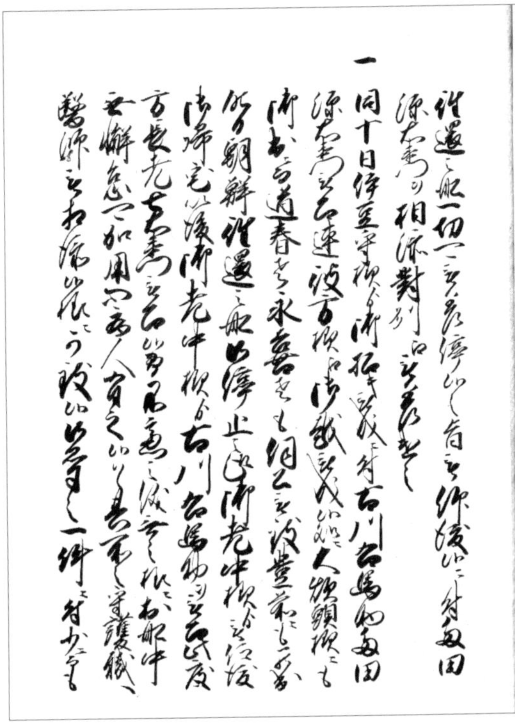

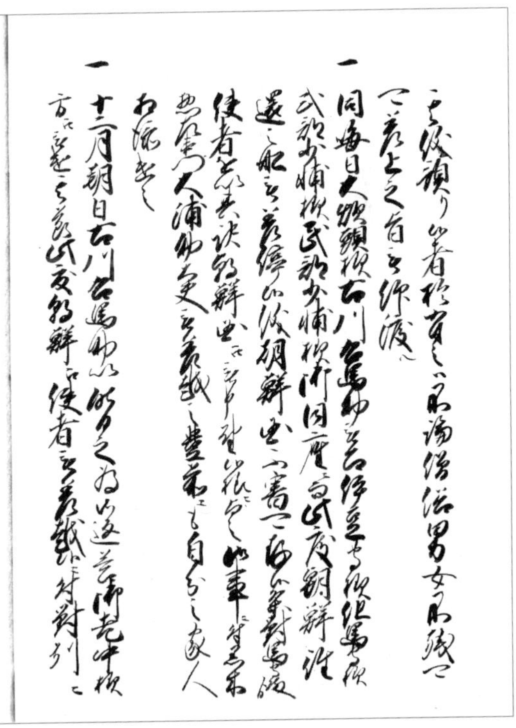

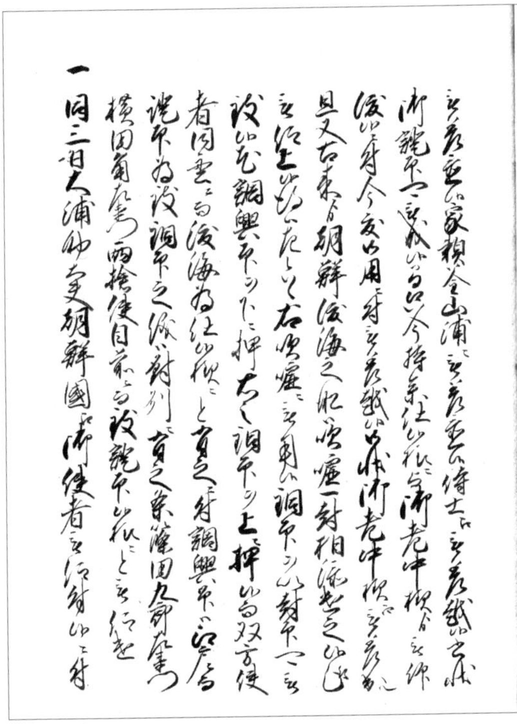

古川右馬助相添大坂御頭様江為御礼罷上ル、是又右
證文之次第を御上ヶ候而調興方ニ被為得与存候所、対州ニ而押之
調興方ニ被為置候為押之候様ニとの事也

一 寛永十二乙亥正月

一 二月廿日朝鮮馬藝之者対州江到着候、依而当所
中来候ニ付伊豆守様豊後守様ニ頼候而右之者共致上覧

一 同廿六日方長老共外人数正月廿八日ニ府中着ニ而、被為成御披露
大坂より中来ル

一 同十二日方長老并柳川勤解由外人数江戸
着仕候間急ニ而居宿

一 同十六日方長老共外八人ニ宿之番ニ守様へ

一 同十九日伊豆守様讃岐守様御越被成古川右馬助を被召
被仰付候ニとの事右馬助罷出候之処馬藝之者召連
対馬守宿へ御能被仰出候

一 同廿六日御老中様方大頭様御越被成御座候
方長老并柳川勤解由大坂勤番并
杉村三郎左衛門松尾庄兵衛須賀右衛門吉田孫兵衛平山
久兵衛松尾七右衛門其外方長老并女お国 朝鮮
王城江之使者右之朝鮮之残豊前方ニ松尾七右衛門
流芳院住持呉首座及部首座仕田七右衛門

相場新右衛門村田六郎左衛門平山七郎左衛門波多野右衛門
松浦勘右衛門等と申者之候、何茂大坂頭様御験被成候
其外方長老光院朝鮮王城江罷通候儀
公儀之御権威ヲ借り押付ヲ被上京ヲ以七右衛門
中候ニ付方長老御老中様方江右七右衛門虚説を構
来由の事ニ申述ル

一 同廿七日方長老七右衛門於御老中様　御前対決
首之其外申上ル慶長十九年信使来朝之儀朝鮮
江申遣候ても対馬守致難之送り彼国江
相渡朝鮮ニ申候豊前守ニ申付候様ニ申す

不及力候故古川右馬助方判形相調候而七右衛門
拙者上候ニ付右馬助申候ハ朝鮮と約定之不罷在
対馬守豊前守様ニ請合候事ニ候
存候書状ニハ対馬守請合候而不申候間
豊前請合候而不申候間用不申事ニ而私之頼り申
申廣候而御耀ニ而不形仕候儀ハ私之書状ニ申廣候
其外書状不罷之儀ニも朝鮮之段仕候所
方申廣候ニ付慶長年中之儀ハ先光対馬守
権現様御意ニ依り其事仕ニ候旨ニ候、何之
義文も無之候ニ申廣候と七右衛門ニ諸之仕候ハ

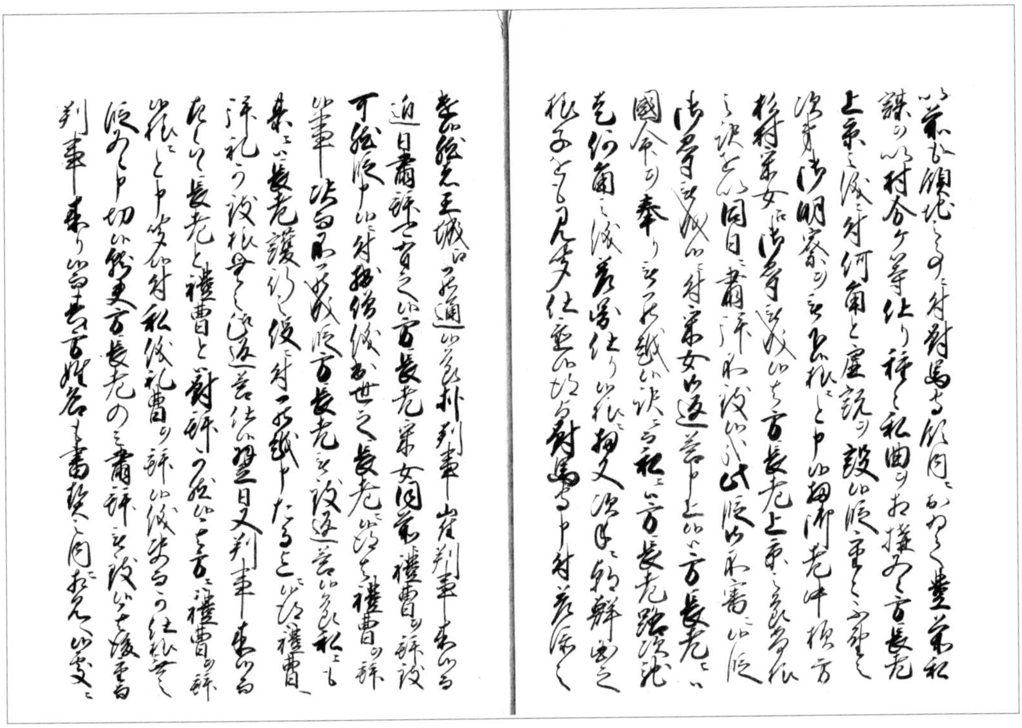

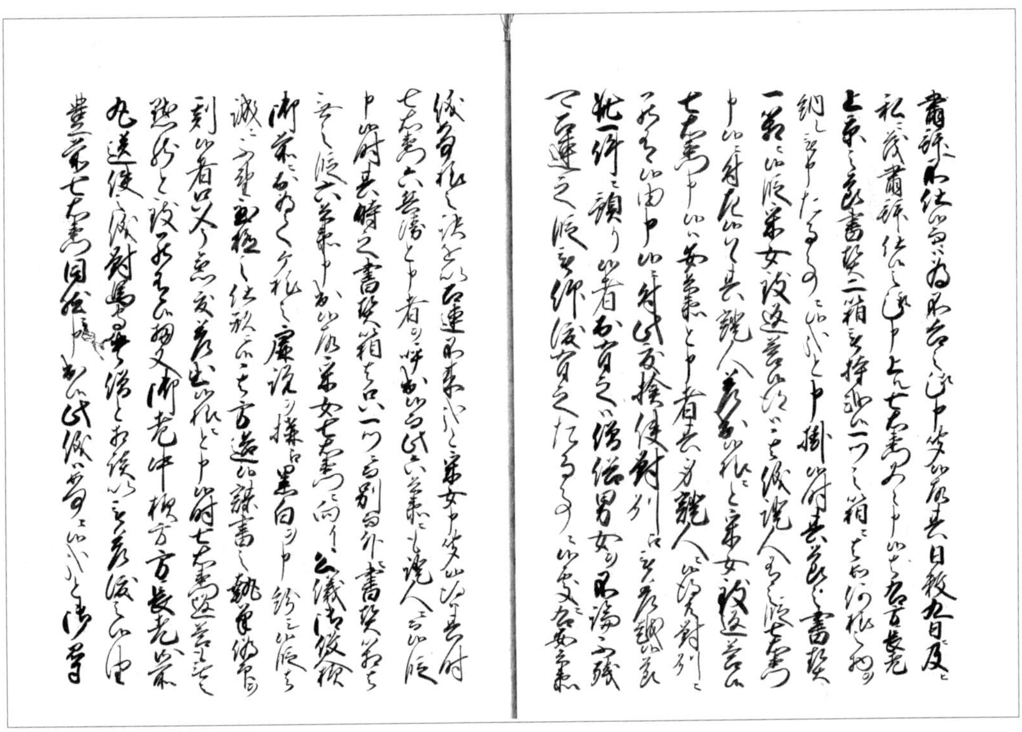

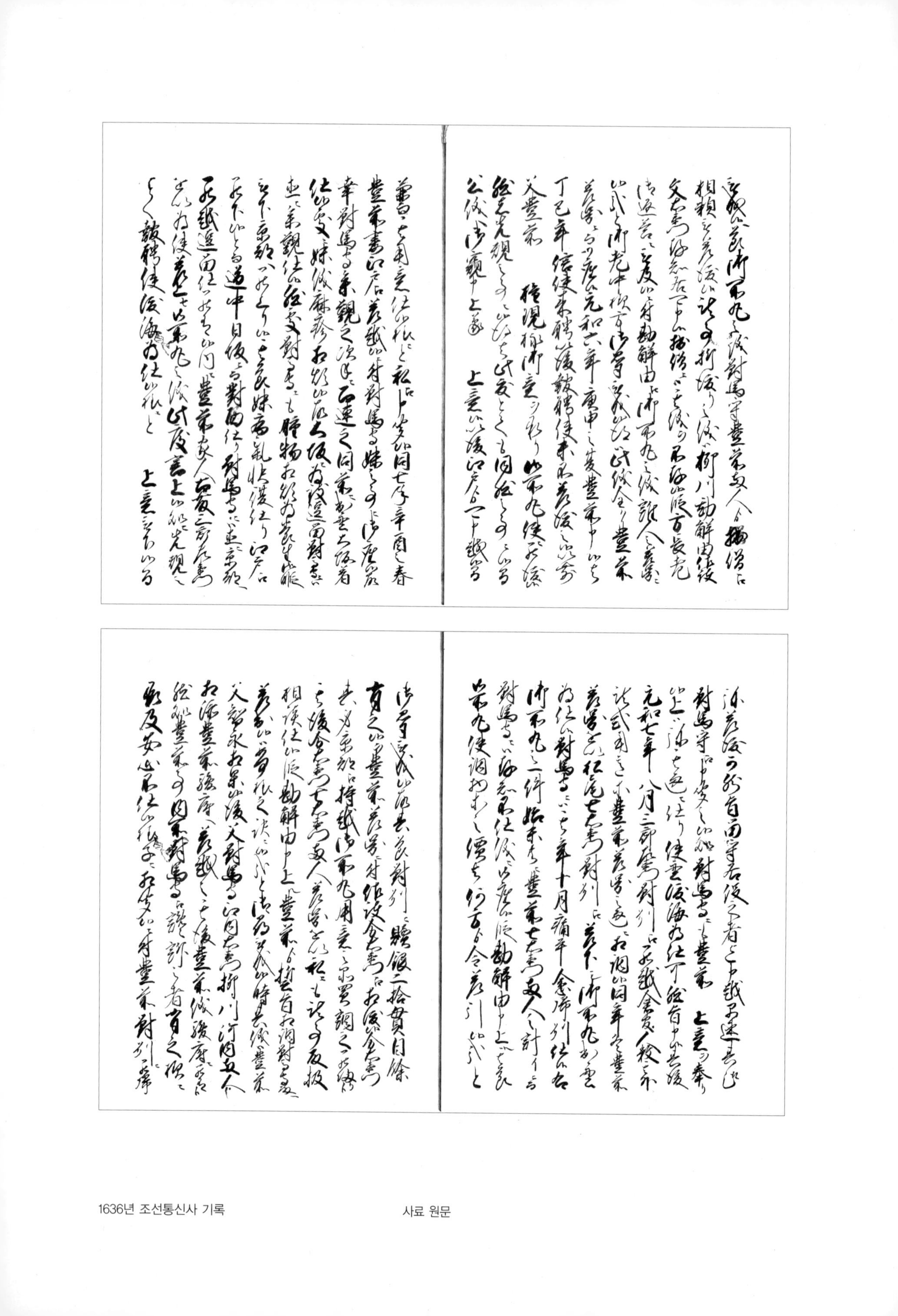

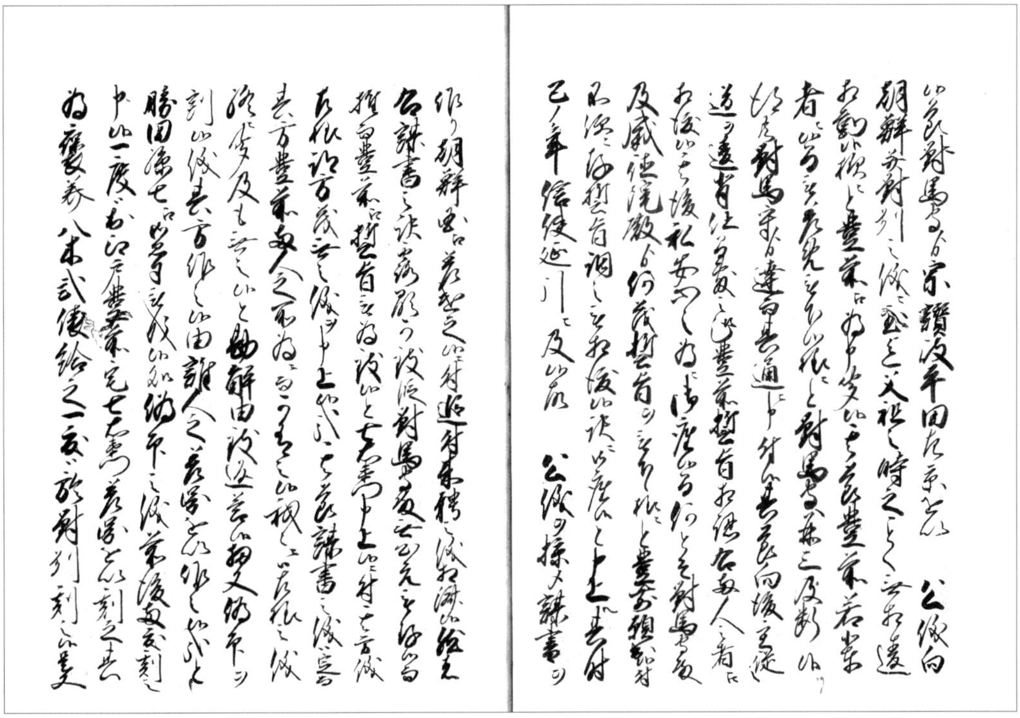

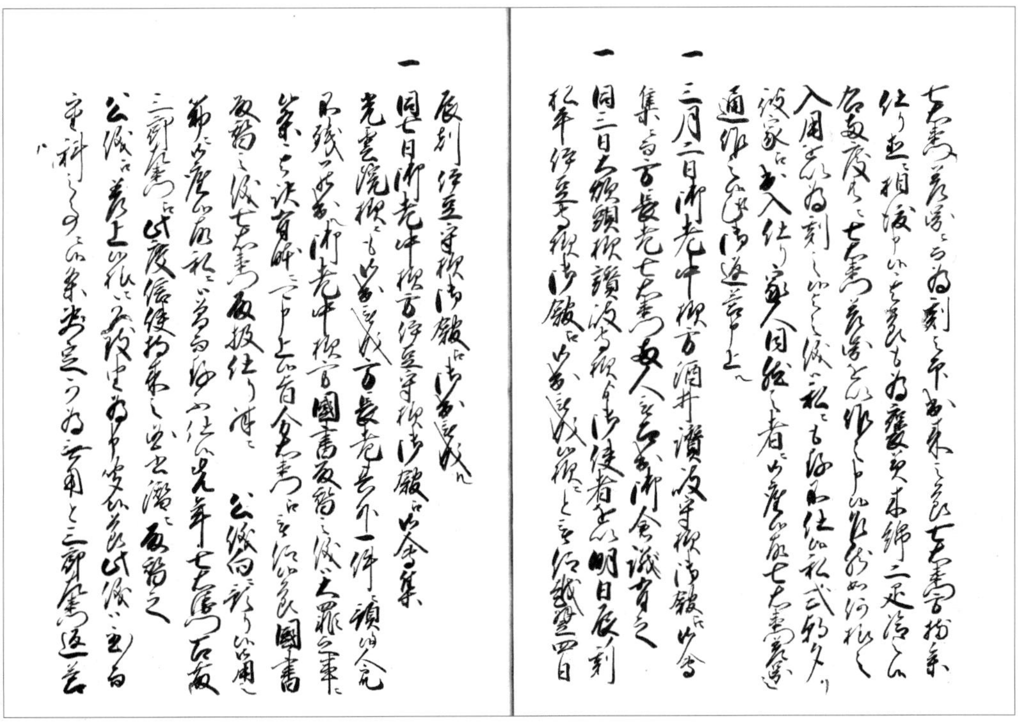

候得ハ、其旨申候、從年若永之無之候信使於[illegible]
國書致啓候ニ付而者、其節遠ニ而も渡被日經
ハ之信使共　城ニ而御若永被仰付候事
入申候、合候て致啓、若上申候、依之此度ハ
毎年例之通り、被仰候而、亂是ハ致候て
之候申候而も、私ニも障子紙ニ而、此外ニ候而
成候ハ、結而と金子申上ル
一 同八日、御老中様方へ大炊頭様御會集
光雲院様ニも御出、例之一件ニ付、入口ニ而[illegible]
御老中様方御前ニ而使者[illegible]其方[illegible]

[illegible]頭人ハ請合之由ニと、金子申ニ付、御[illegible]
不私ニ而御座候、其上ハ細ニ仕候之租頭り[illegible]
其上此外ハ豊前守同様物等敷[illegible]細ニ候
[illegible]租頭ニ相勤候細文被[illegible]豊前様[illegible]
石被ニ付、一男ニ[illegible]度其仕候而[illegible]
[illegible]豊前方同候[illegible]
不之候も、此段方[illegible]此致[illegible]
[illegible]兩捨使[illegible]達候金子申上ル
一 同日、朝鮮[illegible]停止ニ候ニ付、朝鮮へ[illegible]
御使者[illegible]大浦[illegible]古川

對馬守ニ相願、大炊頭様方ニ御渡[illegible]
一 同九日、一件[illegible]書物、古川右馬助ニ而、大炊頭様
御渡被[illegible]
一 同日、大炊頭様讃岐守様、右馬助[illegible]御[illegible]朝鮮ハ
納之書物[illegible]上申候[illegible]ニ付從年
権現様御代、松雲之[illegible]御渡[illegible]
柳川下野[illegible]大字之納[illegible]書物一段[illegible]
物之段[illegible]一巻[illegible]海東[illegible]懐旧一冊、方長老
[illegible]古川右馬助[illegible]　御城ニ而
[illegible]御老中様方[illegible]上之

一 同十日、大炊頭様讃岐守様、御連書[illegible]先年豊前
[illegible]豊前家人松尾七右衛門[illegible]
[illegible]古川右馬助[illegible]　御城
[illegible]上之
一 同十一日　大猷院様　[illegible]豊前一件ニ付、御出
[illegible]　光雲院様　御前七[illegible]
[illegible]豊前と御對決有之一件[illegible]豊前[illegible]
中上[illegible]　上意ニ付豊前御[illegible]
光雲院様[illegible]十二三ケ條有之豊前[illegible]
[illegible]御見[illegible]　光雲院様御[illegible]　御前道

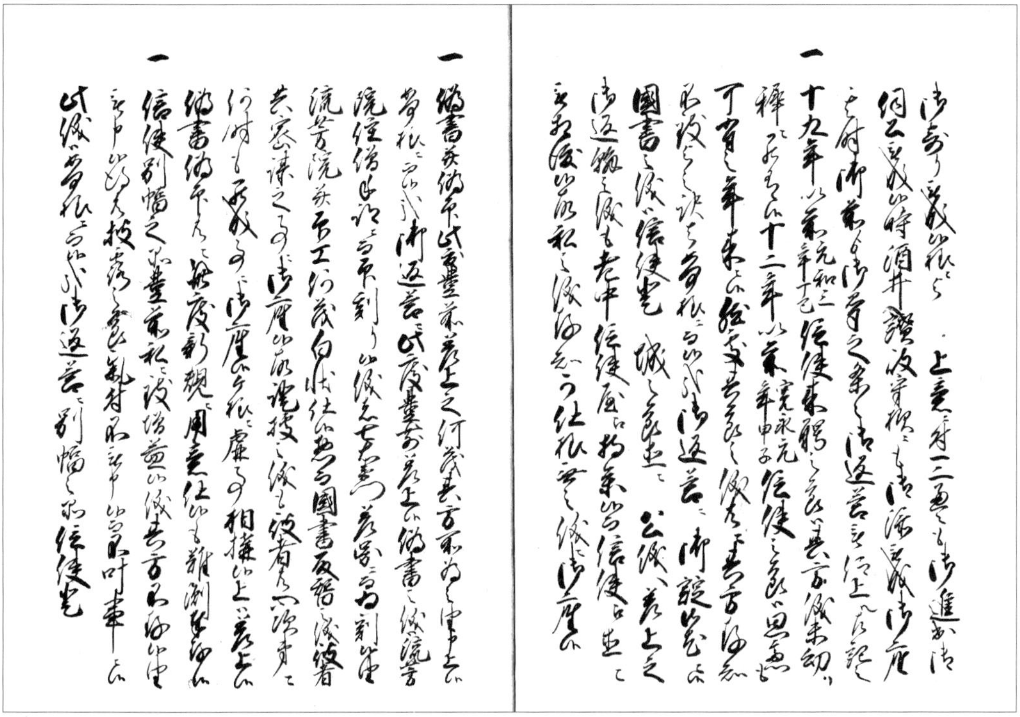

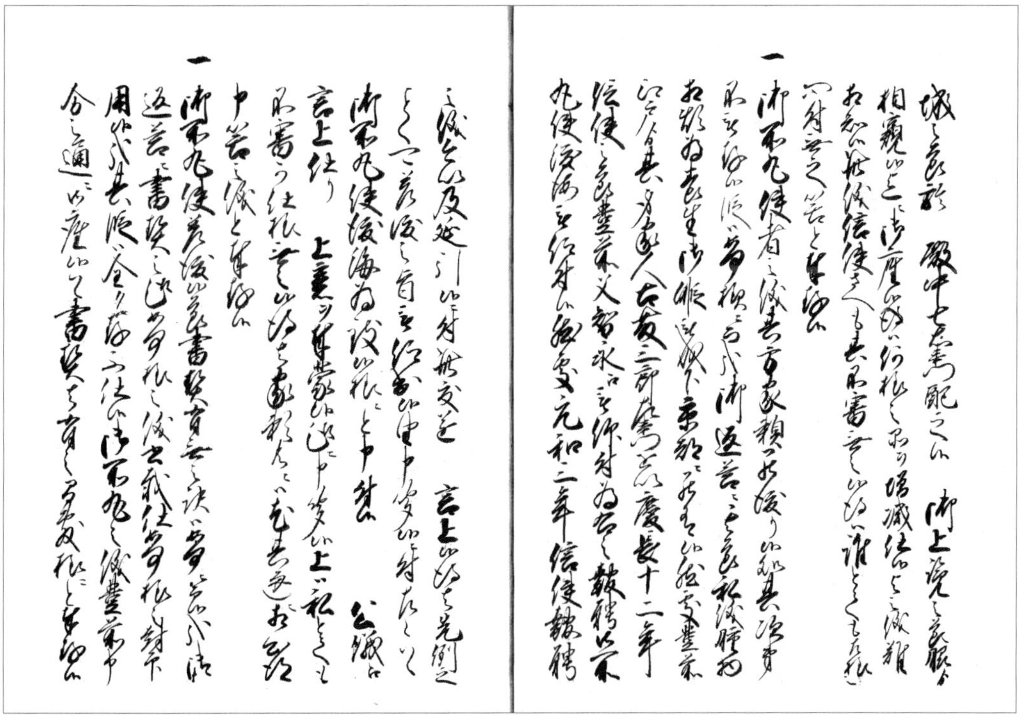

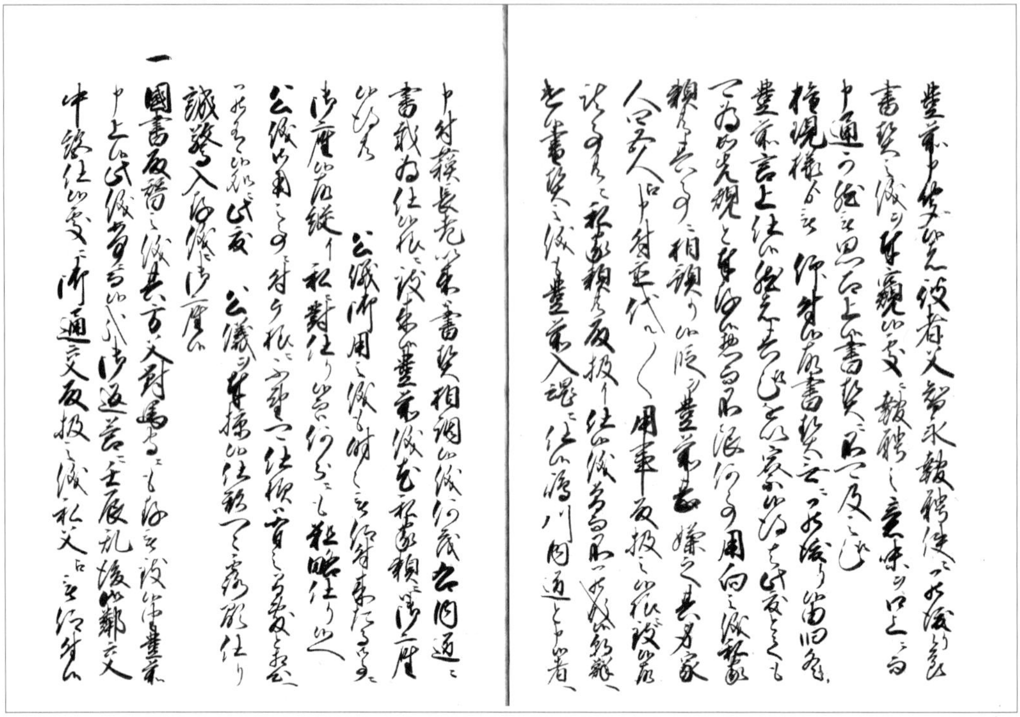

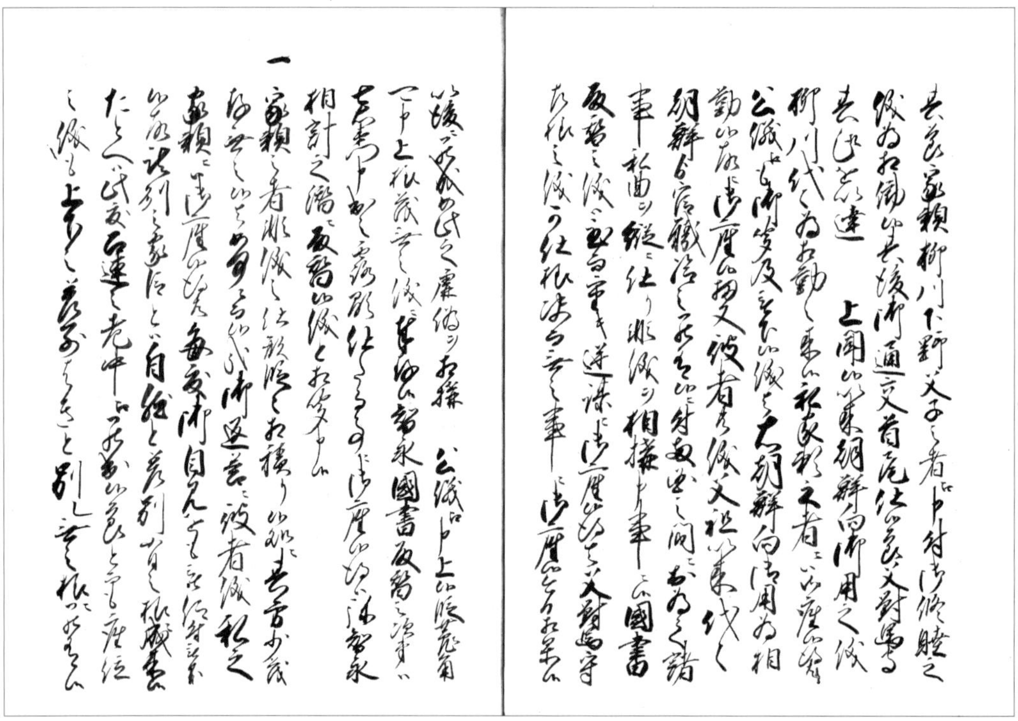

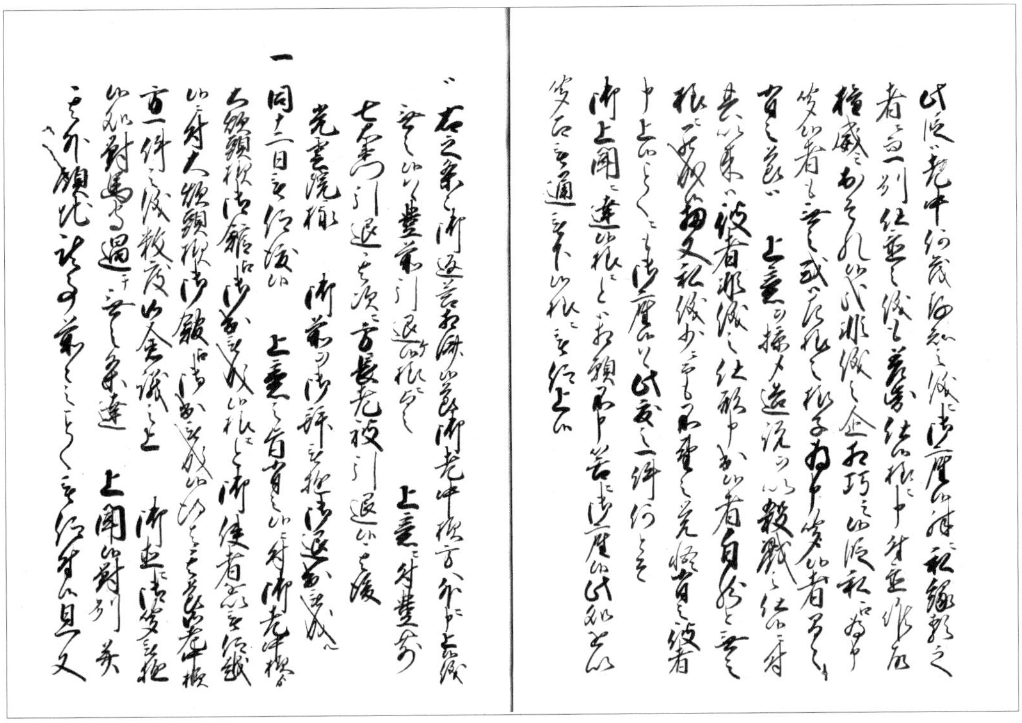

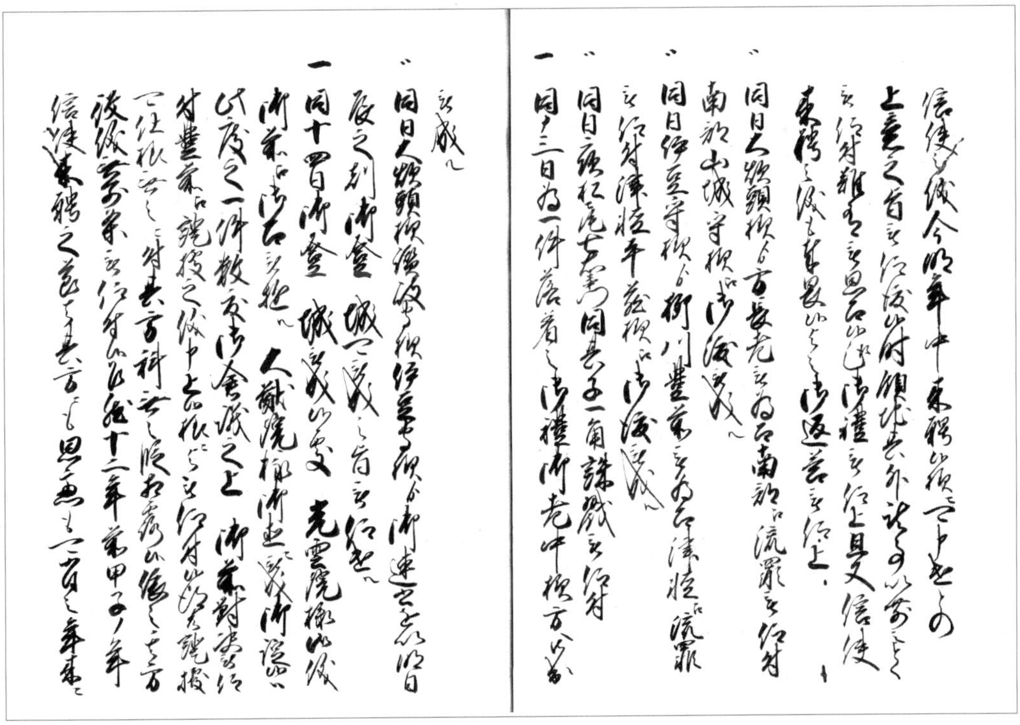

以後ハ家老ニ相任セ候事ニ候得ハ、猶以家来留置候て
相続可仕候得共、左候ハヽ諸事豊前ニ相委可仕候処、先祖
より之例と申、上ゟ之御宿老の事ハ、殊ニ従此以後
不相済之御事ニ候、其方ニ付、右之家来共皆可
申付候、自今以後朝鮮通用之儀、悉皆
可仕候、但其儀ニ付て相伺御内意候て
急度可遂言上ヲ者、粗忽ニ取扱ハ申間敷候旨
御諚候也

〃 同日御老中被方ゟ家臣之御書付、石川右馬助
平田将監ニ被渡、并家臣之対馬守殿
裁許ニ而申付候由ニ而被仰渡候
其家臣ニ

覚

一 島川内匠死罪ニ申付事、付男子不残ニ而同罪
家財ハ被願者共ニ被下ニて候よし
一 松尾七右衛門男子不残死罪ニ申付、家財ハ被
願者ニ者不被下ニて申付事
一 宗鐵被仰付人ニ而流罪江戸ニて申付事、付男子
不残対馬守ニ被成御預候、家財ハ願者ニ被下
て遣之事

一 柳川豊前守対馬ニ有之家財ハ被願者共ニ被下
ても遣し事
一 方長老自分之財宝ハ被願者共ニ被下候て遣之よし
一 流芳院自分之財宝ハ被願者共ニ被下候て遣之よし
以上
寛永十二亥
三月十四日
伊豆守
讃岐守
大炊頭
宗対馬守殿

〃 右條目右馬助将監ニ而閲仕り、宗讃岐男子之儀
此等之家財等被願者共仕候ニ付、御名代ゟ御申出
附御老中被方御返答雖有之、讃岐ハ被願者ニ讃岐人ニ
仰付候得候

〃 同日流芳院玄昌首座秋田ニ流罪被仰付、并ニ六人合
兵庫頭被ニ御預被成、方長老ハ南部ニ而外七右衛門伴
来ル人数不残追放被仰付、尤右條目之通石川
右馬助平田将監ニ而右條頭様御相渡、安藤右京殿
伊豆守様御家老藤田九郎左衛門相伴被
仰付候

一 同十六日豊前家人村岡又郎左衛門 石田左衛門

光雲院様ニ而も被成候、石川右馬助・平田将監を以
豊前対談之上ニ而　公儀ゟ御断被仰付候処
今度御使者御出候ハヽ、豊前儀ハ罷出候様ニと
同前ニ御取扱ニ而、御残念ニ被存候、御使者ハ被
召出候ニ付相済候

一　同十七日御老中様方ゟ被成ニ付被成候ハ、右之條目之川
井太郎左衛門・平田隼人雑作太郎左衛門ニ被成候御書付豊前
家人儀同前ニ被下候

一　同十九日御老中様一件ニ付、人数御出被成候而御帰り
被成候ニ付御待候

『관영병자신사기록』 2

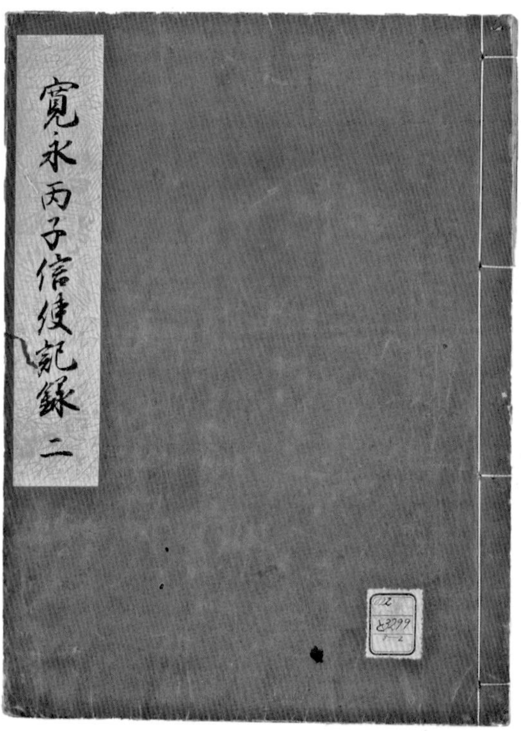

朝鮮信使記録巻之二　曲馬

一 寛永十三丙子年十二月廿二日朝鮮國馬藝之者弐人
當月廿七日大坂着之由、對馬守方ゟ朝鮮人召寄
候ニ付伊豆守殿方迄申来ル

一 同廿七日伊豆守殿江　御城右川右馬助ヲ以
朝鮮人召寄候事ニ成候、應接ニ成候對馬守殿
江被仰達候ニ付候之内ニ被成候ニ付被仰付候
對馬守殿被成候ニ付右之御用ニ相成有之馬術
申上ル

一 同晦日代判　崔判事　馬藝弐人召連

如人数之人江戸着候ニ付　御屋敷ニ而右之曲馬藝之
者共之儀御覧可被成旨被仰　上聞ニ付鈴木用
所中ニ而中候ニ付御屋敷江入候別計之上意被仰
一 四月朔日ニ付御老中御頭衆御頭衆被仰付
伊豆守殿江被仰候右馬藝之者御覧被成
仕候様ニ被仰達　上聞被成候ニ付御尋被仰
一 同二日御老中御頭衆被仰渡伊豆守殿江被仰
被成朝鮮人召連候其馬藝同様之儀被仰
候ニ公儀ゟ被仰付候ニ付其元ゟ申上候別
藝同之儀ニ而召別之ニ付御念被入候御褒美

管被仰上ル
一 同四日大御頭衆被仰渡伊豆守殿江被仰馬藝之
候ニ付被仰達　上聞被成被仰上被成候
被仰渡被成ル
一 同五日之馬藝之者共上覧被仰付松浦
肥前守殿松平右京亮殿松平出羽守殿毛利甲斐守殿
浅野安藝守殿水野日向守殿松平新太郎殿并大
甲斐守殿松平隠岐守殿戸田氏鐵殿石川主殿頭殿江
被仰候御謝禮被仰上ル
一 同日大御頭衆被仰渡伊豆守殿ゟ御使を以

御登　城被成候ヘとも、来迎付御登　城被
遊候所ニ、朝鮮曲馬芸者、御覧被遊候ニ而
上ル、同人八木三百俵、馬芸者ニ被成下之候
上意之旨、御老中被仰渡候
〃 同日右為御礼、洪同知・崔判事、大頭領被遣候
石川右馬助・石川弐郎左衛門
一 同九日、於曲馬場ニ被仰付、石川右馬助
ニ而、右之旨被仰聞、右馬助
ニ参候而、御老中様方、馬場ニ被参、御相伴候而、御城ニ
曲馬御上覧之、其以後対馬守方ニ何ニても仕候と

右馬助申含、上候ヘハ、朝鮮人ニ遠路参候何と
被成候様にと、被仰渡候
一 同十一日、讃岐守様ヘ御越被成候、御老中ニ被仰聞
〃 一件落着之上ハ、朝鮮御帰国之儀、御停止之旨被仰
付候、此度ハ公事ニ被成、決着之衆相済候上、其趣を
可被申候、両訳使ニも右之通申候而、後日中候ニ
付、一段之衆ニ御意候、被相伺候而、被仰上候処ニ、大頭領
御意ニ候、御心得被成候、御相談被成候
〃 両訳使美馬芸之者　御目見ニ被仰付候
被仰付候ニ付、御断被成候ヘハ、御中様被成候

被成御返答ニ被成、右御相談被成候
〃 両訳使ヘ御目見可被仰付候ニ付、献上物仕
度候由申候ニ付、御目録ニ而被成、御目見之時
候ヘと被仰上候ニ付、御大頭領様ヘ御目録
可被差越、御伺被成候ニ付、御相談被成候
〃 構子領地朝鮮人、安部右ニ二千石之地有
上野介殿ヘ御届被成候、豊前ニ被成候ハヽ、元来構子
領地之内ニ而候ヘハ、先頃構子ニ有之　御蔵入
ニ付、公事ニ被成候処、右之通被仰付、右千石ハ
除之、中上候一件ニ被成候、以上ハ右千石

之地ニ而村ヲ頭人ニ相渡申候ハヽ、御蔵入ニ相成
被仰候処、其後豊前之一村ニ被成候ニ
被仰付候ニ付、定而其地ニ而公事ニ被成
大頭領被仰付候ニ付、被仰渡候、落着被成候と
被相談被成
〃 此度一件落着ニ被成候、使者ヲ対馬守ニ被遣
候ヘと被仰候ニ付、此者ニ被仰付候
御返答被成、御文ニ右ニ構子家頭宗讃度
其外芸者為仕度候ニ付、被仰付者ニ相違
中之芸者ニ被仰付候と被仰候

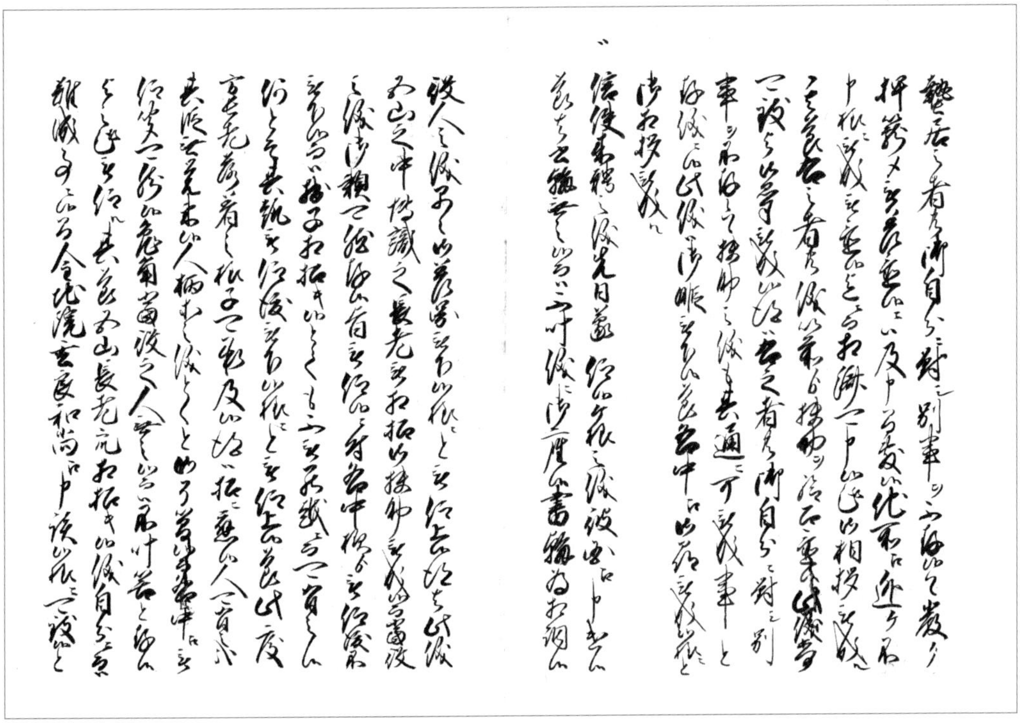

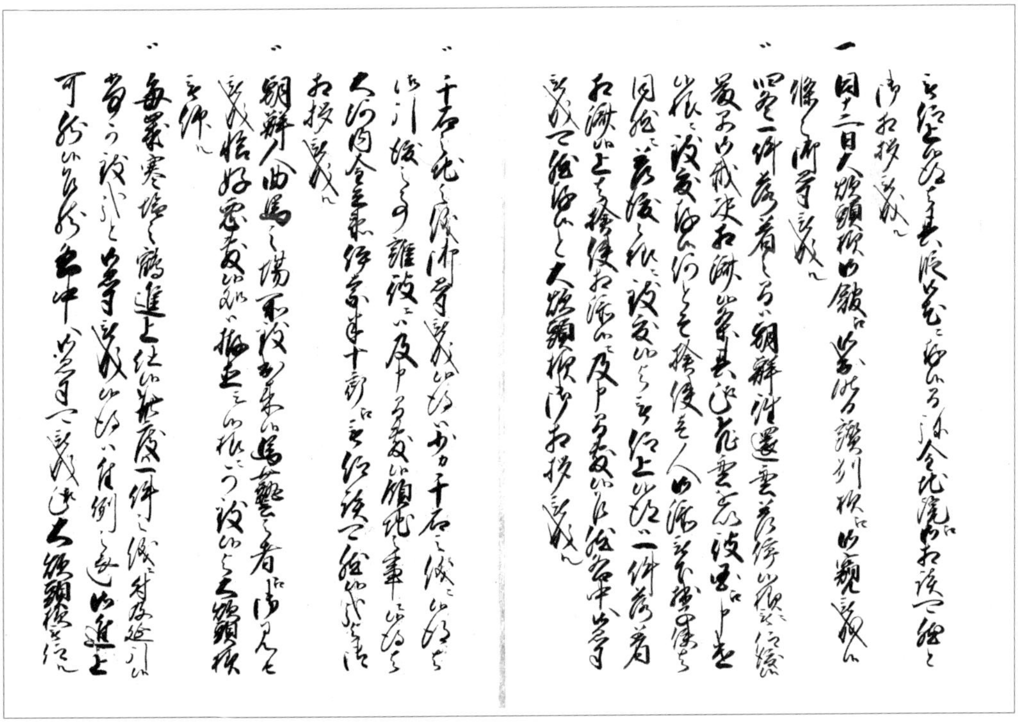

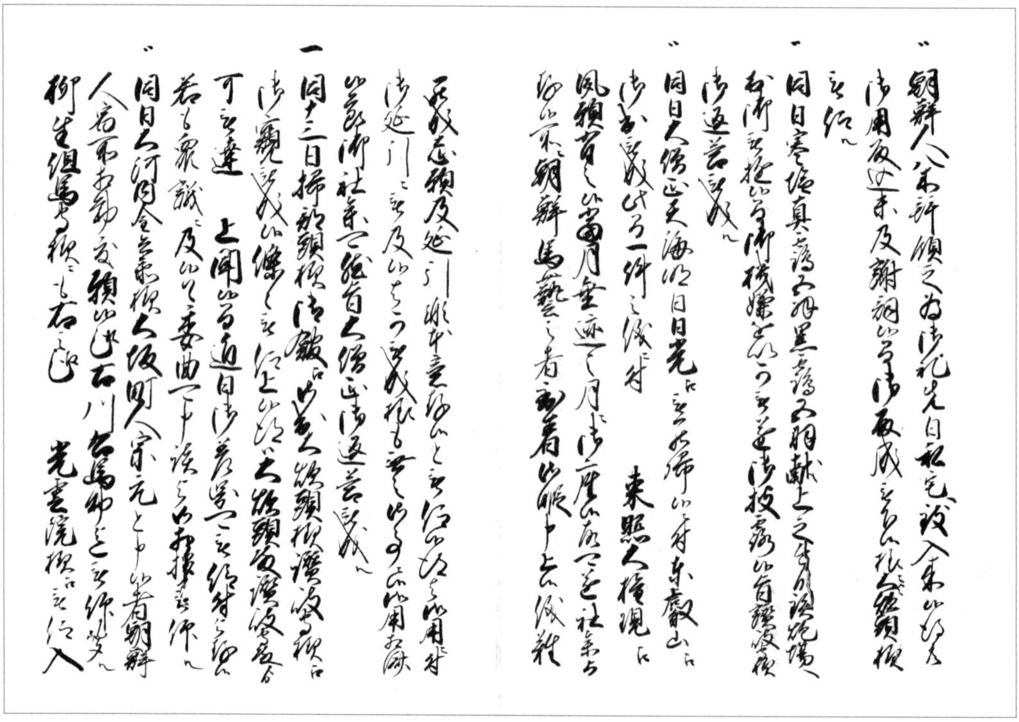

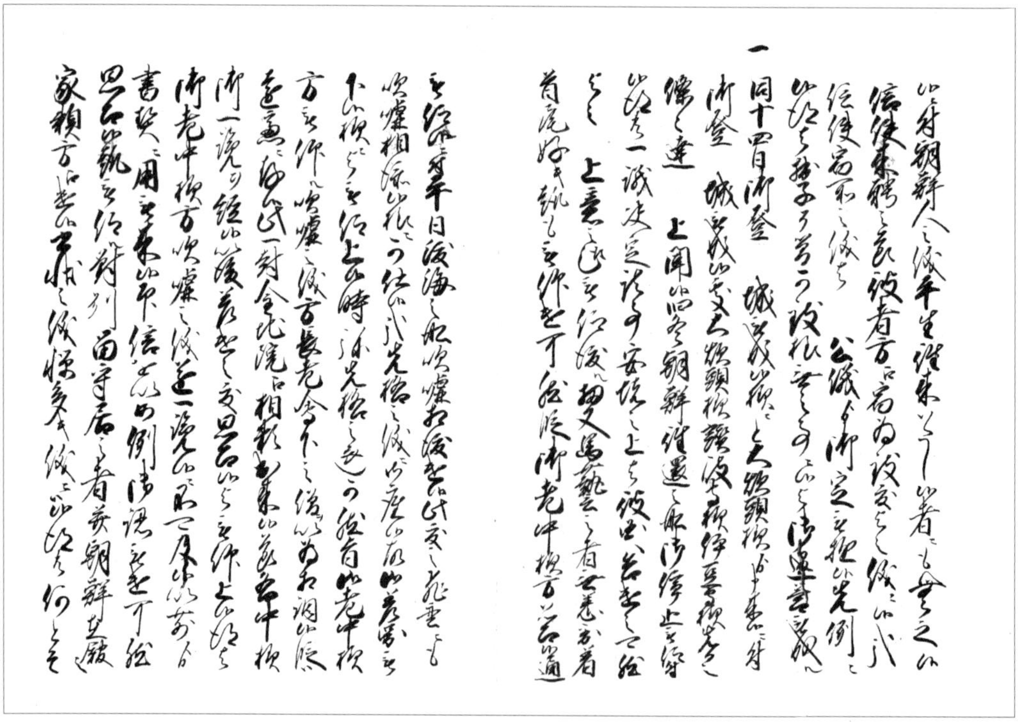

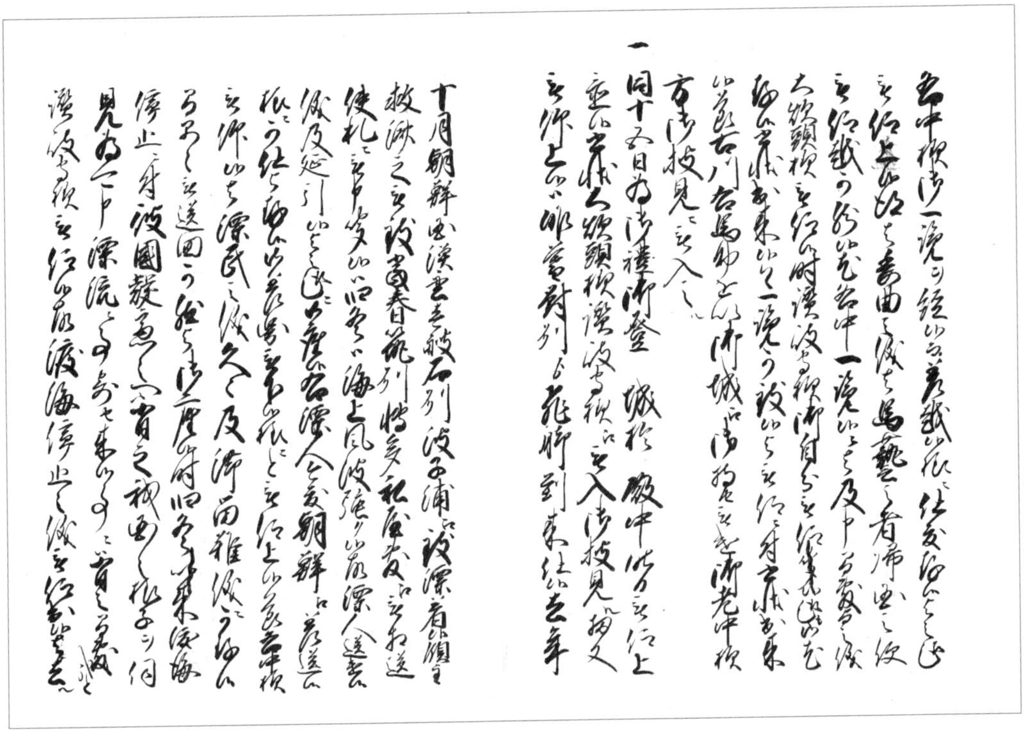

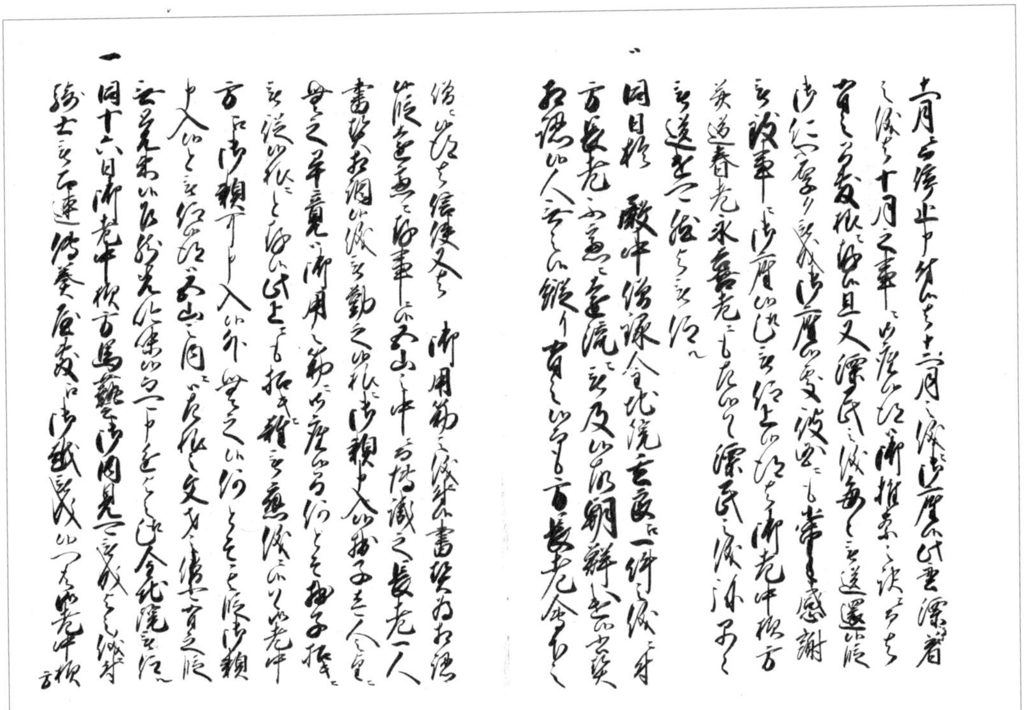

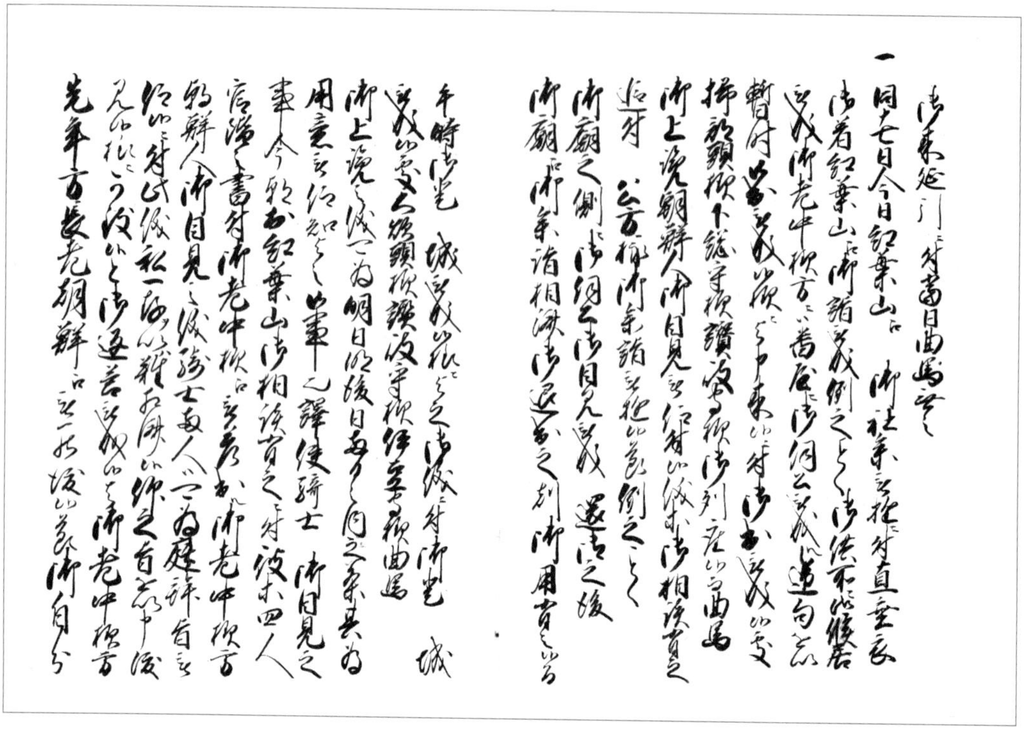

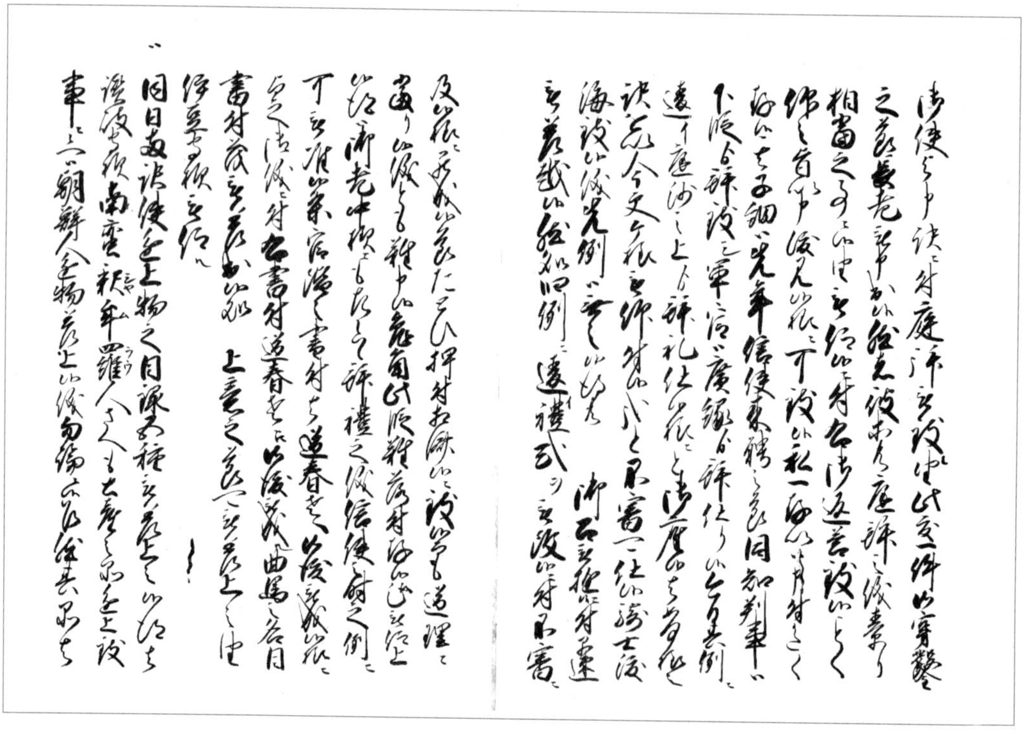

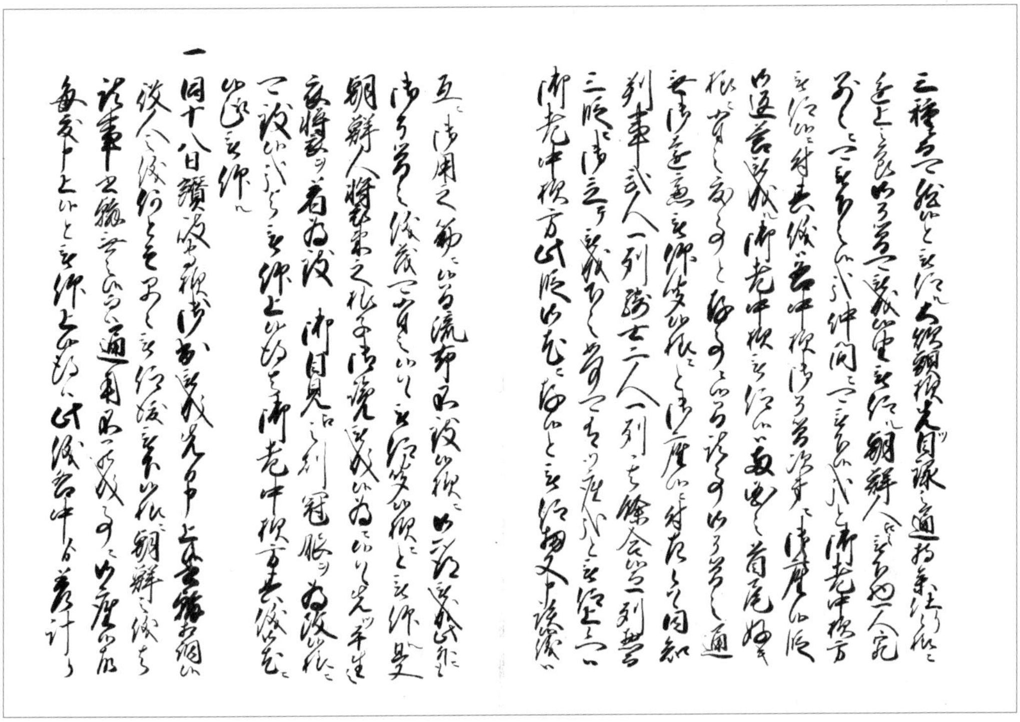

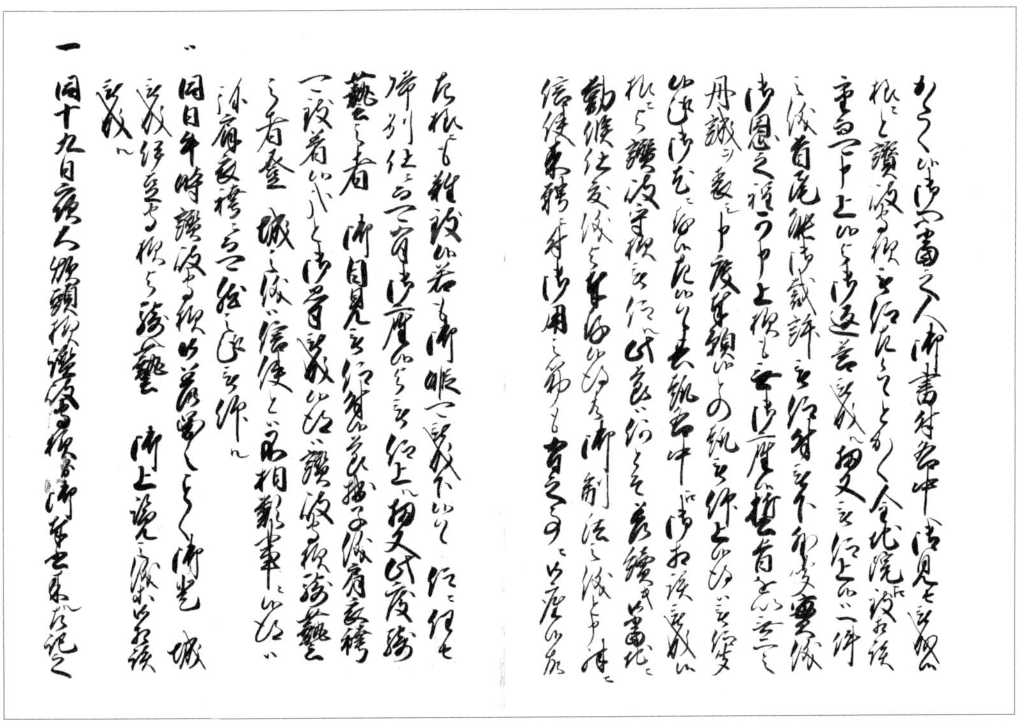

昨日朝鮮之馬芸方ハ　御上覧ニ被成候旨被仰
出候ニ付、四ツ時ゟ先御城江御出通ニ而御番
所ゟ出候而御見物ニ被成候由ニ而候、
右之段申入候、

卯月十九日

酒井讃岐守
土井大炊頭

宗対馬守殿

一　同日大炊頭様ゟ御使者ニ而朝鮮人登　城之
送迎橋因ニ而為御馳走対馬守ニ茂罷出候様ニ
城為仕候様ニとの　上意之由ニ付罷出候、依

判事登　城錦鞋橋江御出被成候付御門奉行
落合四郎殿ゟ御出迎ニ而先刻御立寄被成候為御案内
御目付衆御出候先御案内被成候、此度
城之刻限之儀者御方ゟ申達候様ニと被仰付候
御出ニ付先御案内被成候、御立寄候様ニ
御使者ゟ右大炊頭様ゟ御口上ニ而同役中へ申付
候段申達候、
、於御前大広間大炊頭様讃岐守様御挨拶
曲馬　御上覧ニ付御見物、朝鮮人へ今日
御目見之様ニ申付候旨之

、讃岐守様ゟ御口上ニ而先刻朝鮮人江被下物
ニ付御書付ニ而御目録御渡被成候、御綱下
中ゟ同知判事及諸士并人ニ至迄書付可
為被仰付候御書付ニ付御書付を以申達候
依之御口上之通ニ而被仰付候
、大炊頭様讃岐守様御口上ニ而朝鮮人ニ被下物之
馬場ニ而為御馳走被仰付候朝鮮人ニ御伝
向ニ而御礼之儀申上候旨
、讃岐守様御口上ニ而朝鮮人江被下物品々
三種ニ而御座候旨之

、当日朝鮮人登　城、洪同知崔判事ハ天井之間
諸士并人ハ御車寄之間ニ控置候、広
縁ニ而　公方様大広間江御出御ニ而使者二人
出ニ而御座之間ニ天井之間ニ至迄並居候者
御縁ゟ罷出候事、御車寄之間ニ罷出候
御着間ニ退居候時大炊頭様讃岐守様ゟ
光雲院様御右筆御座之間ニ朝鮮人
遂ニ御馳走之御礼申上候、依之対馬守ゟ
御上覧ニ付為御同知判事江被仰渡候
上意ニ付　御前ゟ退出、同知判事広

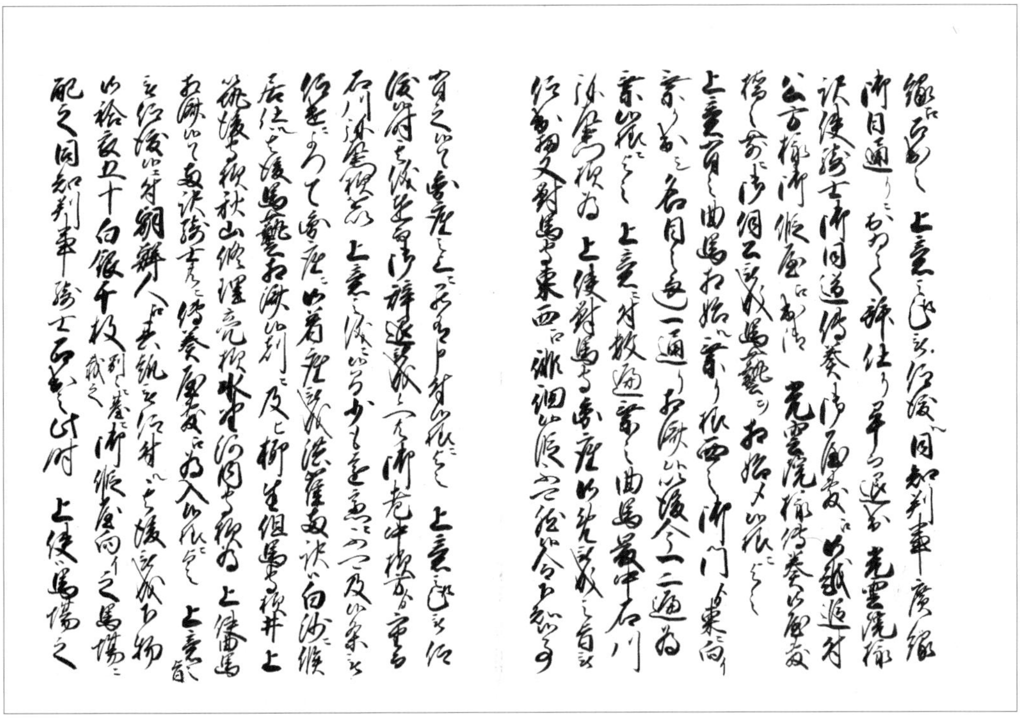

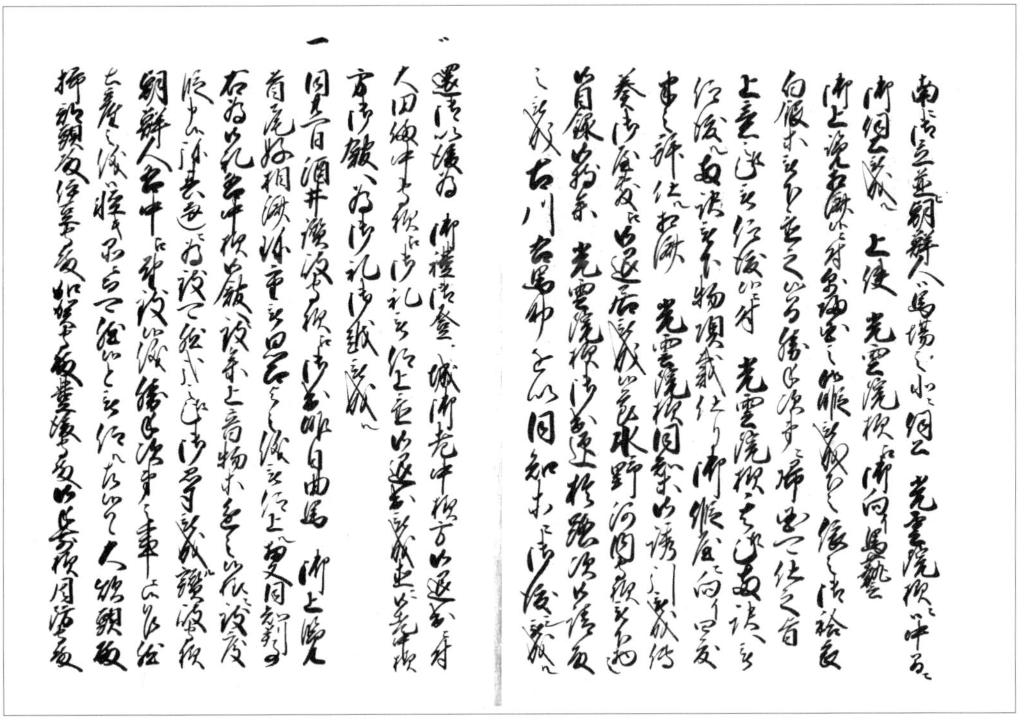

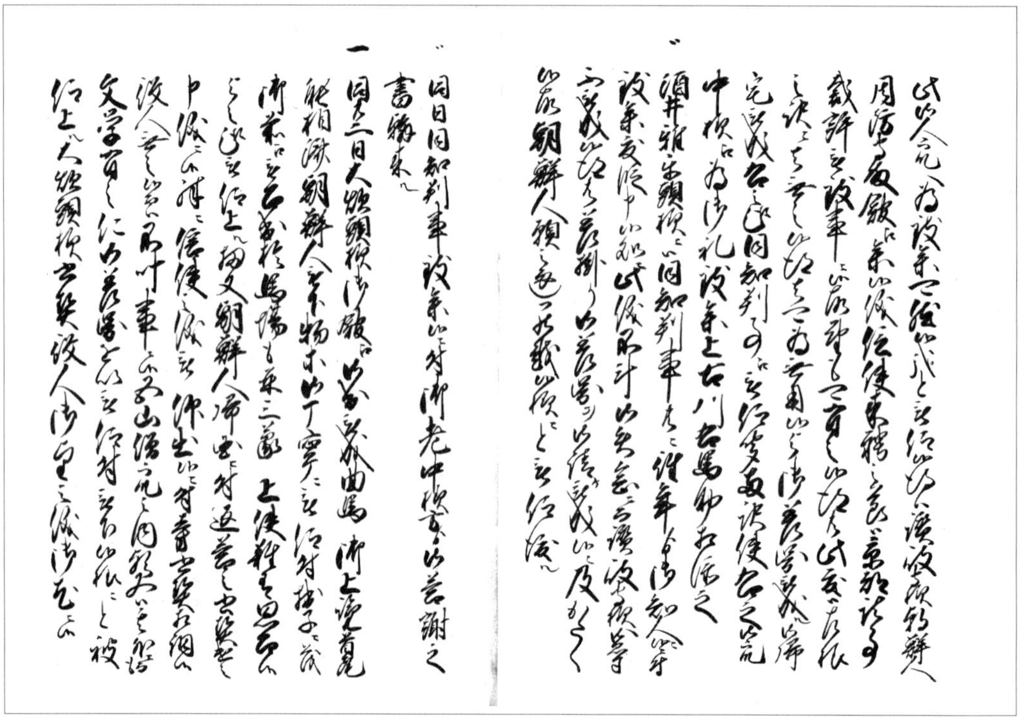

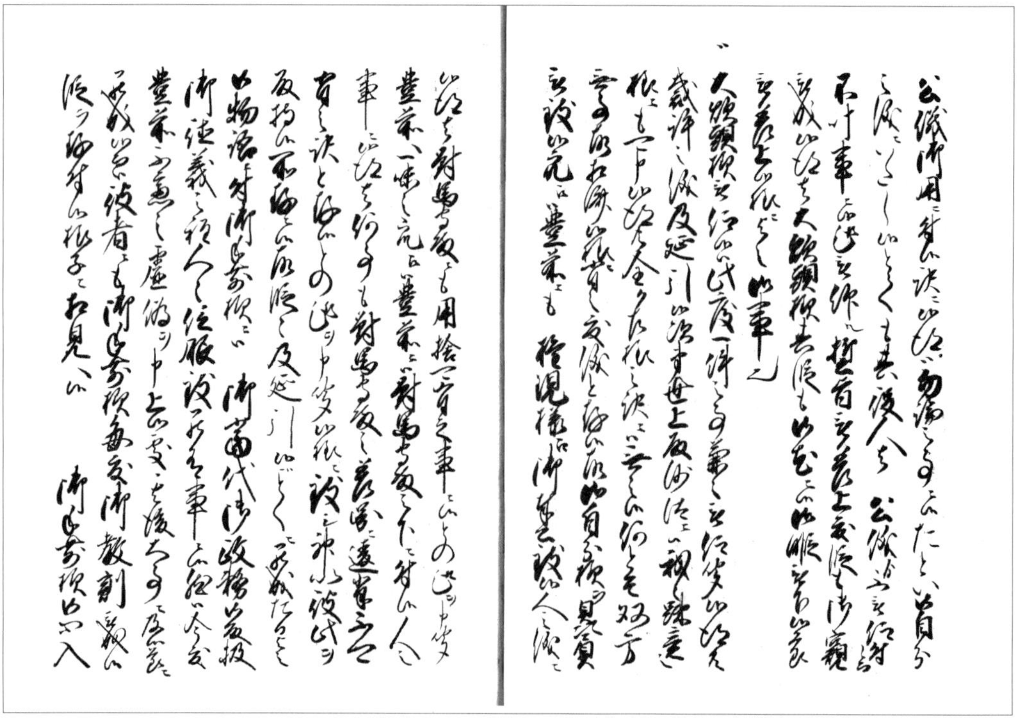

之候文并上ミニ信服致シ候ニ付御入暦ニ而候文ニ
餘リ御丁寧成事ニ被思召候段申候由
御返答致候へ

〃 大学頭様ゟ段々被差越候ニ付委細申上候文
今度朝鮮人来聘ニ付馬上之曲馬場ニおゐて
被為入候様ニ相成候ニ付献上之御品遠慮之
被仰出候哉之段老中ゟ御返答申上候と存候

〃 同日大井玄蕃頭殿曲馬御見物之義ニ付
大学頭様以御内意御尋之段被仰聞候ニ付
御前ニ而可被差出候 公方様御覧之例ニ而

以而大学頭様御同道ニ而直ニ御登 城

一 同廿四日 林大学頭様御同道増上寺へ御参詣
直ニ御退 城

一 同廿五日御登 城

一 同廿六日御登 城 於 殿中高力摂津守様御宿例
候ニ付御相伴ニ而清淵ヘ被召上候而御老中方
見候大名様方何も御返答被成候以御用ニ付
御挨拶被成候以後ニ御茶被下候ニ付御挨拶被
御入暦被成候ニ付掃部頭様御相伴被成候ニ付曲馬之様子
御尋被成候ニ付 掃部頭様ゟ御申候ニ付右日様子委細方之条

之辞ハ曲馬前々方数回其仕掛ケ之段御尋ニ付
被成ニ付委細ニ朝鮮曲馬献上数相定リ候而餘馬ヲ
不申段被成候之候間ニ而存候へ

〃 朝鮮人御暇之節ハ以前より御用ニ付
御前例ニ付御家老中様ニ而御覧被下候様申上候
以御掃部頭様ゟ被仰候ニ付老中ゟ申上候様ニ付御委細
存候書状被差越候ニ付卿上ル候以掃部頭様委細
相尋候以老中ニ而申候と存候ニ付是ニて大学頭様ゟ
御直筆候ニ付今度檀書ハ去ル書状ニ被差越候ニ付
存候ニ付 御文面被仰付候ニ付御暇之事ニ付候

不及御返答仕り而ハ不用ニ付御返答ニ被為成候段
且又被成候御返答之日限ハ是ゟ申上候
御老中様方朝鮮人帰国之節御返答ニ而御挨拶
存候ニ付然ハ道中人馬之儀御挨拶
存候上ル時御老中様方御挨拶ニ而存候
御文檀書之返翰之儀ニて被成候と存候上ル
御老中様方御尋ニ書状ニ而存候ニ付
其後ハ申候と存候御書状之儀様子御尋ニ
存候以御書文字有之人ニ存候
様子御尋ニ入御覧候ニ付被存候

御老中様方今日ハ御用多ニ付明日ニ可被仰出候ニ
ならしゝと御申ニ而御返答被成候
一 同七日御登 城御返答之刻 信使与朝鮮
人道中此方人馬御法度之儀ニ付御用有之候
古川右馬助 御城ニ而被為召仰候ニならしと御座候付
右馬助ニ大炊助ニ為御帰宅被成候而又御頭之
御老中様方ゟ松平出雲守殿へ御座候付御料理被成
御挨拶松浦肥前守様被成御馳走之馬場ニ而曲馬被成之
一 同八日御登 城
一 同九日御登 城御目見仕曲馬様被致感動仕候

被申候而被成候処被仰付候御同道ニ而御帰宅被成曲馬
衆ゟ方数箱具被下候処ゟ御礼被申上被成候ニ付
信使同前ニ而手付被仰付候之
一 五月朔日御登 城以後朝鮮人ゟ申出候道中雑用
入用銀 公儀ゟ被下被成候様ニ被仰付候ニ付
雑事ニ而思召ニ付信使ゟ被申上信使返答
一 同二日板倉大学頭様信使同道ニ而登 城大学頭様
信使ゟ被仰付信使御目見ニ而返答
一 同三日板倉大学頭様信使同道御登 城信使参内
被仰出信使対面ニ而被成候返答

一 同四日板倉大学頭様御同道御登 城御大名様方
被成候節御中津守様御対面ニ而被成御返答
光雲院様ニ而御用之儀ニ付被仰付候大納言様板倉殿
信使ゟ被成朝鮮人当月七日発足仕候様ニ被仰付候
被仰上御老中様方ゟ御返答ニ而候 被仰付朝鮮
人諸上等一見仕度由被申候朝鮮人儀ハ先年
台徳院様御治世之日 御目見ニ被仰付候而御座候
御霊廟ヘ参詣仕度由被申候而御座候之旨
被為信使被成候ニ付被仰上候御老中様
異国人之事ニ候間被成御覧ニ被仰上候様ニ被申候

て被成候御座候
一 同五日朝御老中様方ゟ信使帰国之儀ニ付板倉大学頭様
信使同道御登 城大炊頭様酒井讃岐守様御大名様方ニ
被仰渡候ニ付出雲守御機嫌伺毎日登 城被成候而
被成思召上ニ而御用例信使状作被遣候ニ付今日ゟ
御目見ニ而御礼 上意ニ而被遣候 御規
式如例
〃 同日諸士被為拝謁書状写今日御返院ニ
信使見せ被成候
〃 同日晩松平肥前守殿曲馬信使不申ニ付肥前守殿

御下屋敷ゟ曲馬有之

一同六日御登　城被遊候、朝鮮人信使上々官拝見之儀
達　上聞候処、文類ニ通シ一見被仰付候、日光東叡山ヲ
拝共儀信使上官ヲ拝為仕候様ニ被仰付候、佛殿ニ参詣
候段ハ宗旨ヲ以致間敷旨[illegible]
致て難成候段縷々辞為致て難成候由御自ら
御手ヲ御差出して被成候東叡山之規式ニ候ハ、[illegible]院
信使上官院住ニ被仰候処、[illegible]大猷院様御廟へ[illegible]
被仰候ハ拙文右者御廟前辞礼之儀　上意と申之
右中御自ら被申候ハ上意以相済申候ニ被仰候

申候様ニと申事ニ之

一公方様御例御快然ニ候、朝鮮人ニも嬉敷存候
併此方ゟ申達朝廷ニも御聞て仕候申候との儀
御老中様ニ被仰上候処、奇特之儀、御老中様御感被成

一朝鮮人案内之堀之人馬御沙汰候、被仰付
候[illegible]とも尋被成候処、[illegible]儀御町奉行にも後
候ニ付、返答之儀、御帰宅之御沙汰御町奉行
加々爪民部少輔様、堀式部少輔様ニ御内人馬目録
御渡被成候

一同日朝鮮人人数操出申付御屋敷ニ而見物被仰付

一同七日朝鮮人両御廟所ニ参詣ニ付、朝鮮人ゟ前之通
東叡山信使上官案内ニ而参詣被遊、知楽院信使上官ゟ規式ニ
申候御手洗被成候、信使御規ニ付参詣東叡山御廟所ニ
公方様御参詣之時ニ信ニ被遊、朝鮮人両堂へ
御参拝之返答ニ付、縁側ニ登り拝見仕候、信使
御参所ニ而拝礼為仕、御饗応及其堂斗拝之、返答為
仕物文信使上官使信使人ニ同知判事ニ
挨拶有之、其後退出之、凌雲院ニ而酒肴出

一右拝見相済、朝鮮人出発仕候、凌雲院様ニ其分
御覧　城安信御廟所規式ニ於中大猷院様御霊廟

被仰上候ハ、一段好ク思召候旨、東叡山ニ而先刻知楽院
登　城之節ニ、御沙汰被成、為御褒賞拙文
今日朝鮮人御沙汰之由、御老中様ゟ被仰候、馬ヲ被成
良馬ニ而鞍置具ニも美麗ニ御座候由御沙汰被成
候得者、被成下可然旨被仰候、馬之儀被仰付候
御手ニ付曲馬之鞍馬ニ、鞍掛ニ而御沙汰御座馬
数騎為見物ニ付、御老中様被仰付候、馬ニ而被成
拝領仕候ニ付、御返答、御老中様被仰付候ニ付
候、一宿ニ送て下ニ被帰、使中ニ付拝見して仕度候
可致候旨と申渡候と御返答被仰上候

一 同八日夜前大学頭殿御同道ニ而御登 城
一 同九日夜前大学頭殿御同道ニ而御登 城、御返翰
之刻[illegible]御清書之上ニ而一[illegible]御礼被仰上候
" 同日土井大炊頭殿松平伊豆守殿[illegible]
板倉周防守殿[illegible]
一 同十日夜前大学頭殿御同道ニ而御登 城
" 同日水戸中納言殿ニ[illegible]
" 同日長崎御奉行[illegible]ニ付三浦[illegible]
[illegible]石川右馬助平田将監ニ[illegible]
一 同十一日御登 城、[illegible]夜前大学頭殿[illegible]

一 同十二日御登 城、御門外ニ而[illegible]御返翰
[illegible]返翰[illegible]
返翰[illegible]
[illegible]
[illegible]
[illegible]
[illegible]
[illegible]
[illegible]
返翰[illegible]朝鮮人[illegible]

[illegible]
[illegible]
[illegible]
[illegible]
[illegible]
[illegible]
[illegible]
" 同日 上使[illegible]
御登 城、松平伊豆守殿[illegible]御礼[illegible]

御老中[illegible] 上使[illegible]
一 同十三日朝鮮人[illegible]返翰[illegible]
[illegible]朝鮮人[illegible]
[illegible]
[illegible]
[illegible]
[illegible]
[illegible]御登 城[illegible]
[illegible]
" 同日[illegible]御登 城[illegible]返翰[illegible]

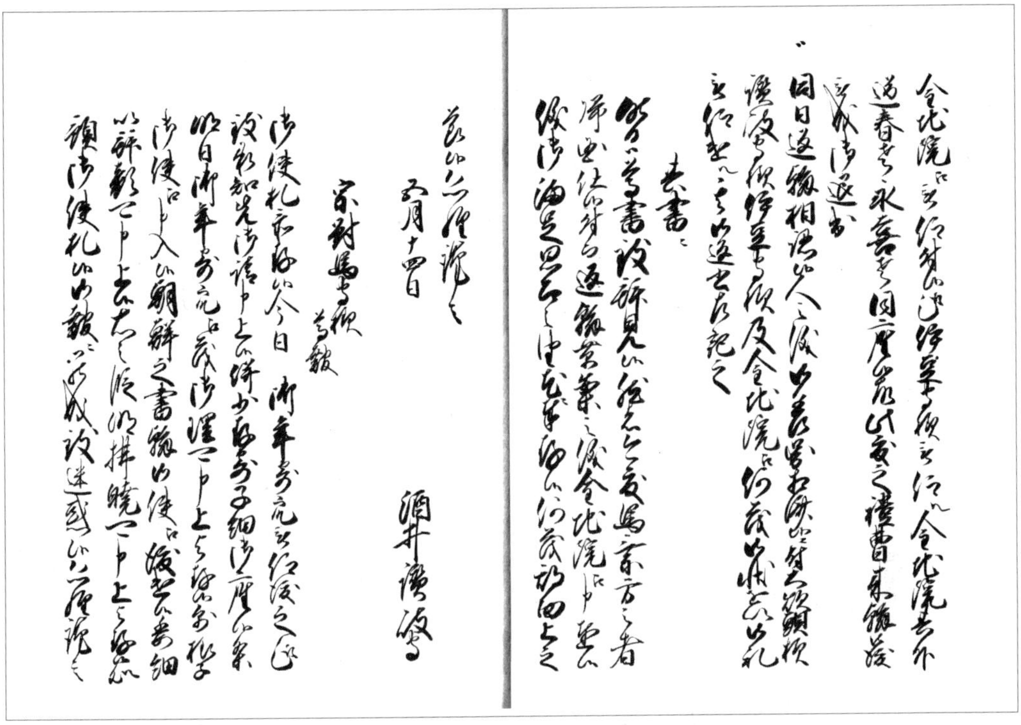

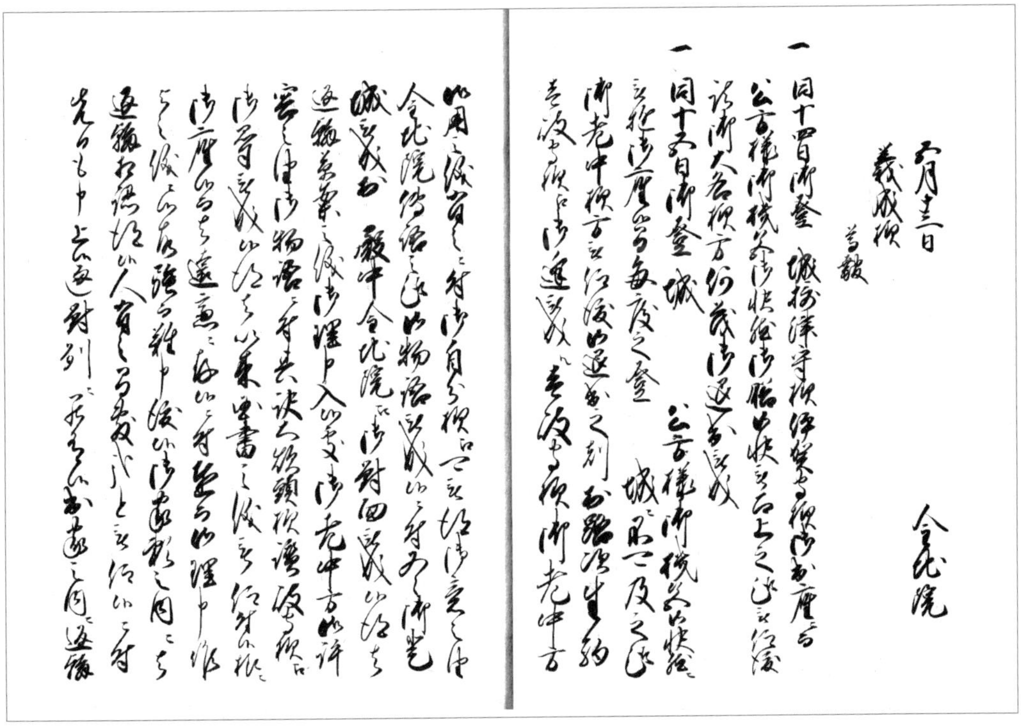

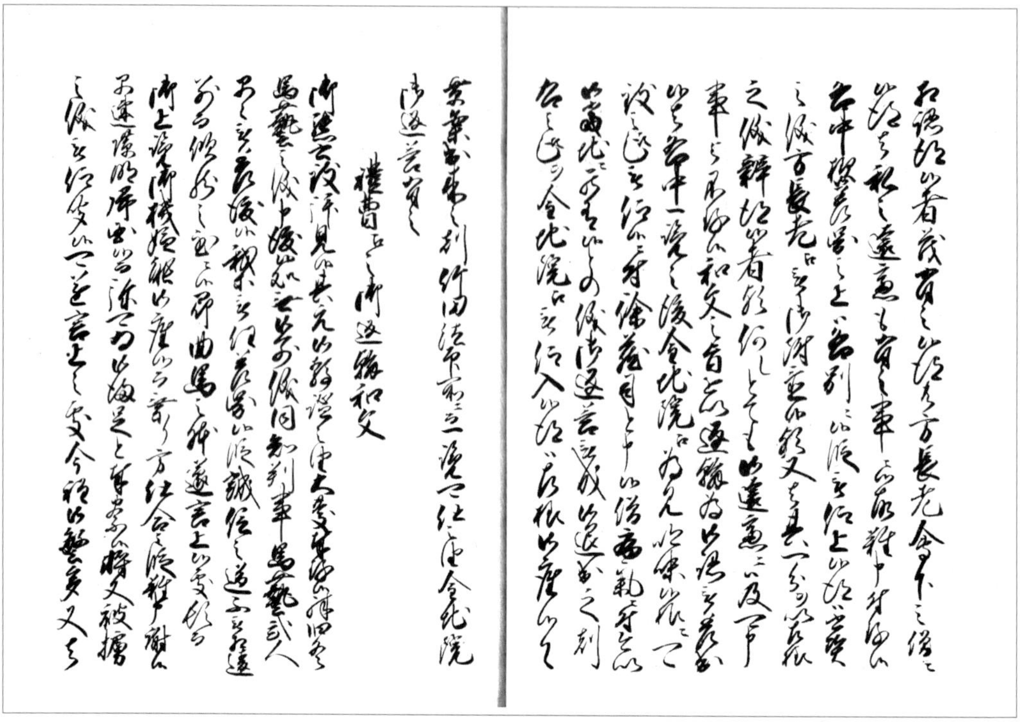

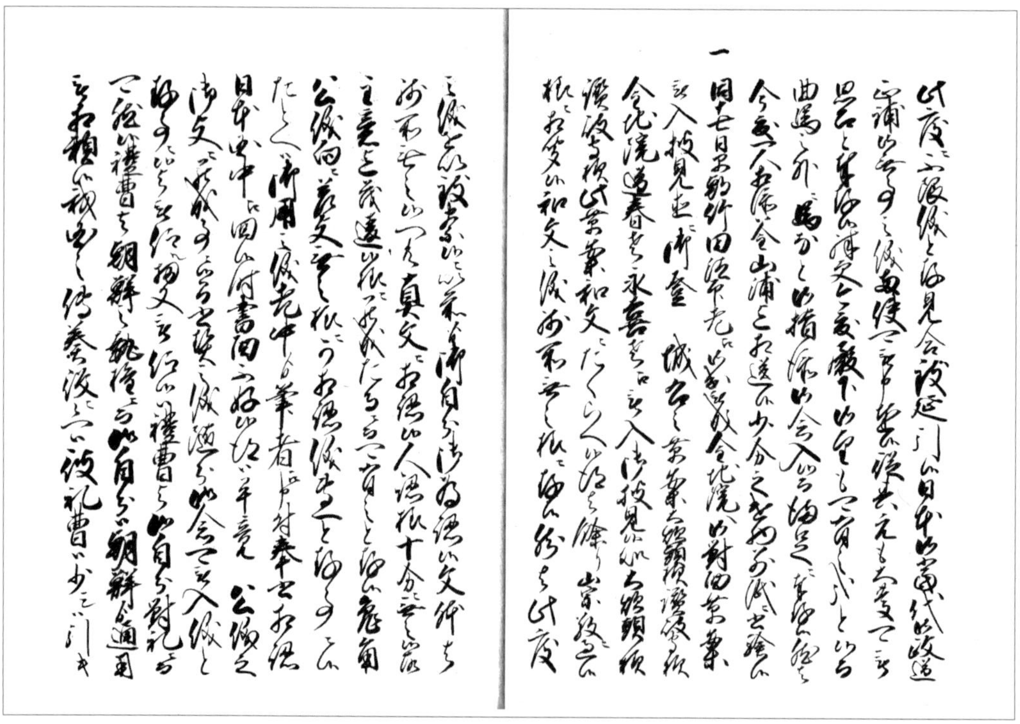

さりなから左様ニ而ハ可有之候へ共当分ゟ此方宜しからす候ハヽ
以前之書式ニ御座候得者偏ニ此方ゟ我國
一統ニ而被仰候諸判ヲ請ケ朝鮮ニ而被通用候處ハ
何そ被思召ニ而叶不申候ニ付都而其方當地ニ而相
可有之ニ付一向ニ此方ゟ以前之例ニ附候而は遠近一統
ニ而其書式ニ被成候而被申候段不叶事ニ候
今般金地院道春永喜抔不残被削候而被成候而被仰
御前ニ而人々被仰出候而御年号を用可申候旨被仰出候處
其節ニ而御上段ニ而大學頭様被仰付候而候得共
日本年号を書一応朝鮮ニ被成候様中出候旨被仰候

我國ニ而もきハ稽古問閑以来此案度敷の三三年号を
御定被成候ニ付右自今以後朝鮮通用之此方と
書き我國之年号ニ而用て御座候ニ付道春を
永喜共ニ年号之儀ハ三百余年以前稽古有之此式
我國ニ唐之通用有之候も支干のミの記有之
事と申年号ヲ用候例ニ而無之と相成候
支干計御用ひ年号御省き候様ニと被仰候
一決ニ而被案共ニ被成候由承申候所此通り候也
其儀ヲ上意中被仰被聞候ニ付御老中様方ゟ
右沙汰被遂申候被成候

一 同十八日御登　城大學頭様被仰候ハ金地院道春を
永喜者ニ御改被成草案清書を入御披見候処
大學頭様被仰候ハ文章之善悪ハ老中
御存知無之候ニ付金地院道春永喜御吟味被成候様ニと
有之御吟味ニ上候也　公方之御事ヲ殿下と書
有之候段殿下ハ関白之様ニ而御座候依而
御本朝之字を用ひ御座候ハヽと申候由此儀御老中様方
有之候段其ニ如何成可然不珍を見え
王之字を以尊意ニ決之有之事ニ候　公方様
御儀王之字ヲ殿之御中外ニ而御嫌ひ被成候ニ付
可然と申ニ付王之字ハ尊意ニ而申候由ハ東所と

申候も有之候ニ付東武と書候而御返翰
相公と申候も前之儀ハ古来参議ヲ宰相と申候ニ付
我國之御参議宰相と申候故大政之権官
對馬守と申し對揚之御返翰禮曹之書ニ平公と
書載有之候此右對馬守返翰ニも今公と書載被
御返翰ニも御老中様方ゟ御返章ニ被仰候
對馬守ニ申候も右此度之書翰者嫁日と申
格式ニ不叶事ニ候御老中方ゟ者尊
定難被成候ハヽ御自分とも申候も言
尊意之儀ニ候ハヽ此本様之且御老中様方

此度之返翰之面除之彼國官人之礼式對待
前後不被遊[illegible]
[illegible]彼國[illegible]
[illegible]
[illegible]
[illegible]
[illegible]御老中様方[illegible]被見[illegible]
[illegible]
一 同十九日彼國[illegible]返翰[illegible]
今化院 道春老永喜老[illegible]

不相渉

一 同日晩光 城迄[illegible]對[illegible]今化院
道春老永喜老へ遣書[illegible]申来ル
其書ニ
先刻御登 [illegible]
[illegible]
[illegible]
[illegible]
中紳[illegible]上
五月十九日
刑部卿法印

對馬守殿

一 同日晩[illegible]
大坂町人宗元[illegible]
[illegible]
[illegible]
[illegible]

武藏守法印
今化院

一 同廿日御登 城當日 公方様日光[illegible]
大納言卿[illegible]
長橋[illegible]
[illegible]今化院道春老永喜老[illegible]
又[illegible]
[illegible]
其餘[illegible]
一 同廿一日晩 酒井讃岐守殿[illegible]
[illegible]
[illegible]

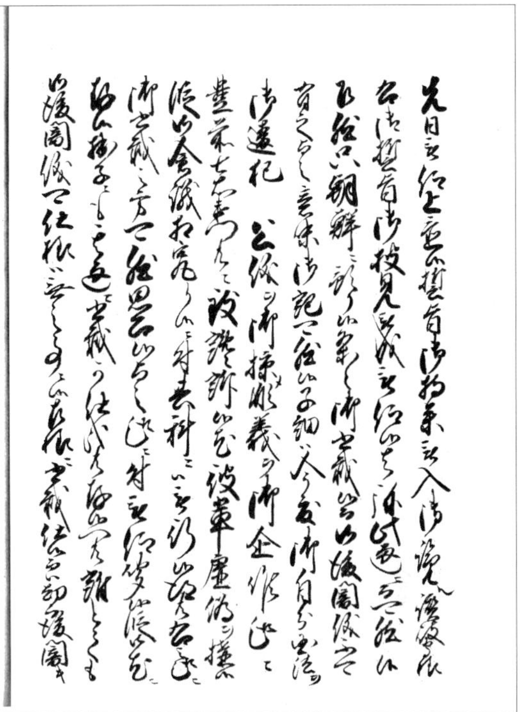

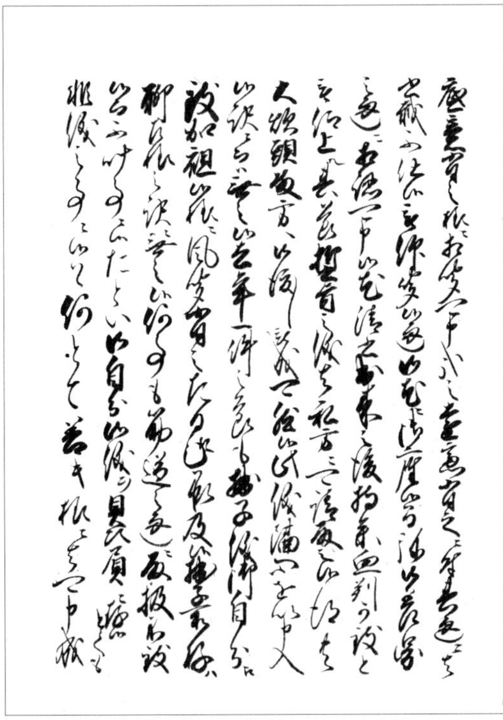

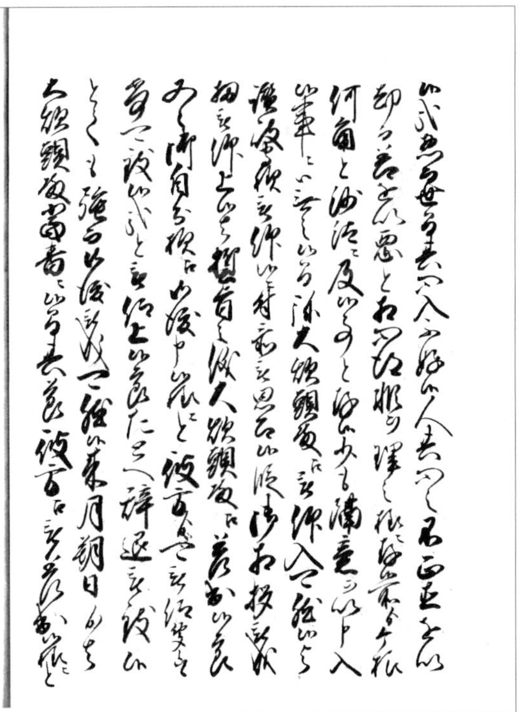

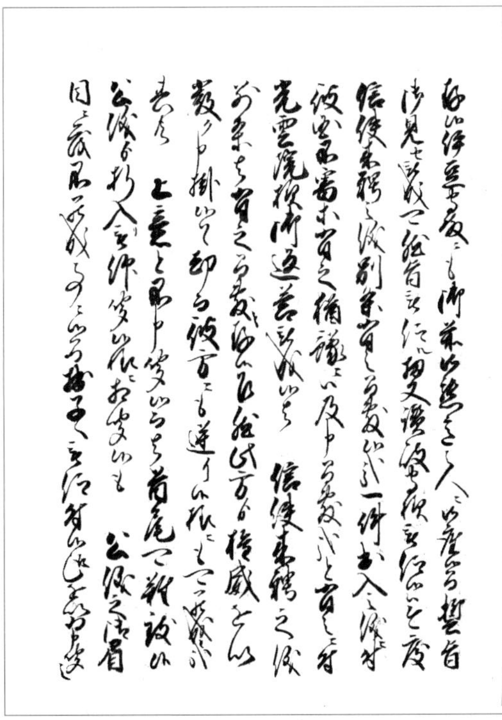

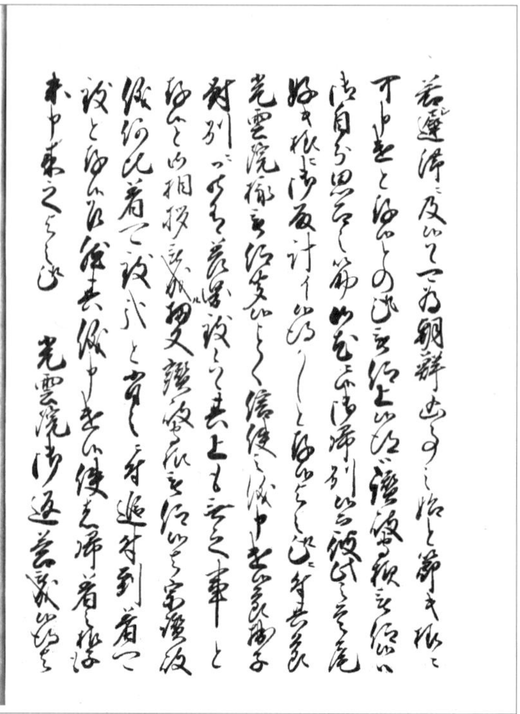

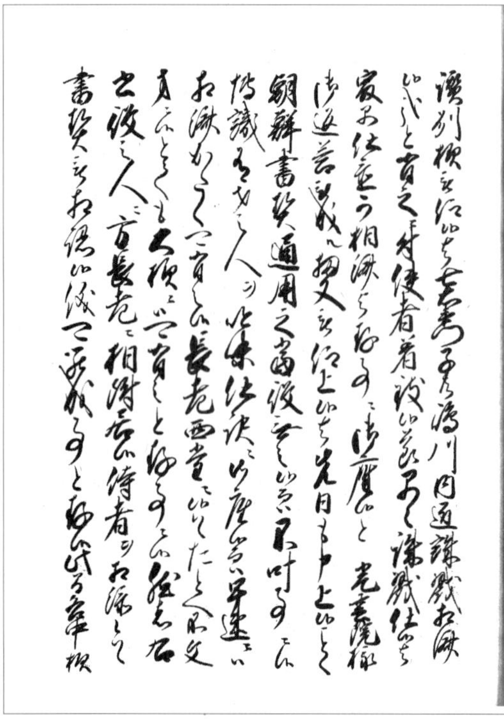

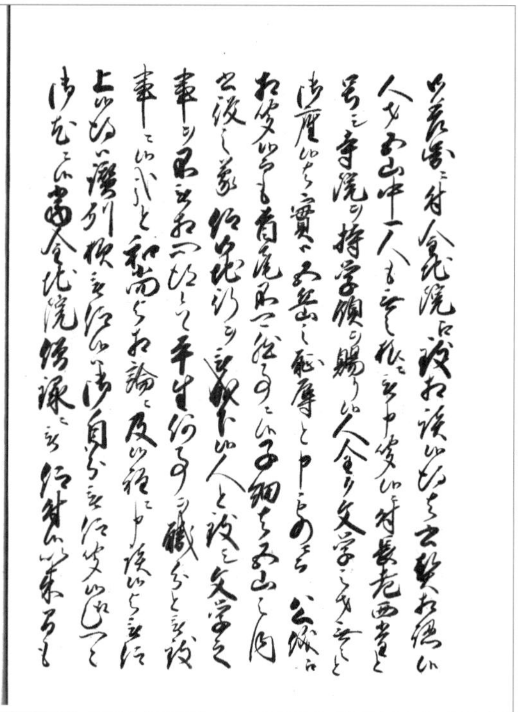

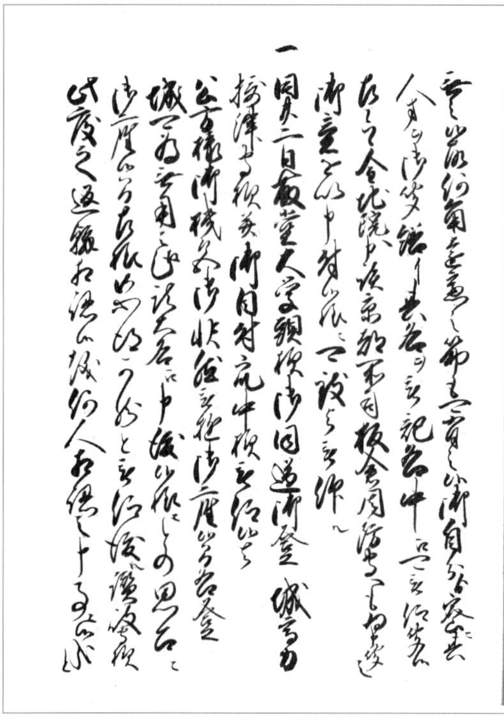

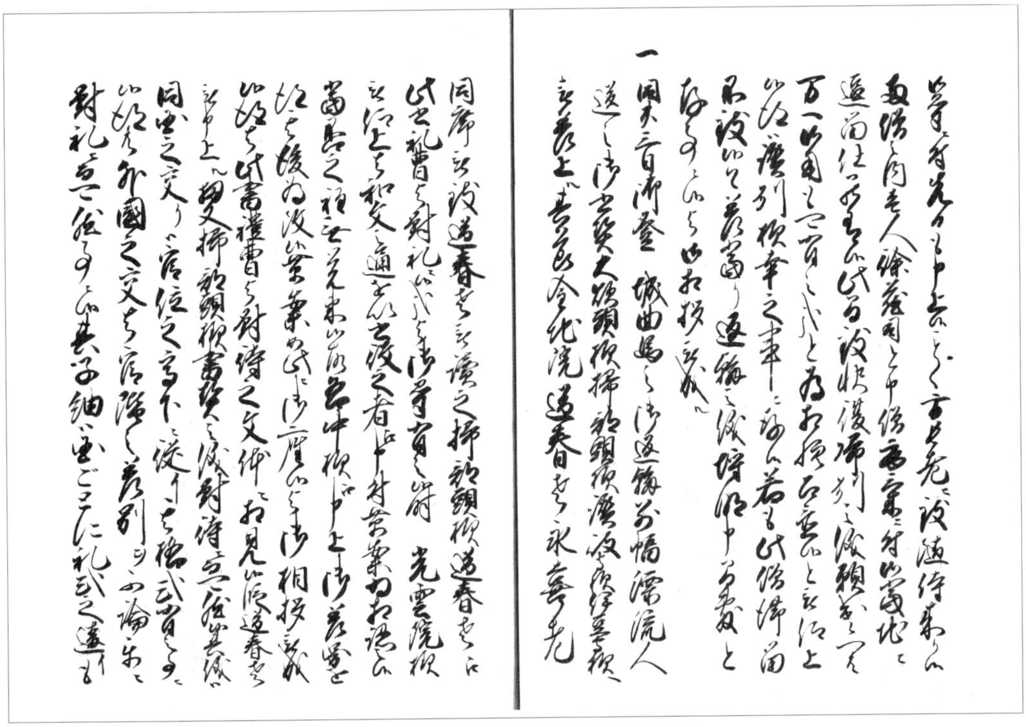

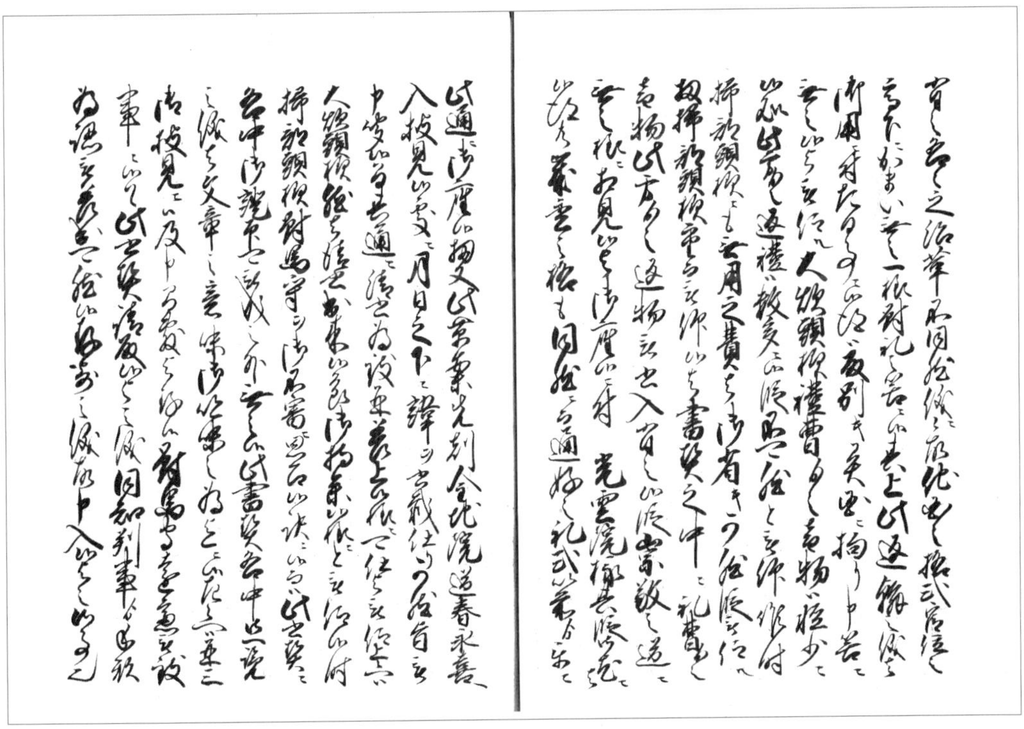

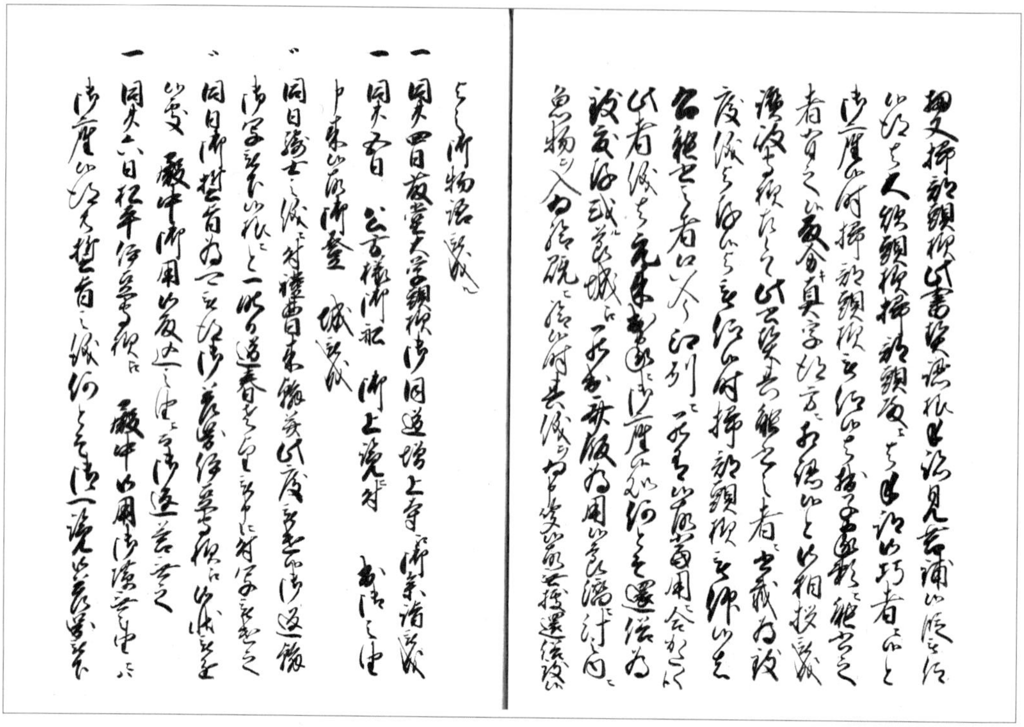

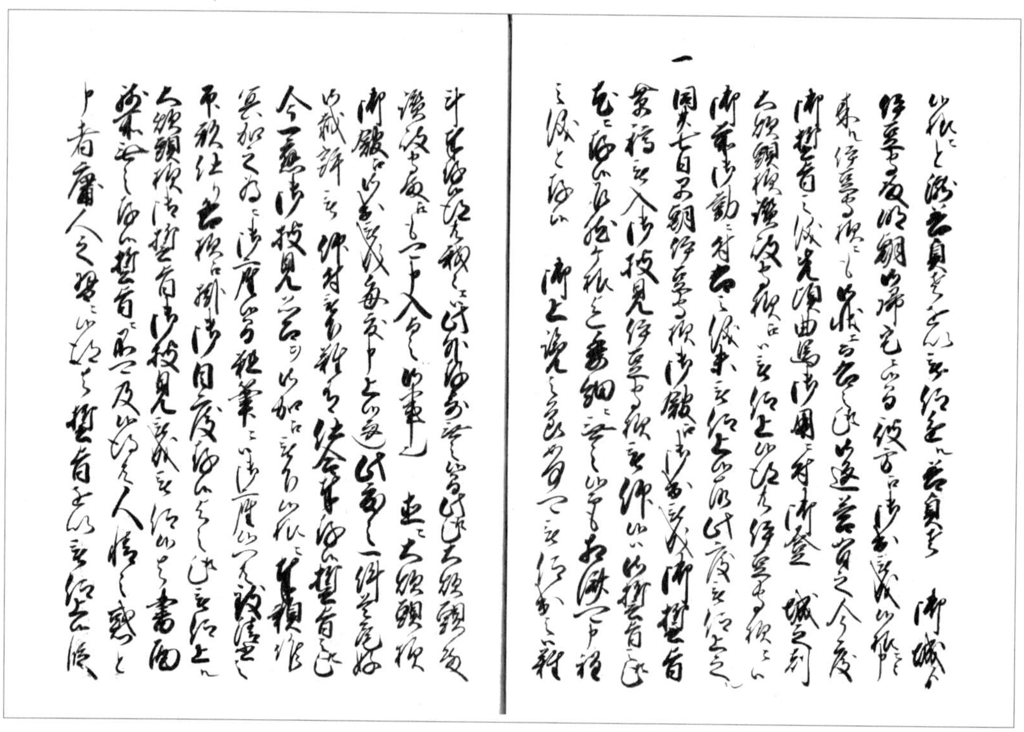

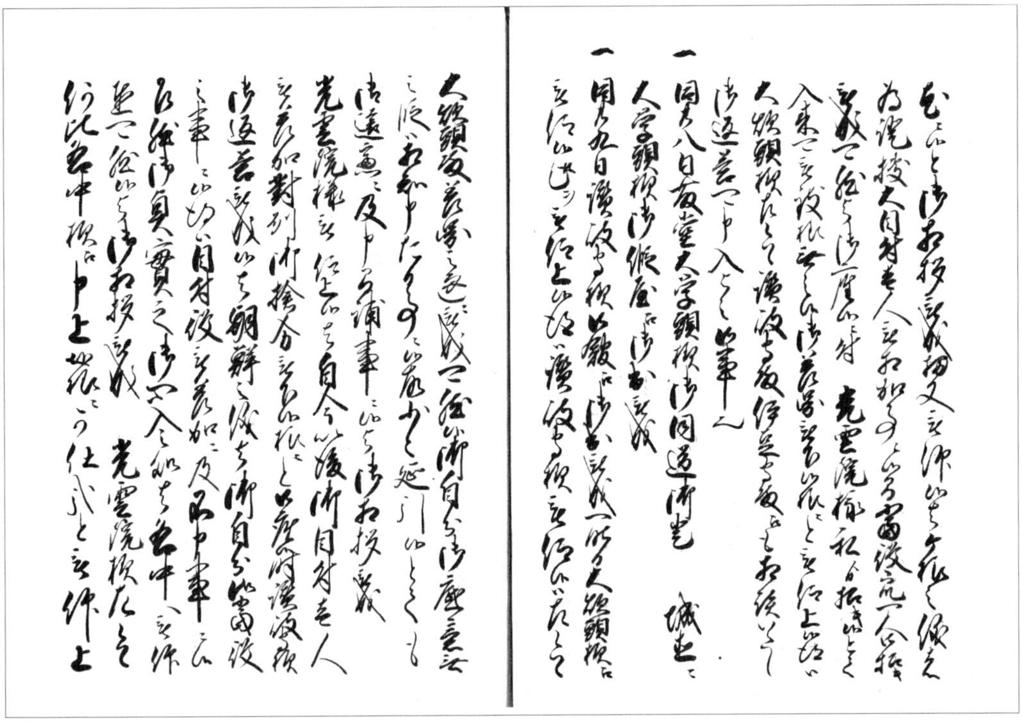

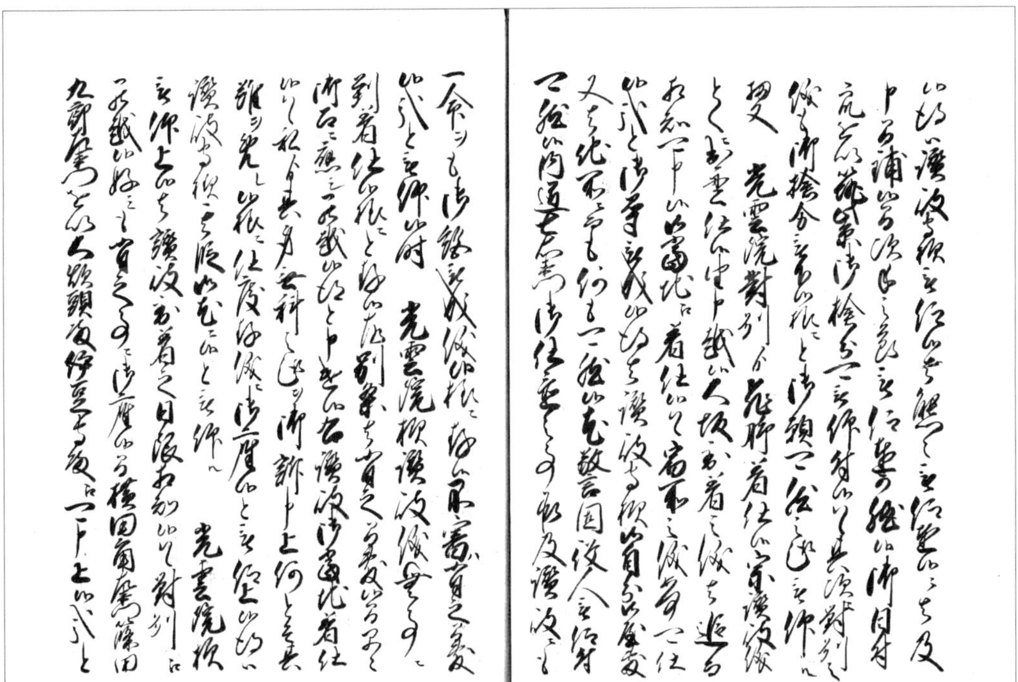

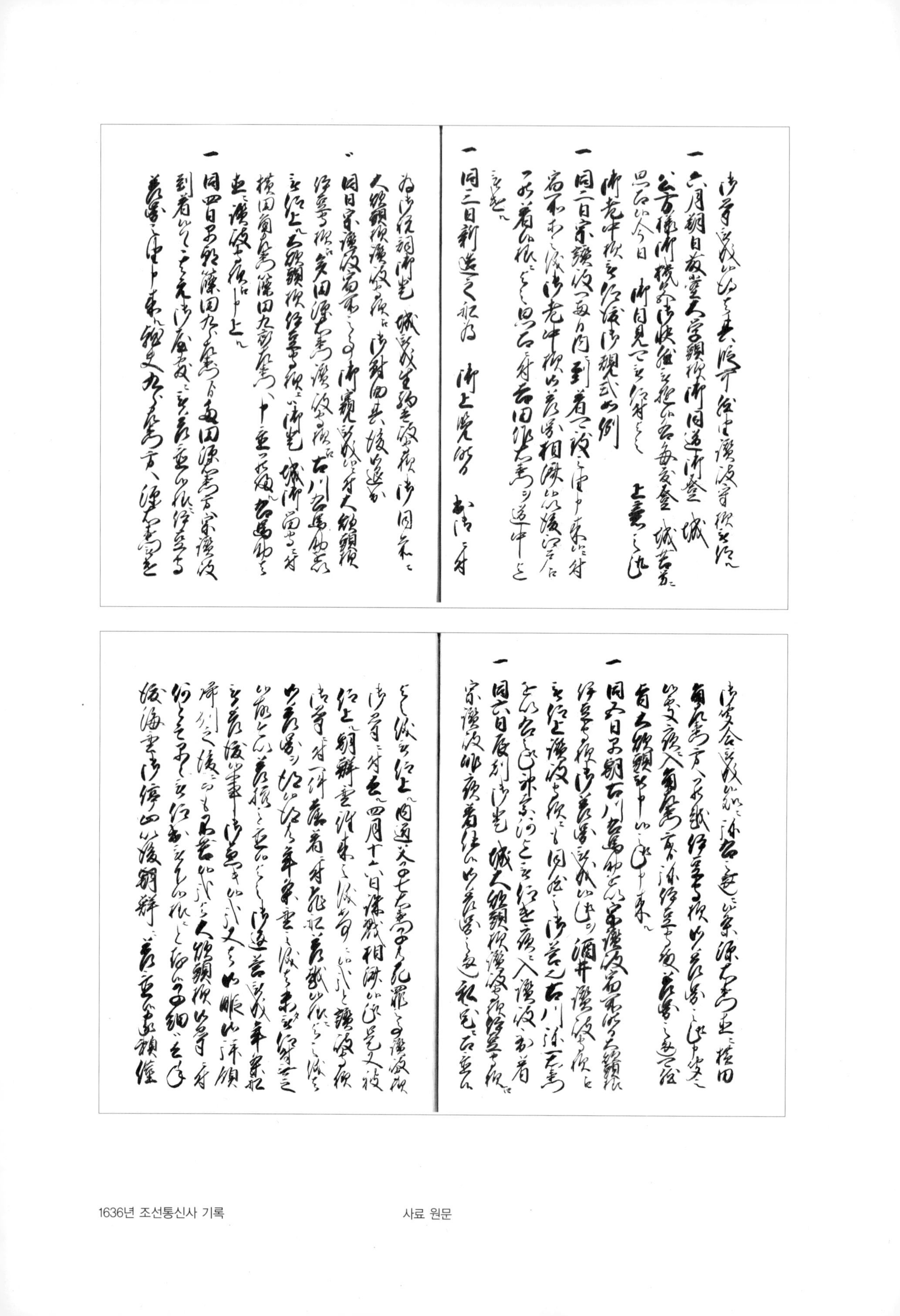

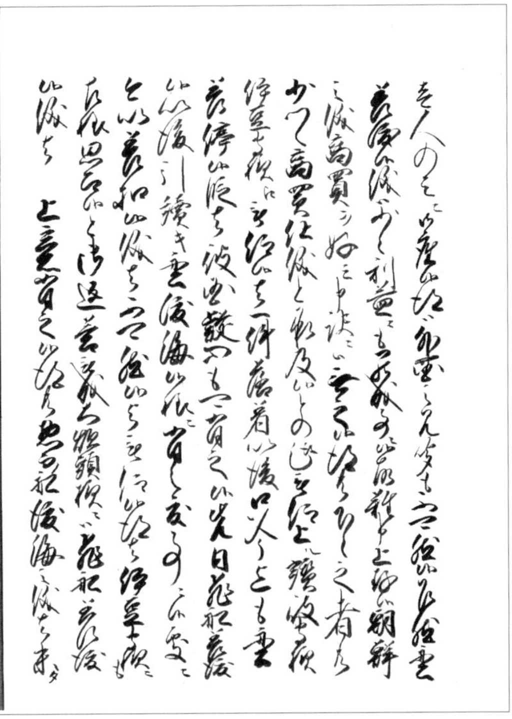
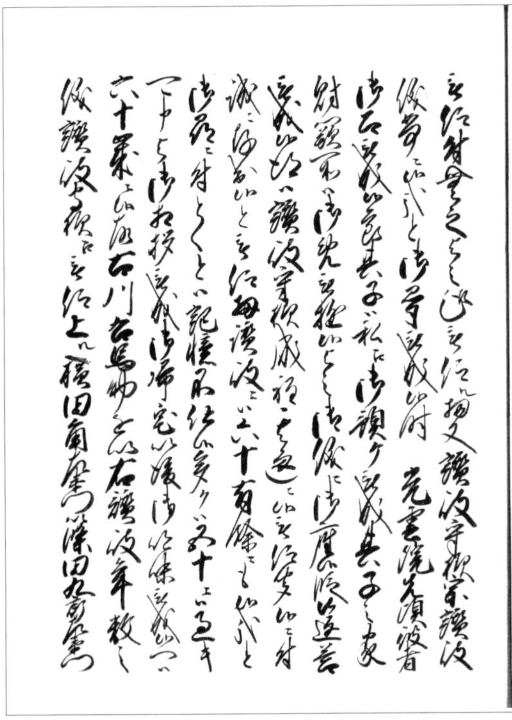
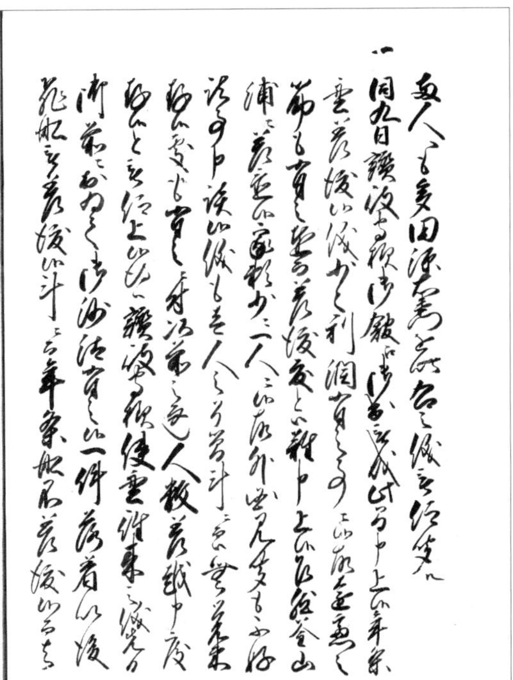
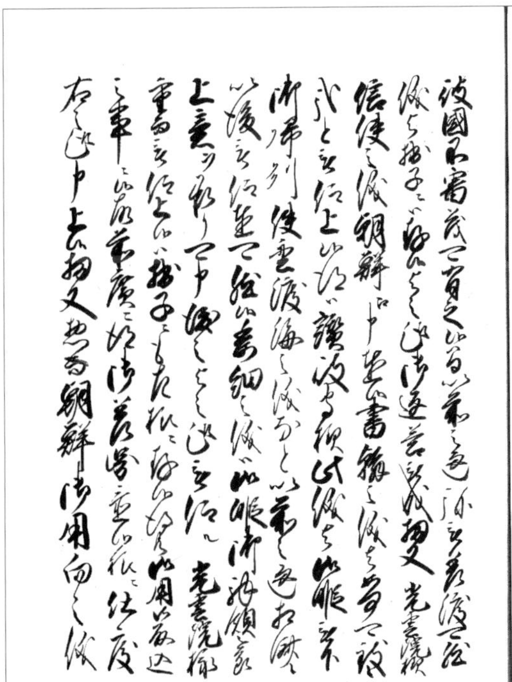

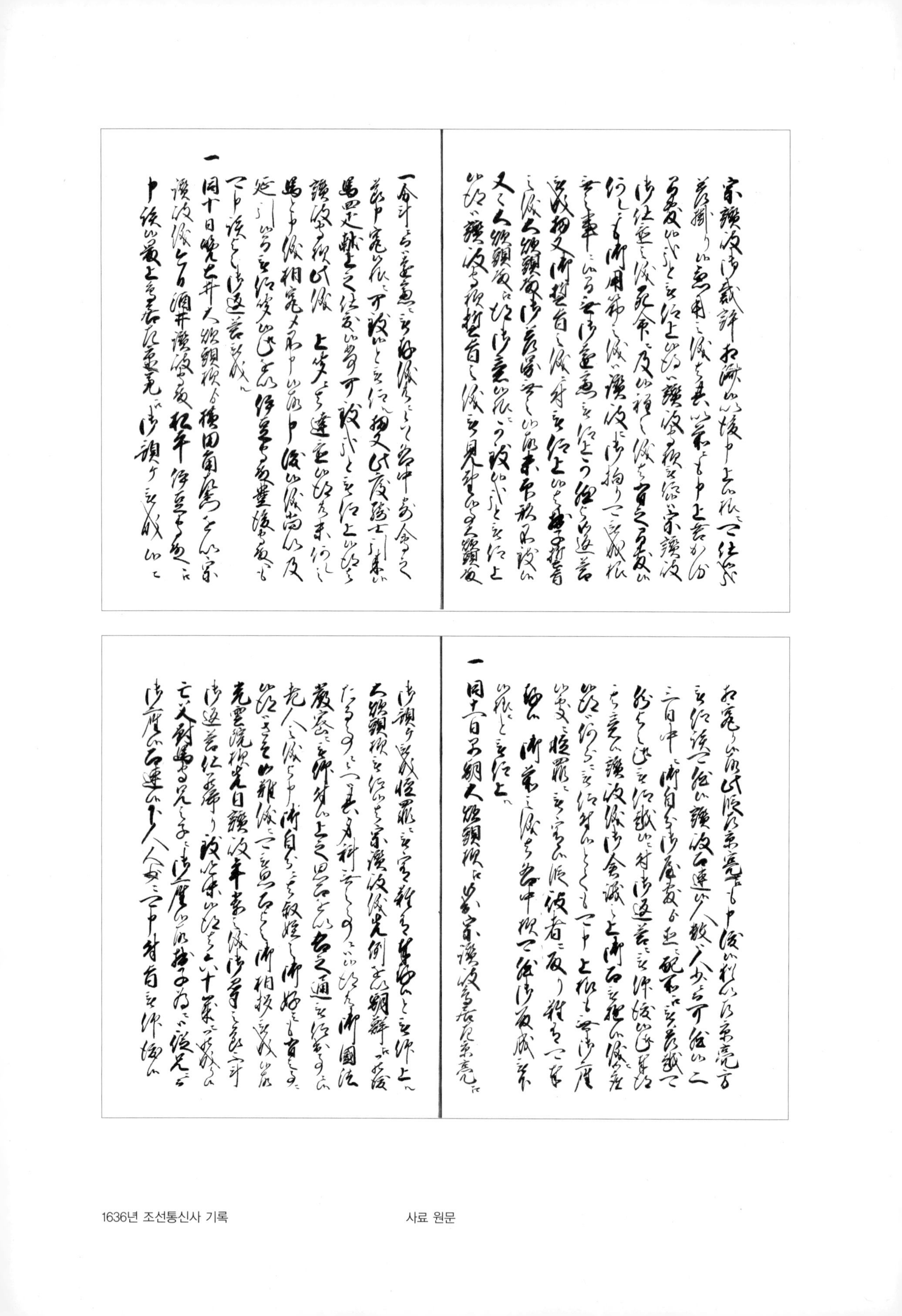

[illegible]

[illegible]

[illegible]

[illegible]

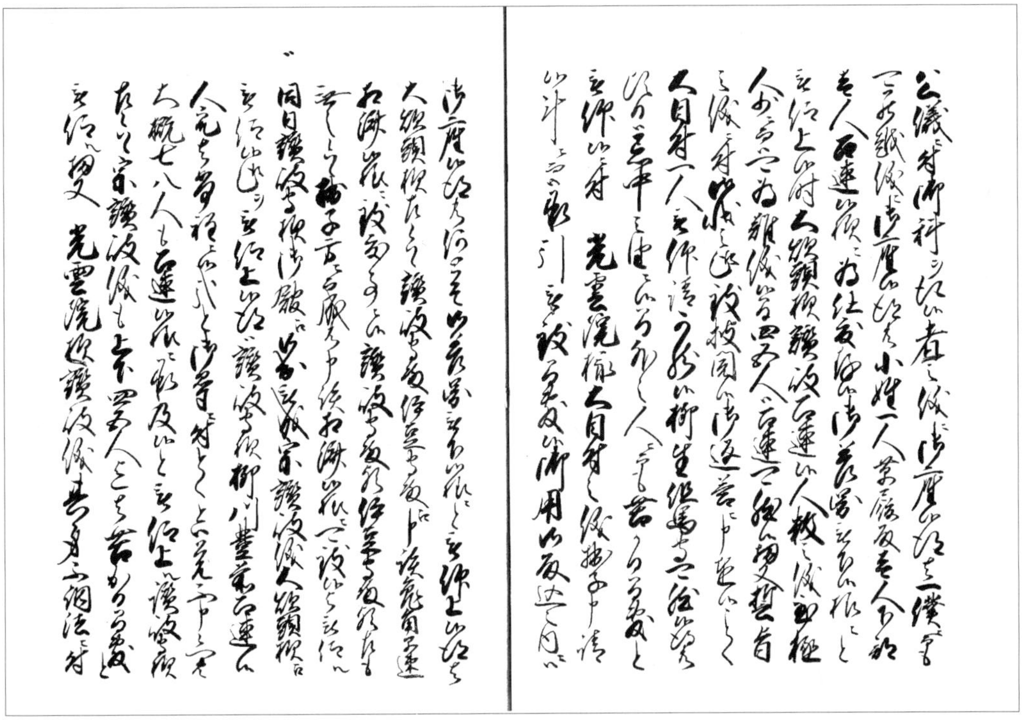

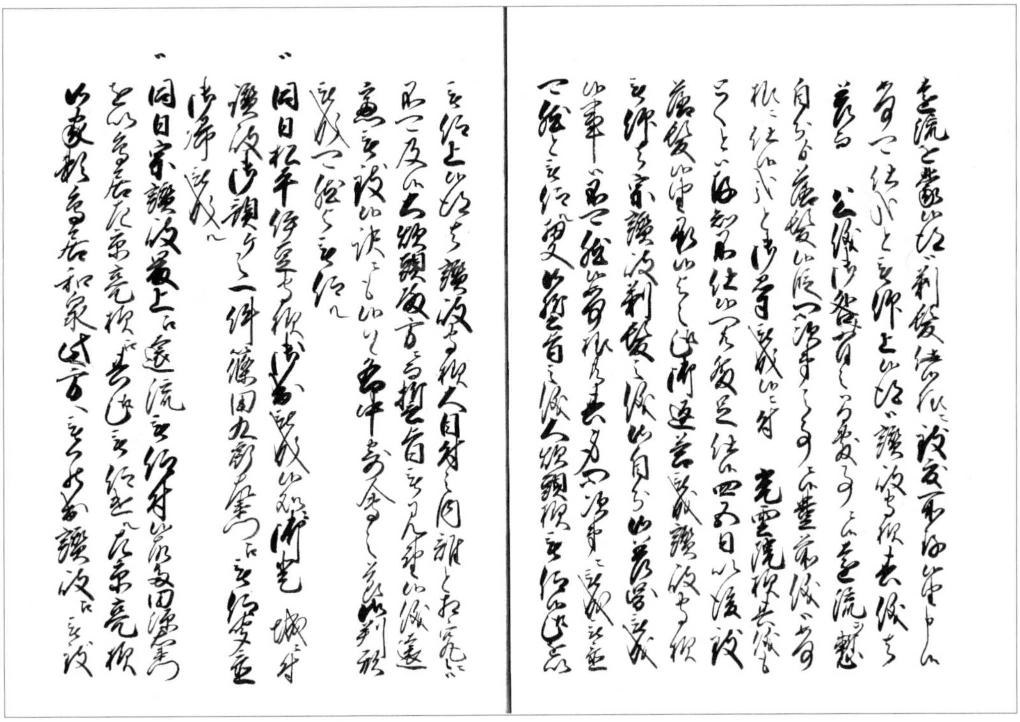

對州ニ而茂　光雲院様ニ御老中様ニ被仰
御留守ニ而和泉殿ヲ以被遣之候
一 同日讃岐　光雲院様ニ御上意有之旨申之
中ニ而被成候ニ公儀ニ對シ神妙ニ被思召候為
之旨被仰候ニ付被對面候此度
此度流罪ニ被仰付候讃岐殿被存候様ニ
御挨拶有之被成候之
一 同十二日在京之衆光雲院様ヘ讃岐殿ヘ被付候被成候
而二人之衆讃岐殿ニ對面候
一 同十三日早朝讃岐殿最上ニ被召之

一 同十五日今日三王祭礼ニ付被成仕候之
一 同十六日御登　城嘉祥之御祝儀御座候一付
落着之為被祝　松平讃岐守殿ヘ被招候
被料理有之
一 同十七日東叡山御参詣
一 同十九日大坂町人宗元右ハ対馬守ヨリ被申候
大坂之宿屋共同様ニ对馬守[illegible]
用事ニ付候而頼候
一 同廿日大組頭様[illegible]小次郎被使者ニ而
奉書来ル
一

奉書ニ
明日御用之儀候間可被登　城候也
謹言
六月廿日　　　酒井讃岐守
　　　　　　　土井大炊頭
宗對馬守殿
一 同廿一日御登城御譜代御大名様方二万石以上不残被登
城候　光雲院様ニも御召被成候御仕
被成候老中様御座候而[illegible]井掃部頭様
松平下総守様酒井雅楽頭様土井大炊頭様酒井

讃岐守様被仰候御老中様ハ對馬
為其日ニ而被成候御使者　上意ニ
被仰付候大炊頭様被仰候此式目之儀
以来　権現様　台徳院様御證文被成下候
此儀可被思召旨被成御座候得共此度為
御座候御家之式目被成候
式部ニ遣奉書被渡之御式目相渡候
仰候被聴被仕候御式目被仰付候
御老中様方ヘ入被成遣候　公方様御座候中
被遣御證文被成候　両御和被遣候被成候

被為着候之本懐至極ニ存候、一段之[illegible]
御心[illegible]思召[illegible]候旨[illegible]
首尾[illegible]
之条、御前[illegible] 上意ニ付 公卿
様江[illegible]四位之上[illegible] 御前一同[illegible]
三方之[illegible]御[illegible] 御疑[illegible]
御入[illegible] 若君様[illegible]
[illegible] 公儀[illegible]御仕舞[illegible]
[illegible]
[illegible]御対[illegible]

無[illegible]思召候上[illegible] 右之通[illegible]思召候
光年 両御所様[illegible]治世之時分[illegible] 御[illegible]
[illegible]
[illegible] 國恩[illegible]忠勤
[illegible] 御察[illegible]
[illegible]
[illegible]若[illegible] 権現様御代[illegible]
[illegible] 台徳院様[illegible]恩澤[illegible]
[illegible] 御創[illegible]
[illegible] 須[illegible]

被為成候[illegible]思召上候旨 御疑[illegible]被遊ニ付
御前中様 御疑[illegible]上ニ而 上意之御褒
[illegible]思召候との御[illegible]御礼[illegible]其後[illegible]
御返答被成候

一 同廿二日巳刻、御[illegible]日ニ付[illegible] 被為
御礼[illegible] 登城被成、御大名様方御同前之
公方様[illegible]

一 同廿四日[illegible]大炊頭様[illegible]使者[illegible]
御老中様御連署之御奉書来、其記ニ
[illegible]廿五日天気[illegible] 御[illegible] 御振舞下され

下之旨 上意ニ而自分[illegible]て有御登 城候様ニと被仰
六月廿四日
堀田加賀守
阿部豊後守
松平伊豆守
酒井讃岐守
土井大炊頭
宗対馬守殿

一 同廿五日御大名様方御登 城 光雲院様ニも御出仕

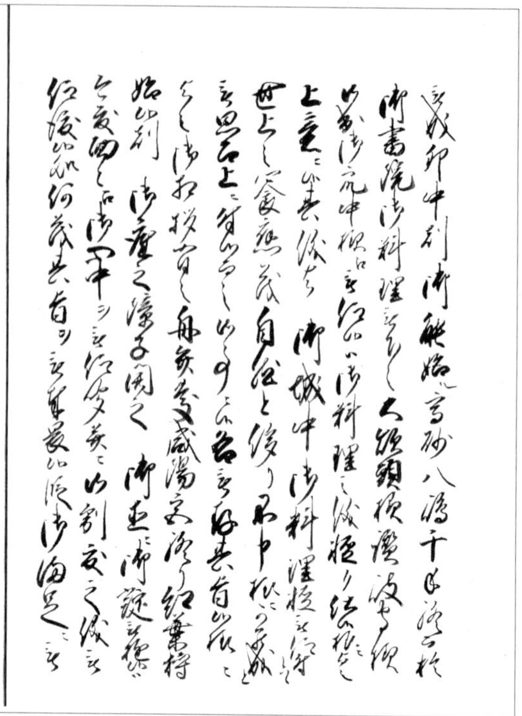

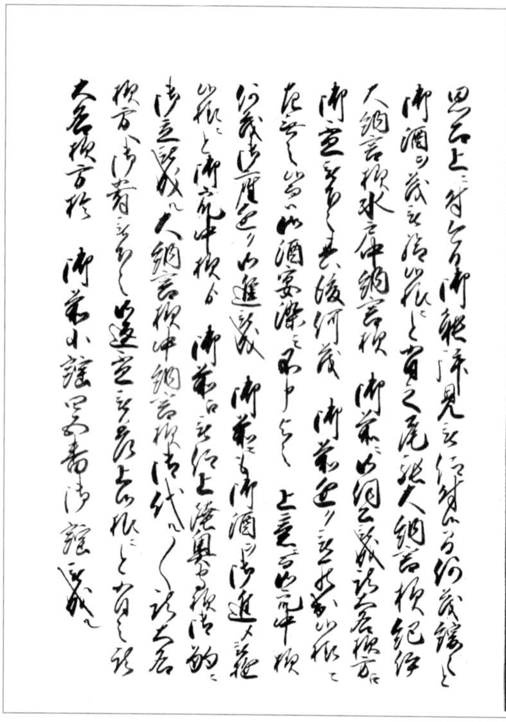

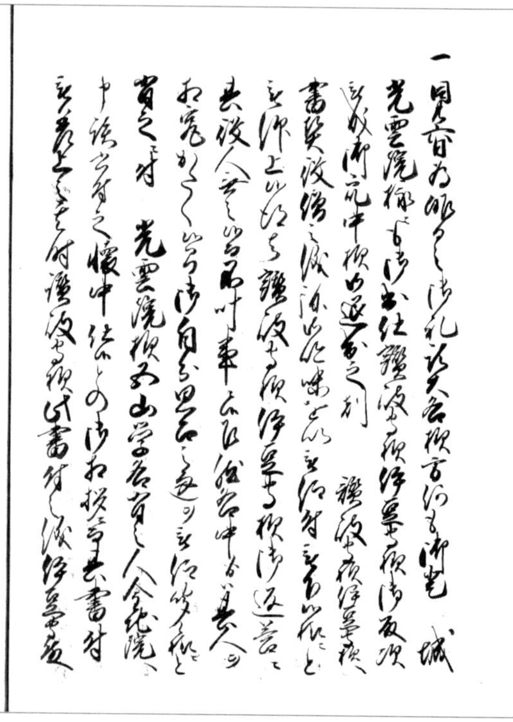

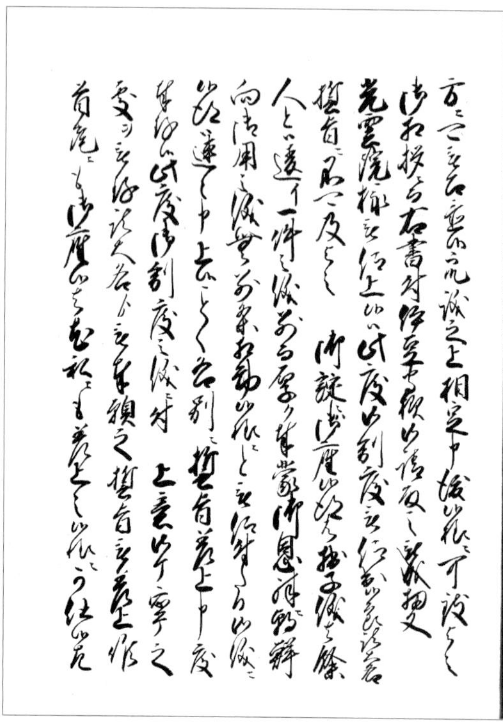

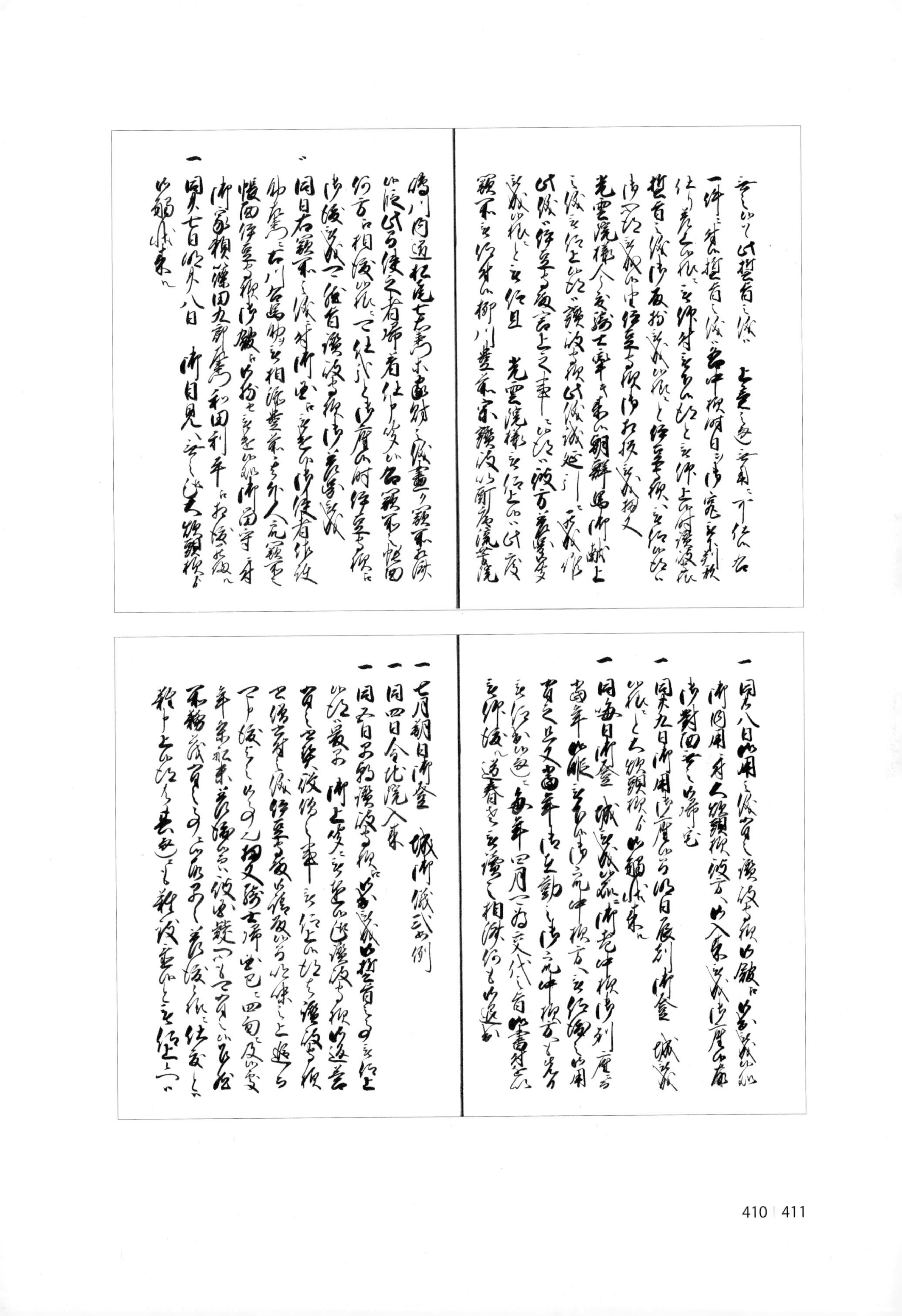

[illegible]

[illegible]

[illegible]

[illegible]

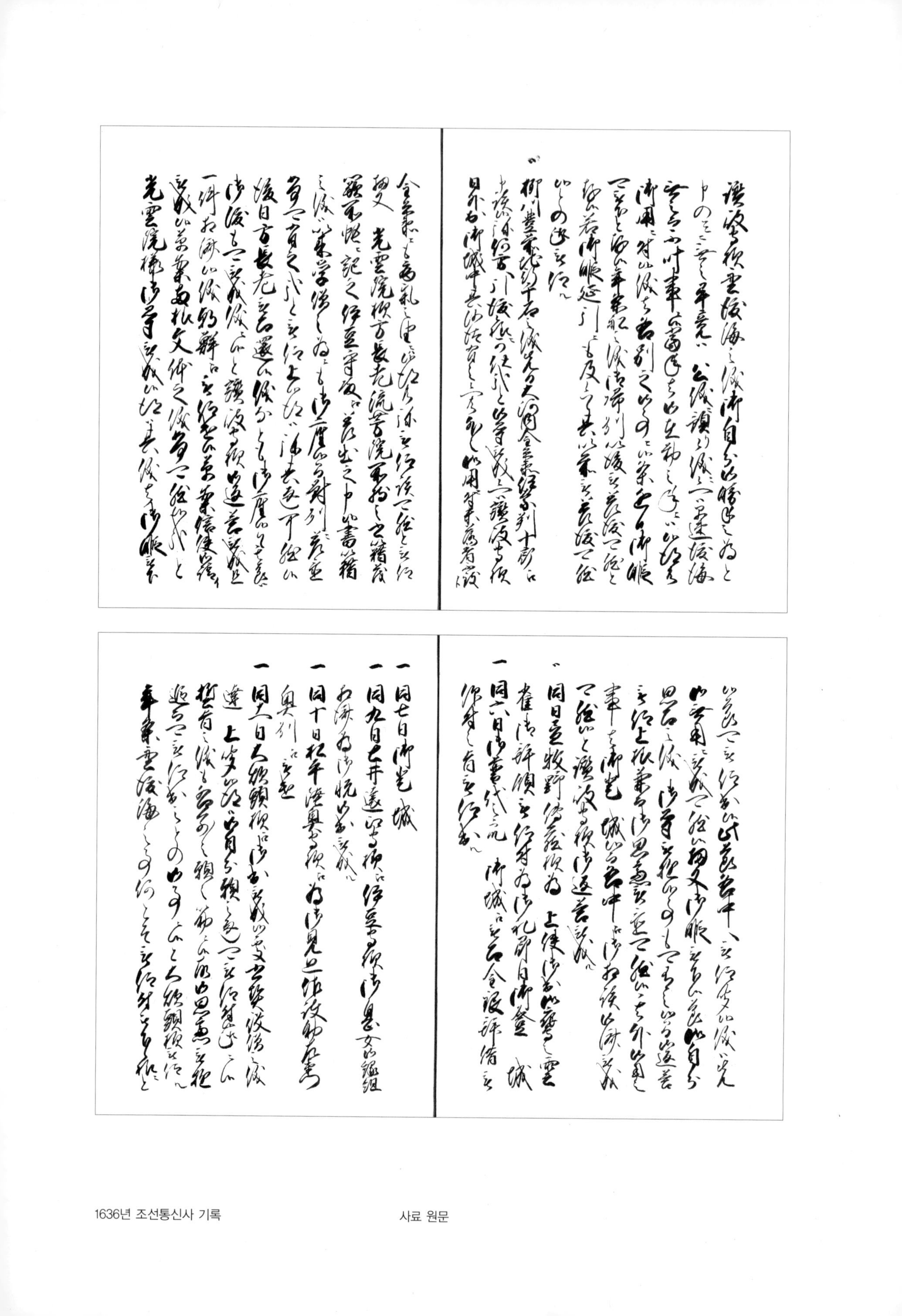

之候上ニ而ハ大猷院様其後至只今迄ハ信使来聘
之儀ハ御遠慮ニ存候処ニ其以前者大閤公征伐
以来彼国交通及中絶候処 東照宮ニて
從此方其ニ而人數を其御征伐ニ被遊候
権現様御思召有之たる事ニ而於豊前守も来聘
信事のことく穏ニ御計略ニ而御用ニ被遊候而
成又彼国ニ而候ハ明白ニ而幕下迄致及ひ候由
危国好キ候ニ付御取扱ニ而信使来聘有之
候とゆ由ニ存候
今晩大猷院様御代ニ候ヘ御奉書来ル

其書ニ
御用之事候之間明日四ツ時前御登 城候而
可被成候
七月十一日　土井大炊頭
酒井讃岐守
宗對馬守殿

一 同十二日御登 城 御前ニ而為御意御疑被為在候ハ
使盛之儀海之儀此度之節ニ而思召上候處之
御帳ニ被成而御列位朝鮮より差置候
其寛 上意候共有之書付ニ而一ト申上候と

有之其節松前頭様對馬守ニ而思召ニ而 御帳ニ而有之
被ニ仰出候中上申候處ニ而對雅楽頭様ヲ以御返答
合被仰上ル 御前ニ而返答候処 清書院大炊頭様
讃岐守様并酒井雅楽頭御帳ニ而拝領之品被仰候
之儀 仰出候朝鮮向之儀ニ付御寛被成候
以書付ヲ以被仰上て後此ニ而仰ヘ
一 同所松平右京亮殿ニ而被仰渡候
一 同十三日朝鮮使ニ而出候ニ付為御様子御覧諸
大名様方御登 城 光雲院様ニ茂御出被遊候
嵩ニ而對馬守御返答

一 同所ニ至 仰出候ニ付て 御書付
御城ニ而御節 大炊頭様讃岐守様被入御内見
其国数ヶ條ニ而御前ニ而被仰渡候ニ而御安心候故
之ヶ條永喜様ニ而被仰渡候之筈ニ候処
其後此通渡可致日 御城ニ而御持参ニ而と
被仰候又御老中様今日完院御呼出ニ而崎山
頂学ニ而同人被渡ニ而節ニ而御院ニ而今完院
頂学ニ同十八日書付ニ而差出し
一 同十四日御光 城之節 御懸之清兵衛ニ而
大炊頭様讃岐守様ニ而入御覧以来永喜ニ而

御為讀聞被成候、御文人様尚面好候と御相談被成候而
掛紙有之中ニ先祖文ハ有之、案文斗ニ而調候
書付同前ニ永喜被召寄ニ[illegible]
[illegible]
[illegible]
[illegible]
被成候

一 同十五日石川主殿頭[illegible]

一 同十六日酒井讃岐守様[illegible]

一 同十七日朝御用有之ニ付御登城被成候処ニ[illegible]

[illegible]

[illegible]御老中様方
[illegible]御披見相済[illegible]

案之書付

一 朝鮮返翰案文相認候事

一 右公儀ニ而[illegible]事

一 一件相済候段朝鮮江申遣[illegible]書翰[illegible]

右於江戸之書付老中[illegible]

一 信使来聘朝鮮ニ[illegible]

右其方於江戸之書付之[illegible]

一 柳川豊前送使[illegible]

一 朝鮮国[illegible]

右同前

一 柳川豊前守之千石[illegible]

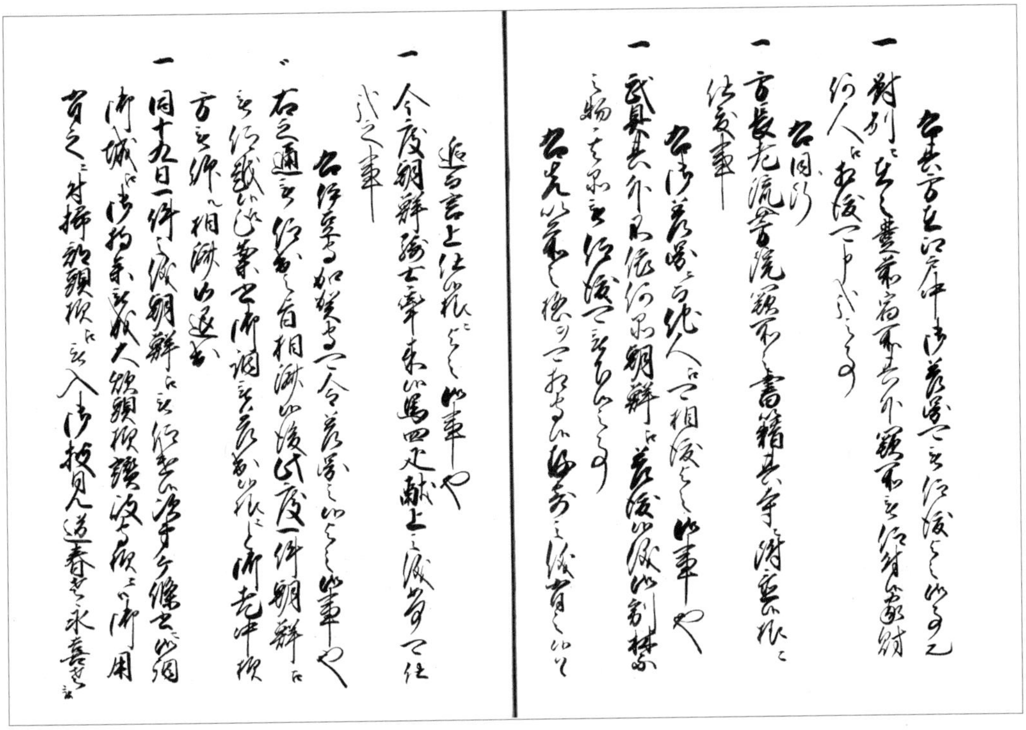

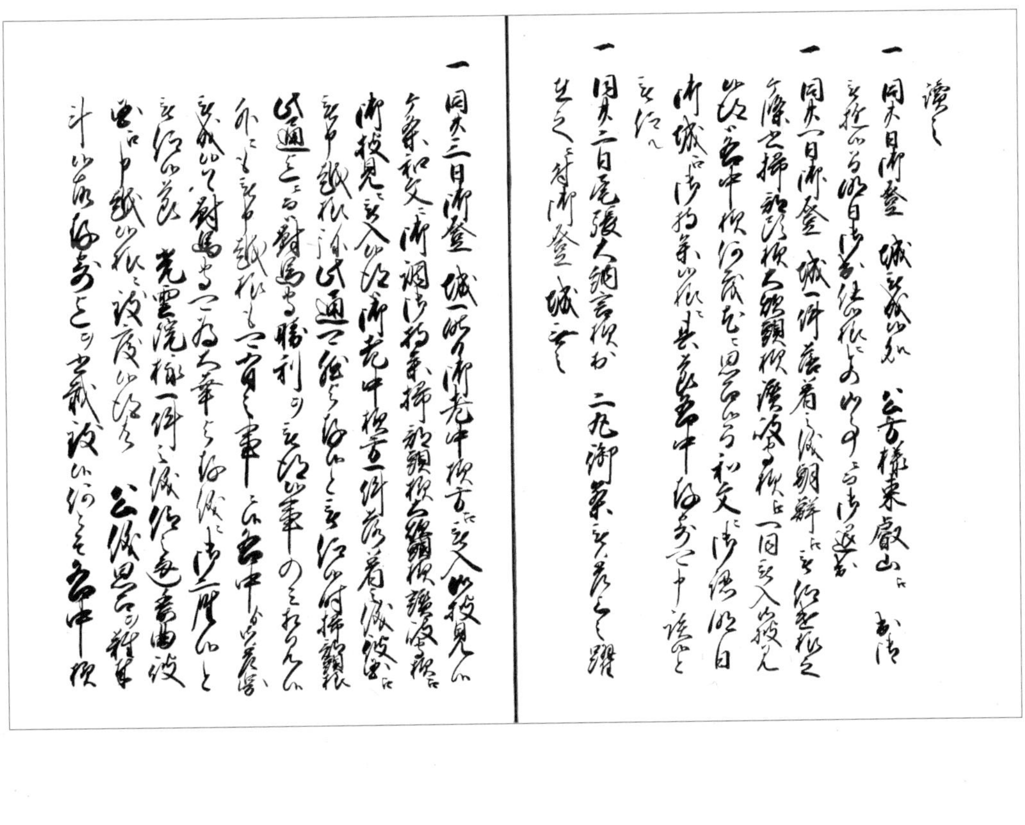

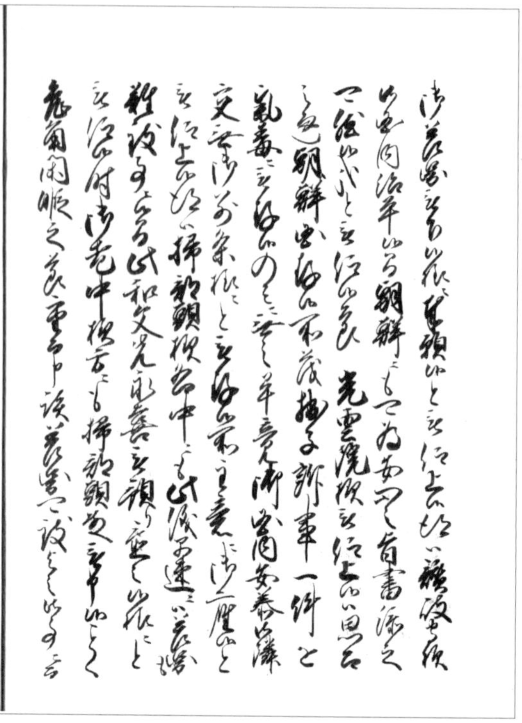

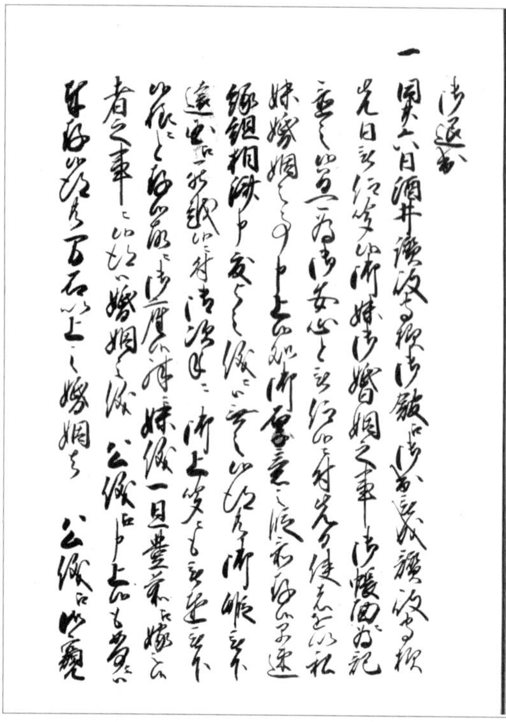

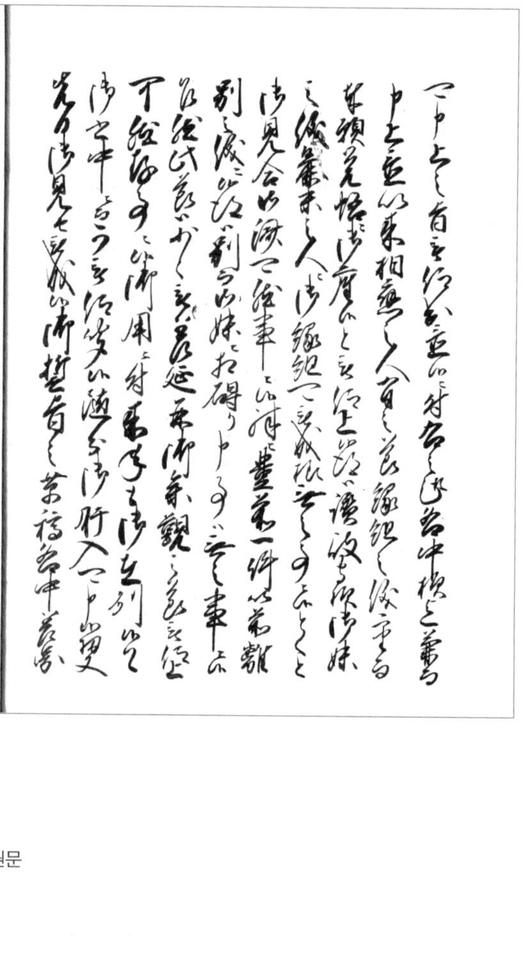

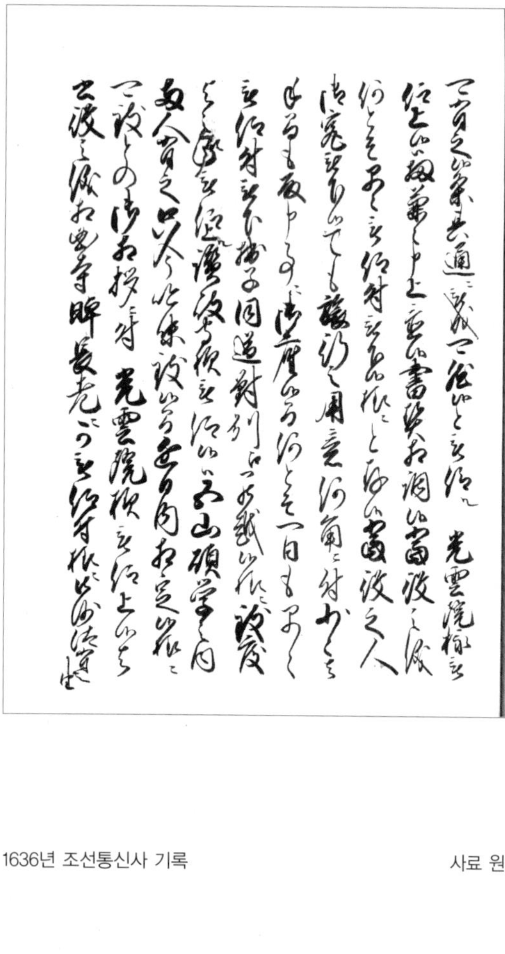

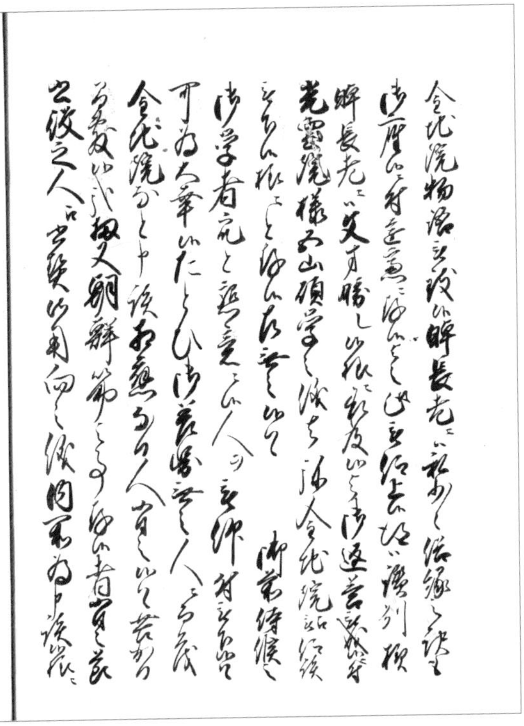

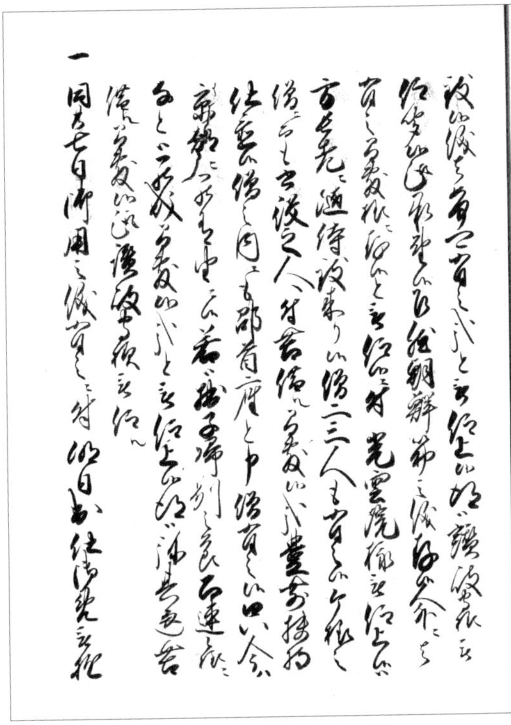

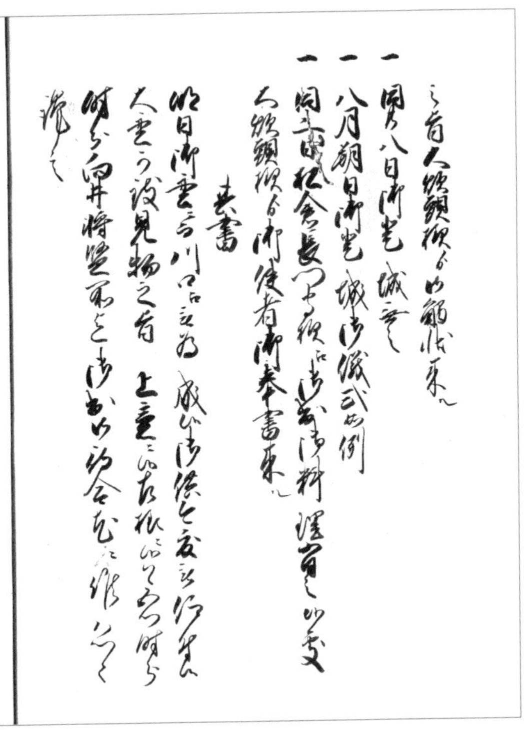

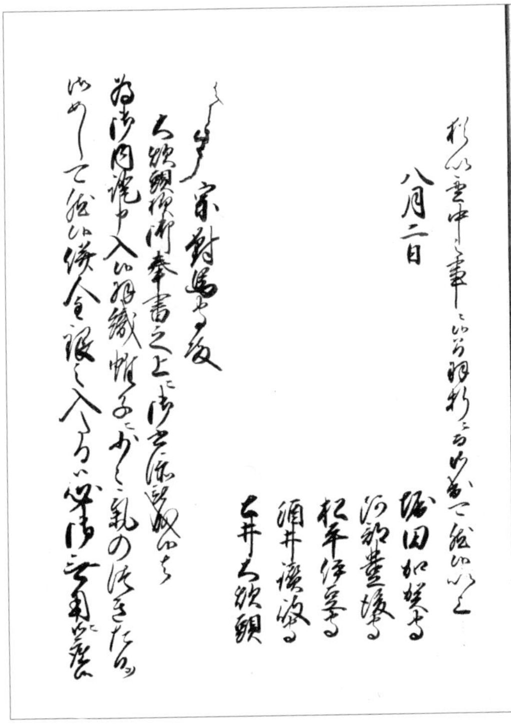

右御奉書箱ニ付長門守殿ニ御預ケ被成候御銀
渡候ニ付御殿ニ御出迎御先 城ニ参列ニ及申候
定之儀ニ

一 同十四日戊朔向井将監殿ニ御出被成御衣裳濃藍染
御帷子藍染襦子御袴八条島御羽織ニ而
御召ニ御着被成候御衣裳御役ニ而上下浅黄
小紋御帷子白紀四目結紋の白裏菊桐之紋
縫有之御羽織ハ右同前也 公方様御和三階
の楼上ニ而御出迎御大名様方廻り縁ニ而拝礼
被成一階目の楼ニ而御料理ニ而人々御相伴被遣候

御出座ニ而御前ニおゐて御料理ニ而御相伴ニ被
大名衆御座ニ被成候而其上ニ而其外御馳走之 御酒
御銚子ニ而被下候 上々官迄
ニ御相伴 御料理出仕候 大名様方御楼上ニ
御座候御馳走被成候 酒二汲之後座敷二献目ニ御酒
興ニ而三献上ニ而列座ニ被仕候 上々官
御三使御前ニ而御馳走ニ而 御取肴ニ而 乱酒ニ
成り御大名様方御饗応 松平肥前守殿
細川越中守殿 松平新太郎殿
松平下総守殿 御相伴 松平伊豫守殿

松平越後守殿 松平出羽守殿出御伴 指子ニ而出雲風之
小舞ニ而舞被成謡曲信濃守殿 御出雲風之例古
節御諷イ松平長門守殿 御小謡出被仕イ被成
御酒被遊ニ及出時分御能 御酒ニ御座候而
上々官ニ 還御 御大名様方何も御退出

一 同四日己卯 御登 城被仰付候 御用ニ付
ニ而朝鮮之被一件落着ニ付而
御老中 御返答之 御旋ニ従 奥ニ御座被成御帳
出草衣御着 御辞候 御前ニ出御礼ニ仕候上
御返答 掃部頭殿渡被成候ニ付朝鮮ニ者

御用向之儀ニ付 御和談被成候一件落着之儀朝鮮
ニ仕候出案並和文御老中様御役割申渡被成候

和文

近年豊前企之義ニ従ひ遂ニ其事ニ付 上
朝鮮通用之儀ニ付
為出寄贈毎年遣使渡海ニ相留ル三月
十六日於江戸 御城其出候処万端相伺
ニ御対面之所柳子妄謀之事露顕候
安堵仕候 朝鮮裁判之儀出前之 御
継ニ豊前儀朝鮮反旗ニ付中途ニ而私非法

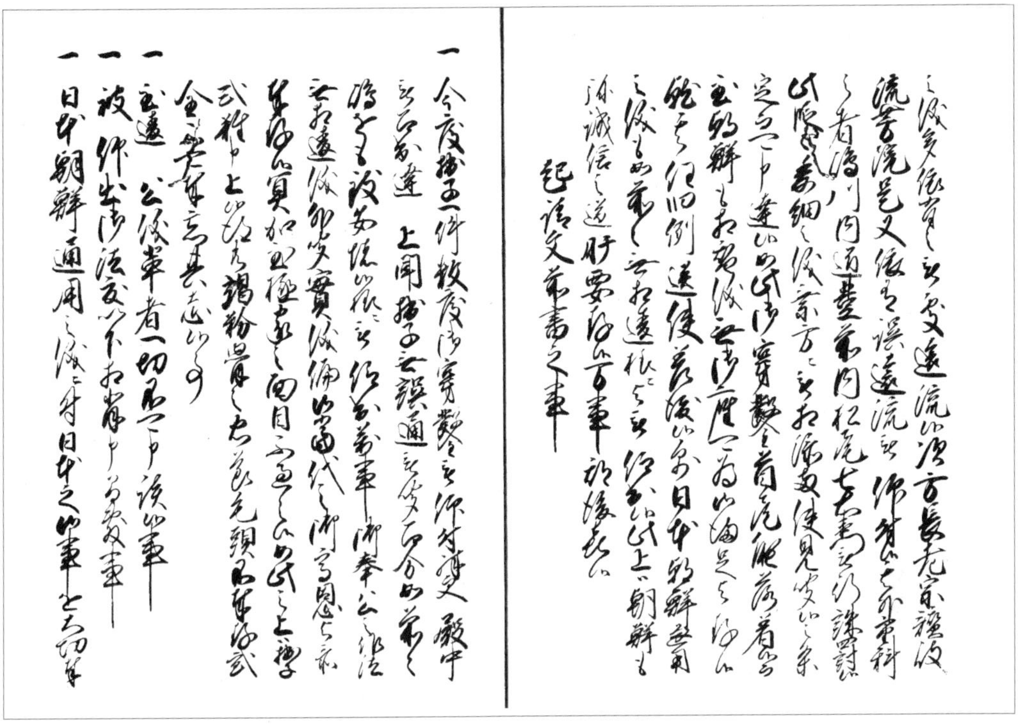

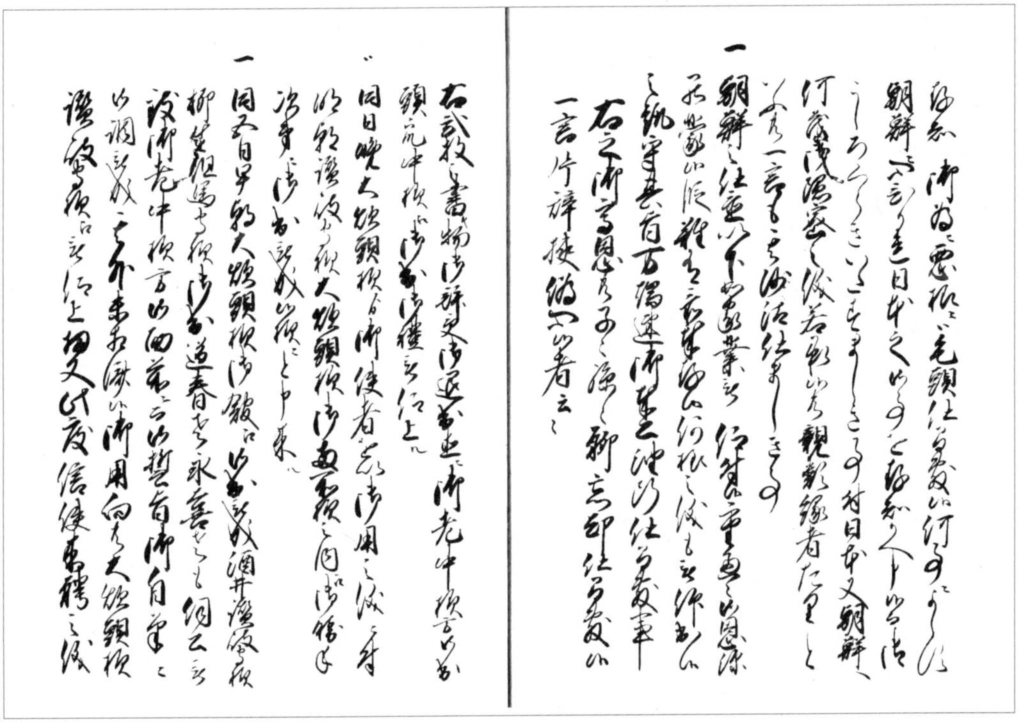

朝鮮江者御礼式ニ而被遣候、和文ニ而者上ヶ不申候
大猷院様御法事[illegible]ニ而精進御料理
於御茶屋ニ而御座候
一 同十一日、江戸御留守居衆御使人見之儀ニ付御礼ニ
一 同十日、石川主殿助様より被下候、[illegible]大猷院様
御参詣之儀ニ付[illegible]大猷院様[illegible]
上意ニ而御用向之儀ニ付[illegible]之文
出候、彼御對州ニ而可申候[illegible]御礼
覚書
一 柳川豊前守長老流芳院英長外ノ額等之物

従對馬守様彼地ニ而松浦肥前守ニ被下候事
一 柳川豊前守様[illegible]知行不来年[illegible]
以上
八月十三日
一 公儀御様子之儀[illegible]
[illegible]出候、彼御對州ニ而[illegible]
[illegible]
[illegible] 光雲院様ニも可有之
同席之衆同前ニ被仰候ニ付[illegible]

御礼候
一 同十三日、酒井讃岐守様より御使者御料理被下候
[illegible]御用向之儀ニ付[illegible]
[illegible]信使之一件[illegible] 光雲院様以後迄
[illegible]
[illegible]朝鮮之儀[illegible] 公命[illegible]
光祖以来数代申通[illegible]
此度信使之儀[illegible]
[illegible]此度一件[illegible] 豊前

[illegible]日本朝鮮通交之儀[illegible]
[illegible]
朝鮮向之儀[illegible]豊前守[illegible]
[illegible]

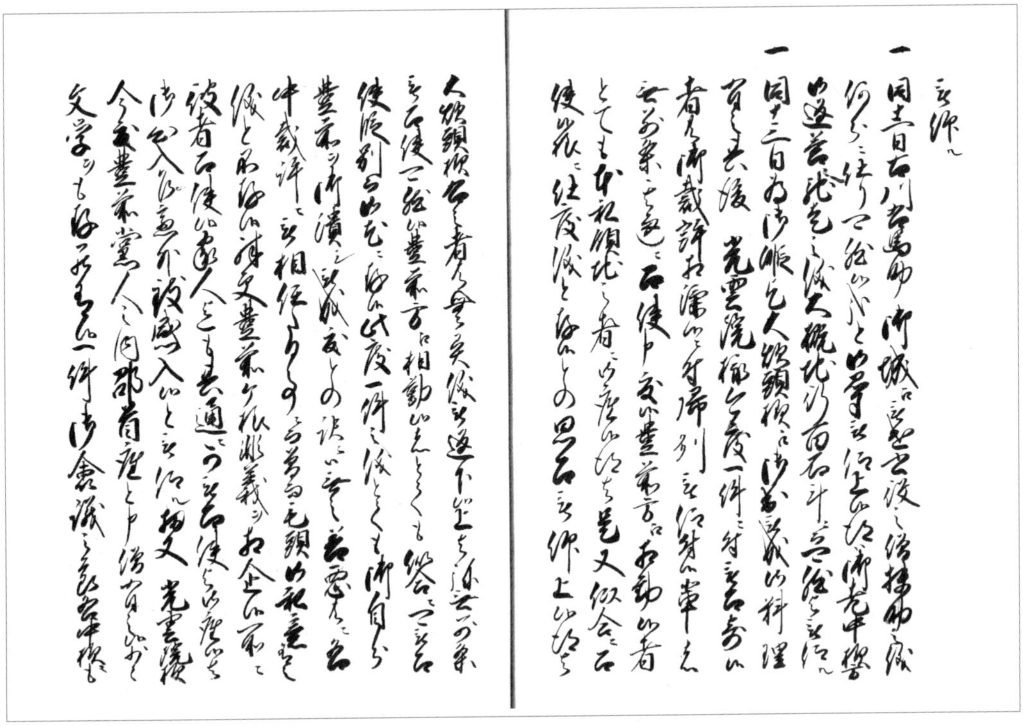

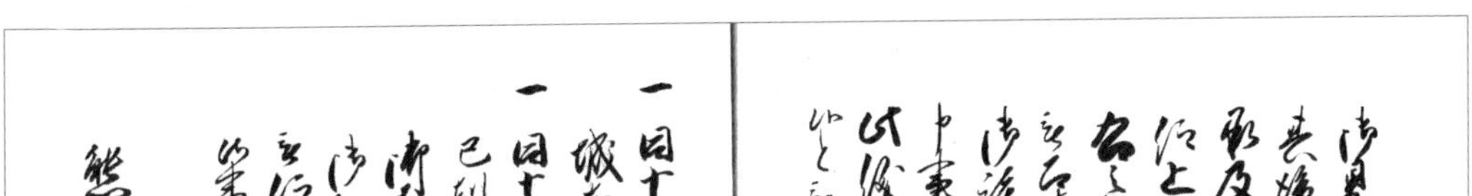

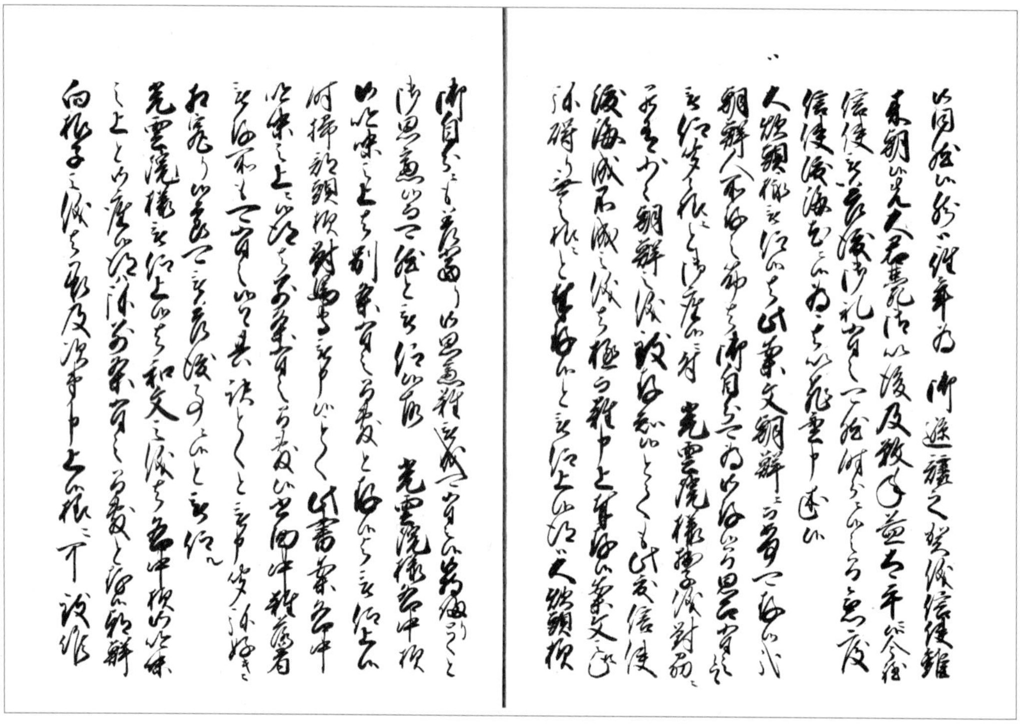

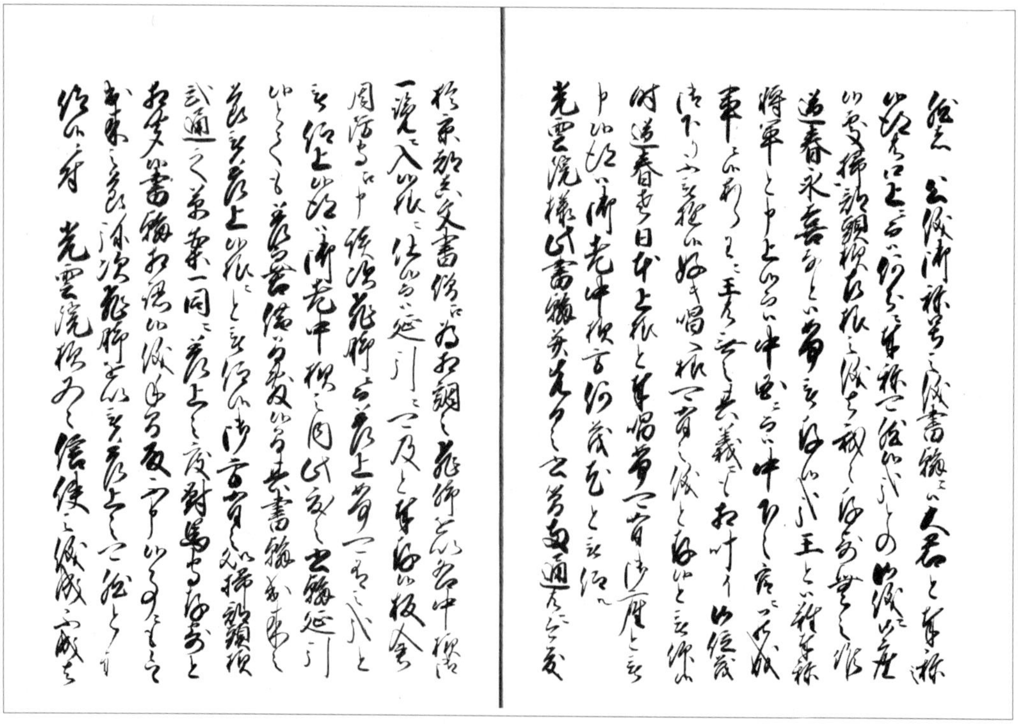

雑汁等御頂戴被成候ハ、和尚御作法ニ付候而若

於御前ニ以て其段申不述候而ハ中々とくと可仕上

御返答

一同日利龍口永嘉寺 御城江為御暇乞罷出

京都ら罷登候者ニ被仰付候ニ付二人共同臻西堂

御暇之和尚御申来候とも御物語ニ付御寺込入候趣

書状ハ当家ニ九之寺

天龍寺之内
慈済院　仙長老

東福寺之内
南昌院　呂長老

同
寶勝院　臻西堂

一同十七日御宿坊ニ付浅草観音御参詣

一同廿日江戸御發足

『관영병자신사기록』 3

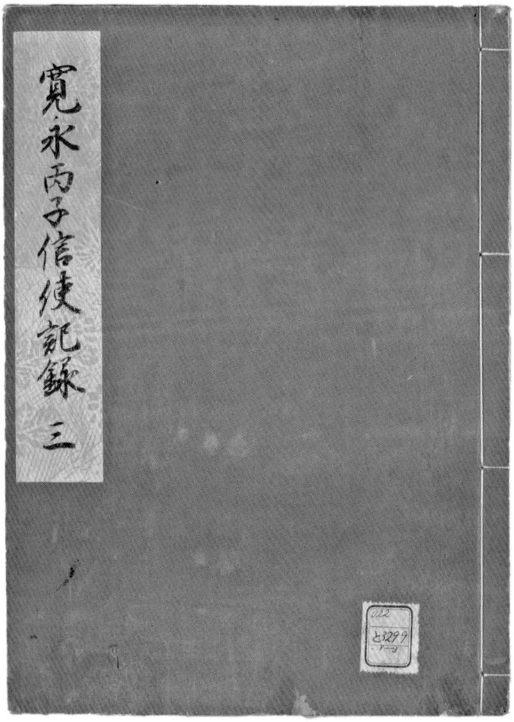

朝鮮信使記録巻之三 御帰り

一 寛永十二乙亥年九月朔日昨夜ゟ風雨甚し候相停ニ付
義成様御城ニ被成候同日吉田作右衛門為御使志尾列様へ差遣
被仰候

一 同日 京都御出之粟田口ニ而南禅院ニ御宿被成

一 同八日 古川右馬助以て右御録書被仰付候二人 公儀ゟ
被仰付候ニ付右之様ゟ御意ニ被仰候ニ付長持之者被仰付
之為御届申ニ付御請取之様被仰候金周防守様へ被仰遣被仰付候
御案内之者ニ被仰候ニ付周防守様へ御返答有之候ニ付被仰
已刻周防守殿御越、御対面之上伝長老召長老璘西堂へ

其答、
右之義未詳見仕候上諸国知ゟ右之様御用之様之儀ニ付使者宗
南昌院ニ而被仰付御返事承上意不被仰之御座候事
被仰下ニ而右様之儀之通被仰付候様被仰周防守殿へ可被申
右之段之上ニ而御使者へ申入候上可被申候
可得御意候、周防守殿へ御意之上仕相待可申候
右之上ニ而東福寺伝長老を以被申達候以上

九月八日　　伝長老

宗對馬守様
　　参報

右之儀諸事見之事被仰付候周防守殿へ可被仰候
之為右之上ニ而璘西堂被仰付候二条御城ニ而
可得御意候南禅院

九月八日　　南昌院

宗對列様
　　参報

右書状詳見候昨晩被仰付之為御用之為先刻御使者
右之様被仰ニ而已刻ニ周防守殿二人ニ而来ル被仰
候ニ付右御返事被仰候右之通上意之儀被仰下

九月八日　　璘西堂

宗對馬守様
　　人々御中

右三人僧衆御宿所ニ御見廻一ツも申ニも無御座候周防守殿、
未御参会無之ニ付以来も御遠慮ニ而思召候由ニ而御座候へ
一 同六日巳刻周防守殿へ御歩行ニ而右三人僧衆同道ニ而周防守殿
江御出候得ハ御饗応被遊、書契之儀ニ付三人江被仰渡候ハ、御案文対馬守
江申渡候様ニ今度之御事ハ御為ニ御座候ニ付何年ニ勝ク書翰之事ニ候
早々相仕立ニ而只今より御状被下候様ニと御状ニ付、光雲院様も周防守殿
江御こしらへ三人僧衆書翰之儀今度之御案 御前ニ而可申由
事ニ候 林文庵解候ハ、只今難成候若労ニ付自今以後
御用之事ニ付候ニハ一段之儀ニ而御座候故遠慮ニ而只今御状被成候かと存
御座候ニ付其書ハ是迄御用ニ付其等所ニ迷惑ニ存候事ニ付書契

之儀文岳ニ又ニ而生ニ相談し、其事ニ付候而御座候ニ相動候而申候
然ニ今度ニ者以為拙者共ニ可被申上候へハ 公儀ゟ御尋被成候事ニ
御座候ニ付拙者共ニ御座候而ハ不罷成候ニ付又御合返事御申上候ハ、只今
右長老相談被成候て今度周防守殿書翰之儀対馬守殿ゟ
和文ニ而仰遣被成候ハ漢語ニ而被成候へと申ニ付如何ニ候難成儀と
申候事ニ付其上ニ而相談候ニ付 光雲院様ニも御尋被成候中、
御座候ハ和文ニ而し候得ハ入念ニ候へハ文字之事ハ相成可申候
江戸へ申上し右僧衆ハ和文ニ而可被成旨ニ付周防守殿へ御尋被成候ハ和文ニ
以漢語ニ而被成候ニ付而ハ極而容易成事ニ而御座候ニ付被為聞召
江戸へ被申上候て被仰付候て御返答之ニ而御座候時 光雲院様ニ御尋候ハ

書契之儀甚難事ニ候僧衆ニ被仰渡候ニ付而ハ御存分之事ニ候ニ付
主意ハ御案文相調可申達し候得共文句ニ而理様ニ者主意
通ニ相叶不申候様ニと存候事ニ候得ハ御案文入念候而は不可
有之候ニ付別段宿へ被仰付候文字以相調候様ニ被遊
思召ニ而被仰遣候周防守殿ニ御談合可被成旨ニ御座候
光雲院様ニ其段被仰聞候ハ柳川豊前ニ江戸へ申上候
延引ニ及申候ニ付此段豊前ニ申上候様ニ御意被成候得共被仰付
周防守殿ニ而御尋候ニ付其段被仰聞早く私方より申上
御相談ニ而別段三人僧衆御宿所へ遣し御同道ニ而和文ニ而可入
御披見書文章ニ而書契調様ニ被成候へと 公儀御内意

ニ上候段申理候て御申上候事ニ而御座候へ三人僧衆
和文ニ而字之事ニ而御座候ニ相談候而上相調候様ニて被仰御返答
有之ニ付此度御料理被下 常光院 紹益長老 東嶂長老 猪
玄仲御入来
一 同十日江戸より豊前御書ニ而申来候写書付

其書

伴天連宗門之事 従公儀御制禁
被仰付候事不及申候様ニ家中之者共
御制禁之儀堅申付候御自分ニ宗門之
捕之事 言上候ニ付之様ニ

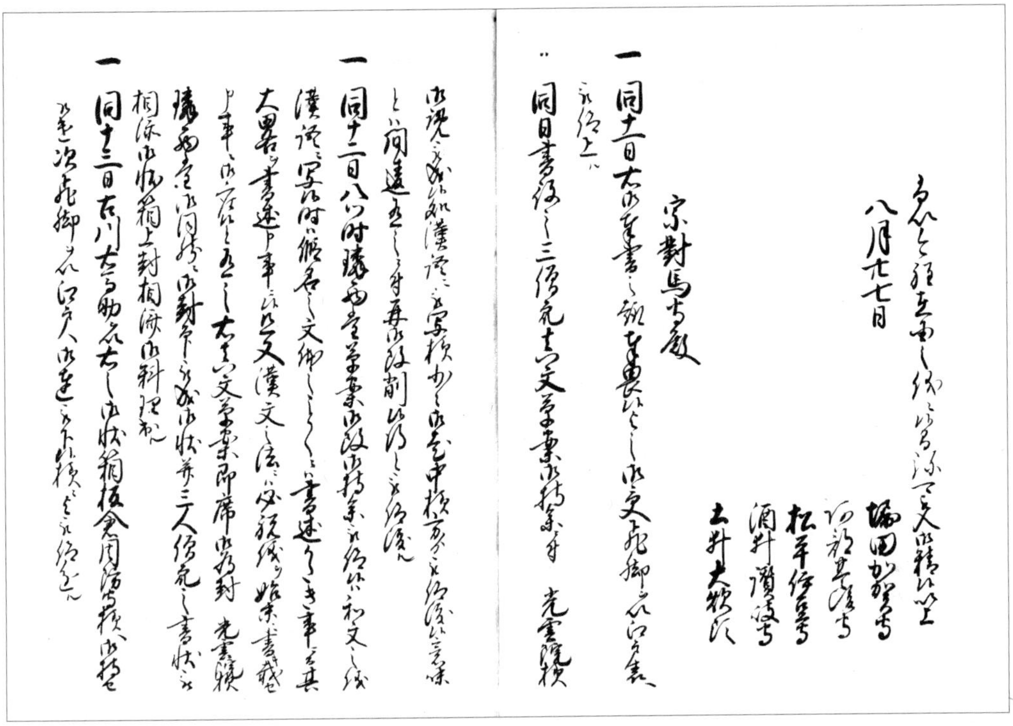

八月廿七日

堀田加賀守

阿部豊後守

松平伊豆守

酒井讃岐守

土井大炊頭

宗對馬守殿

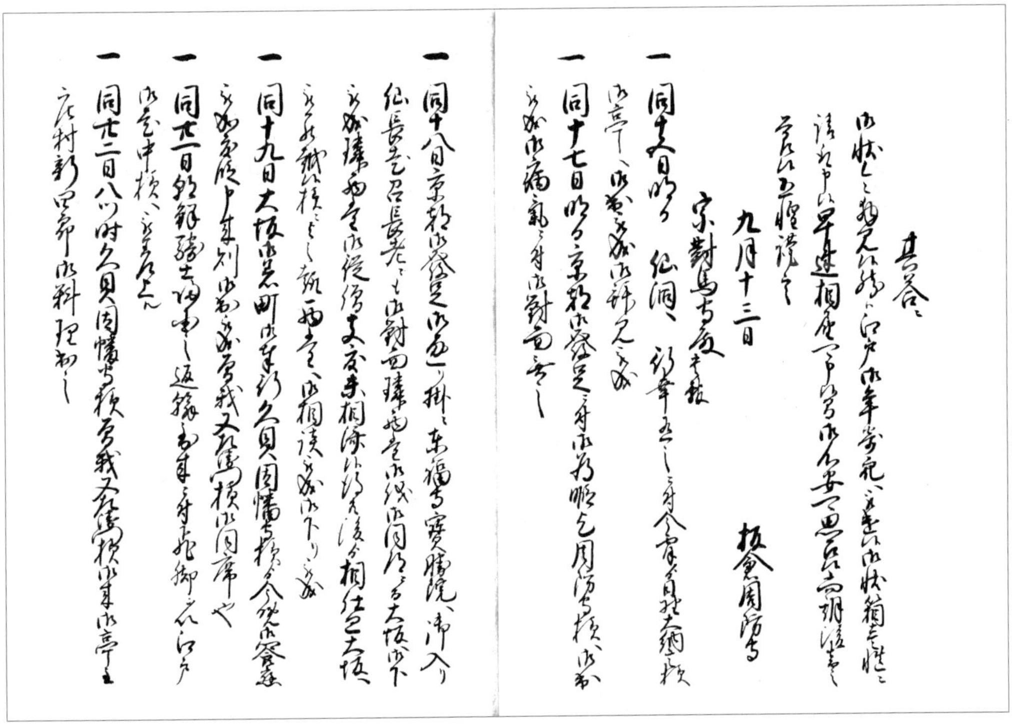

九月十三日

板倉周防守

宗對馬守殿

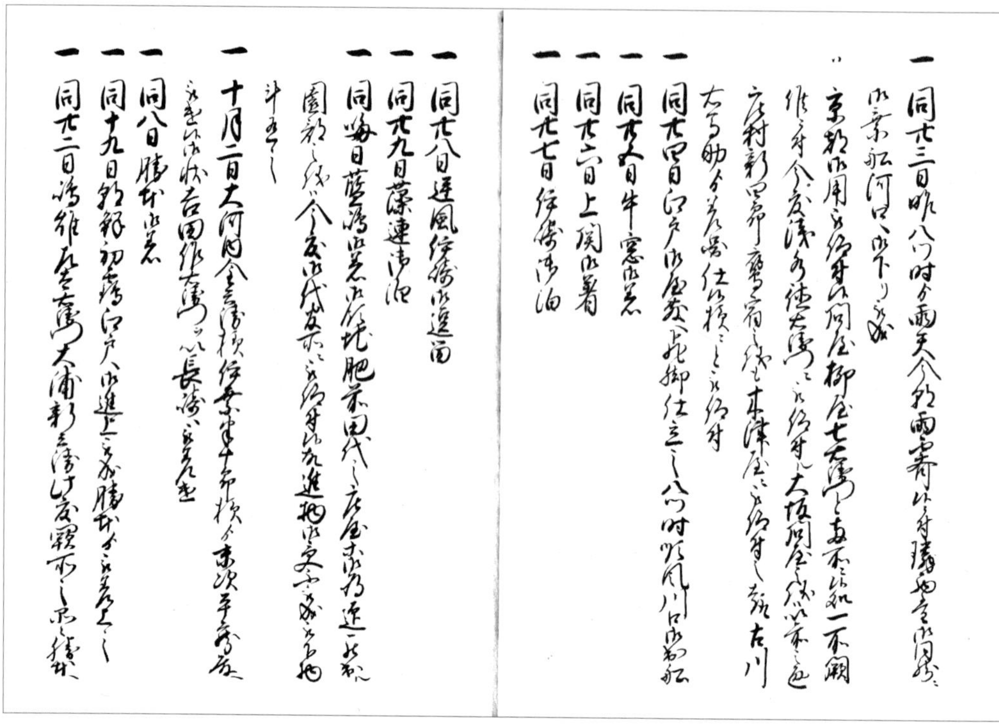

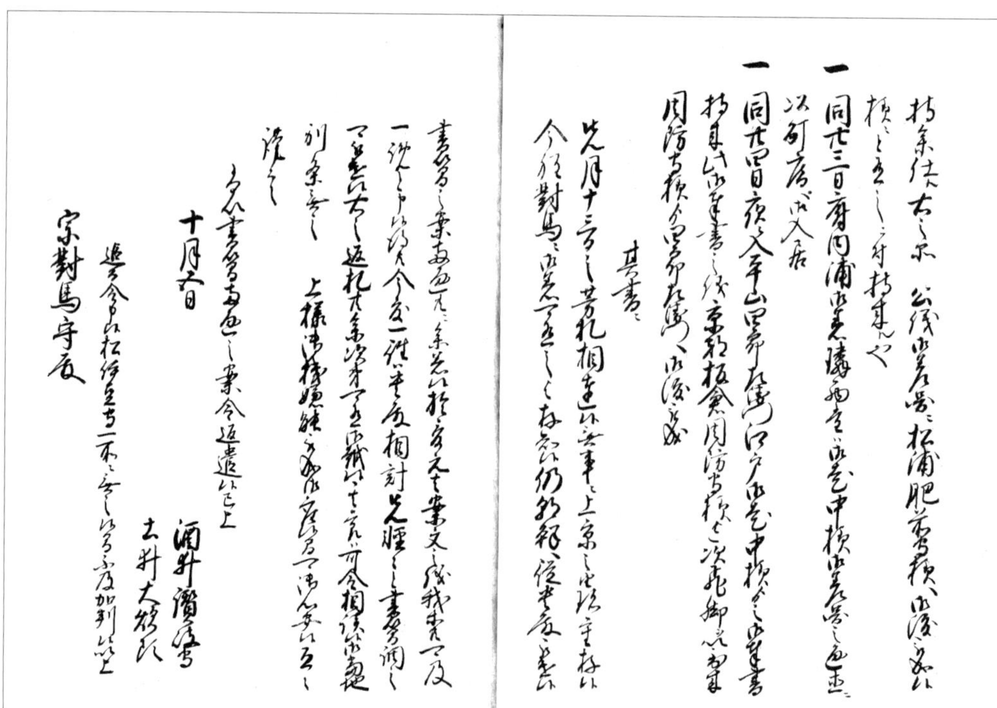

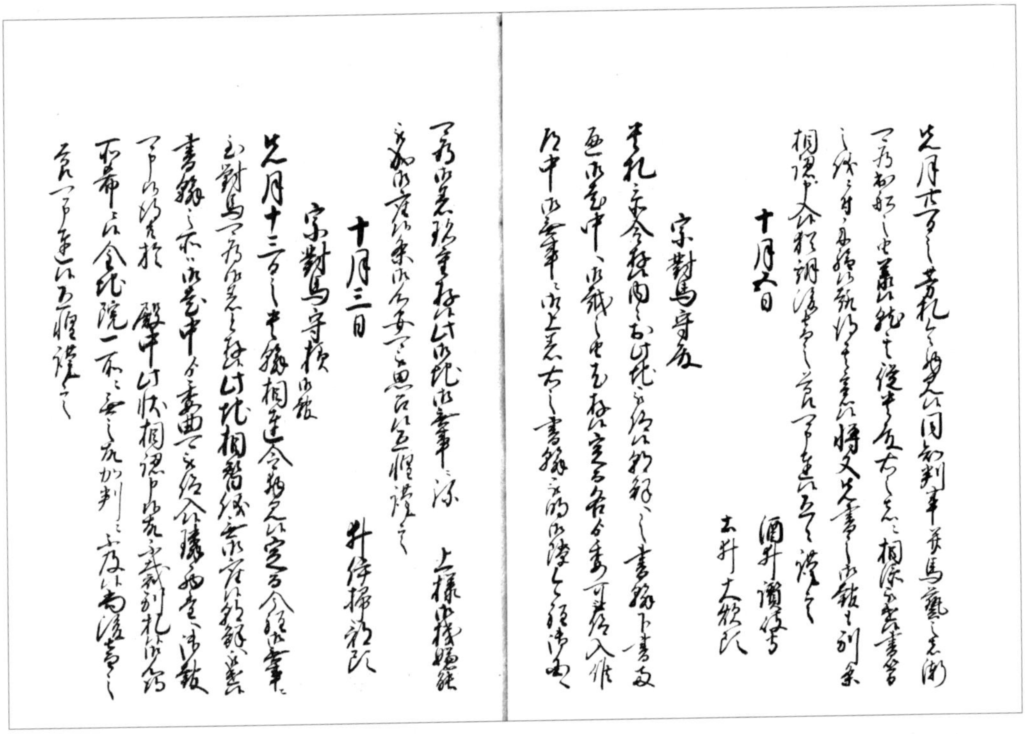

先月廿六日之芳札令拝見候 [illegible]
[illegible]
十月廿六日
酒井讃岐守
土井大炊頭
宗對馬守殿
来札之趣令拝閲候 [illegible]
[illegible]
十月三日
井伊掃部頭
宗對馬守殿
御報
先月十三日之来翰相達令拝見候 [illegible]
[illegible]

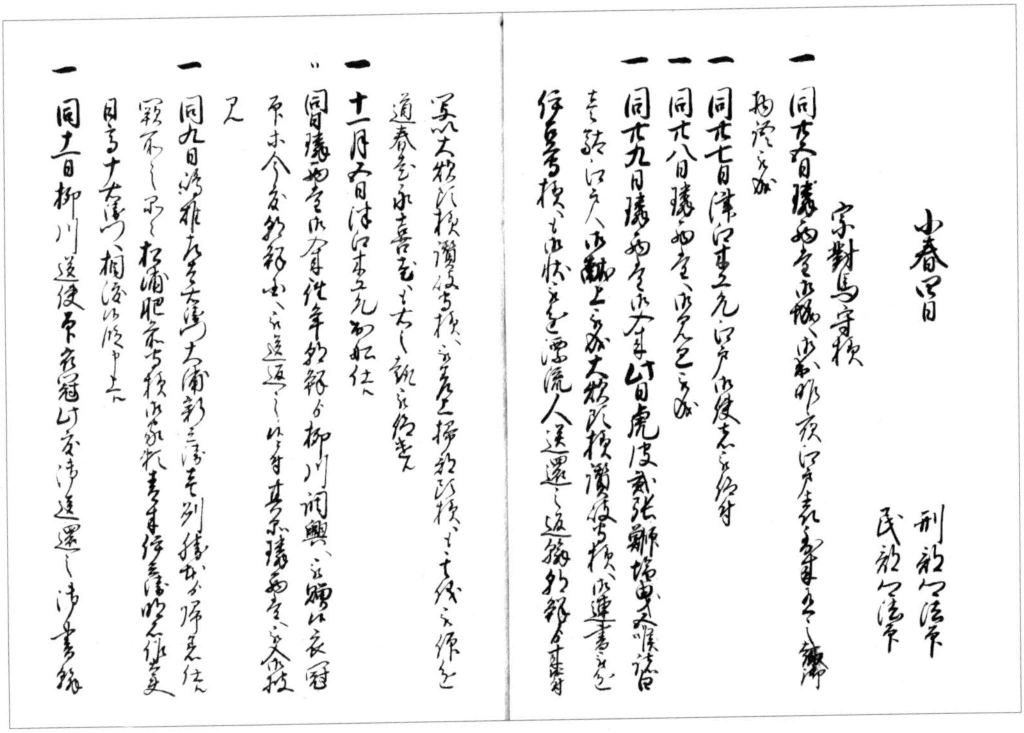

小春日
刑部 [illegible]
民部 [illegible]
宗對馬守様
一 同廿六日 [illegible]
一 同廿七日 [illegible]
一 同廿八日 [illegible]
一 同廿九日 [illegible] 虎皮 [illegible] 漂流人送還 [illegible]
[illegible]
一 十一月六日 [illegible]
一 同日 [illegible] 柳川 [illegible]
一 同九日 [illegible] 松浦肥前守様 [illegible]
一 同十日 柳川 送使 [illegible] 送還 [illegible]

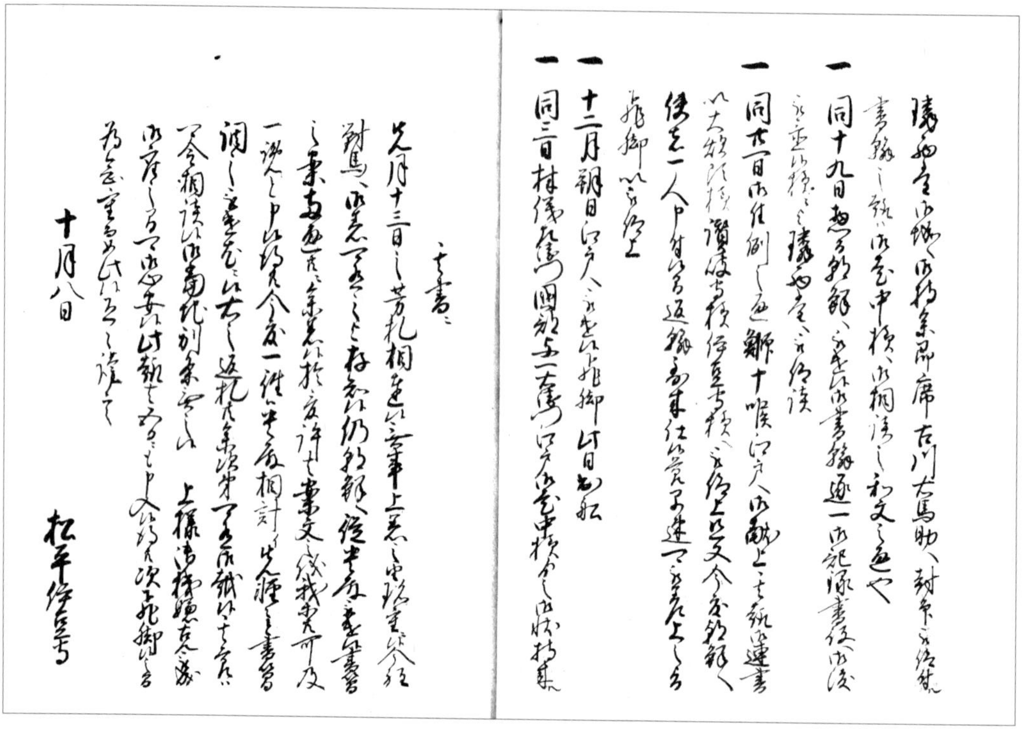

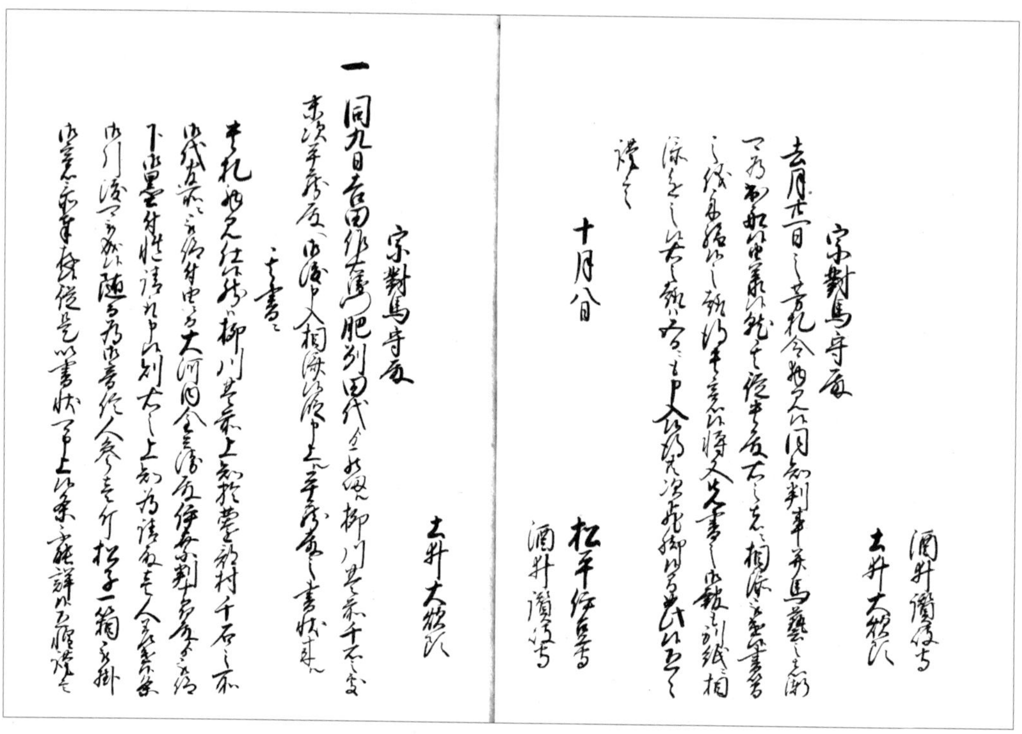

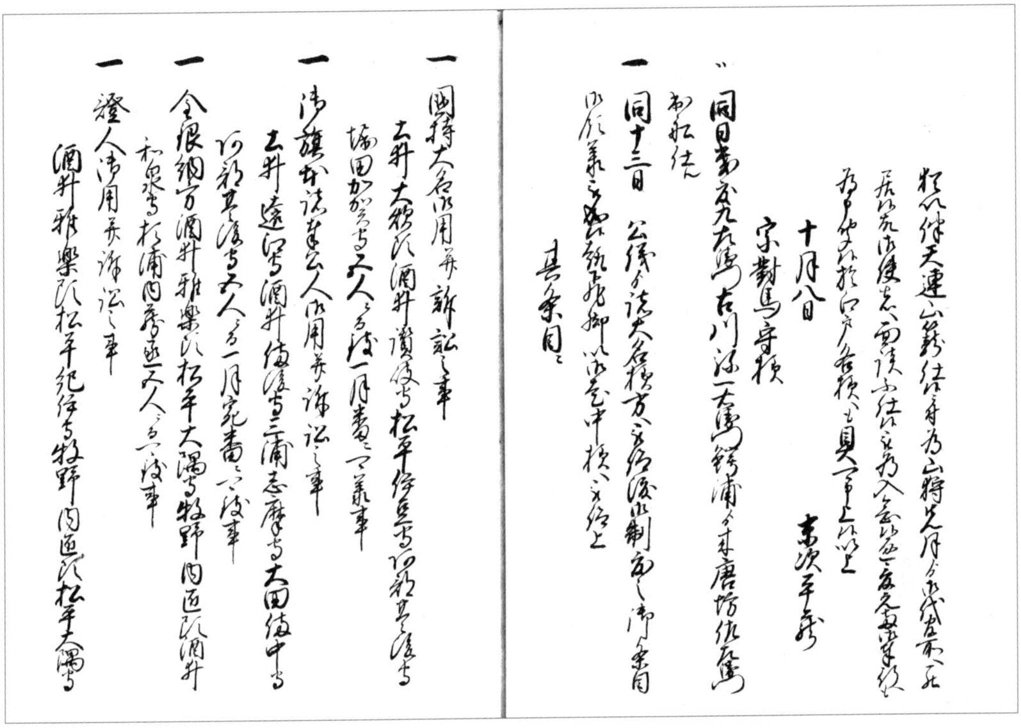

十月八日　宗對馬守様

一 同日 [illegible]

一 同十二日 公儀より [illegible]

一 國持大名御用并新訟之事

土井大炊頭 酒井讃岐守 松平伊豆守 阿部豊後守 堀田加賀守 五人ゟ被致一月番ニて兼事

一 御旗本諸奉公人御用并訴訟之事

土井遠江守 酒井備後守 三浦志摩守 太田備中守 阿部豊後守 五人ゟ一月宛番ニて被致事

一 金銀納方 酒井雅楽頭 松平大隅守 牧野内匠頭 酒井和泉守 松浦肥前守 五人ゟ被致事

一 證人御用并訴訟之事

酒井雅楽頭 松平紀伊守 牧野内匠頭 松平大隅守

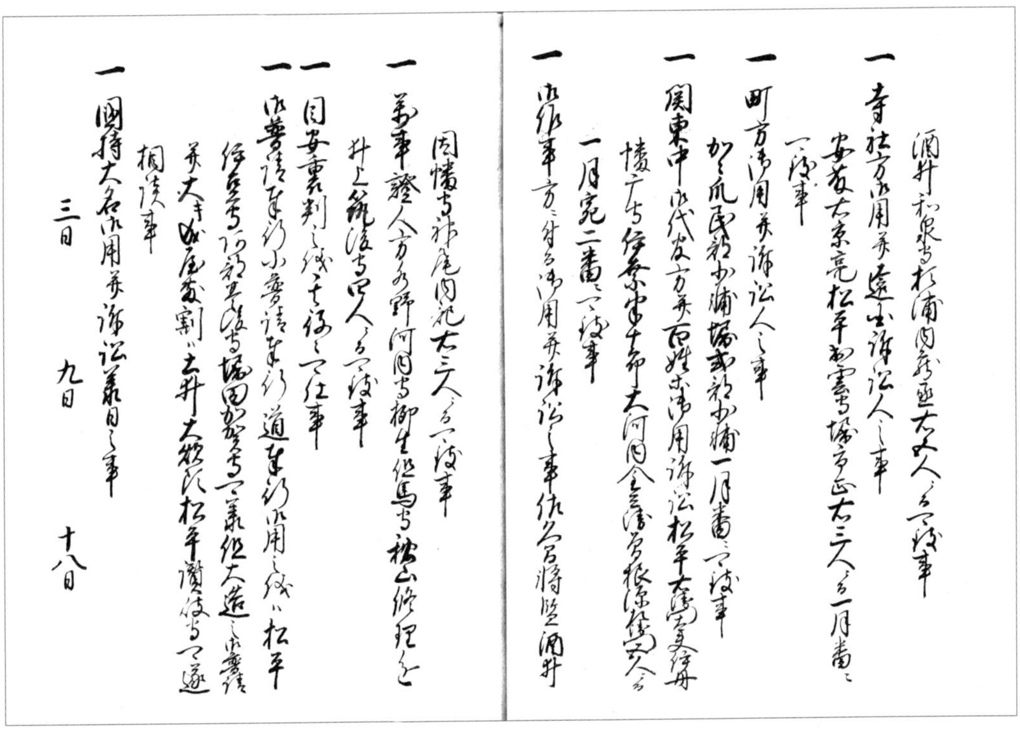

酒井和泉守 松浦肥前守 右五人ゟ被致事

一 寺社方御用并遠国訴訟人之事

安藤右京亮 松平出雲守 堀市正 右三人ゟ一月番ニ被致事

一 町方御用并訴訟人之事

加々爪民部少輔 堀式部少輔 一月番ニて被致事

一 関東中御代官方并百姓等御用訴訟 松平右衛門大夫 伊奈半十郎 大河内金兵衛 曽根源左衛門 五人ゟ

一月宛二番ニて被致事

一 御作事方ニ付候御用并訴訟之事 佐久間将監 酒井 [illegible] 神尾内記 右三人ゟ被致事

一 萬事證人方 [illegible] 柳生但馬守 秋山修理亮 井上筑後守 四人ゟ被致事

一 同目安裁判之儀ハ [illegible]

一 御普請奉行 小普請奉行 道奉行 御用之儀ハ 松平伊豆守 阿部豊後守 堀田加賀守 [illegible]

一 國持大名御用并訴訟前日之事

三日　九日　十八日

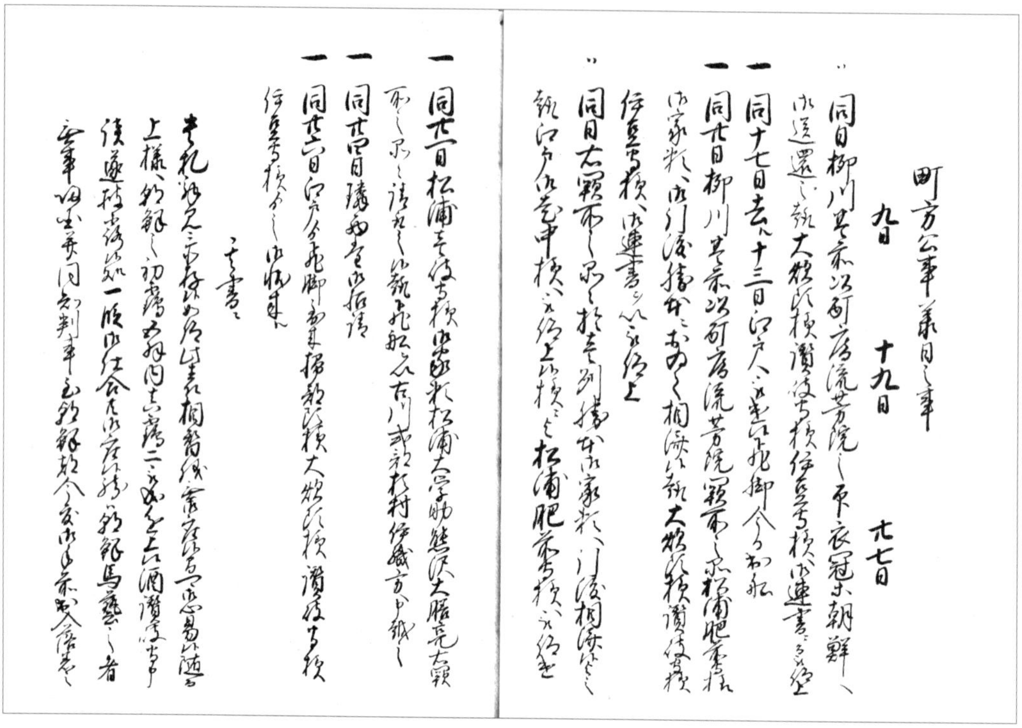

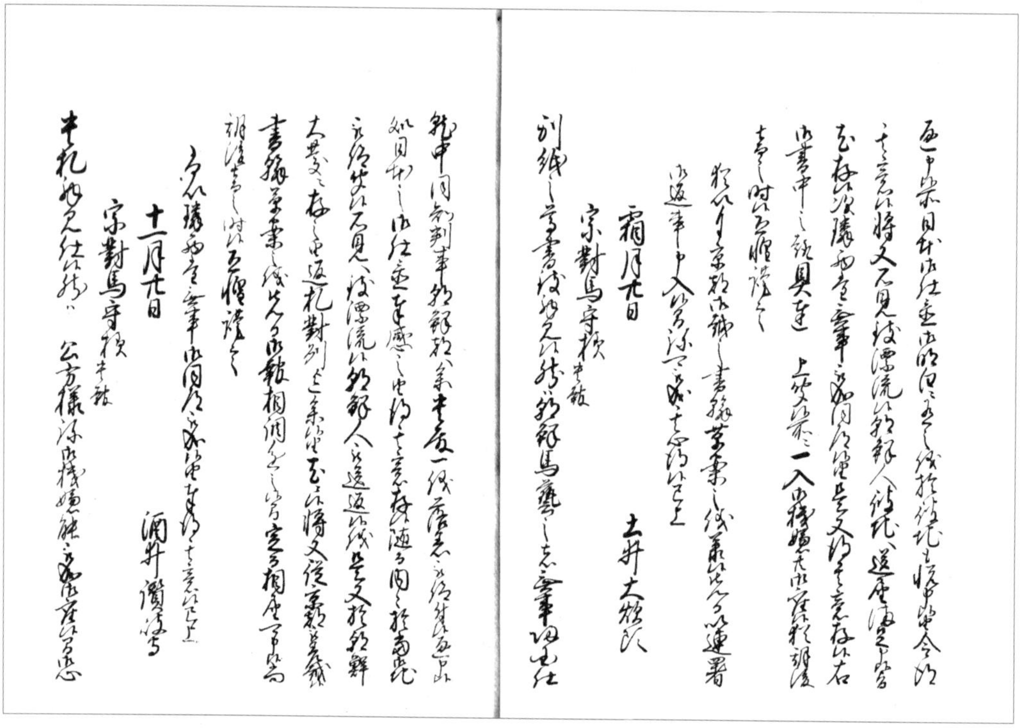

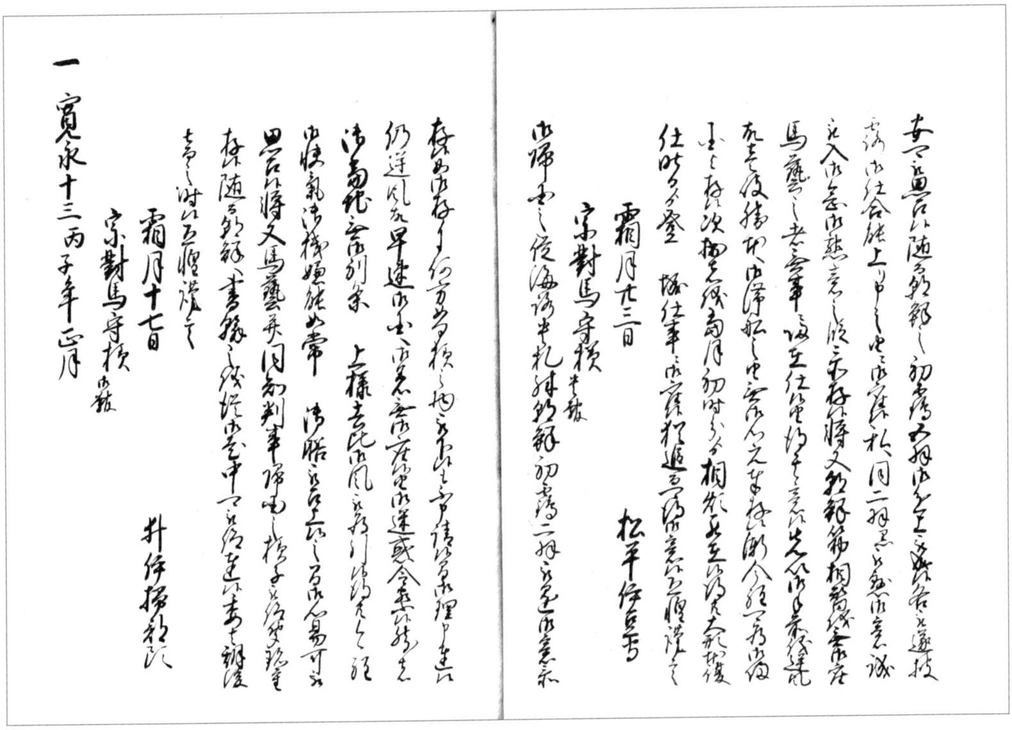

[illegible]
霜月廿三日　松平伊豆守
宗對馬守殿　御報
[illegible]
霜月十七日　井伊掃部頭
宗對馬守殿　御報
一　寛永十三丙子年正月

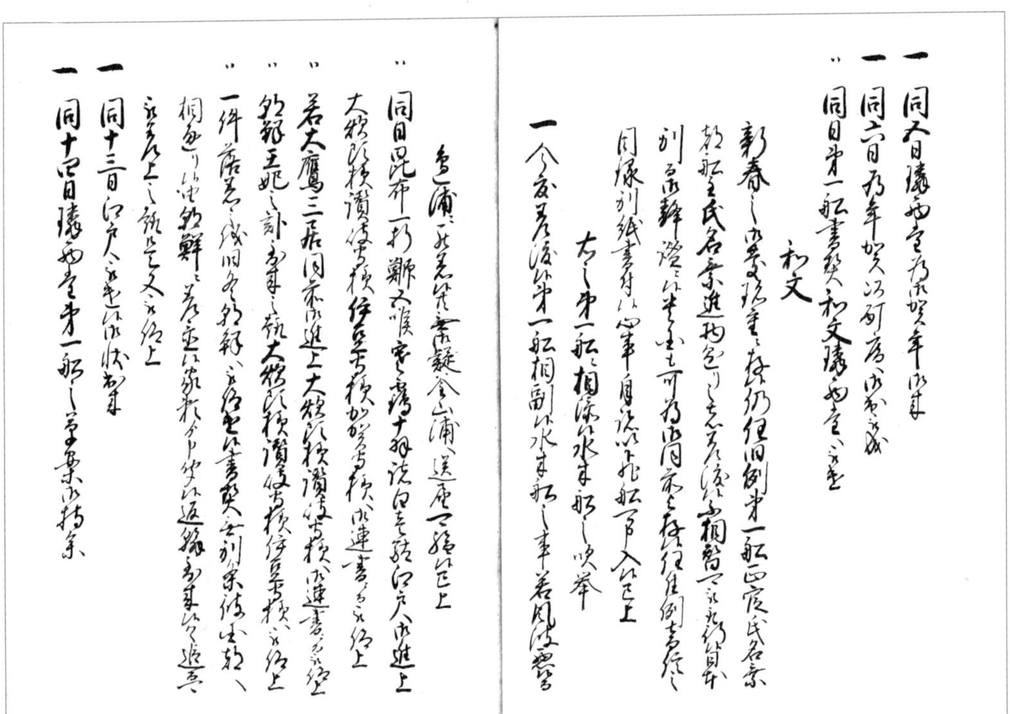

一　同八日[illegible]
一　同廿六日為年賀[illegible]
〃　同日第一船書契[illegible]
和文
新春[illegible]
[illegible]
一　今度[illegible]
〃　同日昆布一折[illegible]
〃　若大鷹三居[illegible]
〃　一件[illegible]
一　同十三日[illegible]
一　同十四日[illegible]

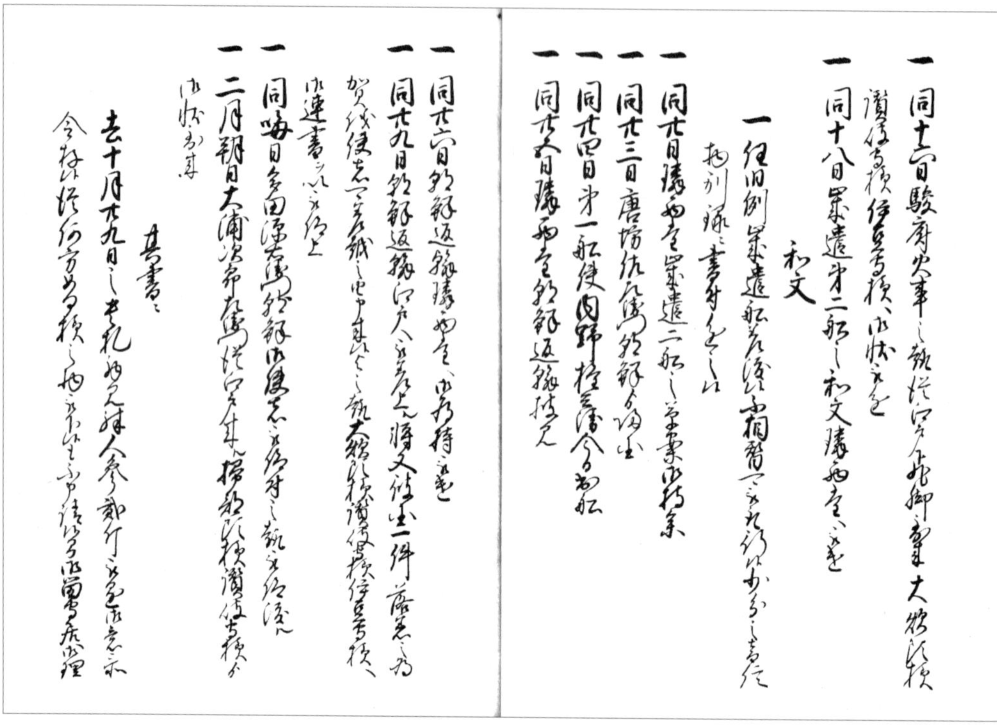

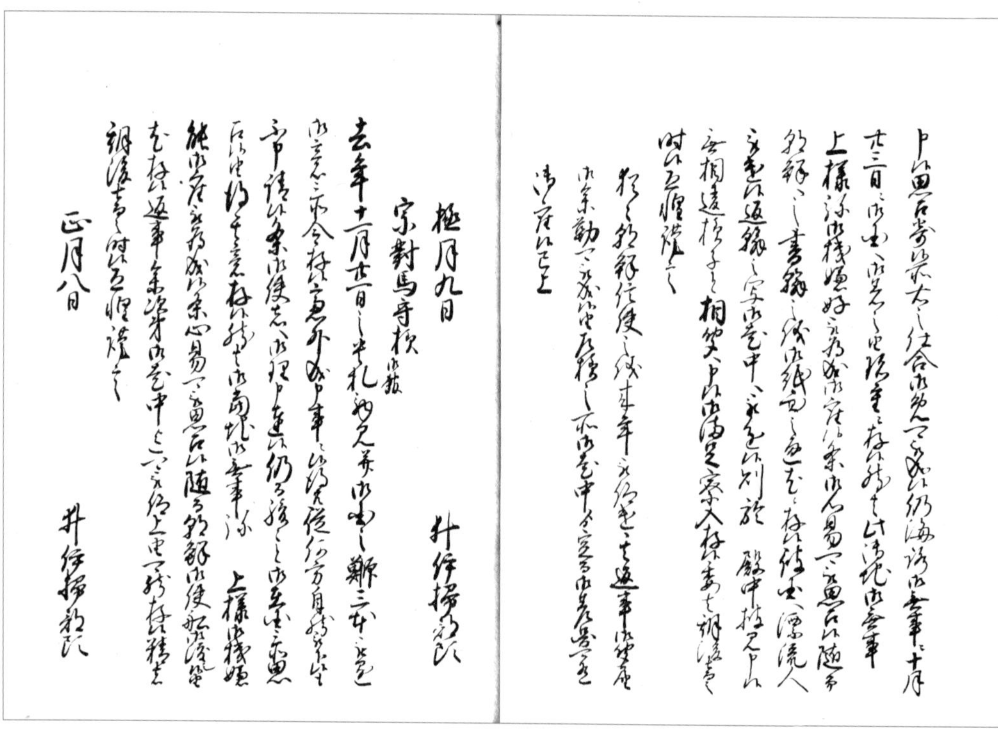

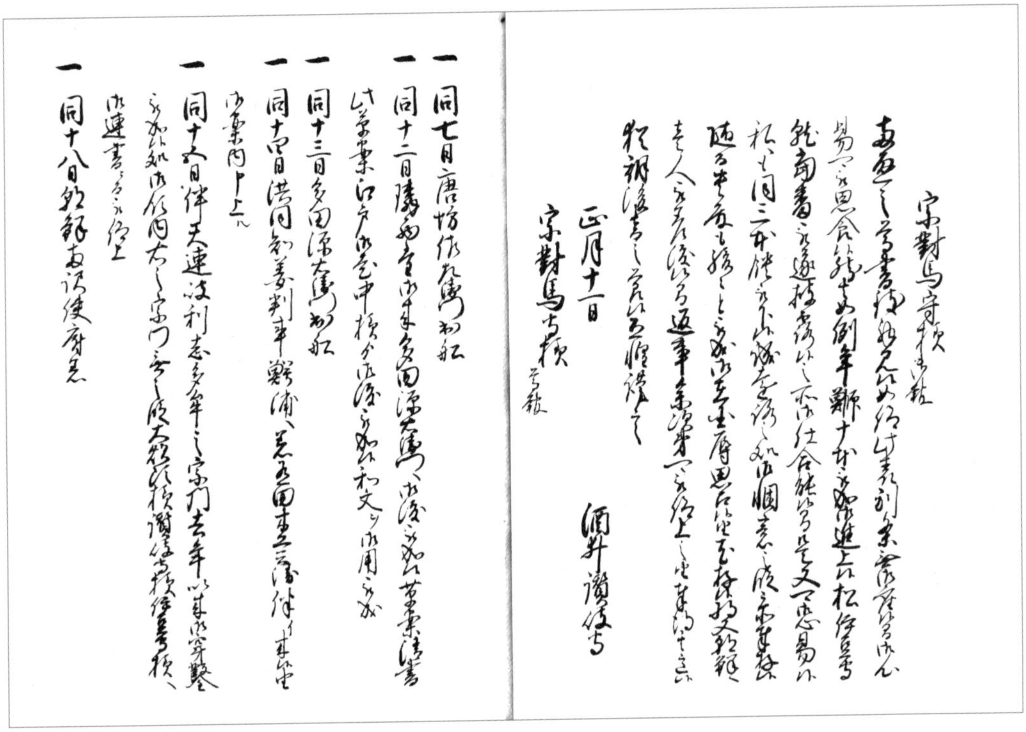

宗對馬守様

正月十日　酒井讃岐守

宗對馬守様

一 同七日 唐坊佐左衛門

一 同十三日 多田源太夫

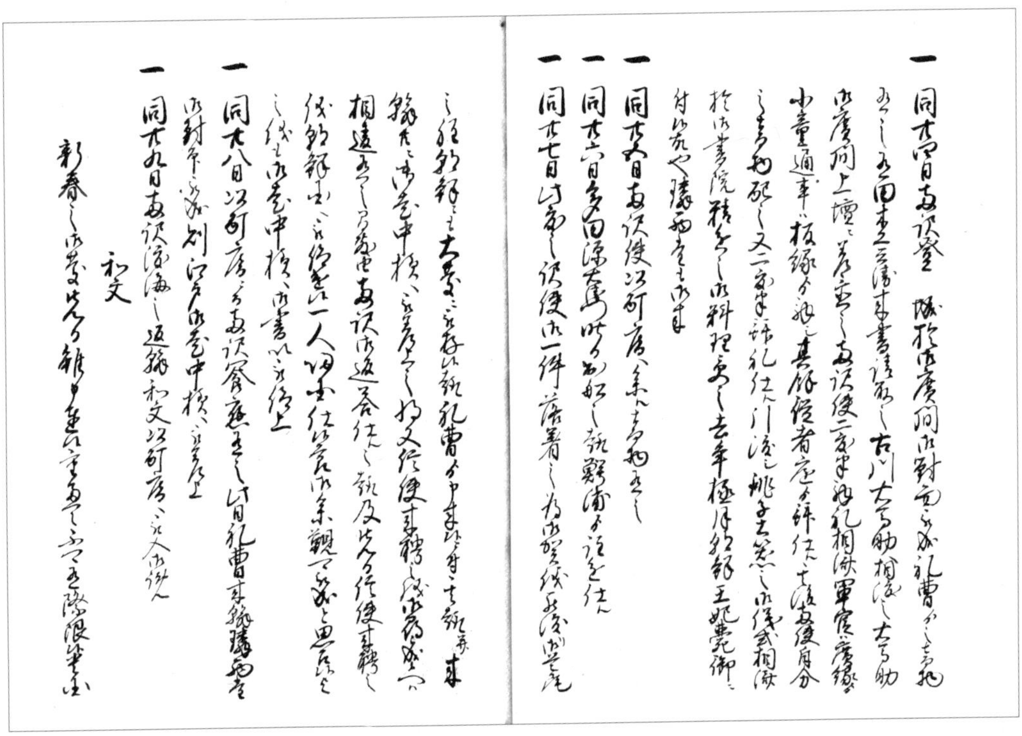

和文

御安寧目出度存候、仍而去年一件前代継相済候ニ付
為御祝来使ニ而差渡[illegible]御心[illegible]候[illegible]日本[illegible]
御代[illegible]我朝利運ニ[illegible]国中[illegible]安堵[illegible]
[illegible]相替[illegible]
[illegible]
[illegible]
中合候

東叢ヘノ和文

一 書令啓候、仍而我朝一件前代継相済候ニ付為[illegible]
[illegible]来使ニ而差渡[illegible]別[illegible]返事[illegible]

[illegible]使[illegible]人[illegible]
御返事[illegible]
送返作[illegible]来使[illegible]

一 三月朔日[illegible]
一 同三日[illegible]
一 同四日[illegible]大[illegible]
御状[illegible]

[illegible]書

[illegible]
[illegible]一人[illegible]返[illegible]可

[illegible]上[illegible]御書中[illegible]
[illegible]
[illegible]

正月晦日

宗對馬守様

[illegible]大[illegible]

新春[illegible]
[illegible]
[illegible]上様[illegible]
[illegible]
[illegible]一[illegible]人[illegible]可申候

[illegible]
[illegible]
[illegible]柳川[illegible]
[illegible]
[illegible]
[illegible]

正月七日

宗對馬守様[illegible]

大河内[illegible]

一 同八日[illegible]
一 同十日江戸[illegible]中[illegible]

一 同十五日安次ハ送別之御饗應有之、并礼物式

〃 同日江戸ゟ飛脚参着

一 同十六日御返翰并御返礼安次ハ御渡之成

一 同廿一日安次乗船

一 同廿二日安次御船之節、大炊頭様・讃岐守様・伊豆守様ヘ御達書を
差上

一 同廿三日古川治一太夫以安次ハ問安之為差出

一 同廿四日第一船渡出

一 四月三日安次出帆

〃 同日多田源太夫館録ゟ渡海仕ル

一 同四日多田源太夫着府

一 同八日大炊頭様・讃岐守様・伊豆守様ヘ御達書以差上候ハ、信使
来聘之儀中朝鮮使者帰国仕候、来聘之儀ハ八九月ニ而御座
候ニ付而、御返書も中来候節、御文差上候ハ前々ゟ上候通ニ
王妃之喪有之候故、御延引ニ而御座候、信使延引之段
備ニ日本ヘ對仕り、心入無之儀とも存候ニ付、信使之儀
執政迄ハ内々而御座候、朝鮮之風俗仕来候処仕候、朝鮮
作法同然仕り、館録書翰并信使一
件之付、私同前之御中様御座候由、被仰下候
執も差上之

一 同十日江戸ヘ之差上候御状参着

一 同廿二日江戸ゟ飛脚参着、御老中様ゟ御連書并大炊頭様ゟ御書参
御状来ル

其書ニ

御状令披見候、柳川豊前守・宗讃岐守以前房流芳院殿河
内迄被村七左衛門大羅不相(?)之候、松浦肥前守方ヘ相渡之由
被申越候、得其意候

二月廿九日

松平伊豆守
酒井讃岐守
土井大炊頭

宗對馬守殿

来札披見候、信使之儀別条無之候段、御満足被思召
候、然者去年諸大名ハ御礼、御懇之御意、各御
念入候儀、御奥ニ被仰出候、然ハ 公儀御用之儀御連状
被差出候、恐惶謹言

三月朔日

土井大炊頭

宗對馬殿
御報

来札披見候、先以 公方様御
機嫌好被成御座候、御目出度存候、猶以 御念入候
御用之儀、尚期後音之時候、恐惶謹言

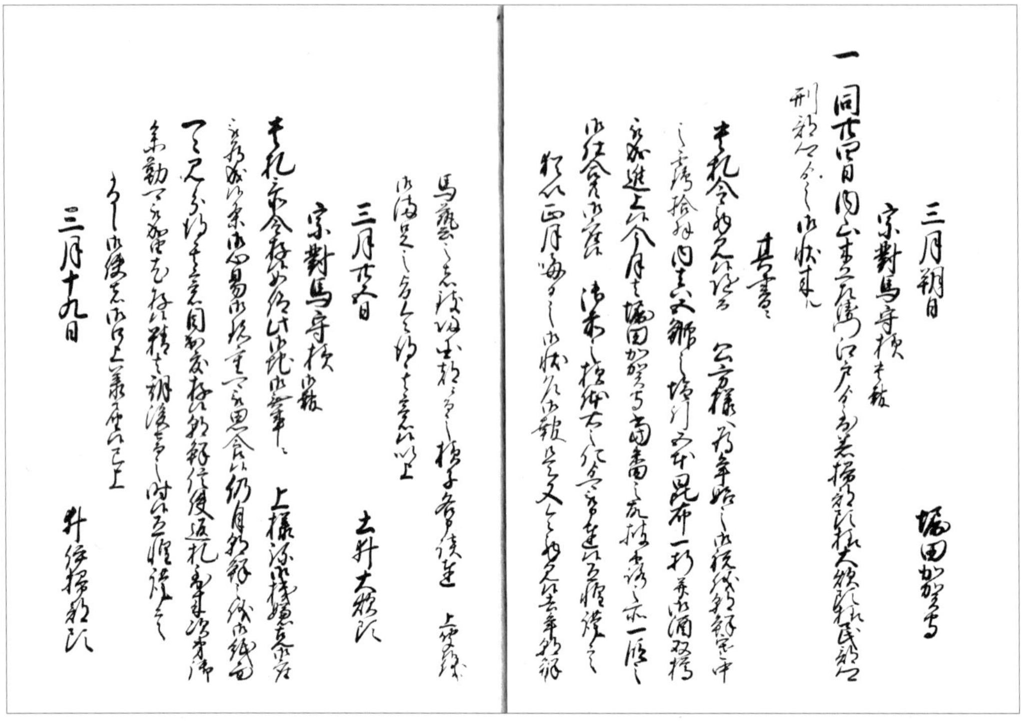

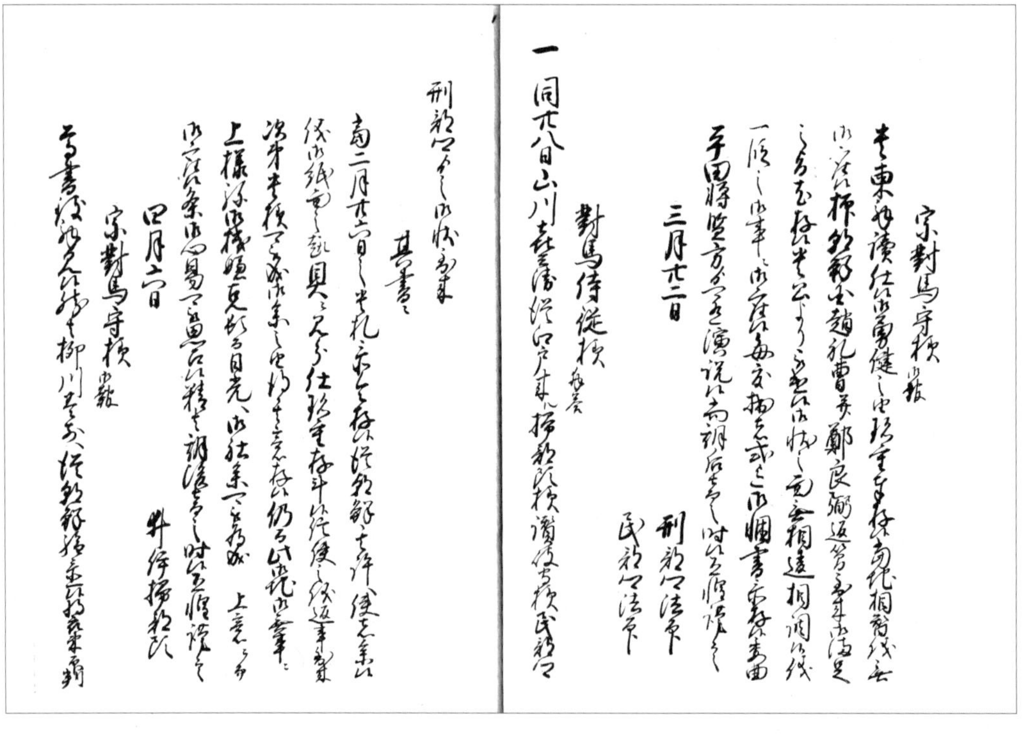

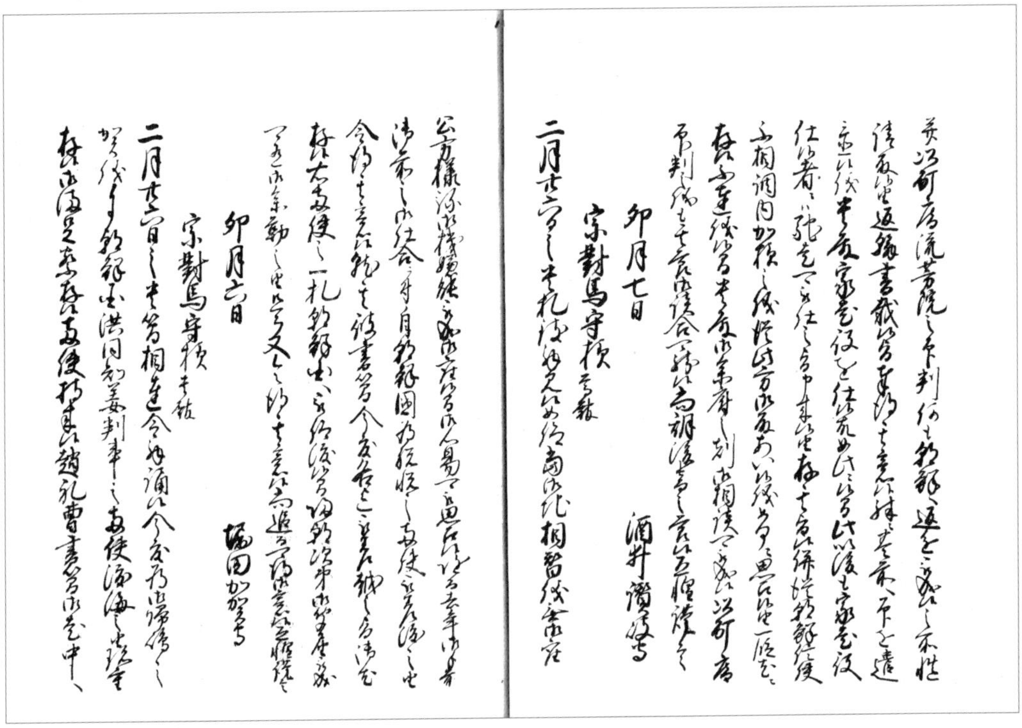

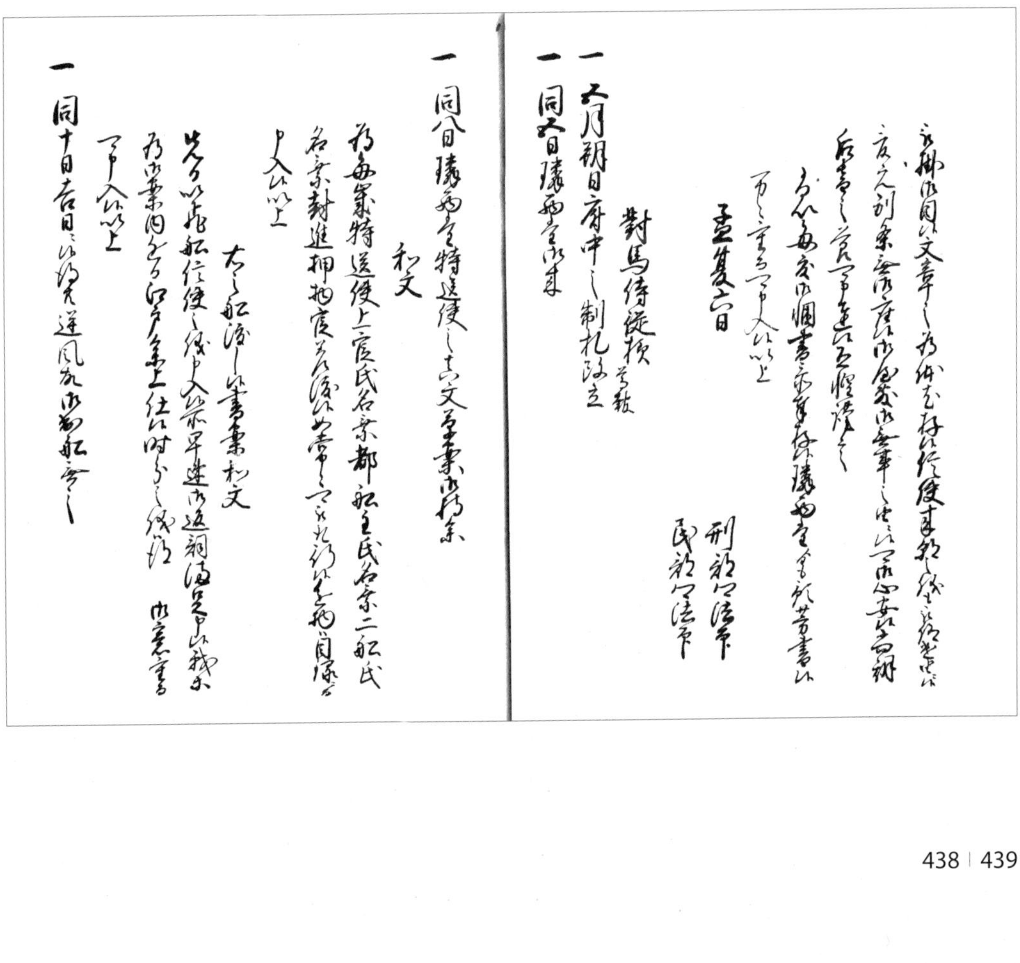

一 同十八日松浦壱岐守殿出船ニ付、越候人勝亮、松浦大学殿へ
古川式部・杉村伊織方へ書状遣ス

一 同廿二日従江戸飛脚参、自柳川豊前調興船板携多ニ
参らし候、今度御銀子ニ付而堀田加賀守様へ被
仰上候得共、加賀守様ゟ平田将監へ被仰渡候旨申来ル

『관영병자신사기록』 4

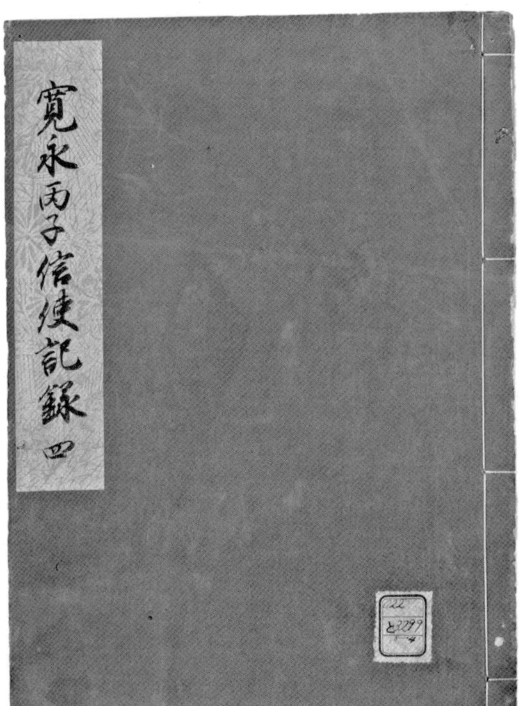

朝鮮信使記録巻之四　御本観

一 寛永十三丙子年六月三日御出船、藍嶋浦江御着

一 同四日藍嶋浦御出船、向浦江御着

一 今日江戸表御老中様方より御奉書到来、同日

御請之御状差上ル

右之御奉書従京都板倉周防守殿より此方附士

大浦仲左衛門ニ相渡候故、御奉書之案紙記之

去月八日之御状令披見候、朝鮮之信使来ル

当年ハ九月比其表罷渡ニ而可申由申来

以通詞申越候旨達　上聞候、然ハ九月十月頃信使

相渡候様ニと被仰出候、其意を得可被申候、[illegible]

其表ニ而[illegible]時節ニ候へハ可被得其意候

猶以[illegible]委細可被申越候、以上

五月六日

松平伊豆守

酒井讃岐守

土井大炊頭

宗対馬守殿

一 同六日向浦御出船、上関江御着

一 同七日上関御出船、蒲刈江御着

一 同八日蒲刈御出船、下津江御着

一 同九日下津江御出船、室津江御着

一 同十日申刻室津御出船、[illegible]浦江御着

一 今子刻江戸表御老中様方より御奉書来、大坂町奉

行より添状来、此方附士石川清兵衛江相渡候故

此中ニ而継書を以御奉書之案紙記之

一 就今般

公方様御機嫌能被成御座[illegible]

朝鮮之信使ハ九月ニ其表罷渡[illegible]

其方使者ニ申越候[illegible]

[illegible]九月十月ニ迄信使相渡候[illegible]

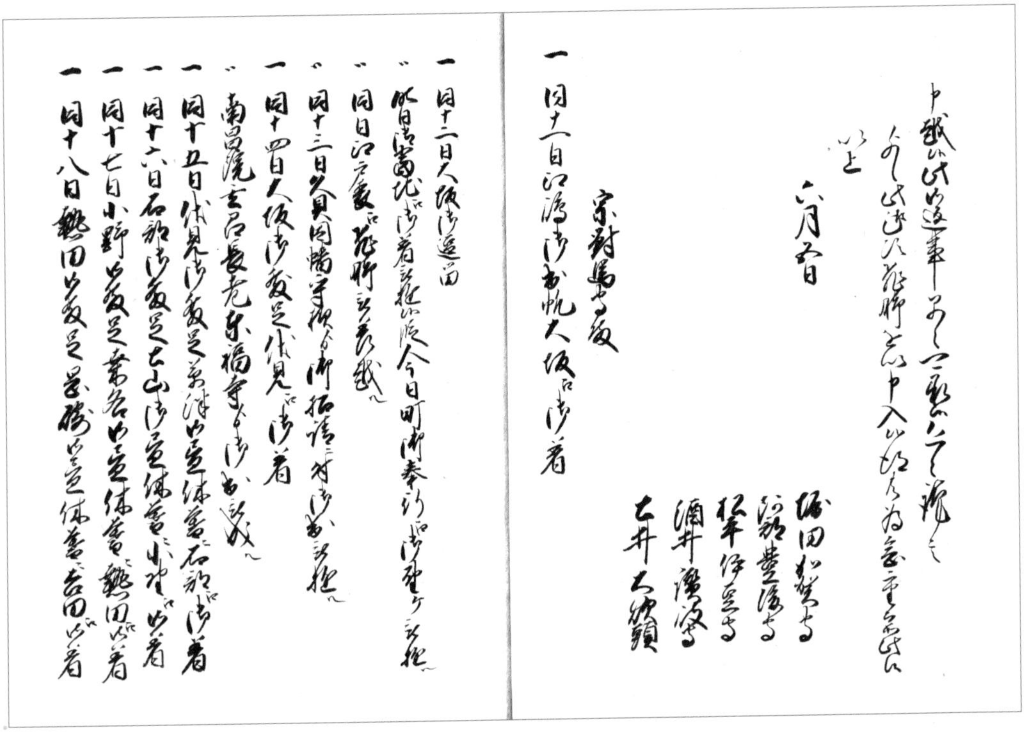

申越候得共返事ニ不及一覧ニ而返し候
今日之儀ハ飛脚差越申入候得共為念申達候
以上
六月十日
堀田加賀守
阿部豊後守
松平伊豆守
酒井讃岐守
土井大炊頭
宗対馬守殿

一 同十一日江戸御出帆大坂ニ御着

一 同十二日大坂御逗留
一 昨日書簡御着被成候故今日町御奉行御越被成候
一 同日江戸表ニ飛脚差立候
一 同十三日曾我丹波守殿御招請ニ付御出被成候
一 同十四日大坂御発足伏見ニ御着
一 南禅寺玄召長老伏見稲荷マテ御出被成候
一 同十五日伏見御発足草津御通休息石部ニ御着
一 同十六日石部御発足土山御通休息小野ニ御着
一 同十七日小野御発足桑名御通休息熱田ニ御着
一 同十八日熱田御発足岡崎御通休息吉田ニ御着

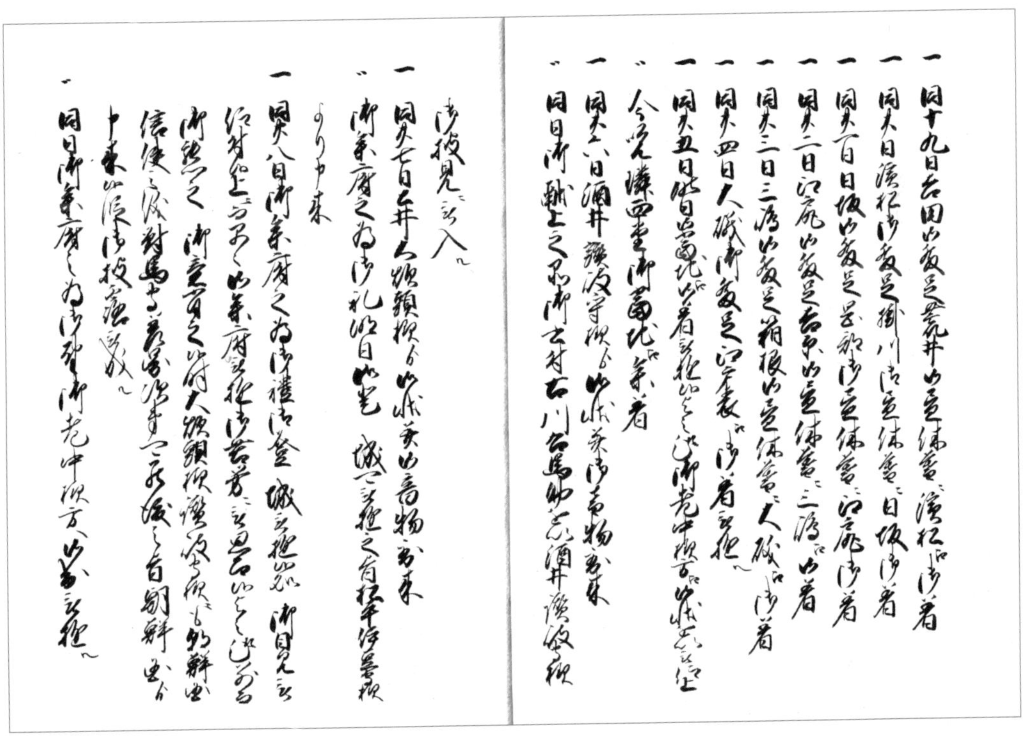

一 同十九日吉田御発足荒井御通休息浜松ニ御着
一 同廿日浜松御発足掛川御通休息日坂ニ御着
一 同廿一日日坂御発足府中御通休息江尻ニ御着
一 同廿二日江尻御発足吉原御通休息三嶋ニ御着
一 同廿三日三嶋御発足箱根御通休息大磯ニ御着
一 同廿四日大磯御発足江戸表ニ御着被成候
一 同廿五日昨日書簡ニ御着被成候ニ付御老中様方ニ御使者被遣候
一 今日讃岐守様御書簡御着
一 同廿六日酒井讃岐守様ゟ御使者ヲ以御音物被遣候
一 同日御献上之品御太刀右川右馬助殿酒井讃岐守殿

一 同廿七日土井大炊頭様ゟ御使者ヲ以御音物被遣
御被見ニ被入候
一 御参府之為御礼同日御出被成候之所松平伊豆守様より申来
一 同廿八日御参府之為御登城被成候 御目見ニ被
仰付其上ニ而御参府之御礼被仰上候
御献上之品大炊頭様披露被成候
信使之儀対馬守殿ゟ申上候朝鮮
中来之候御披露被成候
一 同日御参府之為御老中様方ニ御出被成候

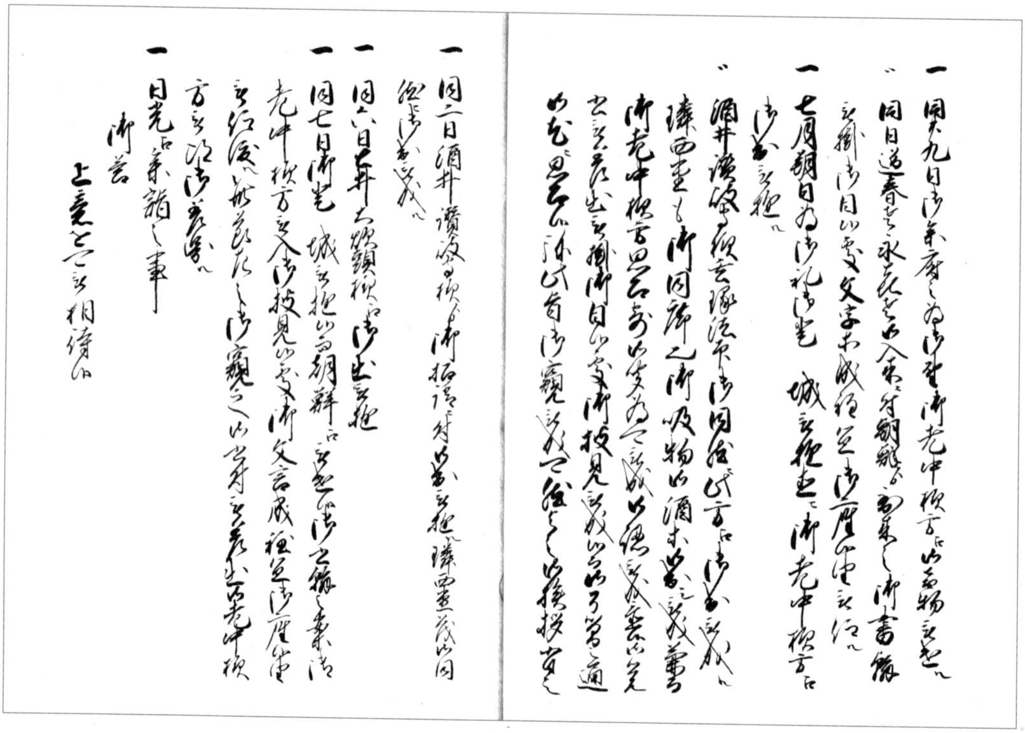

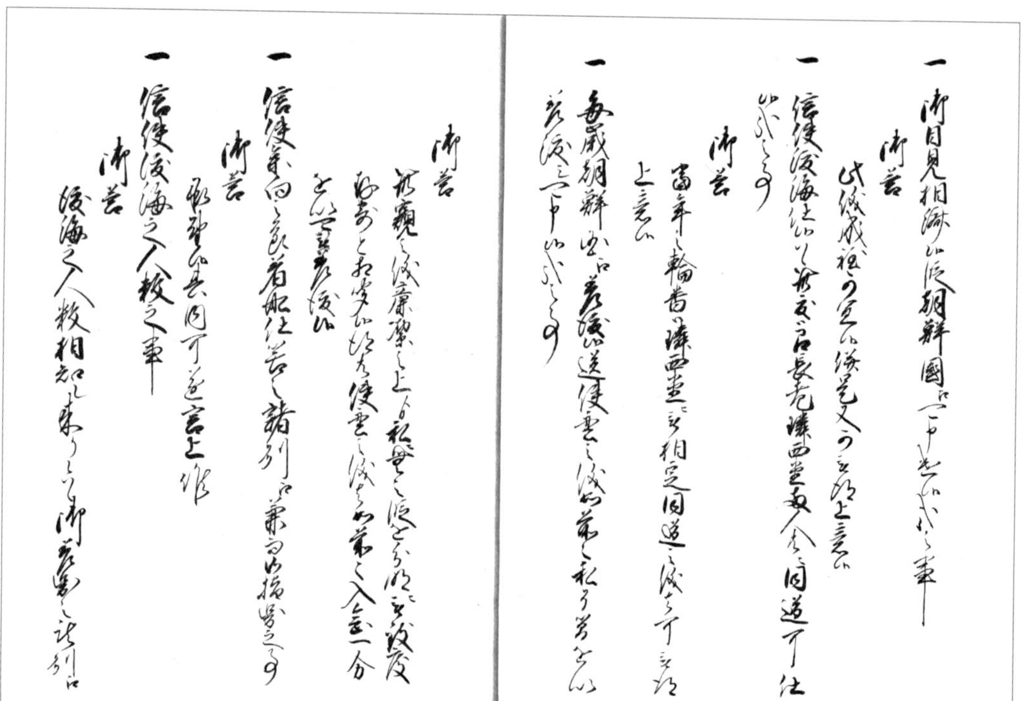

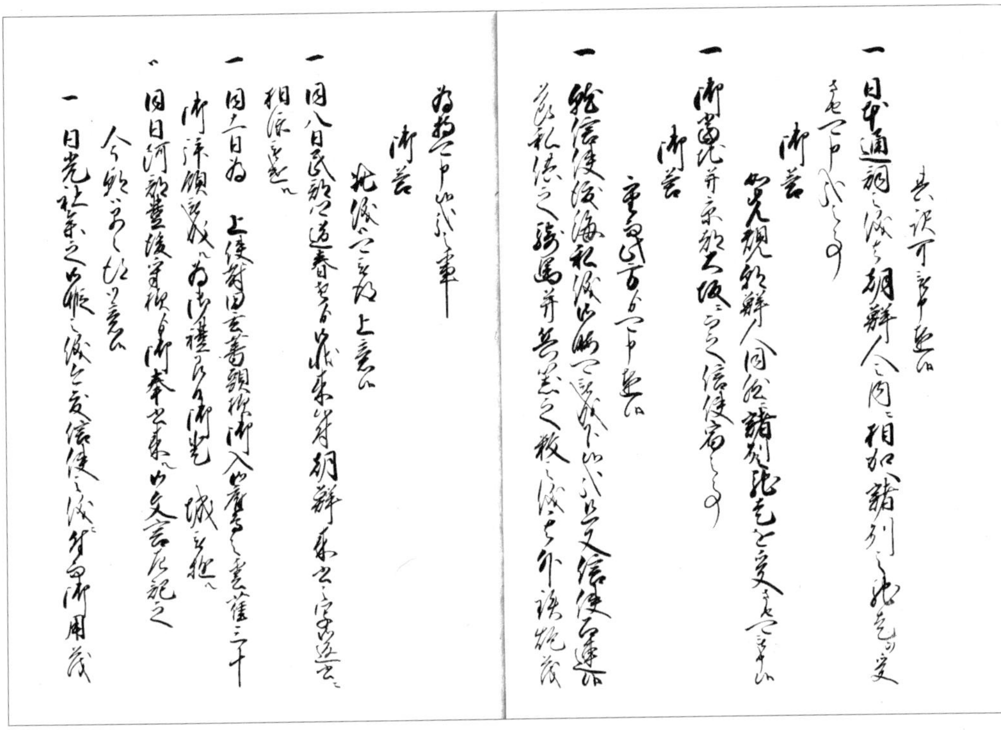

右禮曹ゟ

信使為送使罷渡候而令使ハ禮曹ゟ之書中ニ茂令
信使渡海之儀ハ九月初比ニ被渡候由ニ御座候へ共
風荒時分ニ而御座候處[illegible]被越義[illegible]
形入念ニ致取繕候　東武江被上申候處　御前之御合
能候而文躰ニ而被使之者迄ニ為讀説候而書中
之能書候上

右東萊ゟ

一同日右之趣頭様江　御拾遣ニ付而[illegible]　被成置[illegible]
御同前之

一同十三日裁判役首田左兵衛朝鮮帰着ニ付候而返答
持渡り罷登候而参候ニ付書面差上候[illegible]
被成置酒井讃岐守様へ差上ル

禮曹之書

二舌官迴　これハ裁判事[illegible]ニ而有る
專差護涉　これハ對馬より使をわたし送る
益見厚誼　これハあつきよしみをみするところや
感意罔喩　これハかんずるにたとゆる事なき也
矧奉惠復　これハ人をわたしてもののをかへすことを
備悉撫恤增重全島獲安　これハ[illegible]

倍切傾慰之至　これハ[illegible]
別錄禮物轉啓領留　これハ別録の礼物を[illegible]
併希垂烱　これハ[illegible]

東萊之書

便廻獲荑惠翰　これハ裁判の使が[illegible]
隨審體履安和　これハ對馬[illegible]
欣慰良深　これハ[illegible]
信使之行待報當發　これハ信使[illegible]
前書備盡　これハ[illegible]
想已登徹　これハ[illegible]

草此敬復　これハ[illegible]
委鑒幸甚　これハ[illegible]

一同十四日河村豊後守様ニ[illegible]
一同十五日松浦[illegible]上守　公儀御[illegible]
御名[illegible]様方ニ而
公方様御[illegible]
一同日河村豊後守様へ[illegible]御返[illegible]
[illegible]
[illegible]朝鮮[illegible]
[illegible]

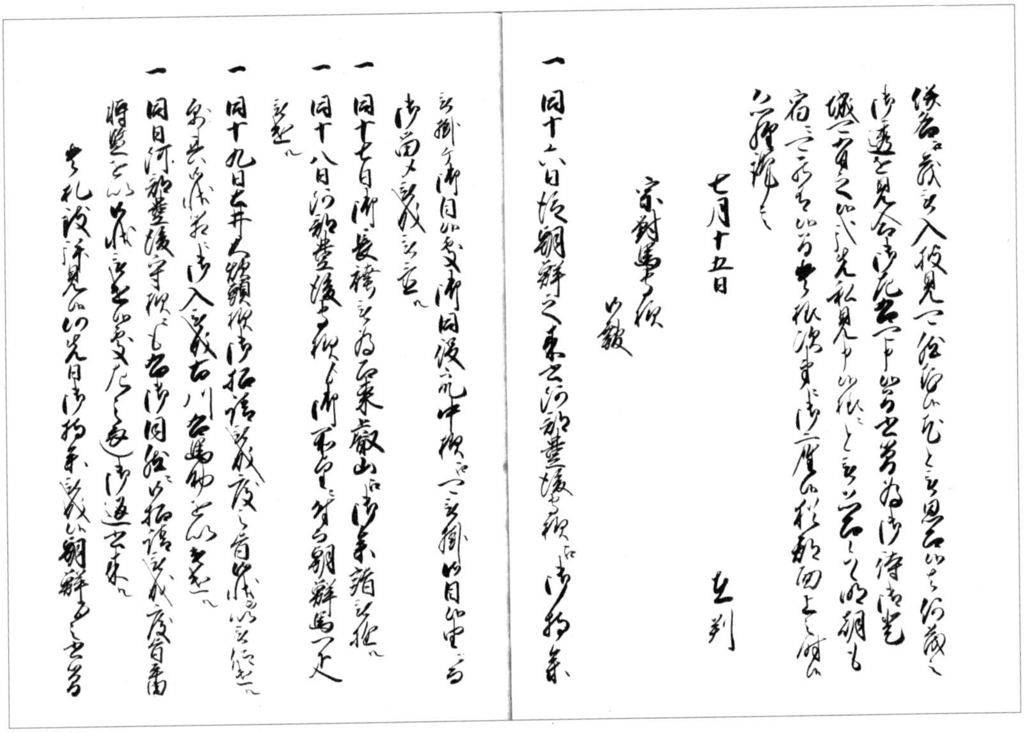

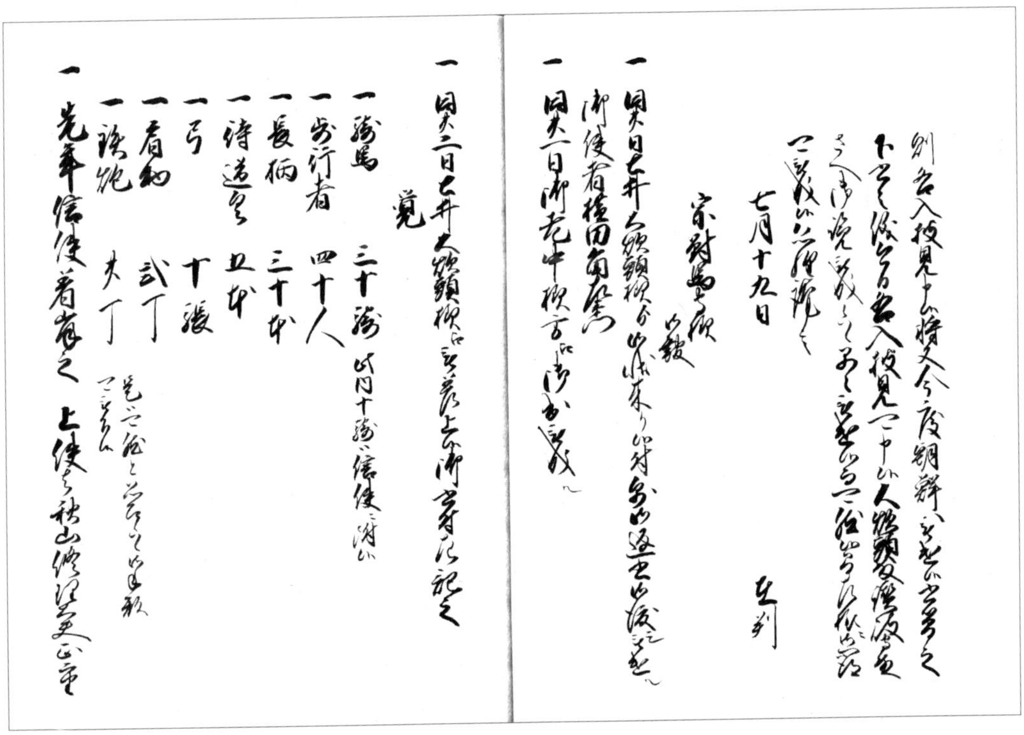

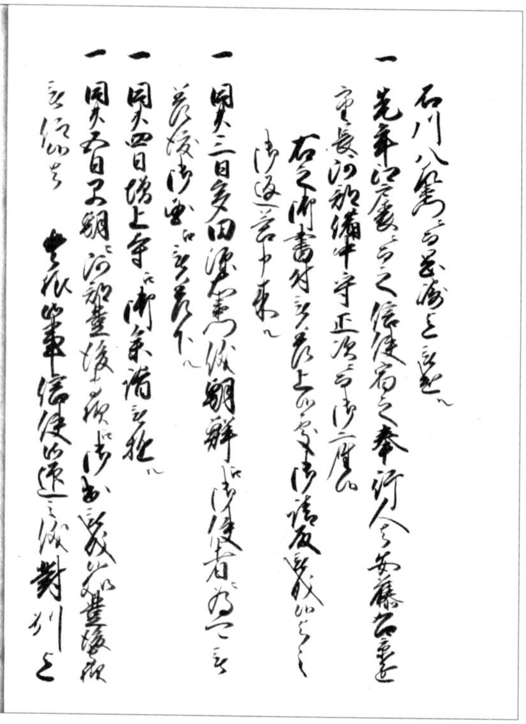

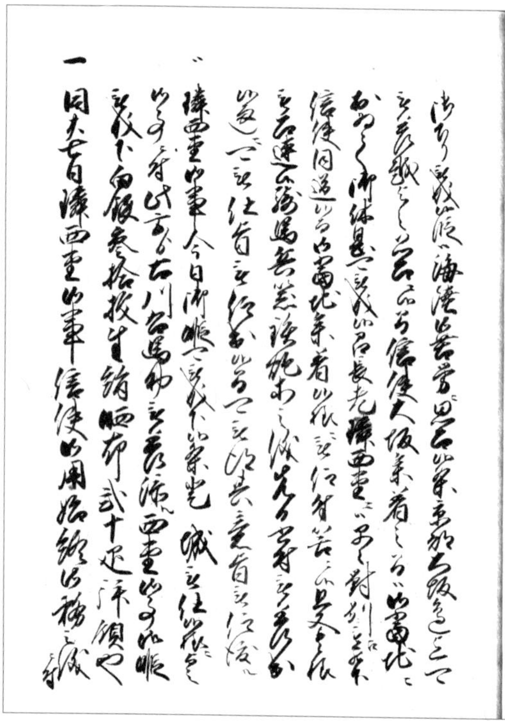

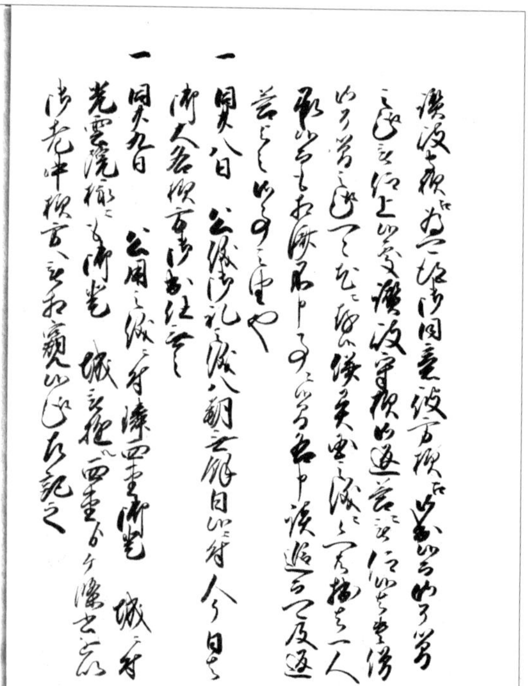

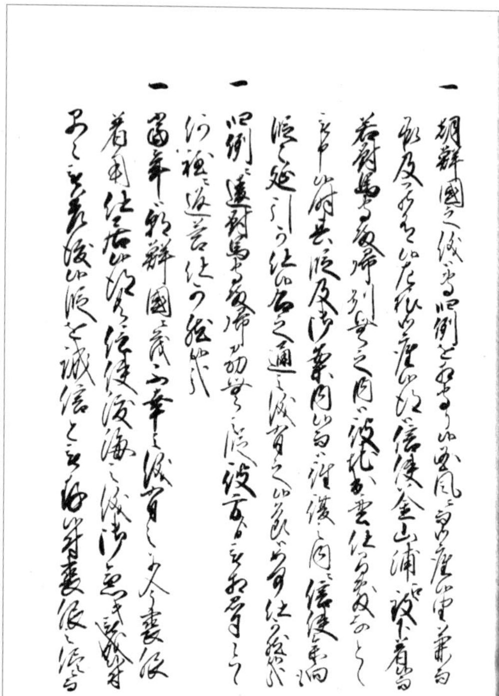

渡海仕居候ニ付申越候ニ付御當地ニ而裏
判之儀者兼而仕來候間[illegible]
而仕候様ニ可申達候

一 對馬守殿朝鮮國江通交之[illegible]舊例
之通ニ而[illegible]信使渡海ニ付
[illegible]
對州[illegible]例[illegible]送使[illegible]信使渡海之節[illegible]
中谷山浦ゟ送使[illegible]
[illegible]
[illegible]送使[illegible]

此段ゟ[illegible]御座候ニ付申上候

一 古來ゟ對州ゟ通交之書翰被相渡候へハ信使
渡海之節[illegible]信使同船ニ而[illegible]
[illegible]
對馬守殿[illegible]

一 [illegible]信使[illegible]

一 右之通[illegible]相渡[illegible]
[illegible]送使[illegible]
[illegible]

[illegible]御座候

一 八月朔日為御礼御老中 城[illegible]

一 同二日之[illegible]信使渡海之[illegible]
[illegible]

一 去年以來朝鮮[illegible]
[illegible]信使渡海[illegible]
[illegible]

[illegible]

一 信使登 城之節[illegible]

有之[illegible]
對州[illegible]
[illegible]
[illegible]

一 信使[illegible]
朝鮮[illegible]
[illegible]
[illegible]

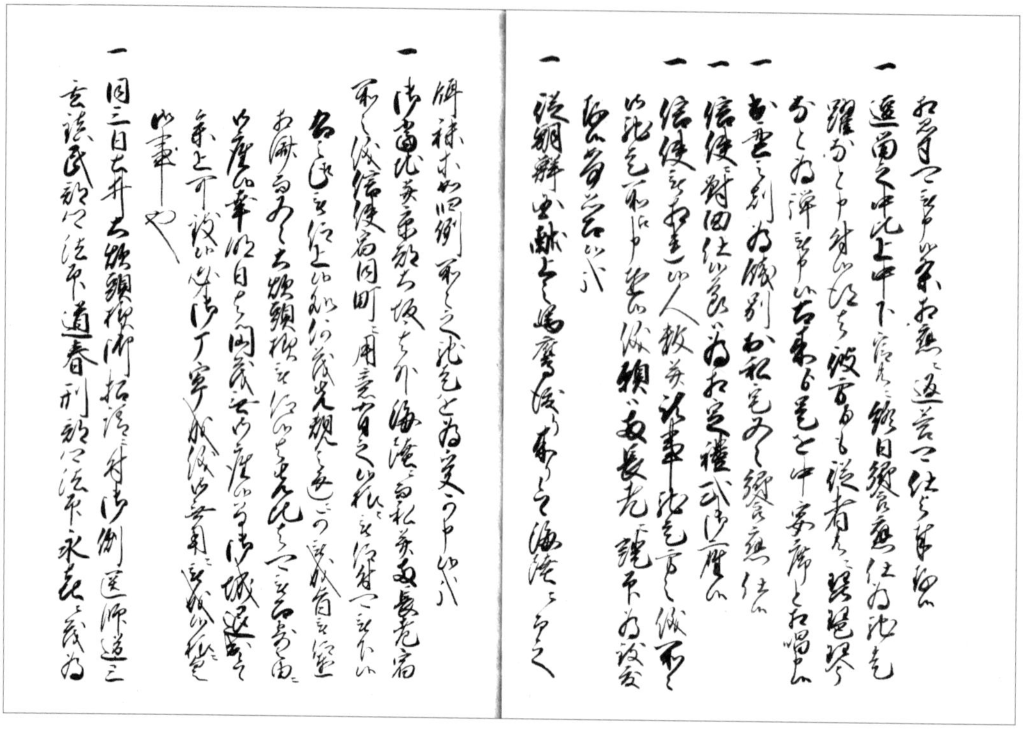

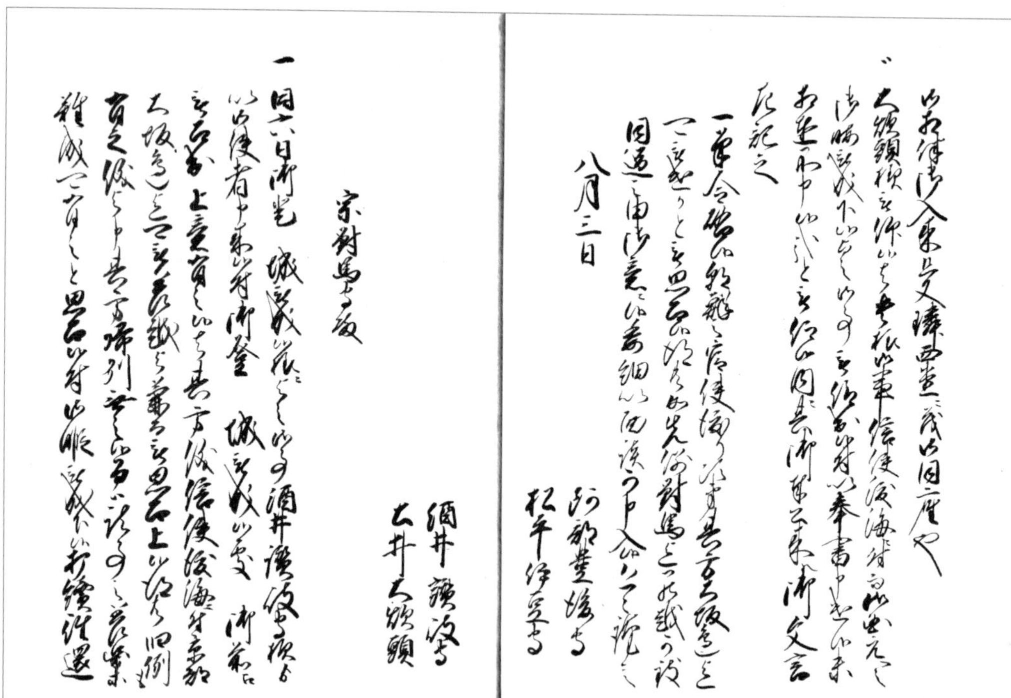

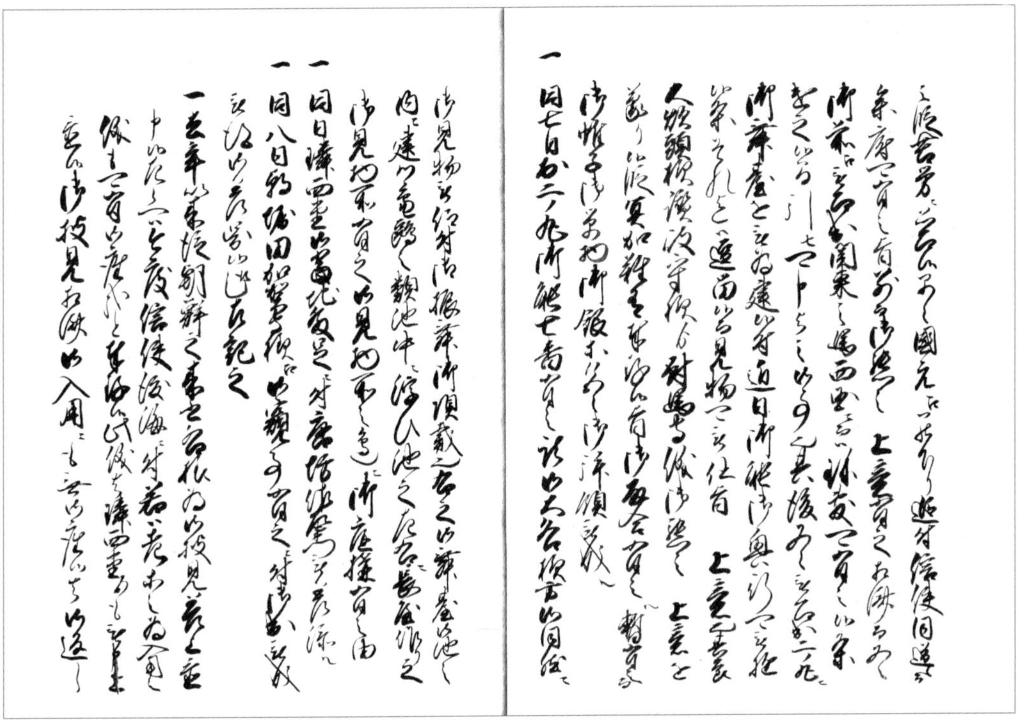

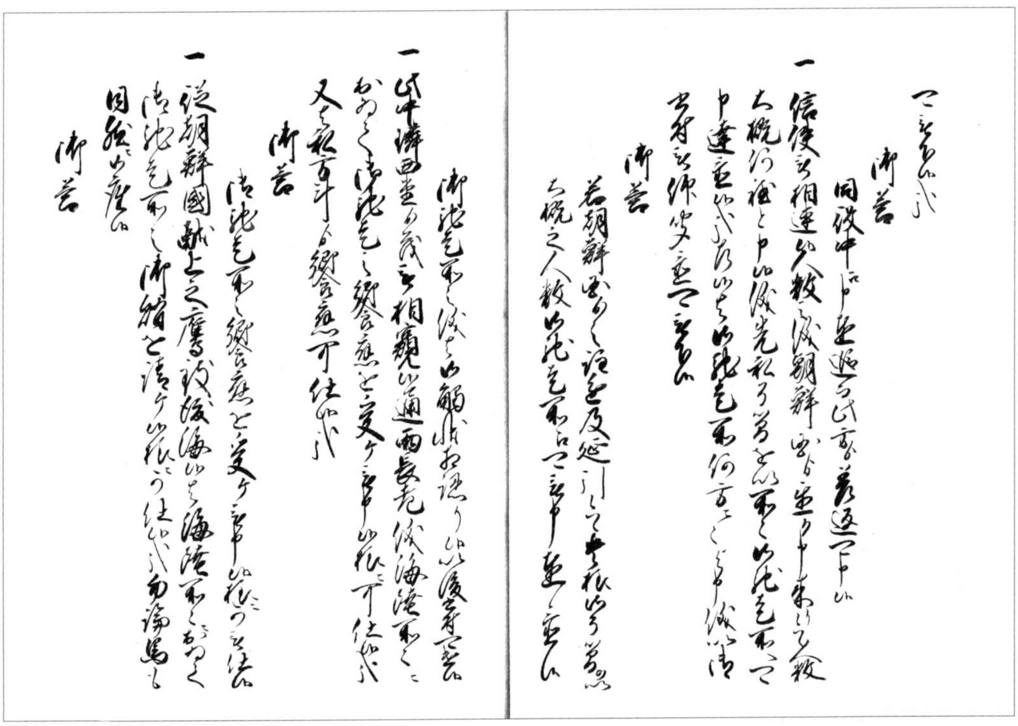

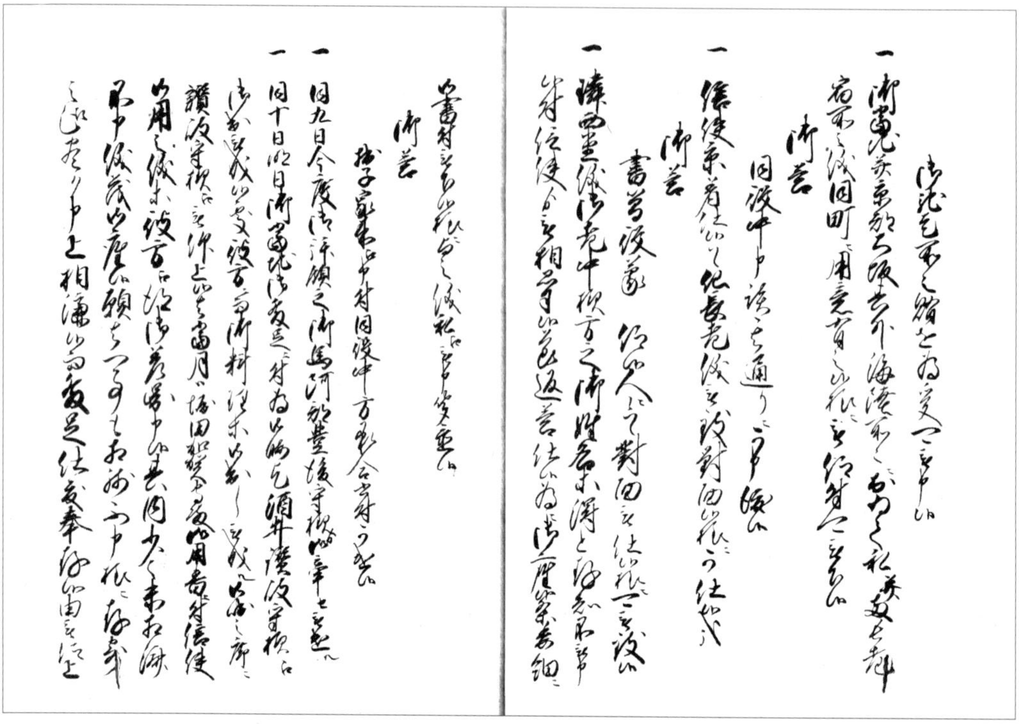

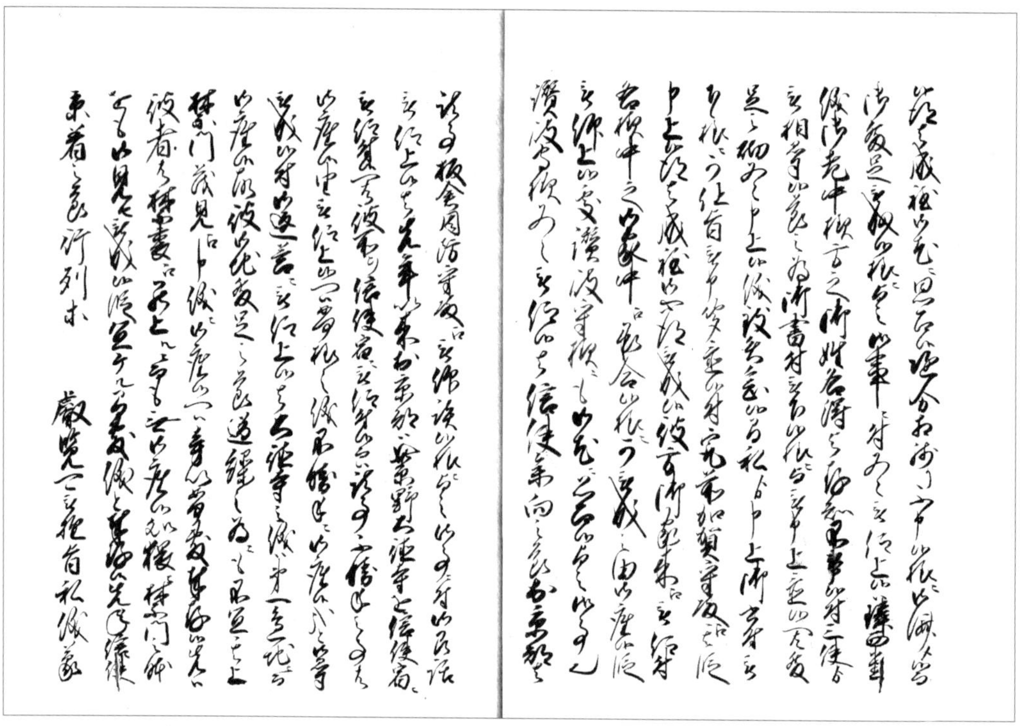

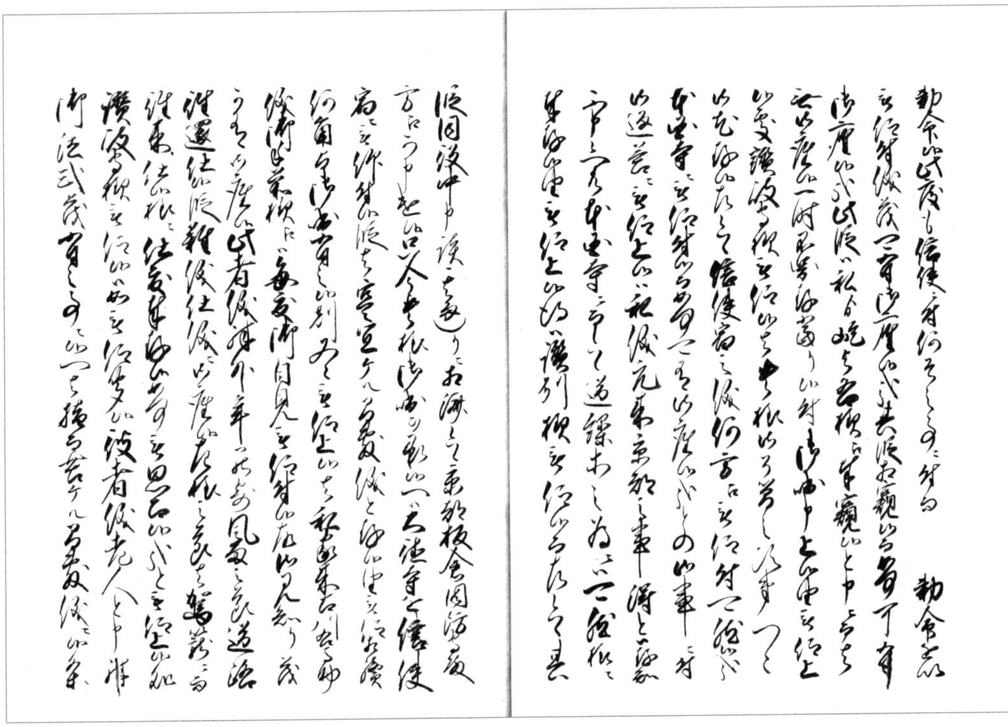

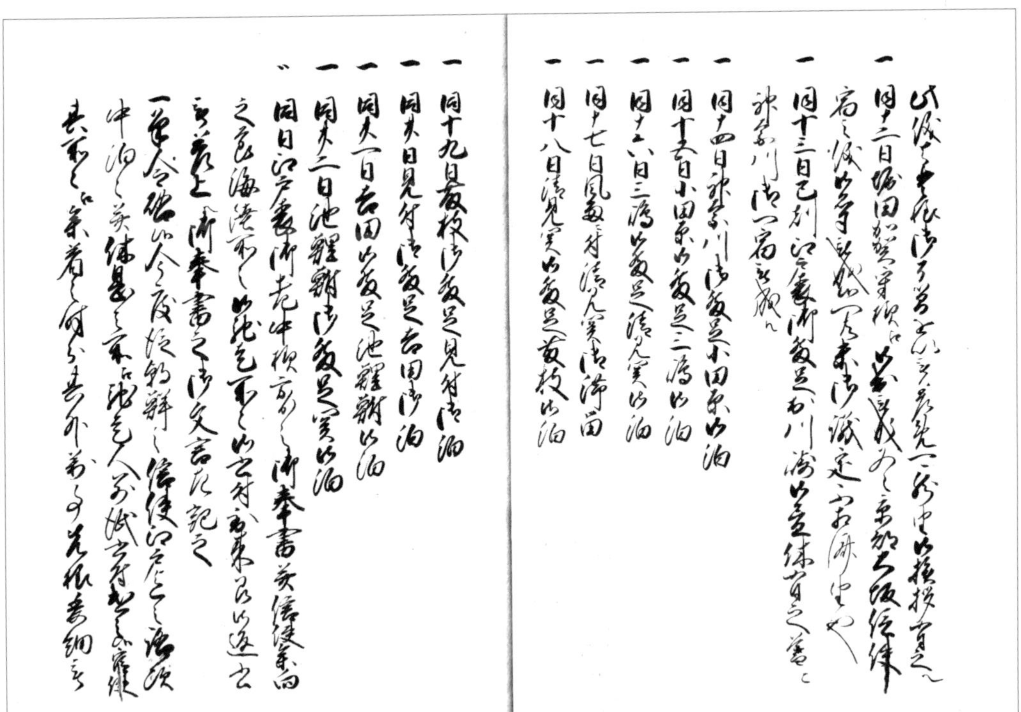

右達之節被仰出之覚

八月十三日

堀田加賀守
阿部豊後守
松平伊豆守
酒井讃岐守
土井大炊頭

宗対馬守殿

右之外者先年之通ニ而相勤候様ニ字切紙ニ而被仰出候
以前之通ニ而相済候様ニ被仰渡文言ニ記し
従朝鮮国信使来朝ニ付先年之通可被相心得候

参人数以下之役者従対馬守下之三人以上
従朝鮮国信使来朝ニ付道中之宿之覚

一 壱岐島　　松浦壱岐守
一 なこや 風次第のさわ　　寺沢兵庫頭
一 藍島　　松平右衛門佐
一 小倉 風次第のたわ　　小笠原右近
一 赤間関　　毛利甲斐守
一 上関　　松平長門守
一 かまかり　　松平安芸守
一 牛まと　　水野日向守

一 下津井　　松平新太郎
一 うし窓　　同人
一 むろ　　本多甲斐守
一 明石 風次第のさわ　　松平丹波守
一 兵庫　　青山大蔵少輔
一 大坂泊　　久貝因幡守
　　曽我又左衛門

御賄

鈴木三郎九郎
松浦五左衛門
豊島十左衛門

一 淀泊　　永井信濃守
一 京泊　　板倉周防守

ひらかた之休右同人

彦坂平九郎

御賄

五味金右衛門
小野惣左衛門
板林市左衛門
木村惣左衛門

大津昼休

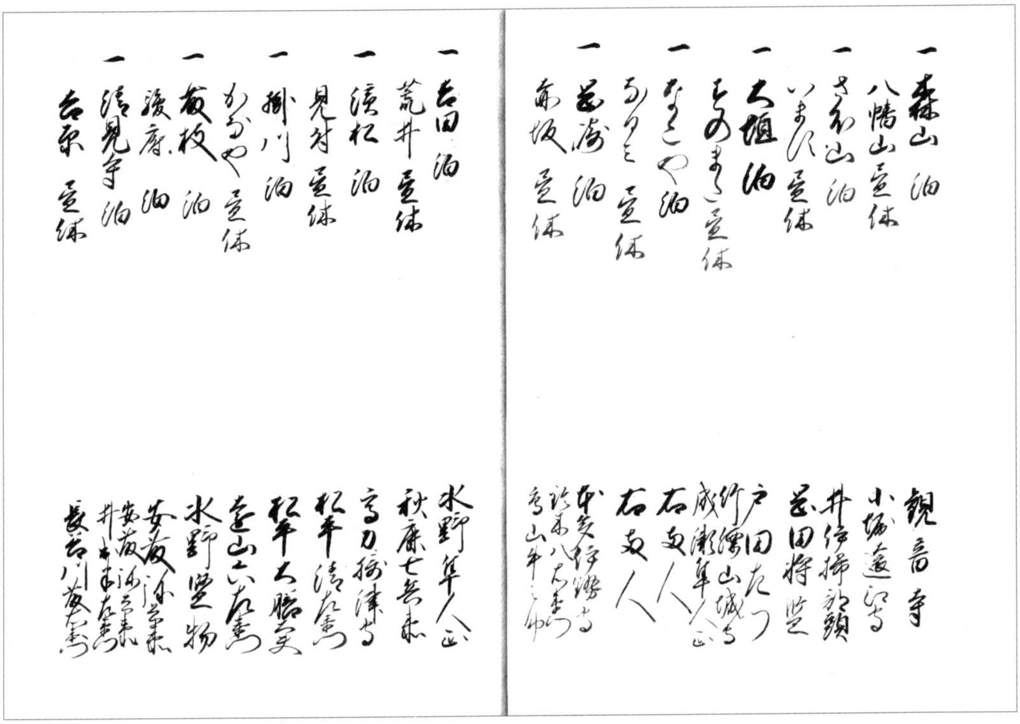

一 森山 泊
八幡山 昼休
一 さわ山 泊
います 昼休
一 大垣 泊
すのまた 昼休
一 なごや 泊
なるみ 昼休
一 岡崎 泊
赤坂 昼休

観音寺
小堀遠江守
井伊掃部頭
岡田将監
戸田左門
竹腰山城守
成瀬隼人正
右同人
右同人
本多伊勢守
[illegible]八右衛門
[illegible]半之助

一 吉田 泊
荒井 昼休
一 濱松 泊
見付 昼休
一 掛川 泊
かなや 昼休
一 藤枝 泊
駿府 泊
一 清見寺 泊
吉原 昼休

水野隼人正
秋元七左衛門
高力摂津守
松平清左衛門
松平大膳亮
遠山六左衛門
水野監物
安藤対馬守
安藤治右衛門
井上太左衛門
長谷川八右衛門

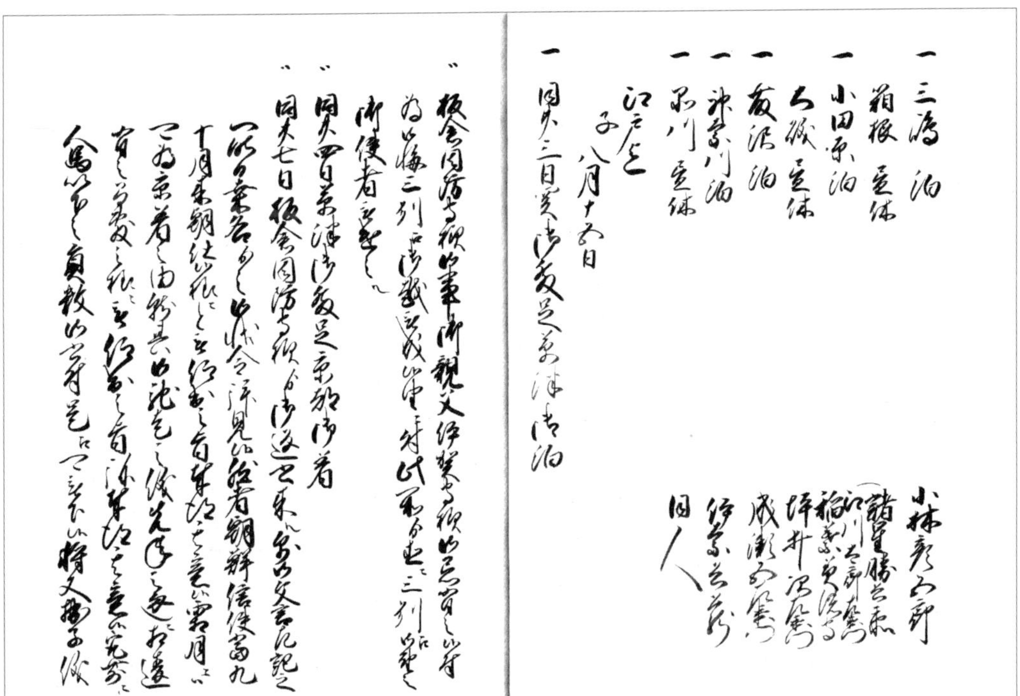

一 三嶋 泊
箱根 昼休
一 小田原 泊
大礒 昼休
一 藤沢 泊
一 神奈川 泊
一 品川 昼休
江戸着
子 八月十六日
一 同廿三日御発足[illegible]品川泊

小林彦五郎
[illegible]勝右衛門
[illegible]右衛門
[illegible]
[illegible]右衛門
成瀬[illegible]
伊東[illegible]
同人

一 [illegible]
[illegible]
御使者[illegible]
一 同廿四日[illegible]発足京都[illegible]着
一 同廿七日[illegible]
[illegible]
[illegible]
[illegible]
[illegible]
[illegible]

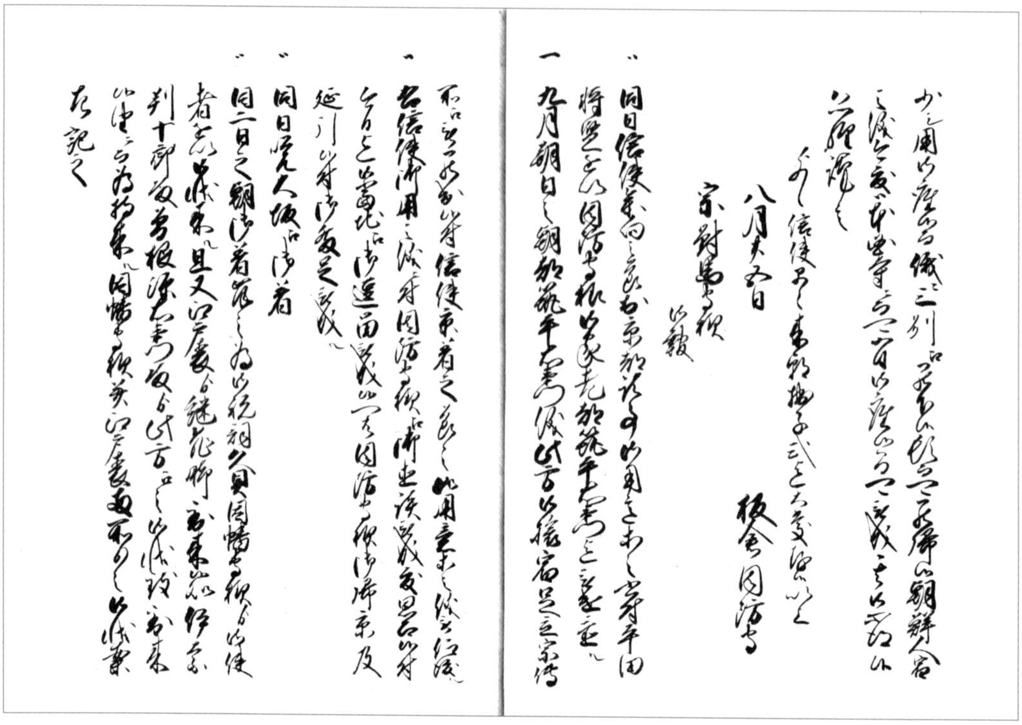

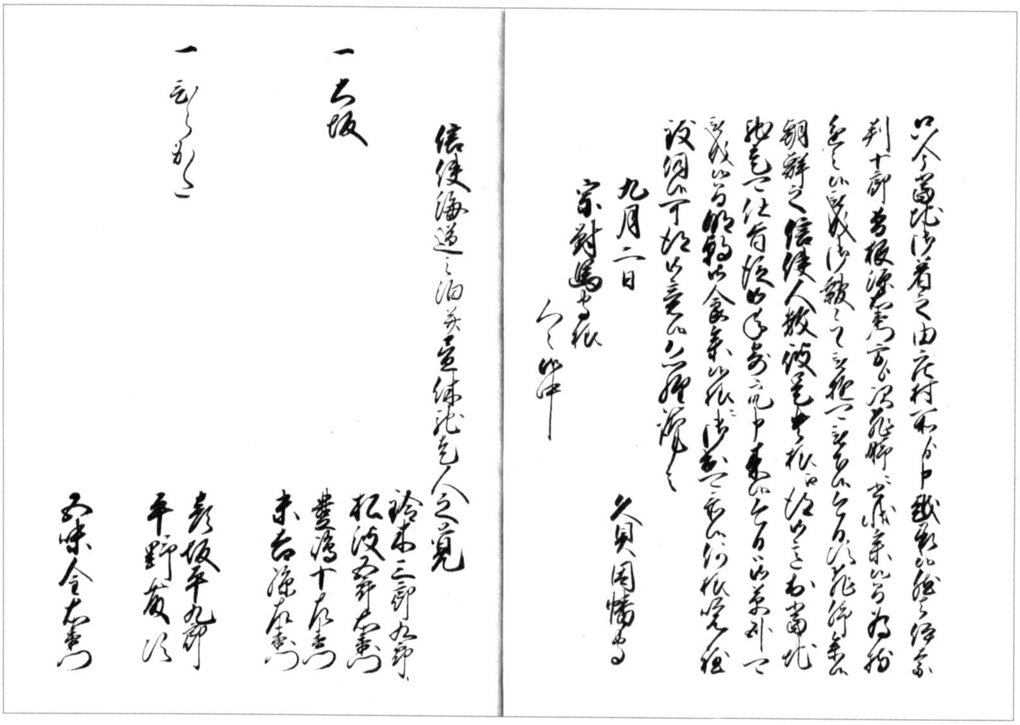

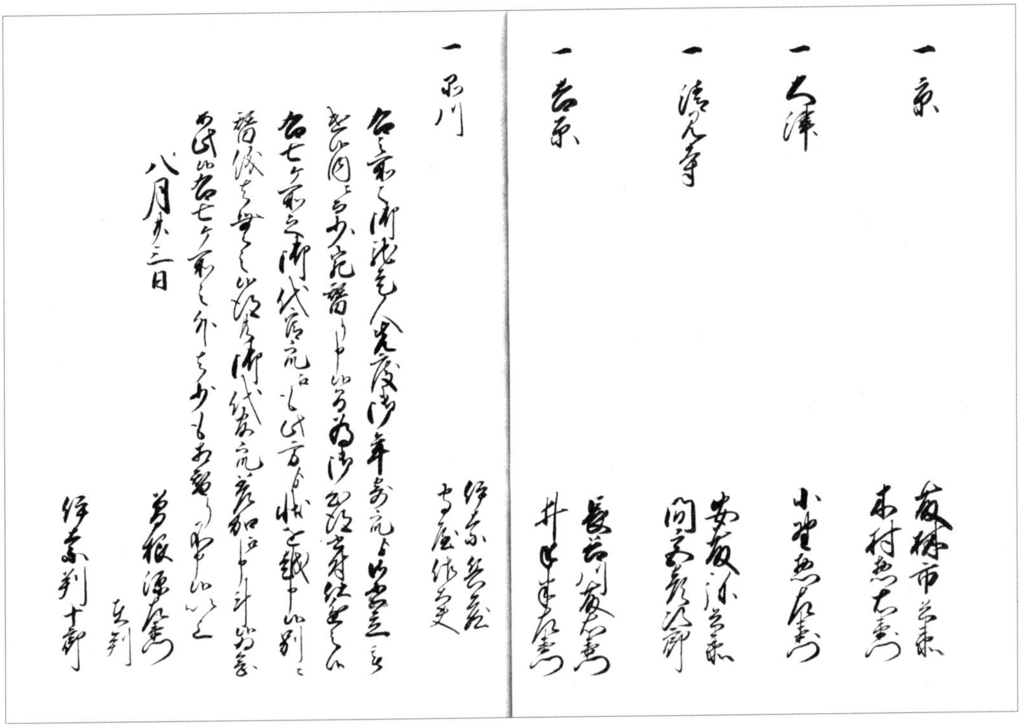

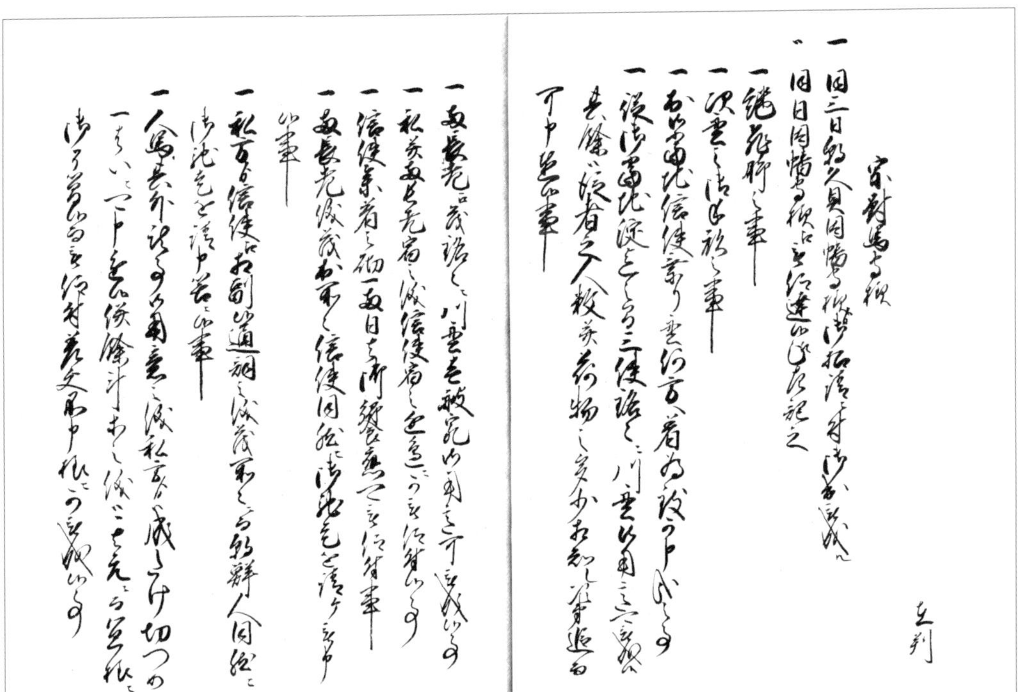

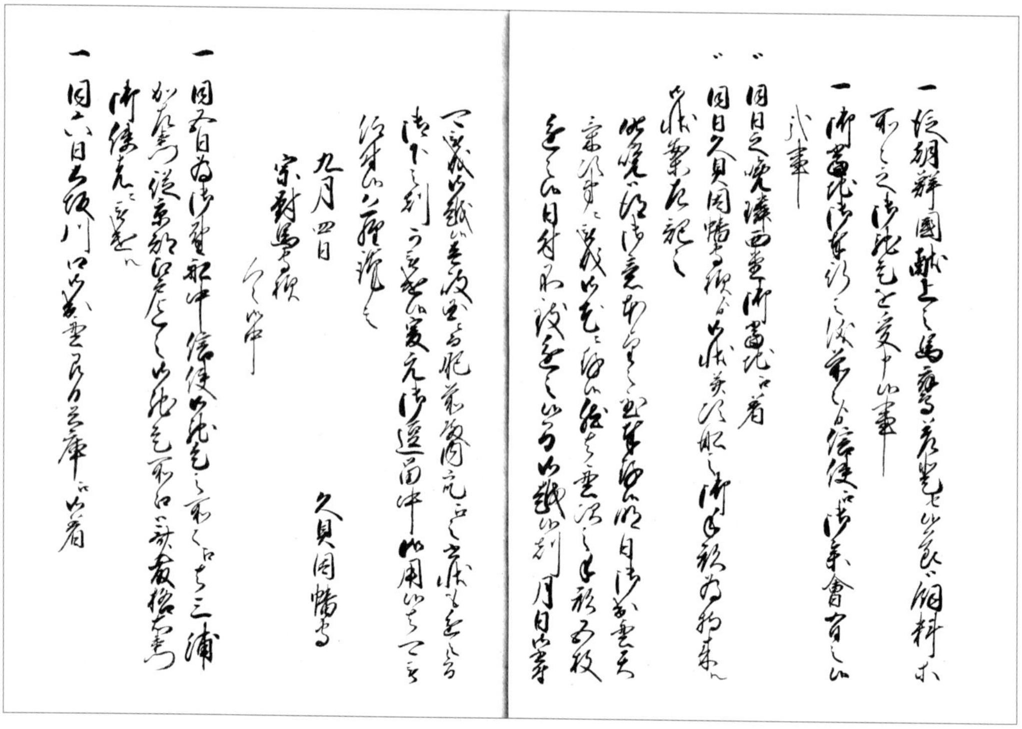

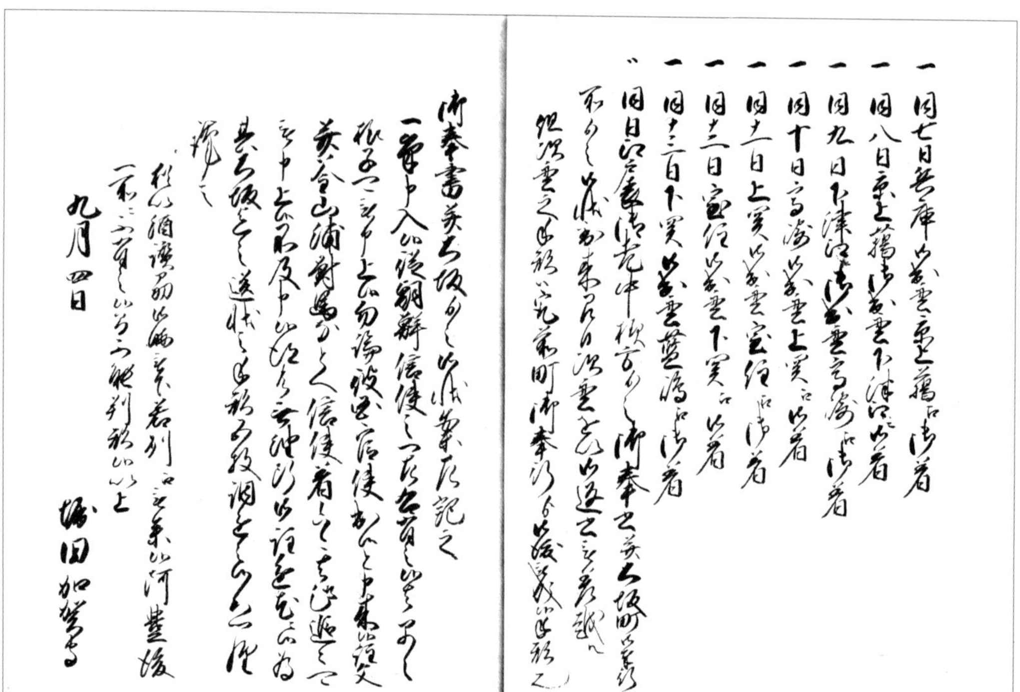

松平伊豆守
土井大炊頭
宗対馬守殿

一 先年中入候今朝鮮御用筋元ニ被成候[illegible]入候朝鮮之信使相渡り[illegible]
[illegible]
[illegible]
[illegible]

九月九日

久貝因幡守
稲垣摂津守
河野備中守

宗対馬守様
人々御中

一 同十四日[illegible]
一 同十五日[illegible]
一 同十六日[illegible]
御使小田[illegible]
一 同十七日[illegible]信使之人数[illegible]

日本人之[illegible]
一 正使一副使一従事一上々官弐人一判事官二人
一 上官四十六人 一 中官百五十七人 一 下官弐百六十七人
合四百七十五人之
右之内[illegible]者[illegible]
[illegible]者三人[illegible]者三人画師壱人[illegible]弐人
[illegible]壱人[illegible]者六人
一 召長老同宿小姓共ニ十一人下々者九人

一 璘西堂同宿小姓共ニ拾壱人下々者六人
一 朝鮮人対馬守[illegible]通詞之者[illegible]人
内拾[illegible]人[illegible]

以上

一 同十八日平田[illegible]
右之[illegible]信使九月六日釜山浦[illegible]
[illegible]
一 同[illegible]信使[illegible]松浦肥前守[illegible]
[illegible]
一 同廿二日[illegible]信使[illegible]

御暦ニ而為振候ニ掛御目候

一 同廿三日朝鮮ゟ飛脚参候

一 同廿四日大浦佐兵衛朝鮮ゟ御使者ニ罷渡候
渡りかし無之候而渡海ニ御帰候

一 同廿五日信使当月十八日被仕着候ニ付而上使之儀ニ付
御案内ニ付上御使者飯田与三郎左衛門

一 同日信使渡海ニ付為御迎人合守殿并本陣迄
御使者参候

一 同廿六日飯田与三郎左衛門参上仕候

一 十月朔日信使之出船ニ為ニ付而御請取候

相済候

一 同二日小田七兵衛朝鮮ゟ帰着候付而信使当月四日
ニ罷出候渡海有之旨ニ申来候

一 同三日従朝鮮献上之馬并御鷹御料ニ而積申候
此花岳寺ゟ飛脚参ニ付御使者被遣候

一 同四日大浦佐兵衛朝鮮ゟ帰着候付而信使
順風次第渡海ニ仕候旨申来候

참고문헌

사전

『네이버 일본어사전』(ja.dict.naver.com)

『네이버 한자사전』(hanja.dict.naver.com)

『조선시대 대일외교 용어사전』(waks.aks.ac.kr/rsh/?rshID=AKS-2012-EBZ-2101)

『한국고전용어사전』(terms.naver.com/list.naver?cid=41826&categoryId=41826)

『한국민족문화대백과』(encykorea.aks.ac.kr)

『한국전통지식포탈』(www.koreantk.com/ktkp2014)

『日本國語大辭典』

『日本人名大辭典』

『日本大百科全書』

사료

『增正交隣志』

『御觸書寬保集成』 12

『德川實紀』 第2編(經濟雜誌社 編, 『續國史大系』 第10卷, 經濟雜誌社, 1902)

宗家記錄, 『譯官洪同知崔判事幷馬藝張司果金司果上下合二十一人江戶參上之日々記拔書』(국사편찬위원회 소장, 기록류 No.1484)

김세렴, 『海槎錄』(db.itkc.or.kr/dir/item?itemId=GO#/dir/node?dataId=ITKC_GO_1387A)

황호, 『東槎錄』(db.itkc.or.kr/dir/item?itemId=GO#/dir/node?dataId=ITKC_GO_1389A)

단행본과 논문

김상준·윤유숙 역, 『근세 한일관계 사료집-야나가와 시게오키 구지 기록』, 동북아역사재단, 2015

윤유숙 편, 『근세 한일관계 사료집 III-1607년·1624년 조선통신사 기록』, 동북아역사재단, 2020

윤유숙 편, 『근세 한일관계 사료집 IV-1764년 조선통신사 기록 조선인내빙기 보력』, 동북역사재단, 2020

李炯周, 「一七世紀の裁判役－對馬藩と朝鮮との外交折衝擔當官－」, 『名古屋大學人文學フォーラム』 5, 2022

田代和生, 「日朝貿易における白絲·絹織物の輸入と京都販賣」, 『史學雜誌』 87(1), 1978

田代和生, 『近世日朝通交貿易史の研究』, 創文社, 1981

田代和生,『書き替えられた國書』, 中公新書 694, 1983
田代和生,『新・倭館ー鎖國時代の日本人町ー』, ゆまに書房, 2011
田代和生 編著,『方長老上京日史飮冰行記(近世日朝交流史料叢書 2)』, ゆまに書房, 2021
仲尾宏,『朝鮮通信使と德川幕府』, 明石書店, 1997

찾아보기

ㄴ

ㄷ

ㄹ

ㅁ

ㅂ

ㅅ

ㅇ

ㅈ

동북아역사 자료총서 45

근세 한일관계 사료집 V (상)
1636년 조선통신사 기록
『관영병자신사기록(寬永丙子信使記錄)』

초판 1쇄 발행 2023년 6월 30일

옮긴이 윤유숙, 김선영, 이형주
펴낸이 이영호
펴낸곳 동북아역사재단

등록 제312-2004-050호(2004년 10월 18일)
주소 서울시 서대문구 통일로 81 NH농협생명빌딩
전화 02-2012-6065
홈페이지 www.nahf.or.kr
제작·인쇄 역사공간

ISBN 978-89-6187-800-5 94910
978-89-6187-433-5 (세트)